Zürcher Frauenzentrale 1914–2014

| ABB. 1 Am Schanzengraben. Die Geschäftssteller der Zürcher Frauenzentrale befindet sich im Haus mit weisser Fassade in der Bildmitte.

Brigitte Ruckstuhl
Elisabeth Ryter

BERATEN BEWEGEN BEWIRKEN

Zürcher Frauenzentrale 1914–2014

Herausgegeben von der Zürcher Frauenzentrale

CHRONOS

Publiziert mit einem Förderbeitrag
der Stiftung Interfeminas

Informationen zum Verlagsprogramm:
www.chronos-verlag.ch

Gestaltung: Thea Sautter, Zürich

© 2014 Chronos Verlag, Zürich
ISBN 978-3-0340-1232-4

INHALTSVERZEICHNIS

9   Editorial
11   Vorwort
15   Einleitung

21   **1_ MOBILMACHUNG DER FRAUEN**
Der Ausbruch des Ersten Weltkriegs 21 | Ein Aufruf an die Schweizer Frauen 23 | Falsche Einschätzungen 25 | Eine Vorstandssitzung im September 1914 25 | Erfahrene Vorstandsmitglieder 26 | Die Zürcher Frauenorganisationen um 1914 27 | Enge Verbindungen zum Bund Schweizerischer Frauenvereine 30 | Die Mobilisierung gelingt 31 |

33   **2_ MÜTZEN- UND ANDERE KOMMISSIONEN**
Im Dienste der Armee 33 | Heimarbeit ist lebensnotwendig 34 | Männer planen, Frauen führen aus 35 | Kochrezepte, Kochkisten und Kakao 36 | Gemüsebaukurse 39 | Armenpflege 42 | Der Elan lässt nach 43 |

45   **3_ EIN NEUANFANG UND EIN NEUER NAME**
Pläne für eine Frauenzentrale 45 | Die Gründungsversammlung 46 | Die Vereinsorgane 47 | Das Herzstück der Frauenzentrale 48 | Die ersten Projekte 50 | Wechselnde Standorte 51 | Statutarische und organisatorische Veränderungen 53 | Pionierinnen 53 |

55   **4_ DIE MITGLIEDER DER FRAUENZENTRALE**
Die Kollektivmitglieder der ersten Jahre 55 | Die Landvereine 57 | Konfessionelle und parteipolitische Vereine 58 | Die Kollektivmitglieder heute 59 | Einzelmitglieder 60 | Die Ehemänner 61 | Herkunft und Heirat bestimmen die gesellschaftliche Stellung 63 | Neue (un)genutzte Möglichkeiten 65 | Motive für den Beitritt 66 | Ein Blick auf die Gegenwart 67 | Wandel bei den Mitgliederbeständen 68 |

71   **5_ KLASSENVERSTÄNDIGUNG STATT KLASSENKAMPF**
Der Landesstreik von 1918 71 | Klassengegensätze überwinden 73 | Dank an die Behörden 74 | Geschlechterkampf oder Klassenkampf? 74 | Die Arbeiterinnenvereine lösen sich auf 77 | Wachsende Not und Marktrevolten 78 | Frauendemonstration vor dem Zürcher Kantonsrat 79 | Anhörung der Demonstrantinnen 82 | Frauenversammlung im Glockenhof 83 | Unvereinbare Gegensätze 84 | Frauengruppen zur sozialen Verständigung 86 | Konfrontation mit der Klassenfrage 87 |

89   **6_ SOZIALE WERKE**
Personelle Verflechtung zwischen Sozialer Frauenschule und Frauenzentrale 89 | Die Soziale Frage 90 | Erste Fürsorgekurse 91 | Pionierinnen gesucht 91 | Krisenhilfe im Ersten Weltkrieg 92 | Das Notspital Münchhalden 93 | Vermittlung von freiwilligen Hilfskräften 94 | Wärme- und Nähstuben 95 | Selbsthilfe und Verdienst für arbeitslose Frauen 95 | Eine Stube für ältere Frauen 98 | Abtreibungsfrage und Beratung von schwangeren Frauen 98 | Widerstand gegen den Film «Frauennot – Frauenglück» 99 | Gründung des Vereins Mütterhilfe 101 | Mütterschule auf Erfolgskurs 103 | Die Frauenzentrale und ihre sozialen Werke 105 |

107   **7_ BERUF HAUSFRAU**
Die obligatorische hauswirtschaftliche Fortbildung 107 | Die Bedeutung der Hauswirtschaft im Ersten Weltkrieg 108 | Frauen in der Pflicht 109 | Beruf Hausfrau 111 | Das Obligatorium wird begraben 112 | Das duale Geschlechtermodell 113 | Die Dienstbotenfrage 114 | Vermittlung von Dienstlehrstellen 115 | Ein Normalarbeitsvertrag für Dienstmädchen 116 | Hauswirtschaftliche Bildung als Arbeitslosenfürsorge 118 | Mütter der Nation 119 | Dienst an der Heimat 120 | Bedeutung der Hauswirtschaft 121 |

123   **8_ EINSATZ FÜR DEN FRIEDEN**
Geistige Landesverteidigung 123 | Die Internationale Frauenliga für Frieden und Freiheit 124 | Die Haltung zum Völkerbund 126 | Rund um die Genfer Abrüstungskonferenz 127 | Eine «réunion toute privée» mit Folgen 128 | Aufruf zum 1. August 1933 130 | Frontenherbst in Zürich 130 | Programm der Schweizer Frauen 131 | Schwierige Nachfolge 132 | Wie viel Politik darf sein? 133 | Luftschutz und Wehranleihe 134 | Flüchtlingshilfe 135 | Im Zweiten Weltkrieg 138 | Die Frauenzentrale als politische Akteurin 138 |

141   **9_ ERWERBSARBEIT DER FRAUEN**
Frauenerwerbsarbeit im 20. Jahrhundert 141 | Pionierarbeit 143 | Doppelverdienerinnen 144 | Politische Vorstösse 146 | Das Ernährer-Hausfrau-Modell 148 | Die SAFFA und das Dreiphasenmodell 149 | Die Frau in zwei Welten 151 | Sichtbarer Wandel 152 | «KickOff» Laufbahnberatung 153 | Gleicher Lohn für gleichwertige Arbeit 154 | Noch sind nicht alle Forderungen erfüllt 155 |

| 157 | **10_ DER LANGE WEG ZUM FRAUENSTIMMRECHT**
Der Marsch nach Bern 157 | Der Bundesrat schubladisiert Vorstösse 159 | Erste kantonale Vorlagen in Zürich 160 | Niederlagen in der Zwischenkriegszeit 161 | Verfassungsänderung oder Neuinterpretation der Verfassung? 163 | Unterstützung von falscher Seite 164 | Mitten im Kalten Krieg 165 | Die erste eidgenössische Vorlage 167 | Fordern statt bitten 168 | Endlich am Ziel 170 |

| 171 | **11_ DIE NEUE FRAUENBEWEGUNG**
Eine neue Generation tritt auf 171 | Die FBB organisiert sich 173 | Das Private ist politisch 174 | Am Aufbau des Staatswesens mithelfen 175 | Kongress und Antikongress 175 | Der Schwangerschaftsabbruch wird Thema 178 | Gegenvorschlag und neue Volksinitiative 179 | Das Problem ist nicht gelöst 182 | Eine Lösung wird gefunden 182 | Gewalt gegen Frauen 183 | «Wer schlaat, gaat!» 186 | Langsam sich verändernde Fronten 187 |

| 189 | **12_ RECHTLICHE GLEICHSTELLUNG**
Die Krise der bürgerlichen Frauenbewegung nach 1971 189 | Partnerschaft als Losung 190 | Der Frauenkongress von 1975 191 | Die Initiative «Gleiche Rechte für Mann und Frau» 193 | Erfolgreicher Abstimmungskampf 196 | Das neue Eherecht 197 | Die mündige Frau 199 | Die Rechtsberatung ist ein Erfolg 200 | Formelle und tatsächliche Gleichstellung 201 |

| 203 | **13_ DIE AKTIVE STAATSBÜRGERIN**
Die Frauenvereine verlieren Funktionen und Mitglieder 203 | Die Bülacherinnen lancieren eine neue Idee 204 | Frauenpodien sind ein Erfolg 206 | Das Kurswesen wird ausgebaut 208 | Mentoring-Programm für den politischen Nachwuchs 210 | Wählen und gewählt werden 210 | Wahlempfehlungen sind ein heikles Geschäft 212 | Frauenquoten: ein heisses Eisen 213 | Ein Drittel ist nicht genug 215 | Netzwerke pflegen 216 | Politische Frauenförderung 217 |

| 220 | Zeittafel
| 229 | Anmerkungen
| 241 | Bibliografie
| 251 | Bildnachweis
| 253 | Personenregister

EDITORIAL

Die hundertjährige Geschichte der Zürcher Frauenzentrale ist ebenso spannend und erfolgreich wie diejenige der Rolle der Frau in der Schweiz: Sie ist von vielen Erfolgen wie auch von Rückschlägen geprägt. Um die Geschichte zu verstehen, braucht es den Blick in die Vergangenheit. Obwohl die Frauen damals keine politischen Rechte besassen, haben sie sich gegen die sozialen Ungerechtigkeiten zusammengeschlossen und die ersten Vereine gegründet. Die Gründerinnen der Zürcher Frauenzentrale waren enorm starke Frauen, die etwas bewegen wollten und auch viel bewegt haben, die sich gegen soziale Ungerechtigkeiten, für die Bildung und Weiterbildung einsetzten, die mit staatspolitischen Kursen die Frauen für die politische Arbeit weiterbildeten.

Schon vor der Gründung der Zürcher Frauenzentrale war Zürich ein fruchtbarer Boden für Frauenorganisationen. 1893 wurde der Zürcher *Verein Frauenbildungsreform* gegründet, der nicht nur Frauenbildung im Hinblick auf eine bessere Haushaltsführung bieten, sondern den Frauen zu mehr Lebensinhalt, Autonomie und Unabhängigkeit verhelfen wollte. Im gleichen Jahr hat die erste Juristin der Schweiz, Emilie Kempin-Spyri, ihren Frauenrechtsschutz gegründet. Dieser bot die ersten unentgeltlichen Rechtskonsultationen für Frauen an. Von Emilie Kempin-Spyri gingen wichtige Impulse für die Frauenrechtsbewegung aus. Sie scheute sich nicht, heisse Eisen wie das Frauenstimmrecht aufzugreifen und plädierte schon damals für die Gütertrennung in der Ehe. Die Zürcher Frauenrechtlerin Klara Honegger präsidierte von 1910 bis 1916 den *Bund Schweizerischer Frauenorganisationen* (BSF), die heutige *alliance F*. Sie rief zu Beginn des Ersten Weltkriegs die Schweizerinnen zu tatkräftigem Dienst an der Heimat auf und empfahl den Frauenvereinen, sich in Frauenzentralen zu organisieren. Damit gab sie den Anstoss zu deren Gründungen. Diese sind seither eine starke Stütze der *alliance F*. 1914 beantragten die Zürcherinnen eine Statutenrevision für den BSF. Das Prinzip der Einstimmigkeit sollte aufgehoben werden, weil sie die Aktionsfähigkeit des Bundes lähmte. Dank dem Einsatz der Zürcherinnen, welche die Westschweizer Kantone überstimmten, konnte die sechsjährige Krise überwunden werden.

Jahrzehntelang hat sich die Zürcher Frauenzentrale mit Eingaben an den Bund und die Kantonsbehörden für das Frauenstimm- und -wahlrecht, gegen den Alkoholmissbrauch – unter dem Frauen und Kinder litten und der grosse gesundheitliche Schäden verursachte – sowie allgemein zu Fragen der Volksgesundheit oder der Preispolitik bei Lebensmitteln engagiert. Noch heute werden von der Frauenzentrale Themen bearbeitet, die schon vor hundert Jahren aktuell waren, zum Beispiel die Lohngleichheit und die Prostitution.

1928 eröffnete die erste SAFFA, die *Schweizerische Ausstellung für Frauenarbeit*, in Bern ihre Tore. Die Frauen zeigten ihr berufliches Können in Handel, Gewerbe, Landwirtschaft, Sozialarbeit, Wissenschaft und Kultur. Die Zürcherinnen haben sie mitgestaltet und konnten dort ihre Tätigkeiten und Erfolge zeigen und nebenbei stolz sein auf die Zürcher Architektin Lux Guyer, welche die avantgardistische Ausstellung gestaltete. Die SAFFA wurde von 800 000 Besucherinnen und Besuchern, fast einem Viertel der damaligen Schweizer Bevölkerung, besucht.

Der Weg der Schweizer Frau im Berufsleben wurde in der ersten Hälfte des vergangenen Jahrhunderts durch verschiedene Faktoren stark behindert. Bei alleinstehenden Frauen waren es die massiven Lohnunterschiede, ganz allgemein die Niedriglöhne in den Frauenberufen, und verheiratete Frauen brauchten das Einverständnis des Mannes, um berufstätig zu sein. An der SAFFA wiesen die Frauenorganisationen, der BSF wie auch die Frauenzentralen, kaum auf die Diskriminierungen der Arbeitswelt hin. Die SAFFA-Frauen kritisierten auch die Frauengruppen, die Unterschriften für das Stimmrecht sammelten.

Bei der zweiten SAFFA, die 1958 in Zürich stattfand, war die Zürcher Frauenzentrale wieder eine grosse Stütze beim Aufbau und der Geldbeschaffung. Auch dort, ein Jahr vor der Abstimmung zum Frauenstimmrecht, fürchteten sich die Frauen vor negativen Auswirkungen, wenn sie sich für das Anliegen stark machen, obwohl sie sich seit den 1920er Jahren dafür eingesetzt haben. Die gleiche Zurückhaltung war dann am ersten Frauenstreiktag in Zürich zu beobachten. Die bürgerliche Frauenzentrale hat sich vornehm zurückgehalten, sie ist nicht wie die linken Frauen auf die Strasse gegangen. Viele der Forderungen von damals sind in der Zwischenzeit gesetzlich verankert worden, andere, wie die Lohngleichheit, werden von der Zürcher Frauenzentrale nach wie vor an vorderster Front angemahnt.

Meine persönliche Beziehung zur Zürcher Frauenzentrale geht weit in die 1970er Jahre zurück. Ich war beeindruckt von all den vielfältigen Tätigkeiten zu Gunsten der Weiterbildung, der Schulung und der Unterstützung der Frauen im Kanton Zürich. Die Mitarbeit im Vorstand war für mich bereichernd. Durch die vielen Kontakte mit grossartigen Frauen, die sich selbstbewusst und mit viel persönlichem Einsatz für die Gleichstellung der Frauen einsetzten, wurden mir neue Sichtweisen auf die noch anstehenden politischen Veränderungen geöffnet.

Es hat sich in der Zürcher Frauenzentrale viel verändert in den vergangenen Jahrzehnten. Sie kann stolz sein auf das Erreichte, auf die Erfolge an Veranstaltungen, auf ihre Projekte, auf die eindrücklichen Kampagnen und ihre für die Frauen so wichtigen Beratungen. Die Zürcher Frauenzentrale führt die Arbeit erfolgreich, bravourös weiter, die vor hundert Jahren von starken Frauen in einem schwierigen Umfeld begonnen wurde. Es braucht sie weiterhin, die Zürcher Frauenzentrale, es gibt noch viel zu tun. Ich wünsche ihr viel Glück.

> Rosmarie Zapfl-Helbling
> Präsidentin der *alliance F*

VORWORT

In einer schnelllebigen Zeit hundertjährig zu werden, ist nicht selbstverständlich. Seit hundert Jahren setzt sich die Zürcher Frauenzentrale als parteipolitisch unabhängiger und konfessionell neutraler Dachverband für die Gleichstellung von Frau und Mann in der Arbeitswelt, in der Politik und in der Gesellschaft ein.

Als zwölfte Präsidentin blicke ich stolz, dankbar und mit grossem Respekt auf die Leistungen meiner Vorgängerinnen und vieler Frauen, die sich im Vorstand engagiert haben, zurück. Mutig, unerschrocken, hartnäckig und mit viel Ausdauer haben sie sich für die Rechte der Frauen und die Freiheit, das Leben individuell zu gestalten, eingesetzt. Die selbstbestimmte Lebensform ist bis heute die zentrale Leitschnur geblieben.

Seit der Gründung 1914 hat sich das Betätigungsfeld der Zürcher Frauenzentrale auf verschiedene Gebiete erstreckt: den sozialen Bereich, die Politik und die Frauenbildung. In den ersten Jahren, während des Ersten Weltkriegs und in der Zwischenkriegszeit, als breite Bevölkerungsschichten unter Armut und Hunger litten, stand die Linderung materieller Not im Zentrum. Mit dem Ausbau des Sozialstaats rückte diese Hilfeleistung in den letzten fünfzig Jahren in den Hintergrund. Die sozialen Werke der Zürcher Frauenzentrale, wie die Wärme- und Arbeitsstuben und die Mütter- und Elternschule, verschwanden im Laufe der Zeit als Folge der gesellschaftlichen Entwicklung oder weil staatliche Stellen entsprechende Angebote eingeführt hatten. Heute bietet die Zürcher Frauenzentrale als niederschwellige Anlaufstelle Rechts- und Budgetberatungen zu Sozialtarifen an.

In der Politik war während fünfzig Jahren der Kampf um das Frauenstimmrecht vorherrschend. Unbeirrt ging die Zürcher Frauenzentrale ihren Weg, obwohl nicht alle Mitglieder die politische Mitbestimmung von Frauen befürworteten. Wichtige Meilensteine waren auch die Verankerung der Gleichberechtigung von Frau und Mann 1981 in der Bundesverfassung und die Annahme des neuen Eherechts nach einem emotionalen Abstimmungskampf. Bis 1987 war der Ehemann gesetzlich das Haupt der Familie, die Ehefrau durfte nur erwerbstätig sein, wenn er zustimmte. Seit 1996 ist das Gleichstellungsgesetz in Kraft, das die Förderung der tatsächlichen Gleichstellung von Frau und Mann im Erwerbsleben bezweckt.

In rechtlicher Hinsicht ist in den letzten hundert Jahren also viel erreicht worden. Im Alltag sieht es anders aus. Frauen verdienen durchschnittlich fast ein Fünftel weniger als Männer. Sie sind in der Politik und in der Führung von Unternehmen schlecht vertreten. Familie und Beruf zu vereinbaren, ist ein schwieriges Unterfangen und bringt manch eine Frau an die Grenzen ihrer Kräfte. Nicht immer sind es ungünstige Rahmenbedingungen, die zu diesen Benachteiligungen führen. Die in vielen Köpfen tief verankerten Rollenbilder hindern Frauen, aber auch Männer, ihr Leben frei zu gestalten. Das bürgerliche Familienideal (Ernährer-Hausfrau-Modell) hat sich zwar allmählich zu einem Zuverdienermodell gewan-

| ABB. 2 Vorstand der Frauenzentrale im Sommer 2013. Vorne von links: Renate Derungs, Andrea Gisler Präsidentin und Geschäftsführerin, Monika Leuenberger; hinten von links: Susanna Häberlin, Yvonne Signer und Brigitte Largier.

| ABB. 3 Die Mitarbeiterinnen der Geschäftsstelle am Schanzengraben im Sommer 2013. Von links: Sandra Plaza (Kommunikation), Olivia Frei (Auskunft und Sekretariat), Andrea Gisler (Leiterin der Geschäftsstelle) und Bettina Brunner (Auskunft und Sekretariat).

delt. Die partnerschaftliche, egalitäre Aufteilung von Erwerbs-, Familien- und Hausarbeit ist aber nach wie vor nur bei sehr wenigen Paaren gelebter Alltag. Das ist insofern bemerkenswert, als seit den 1960er Jahren die Partnerschaft ein Begriff war, der von der bürgerlichen Frauenbewegung hochgehalten wurde. Die echte Wahlfreiheit eines Paares bei der Verteilung von bezahlter und unbezahlter Arbeit ist erst dann gegeben, wenn die geschlechterbedingten Lohnunterschiede aufgehoben sind. Die Verwirklichung der Lohngleichheit muss deshalb ein wichtiges Ziel der Zürcher Frauenzentrale bleiben.

Neben der Lohngleichheit haben auch andere Themen die Zürcher Frauenzentrale wiederholt beschäftigt, so namentlich häusliche Gewalt, Schwangerschaftsabbruch, Prostitution sowie elterliche Sorge und Unterhalt für geschiedene Frauen und ihre Kinder. Es liegt auf der Hand, dass sich mit dem gesellschaftlichen Wandel auch die Positionen der Zürcher Frauenzentrale verändert haben. Dies zeigt sich anschaulich bei der Prostitution. Kämpfte die Zürcher Frauenzentrale anfänglich gegen die Prostitution und die «Sittenverluderung», ging sie in den 1950er Jahren gegen die Etablissements und den zunehmenden Autoverkehr durch Freier vor. Dreissig Jahre später entwickelte sie mit Unterstützung anderer Organisationen ein Konzept für eine Beratungsstelle für Prostituierte. Heute wehrt sie sich dagegen, wie die Realität vieler Prostituierter – oft junge, ungebildete Frauen aus den Armutsgegenden Europas – schöngeredet, die Prostitution technokratisch geregelt und behauptet wird, es gehe um den Schutz der Frauen.

Viele Aktivitäten der Zürcher Frauenzentrale wären ohne Geld nicht möglich. Auch wenn die Zürcher Frauenzentrale – wie viele andere Nonprofit-Organisationen auch – auf Spenden angewiesen ist, befindet sie sich doch in einer vergleichsweise komfortablen Lage. Auch hier haben unsere Vorgängerinnen viel Weitblick bewiesen. Sie kauften 1929 eine Liegenschaft am Schanzengraben, unweit vom Paradeplatz. 1961 wurde das Gebäude abgerissen und als Geschäftshaus neu aufgebaut. Rund zwei Drittel aller Einnahmen entfallen heute auf Erträge aus der Vermietung. Dies verhilft der Zürcher Frauenzentrale zu einer grossen inhaltlichen Unabhängigkeit. Sie kann sich in den politischen Diskurs einmischen und Aktivitäten entfalten, ohne einen existenzbedrohenden Wegfall von Geldquellen befürchten zu müssen.

Die Zürcher Frauenzentrale wurde 1914 von bürgerlichen Frauen und Frauenvereinen gegründet. Das Verhältnis zu den linken Frauen war lange Zeit zwiespältig. Man bemühte sich, das bessere Verständnis für die jeweils andere Seite zu wecken. Auch wurde die Zusammenarbeit im Kampf um das Frauenstimmrecht gesucht. Das Engagement der Zürcher Frauenzentrale bewegte sich aber klar innerhalb der bürgerlichen Normen. Es ging ihr nicht darum, die Gesellschaft umzugestalten. Umso schwerer tat sie sich Anfang der 1970er Jahre mit der neuen Frauenbewegung, die sich um Konventionen foutierte und die patriarchalen Gesellschaftsstrukturen mit provokativen Aktionen hinterfragte. Heute hat die Unterscheidung von bürgerlicher und linker Frauenbewegung an Bedeutung verloren. Und das ist gut so. Die Zürcher Frauenzentrale ist heute politisch breit abgestützt. Das ist zuweilen eine Herausforderung, gleichzeitig aber auch eine grosse Stärke.

Ob es Frauenorganisationen wie die Zürcher Frauenzentrale auch in Zukunft braucht, ist keine neue Frage. So schrieb Liselotte Meyer-Fröhlich, die siebte Präsidentin der Zürcher Frauenzentrale, bereits 1989 anlässlich des 75-jährigen Bestehens der Zürcher Frauenzentrale, sie werde immer öfters mit der Frage konfrontiert, ob reine Frauenverbände noch ihre Berechtigung hätten. Sie haben diese zweifellos, solange die tatsächliche Gleichstellung noch nicht umgesetzt ist. Und es braucht auch im 21. Jahrhundert noch Orte, wo Frauen unter sich sind und Floueninteressen im Vordergrund stehen.

Die Zürcher Frauenzentrale hat eine gute, solide Grundlage, um sich weiter zu entwickeln. Dafür sei allen, die dazu beigetragen haben, herzlich gedankt. Ein besonderer Dank gebührt den beiden Autorinnen dieses Jubiläumsbuchs. Das Buch gibt einen guten, durchaus auch kritischen Einblick in hundert Jahre Frauengeschichte, die Breite der Frauenbewegung und ihre Anliegen. Aus heutiger Sicht macht nicht alles Freude, was die Zürcher Frauenzentrale in den letzten hundert Jahren gemacht oder nicht gemacht hat. Mögen auch unsere Nachfolgerinnen das heutige Engagement der Zürcher Frauenzentrale dereinst mit einer gewissen Nachsicht beurteilen.

| Andrea Gisler
| Präsidentin und Geschäftsführerin der Zürcher Frauenzentrale

EINLEITUNG

Anfang August 1914, wenige Tage nach Ausbruch des Ersten Weltkriegs, trafen sich in Zürich Vertreterinnen verschiedener Frauenorganisationen und gründeten die Zentralstelle Frauenhilfe. Die Frauen wollten sich aktiv an der Bewältigung der Kriegsfolgen beteiligen und ihre Tätigkeiten über die Zentralstelle Frauenhilfe koordinieren. Zwei Jahre später gab sich die aus einer Notsituation heraus entstandene Stelle feste Strukturen und den Namen Zürcher Frauenzentrale.

2014 kann die Zürcher Frauenzentrale auf eine hundertjährige Geschichte zurückblicken. Dieses Jubiläum ist der Anlass für die vorliegende Publikation. Das Ziel dieses Buches ist es, die Frauenzentrale als Akteurin im jeweiligen historischen Kontext und insbesondere in der Zürcher sowie der Schweizerischen Frauenbewegung zu verorten. Nicht die Geschichte der Organisation steht also im Zentrum, sondern die Werke, Themen und Positionen, mit denen die Frauenzentrale sich in den letzten hundert Jahre befasst hat – teils in Zusammenarbeit mit anderen Frauenorganisationen oder mit den Behörden, teils in Abgrenzung zu ihnen.

DIE BÜRGERLICHE FRAUENBEWEGUNG

Die Geschichte der Frauenzentrale ist Teil der Geschichte der bürgerlichen Frauenbewegung. Sie ist von ihr geprägt und sie hat diese auch mitgeprägt. Den bürgerlichen Frauenorganisationen ist gemeinsam, dass sie – im Gegensatz zu den linken Frauen oder später zur neuen Frauenbewegung – die herrschende soziale Ordnung nie in Frage gestellt haben. Vielmehr war es ihr Ziel, einen Beitrag zu dieser Ordnung zu leisten, sei es durch soziale Tätigkeit, sei es durch politische Partizipation und Einflussnahme. Bis in die 1990er Jahre hat sich die bürgerliche Frauenbewegung an einem Geschlechtermodell orientiert, das für Frauen und Männer unterschiedliche gesellschaftliche Rollen vorsah. Der Mann war der Ernährer der Familie, die Frau sorgte für den Haushalt und die Kinder. Als ausserhäusliche Betätigung kamen für die Frauen der Mittel- und Oberschicht allenfalls soziale Aufgaben in Betracht. Hier sah die Gesellschaft eine Funktion, die sich mit dem Rollenmodell vereinbaren liess. Aufgrund der ihnen zugeschriebenen Fähigkeiten hielt man die Frauen für geeignet, sich der Armen und Kranken anzunehmen, ein Bereich, der damals durch den Staat erst rudimentär geregelt war. Gegen Ende des 19. Jahrhunderts wurden die Stimmen der Frauen lauter, die sich einen weitergehenden Wirkungskreis wünschten. Ohne die Geschlechterordnung grundsätzlich in Frage zu stellen, erhoben sie den Anspruch auf politische Rechte, die ihnen eine direkte Mitwirkung im Staat ermöglichen sollten. Mit ihrem sozialen Engagement und der Perfektionierung der Rolle der Hausfrau glaubten sie, ihre Fähigkeiten als vollwertige Staatsbürgerinnen ausreichend zu beweisen. Doch wie wir wissen, mussten die Frauen lange auf diese Mitwirkung warten: Erst

1971 gewährten ihnen die Männer auf nationaler Ebene das integrale Stimm- und Wahlrecht, in Appenzell Innerrhoden dauerte es sogar bis 1990.

DIE ZÜRCHER FRAUENZENTRALE ALS DACHVERBAND

Die Frauenbewegung war zur Gründungszeit der Zentralstelle Frauenhilfe bereits stark ausdifferenziert. Neben den quartierweise organisierten karitativen Frauenvereinen gab es konfessionelle Vereine und solche, die sich um sittlich-moralische Fragen kümmerten. Es gab die Abstinentinnen, die Friedensfrauen, aber auch Berufsvereine sowie die Union für Frauenbestrebungen, die sich mit der politischen und rechtlichen Stellung der Frauen befasste. Bereits der Zentralstelle Frauenhilfe, später der Frauenzentrale gelang es, einen grossen Teil der Zürcher Frauenorganisationen als Mitglieder zu rekrutieren. Zunächst waren es vor allem die städtischen Vereine; die Landvereine, die in der Regel soziale Aufgaben wahrnahmen, kamen in grösserer Zahl erst ab den 1960er Jahren hinzu. Von Anfang an hatte die Frauenzentrale auch Einzelmitglieder.

Wie aktiv und wie pointiert sich die Frauenzentrale in die laufenden Debatten einmischte, hing nicht nur vom jeweiligen gesellschaftspolitischen Kontext ab, sondern auch von der Zusammensetzung des Vorstands und insbesondere von den Präsidentinnen. Zwei Präsidentinnen haben die Zürcher Frauenzentrale besonders stark geprägt. Die erste war Maria Fierz. Sie war Präsidentin von 1917 bis 1944 und eine Vertreterin der Gründerinnengeneration. Die zweite langjährige Präsidentin war Hulda Autenrieth-Gander, ab 1944 Mitglied des Vorstandes, von 1954 bis 1962 Co-Präsidentin und danach bis 1974 Präsidentin der Frauenzentrale. Beide waren starke Persönlichkeiten, die über den Kanton Zürich hinaus wirkten. Sie nehmen in der vorliegenden Publikation den ihnen gebührenden Raum ein.

Ihre Aufgabe sahen die Gründerinnen in erster Linie in der Koordination oder, wie sie in den Vereinsstatuten schrieben, im Zusammenschluss zürcherischer Frauenvereine und einzelner Frauen «zu gegenseitiger Anregung und zur Förderung gemeinsamer Interessen». Strategisches Zentrum war der Vorstand, das operative Organ das Sekretariat. Neue oder ständige Aufgaben wurden an verschiedene, immer wieder wechselnde Kommissionen delegiert. Der Vorstand und die Mitglieder trafen sich über lange Zeit in vierteljährlich stattfindenden Delegiertenversammlungen, zu denen auch die Einzelmitglieder eingeladen waren.

| ABB. 4 Die Frauenzentrale feiert ihre Jubiläen regelmässig mit einer Publikation. Die erste erscheint 1926, verfasst von der damaligen Präsidentin Maria Fierz. Sie bezieht sich dabei auf die zehn Jahre seit der Gründung der Frauenzentrale im Jahr 1916.

Das Selbstverständnis der Frauenzentrale hinsichtlich ihrer Aufgaben blieb über die hundert Jahre ihres Bestehens erstaunlich konstant. Eine dieser Aufgaben war, auf aktuelle Problemlagen zu reagieren. In den 1920er Jahren hiess es: «Die Aufgaben, welche die Zürcher Frauenzentrale sich stellt, sind nicht fest umschrieben – das Gebot der Stunde, eine neu gewonnene Einsicht und Überzeugung, ein starker Impuls kann jederzeit neue Forderungen stellen.»[1] Die gleiche Zielsetzung wird in den 1930er Jahren mit anderen Worten bekräftigt. Es ist «ein Bereitsein für alles, was von aussen kommt und verlangt wird, ein Aufgreifen von Ideen, ein Studieren von Problemen, ein Vor- und Fürsorgen verschiedenster Art, viel Vermitteln, Beraten, Besprechen, Prüfen von Vorlagen und Gesetzen, Verfolgen öffentlichen Geschehens.»[2] In den 1940er Jahren war die Rede vom «Wachtturm», von dem aus alles beobachtet und registriert werden sollte.[3] Auch heute versteht sich die Frauenzentrale als aktive und aufmerksame Beobachterin, nimmt aktuelle Probleme auf und greift ein, wenn sie es für nötig hält.

Eine andere Aufgabe sah die Frauenzentrale, wie sie 1923 schrieb, in der Zusammenarbeit «vieler Frauen für das Wohl der einzelnen und der Gesamtheit», getragen vom «Bewusstsein, dass wir Frauen immer mehr dazu kommen sollen, unsere spezielle Aufgabe zu erkennen und zu leisten, nämlich warmes mütterliches Empfinden in das Leben der Gemeinschaft zu tragen.»[4] Die Begrifflichkeit hat sich zwar über die Jahre verändert. Aber noch bis in die 1990er Jahre hielt die Frauenzentrale es für ihre Pflicht, sich für «soziale Aufgaben» einzusetzen, die entweder schon vorgegeben waren oder sich neu stellten.[5] Weiter wollte sie Plattform für den Austausch sein. Versinnbildlicht ist dies in ihrem ersten Logo. Als sie dieses in den 1950er Jahren erneuerte, blieb die Idee des alten Signets erhalten, nämlich die Frauenzentrale «als Knotenpunkt»[6] zwischen den verschiedenen Frauenorganisationen darzustellen.

Die Frauenzentrale war keine Organisation, die neue Themen setzte. Vielmehr streckte sie ihre Antennen aus, beobachtete und analysierte, was um sie herum geschah. Wenn sie Handlungsbedarf sah, suchte sie zunächst den Austausch mit anderen Frauenorganisationen, mit der städtischen oder der kantonalen Verwaltung. Dabei stützte sie sich auf ihr dicht geknüpftes Netzwerk, mit dem sie einiges in Bewegung setzen konnte. Oft hat sie Aktivitäten und Angebote angeregt oder mitgeholfen sie zu etablieren, um sich danach daraus zurückzuziehen und sich neuen Aufgaben zuzuwenden. Sie hat aber auch eine Anzahl von Projekten selber realisiert. Sie führte diese Werke – so nannte sie ihre Projekte – meist wäh-

| ABB. 5 Die zweite Festschrift erscheint 1939 zum 25-jährigen Jubiläum. Dieses und die folgenden Jubiläen beziehen sich jeweils auf die Gründung der Zentralstelle Frauenhilfe 1914, die Vorläuferin der Zürcher Frauenzentrale.

rend Jahren, wenn nicht sogar Jahrzehnten in eigener Regie. Dass sie nun auf eine hundertjährige Geschichte zurückblicken kann, verdankt sie ihrer Fähigkeit, sich immer wieder an neue Gegebenheiten anzupassen und aktuelle Fragestellungen aufzugreifen.

VERWENDETE BEGRIFFE

In der aktuellen Forschung über die Frauenbewegung spricht man seit ein paar Jahren von Wellen. Die Frauenbewegung ab Ende des 19. Jahrhunderts bis Ende der 1960er Jahre stellt die erste Welle dar. Die Frauenzentrale ist ein typisches Produkt dieser ersten Welle. Im Text verwenden wir den Begriff bürgerliche Frauenbewegung, da die Frauenzentrale weitgehend die bürgerlichen Frauen repräsentierte. Die zweite Welle setzte mit der 68er Bewegung ein und dauerte bis in die 1990er Jahre. Diese bezeichnen wir als neue Frauenbewegung. Mittlerweile ist ab und zu auch von einem Feminismus der dritten Welle die Rede. Auf diese Entwicklung gehen wir in der vorliegenden Publikation nicht explizit ein.

Schwierigkeiten bietet die Bezeichnung der nichtbürgerlichen frühen Frauenbewegung. Der Organisationshintergrund von Arbeiterinnenvereinen oder parteipolitischen Gruppierungen sagt nicht zwingend etwas aus über die Schichtzugehörigkeit ihrer Mitglieder. In diesen Organisationen gab es auch Frauen mit einem bürgerlichen Hintergrund. Wir lösten dieses Problem pragmatisch und sprechen je nach Situation von der linken, sozialistischen oder sozialdemokratischen Frauenbewegung.

Bis in die 1980er Jahre war es üblich, unverheiratete Frauen als Fräulein zu bezeichnen. Die neue Frauenbewegung hat dafür gesorgt, dass diese Bezeichnung verschwunden ist. Unsere Sprachregelung ist, dass wir die Frauen mit Vor- und Nachnamen nennen. Bis auf einige wenige Fälle ist es uns gelungen, die Vornamen ausfindig zu machen und so die Bezeichnung «Fräulein» zu vermeiden. Verheiratete Frauen haben über lange Zeit Allianznamen verwendet. Diese Schreibweise haben wir weitgehend übernommen.

QUELLEN UND LITERATUR

Dank dem übersichtlich geordneten Archivbestand der Frauenzentrale konnte leicht auf das umfangreiche Quellenmaterial zurückgegriffen werden. Mit der Erschliessung der Archivalien sind aber auch Lücken zum Vorschein gekommen. So fehlen etwa die Protokolle der Vorstandssitzungen von den Anfängen der Frauenzentrale bis Mitte 1932. Für die darauffolgende Zeit waren die Vorstandsprotokolle für uns eine zentrale Quelle. Sie geben einen Einblick in das «Machtzentrum» der Frauenzentrale. Daneben waren es die Jahresberichte, unzählige Dossiers zu den Projekten, zu spezifischen Themen, zu den Eingaben an die Behörden, zu Veranstaltungen, die eine Fülle von Informationen lieferten. Weitere wichtige und hilfreiche Quellen waren Publikationen wie die *Frauenbestrebungen*, das *Schweizer Frauenblatt* oder das *Jahrbuch der Schweizerfrauen*. Um die Lesbarkeit der Zitate zu erleichtern, wurden Orthografie und Interpunktion der Originalquellen teilweise leicht verändert.

Ende der 1970er Jahre fanden an Schweizer Universitäten erste Lehrveranstaltungen zu Frauengeschichte statt. Daraus entwickelte sich eine florierende Geschlechtergeschichte. Viele Studentinnen und Doktorandinnen haben mit ihren Seminar-, Lizentiats- und Masterarbeiten sowie Dissertationen dazu beigetragen, dass die Frauen in der Schweiz eine Geschichte erhalten haben. In diesem Kontext wurden auch die Frauenorganisationen untersucht, zum Beispiel der *Bund Schweizerischer Frauenvereine* oder der *Schweizerische Verband für Frauenrechte*. Die emeritierte Berner Historikerin Beatrix Mesmer hat auf der Basis breiter studentischer Arbeiten zwei Standardwerke zur Organisation der Frauenbewegung geschrieben. Schliesslich sind die Biografien der Exponentinnen der Frauenbewegung im Historischen Lexikon der Schweiz zu erwähnen. Ohne diese in vielen Bereichen gut dokumentierte Geschlechtergeschichte wäre dieses Buch nicht möglich gewesen.

ILLUSTRATIONEN

Die zahlreichen Druckschriften, Inserate, Bücher- und Broschürenumschläge sowie die Porträtaufnahmen und weiteren Fotos haben vorwiegend einen illustrativen Charakter. Einige Bilder erlauben zudem, auf Ereignisse oder Sachverhalte hinzuweisen, die im Text zu kurz kommen. Trotz umfassender Recherchen ist es uns nicht immer gelungen, die Fotografinnen und Fotografen der verwendeten Bilder ausfindig zu machen. Sollten wir Urheber/innen und Rechtegeber/innen übersehen haben, bitten wir, dies der Zürcher Frauenzentrale zu melden.

DANK

An erster Stelle möchten wir der Präsidentin, dem Vorstand und den Mitarbeiterinnen der Geschäftsstelle der Frauenzentrale danken. Sie haben unserer Arbeit grosse Offenheit und Vertrauen entgegengebracht und uns tatkräftig unterstützt. Ein grosser Dank gebührt Marie-Louise Barben, Kathi von Däniken und Marianne Ryter, die uns während des Schreibprozesses begleitet und die Texte als erste Leserinnen kommentiert und redigiert haben. Ihre aufmerksame und konstruktive Unterstützung hat uns ermöglicht, immer wieder die nötige Distanz einzunehmen und uns auf das Essentielle zu fokussieren. Ein weiterer Dank geht an die Gosteli-Stiftung, das Archiv zur Geschichte der schweizerischen Frauenbewegung. Sie hat uns ihren reichen Fundus an Bildern grosszügig zur Verfügung gestellt. Markus Schürpf vom Büro für Fotografiegeschichte in Bern möchten wir für die wertvolle technische und urheberrechtliche Beratung danken. Danken möchten wir auch dem Chronos Verlag, der diese Publikation in dieser Form erst möglich gemacht hat: Monika Bucheli für das sorgfältige Lektorat, Sabina Neumayer für die Bildverarbeitung, Thea Sautter für das attraktive Gestaltungskonzept und Hans-Rudolf Wiedmer, dem Geschäftsführer, für die Betreuung und Koordination.

Brigitte Ruckstuhl und Elisabeth Ryter

1_ MOBILMACHUNG DER FRAUEN

Der 3. August 1914 ist der erste Tag der Mobilmachung; die Bevölkerung erfährt davon über Presse und Plakate. Am Abend treffen sich die Parlamentarier in Bern zu einer Sondersitzung. Haupttraktanden sind die Wahl des Generals sowie die Erteilung von Vollmachten an die Landesregierung. Auf den gleichen Tag fällt die Gründung der Zentralstelle Frauenhilfe in Zürich. Deren Zweck ist es, «über die Massnahmen zu beraten, die von Seiten der Frauen getroffen werden können, zur Besserung der durch den Krieg entstehenden schwierigen Verhältnisse»[1]. | ABB. 6

Die Frauen haben also schnell reagiert. Im Folgenden berichten wir von der Gründung der Zentralstelle Frauenhilfe auf dem Hintergrund des Ausbruchs des Ersten Weltkriegs. Wer waren die Gründerinnen und welche Organisationen haben sie vertreten? Welche Rolle spielte dabei die Dachorganisation, der *Bund Schweizerischer Frauenvereine (BSF)*?

DER AUSBRUCH DES ERSTEN WELTKRIEGS

Die Mobilmachung war eine Reaktion auf das aktuelle Geschehen in Europa. Am 28. Juni 1914 war in Sarajevo das österreichisch-ungarische Thronfolger-Paar ermordet worden. Als Reaktion auf das Attentat erklärte Österreich einen Monat später Serbien den Krieg. Anfeindungen einerseits, Bündnisse andererseits führten in den darauffolgenden Tagen zu weiteren Kriegserklärungen unter europäischen Staaten und schliesslich zum Ersten Weltkrieg. Diese Entwicklung wurde in der Schweiz aufmerksam verfolgt. Die üblicherweise dreimal täglich erscheinende *Neue Zürcher Zeitung* verzeichnete Ende Juli 1914 bis zu sechs Ausgaben pro Tag. Die Leitartikel beschäftigten sich hauptsächlich mit Österreich und Serbien. Am 31. Juli erschien in der Morgenausgabe an erster Stelle ein Artikel zu den Lebensmittelvorräten der Schweiz. Die Zentralstelle des *Schweizerischen Bauernverbands* in Brugg informierte, dass die gegenwärtigen Vorräte und die neue Ernte den Brotbedarf der Bevölkerung für etwa zwanzig Wochen abdecken könnten. Auch um die Versorgung mit Fleisch, Milch, Kartoffeln und Obst sei es nicht schlecht bestellt. Dieser Artikel sollte die Bevöl-

„Frauenhilfe". Am 3. August hielten ungefähr 50 Vertreterinnen aller zürcherischen Frauenvereine eine Versammlung ab, um über die Maßnahmen zu beraten, die von seiten der Frauen getroffen werden können zur Besserung der durch den Krieg entstehenden schwierigen Verhältnisse. Es wurde eine Zentralstelle „Frauenhilfe" der zürcherischen Frauenvereine gegründet, die sich u. a. mit der Vermittlung von Arbeit befassen und die Gründung ähnlicher Hilfsstellen im ganzen Kanton anregen wird. Die leitenden Frauen haben sich bereits mit einigen Mitgliedern des Regierungsrates in Verbindung gesetzt, bei denen sie großes Entgegenkommen fanden; sie gedenken, in den nächsten Tagen ausführlichere Angaben über die neue Organisation durch die Presse und durch Plakate bekanntzugeben. Mit großer Befriedigung wurde die Mitteilung aufgenommen, daß schon viele freiwillige Hilfskräfte sich melden und daß von privater Seite ein großes Landgut im Kreis 2 zur gemeinnützigen Verwendung während der Kriegszeit zur Verfügung gestellt worden ist.

An die Schweizerfrauen!

Wir stehen vor der Tatsache, daß unsere ganze Armee mobilisiert wurde. Damit ist der Augenblick für die Frauen gekommen, ihre Besonnenheit und Tüchtigkeit in ernster Zeit zu beweisen und ihre Kräfte für das Vaterland einzusetzen. Wir erlassen an sie folgenden Appell: Macht den Männern das Einrücken nicht schwer durch Klagen über Maßnahmen, die zum Schutze unseres Landes absolut notwendig sind. Nehmt mit Tapferkeit und Umsicht die Lasten auf Euch, die ein Krieg mit sich bringt. Wirtschaftet sparsam, damit die Vorräte unseres Landes an Lebensmitteln und Kohlen nicht zu rasch aufgebraucht werden. Leistet auf allen Gebieten, und besonders in der Landwirtschaft, die Arbeit, die von den Männern nun nicht getan werden kann, und wählt dabei diejenige aus, die für die Wohlfahrt des Landes am wichtigsten ist. Denkt nicht nur an Eure Familie, sondern an das ganze Volk. Wenn je, so gilt jetzt das Wort: Einer für alle, Alle für Einen!

Die Frauen, die Zeit und Kraft haben, fordern wir auf, sich dem Lande für irgendwelche Leistungen zur Verfügung zu stellen, zu denen sie befähigt sind, vorzugsweise auch für staatlichen Bureaudienst und eventuelle Hilfsaktionen. Um im Falle der Not zu solchem Hilfsdienst bereit zu sein, schlagen wir allen Frauenvereinen vor, sofort an jedem Ort die Organisation von Zentralstellen an Hand zu nehmen, die in Verbindung mit den Behörden die Verteilung der Arbeit zu besorgen hätten und zu jeder Auskunfterteilung bereit wären. So furchtbar ein Krieg mit seinen Folgen ist, so kann er uns eines lehren: Solidarität. Wir Frauen müssen in solchen Zeiten die Fahne der Nächstenliebe hochhalten und in ihrem Zeichen neben den Männern stehen.

Für den Bund schweizerischer Frauenvereine:
Die Präsidentin: K. Honegger.
Die Aktuarin: E. Rudolph.

| ABB. 6 Die Medienmitteilung dokumentiert die Gründung der Zentralstelle Frauenhilfe. Sie erscheint am 4. August 1914 in der NZZ.

| ABB. 7 Der Aufruf an die Schweizerfrauen erscheint anfangs August in mehreren Tageszeitungen. Er ruft die Frauenorganisationen dazu auf, sich in Zentralstellen zu koordinieren.

kerung davon abhalten, die Lebensmittelgeschäfte zu stürmen – ein wiederkehrendes Thema in jenen Tagen. Auch der *Lebensmittelverein Zürich* meldete sich zu Wort: Mit einem Inserat rief er die Kundinnen und Kunden auf, sich bei ihren Einkäufen und Bestellungen zu mässigen.[2] In den Zeitungen wurde gleichzeitig auch über einen Ansturm auf Banken und Sparkassen berichtet. Die Zürcher Stadtregierung sah sich schliesslich veranlasst die Bevölkerung aufzurufen, die «unnütze Aufstapelung von Geld und Lebensmitteln» zu stoppen.[3]

Neben der Entwicklung im Ausland war die Bundespolitik zunehmend zu einem wichtigen Thema geworden. Am 1. August wurde schliesslich die Mobilisierung der Armee beschlossen. Zivile Reisende wurden am Hauptbahnhof in Zürich darauf aufmerksam gemacht, dass das Militär in den nächsten Tagen Vorrang haben werde. Die *Neue Zürcher Zeitung* berichtete, die Uniformengeschäfte und die Waffenhandlungen in der Stadt würden stark frequentiert.[4] Das an diesem Wochenende anstehende *Eidgenössische Schwinger- und Älplerfest* musste wegen der Pikettstellung der Armee verschoben werden, ebenso mehrere Anlässe zur Feier des 1. August. Aus Lugano wurden die ersten serbischen Flüchtlinge gemeldet.[5] Am 2. August folgte in der Presse ein im Ton sehr ernst gehaltener Appell der Regierung des Kantons Zürich an die Bevölkerung: Die Abwesenheit der Väter, Brüder und Söhne erfordere die gegenseitige Unterstützung, und diese zu leisten sei eine patriotische Pflicht. Die Mütter, Schwestern und Töchter wurden nicht namentlich erwähnt, dürften aber gemeint sein, wenn von den Lieben daheim die Rede war.[6]

EIN AUFRUF AN DIE SCHWEIZER FRAUEN

Ebenfalls am 2. August rief der *Bund Schweizerischer Frauenvereine (BSF)* als Reaktion auf die Mobilmachung des Bundesrates in seiner Medienmitteilung *An die Schweizerfrauen* zur Gründung von Zentralstellen auf: Die Frauen sollten «ihre Besonnenheit und Tüchtigkeit in ernster Zeit beweisen und ihre Kräfte für das Vaterland einsetzen».[7] Die Mitteilung richtete sich in erster Linie an die bestehenden Frauenvereine und empfahl ihnen, «sofort an jedem Ort die Organisation von Zentralstellen an die Hand zu nehmen». Funktion der neu zu gründenden Zentralstellen

| ABB. 8 **Klara Honegger** (1860–1940) ist über Jahrzehnte hinweg eine wichtige Exponentin der zürcherischen und der schweizerischen Frauenbewegung. Zunächst in der Sittlichkeitsbewegung aktiv, setzt sie sich früh für die politische Gleichstellung der Frauen ein. 1896 gehört sie zu den Gründerinnen der Zürcher Union für Frauenbestrebungen; in den Jahren von 1903 bis 1911 ist sie deren Präsidentin. 1909 ist sie Gründungsmitglied des Schweizerischen Verbands für Frauenstimmrecht. Ab 1905 gehört sie dem Vorstand des Bundes Schweizerischer Frauenvereine an und übernimmt zwischen 1911 und 1916 das Präsidium. Im August 1914 gehört sie zu den Initiantinnen der Zentralstelle Frauenhilfe in Zürich, aus der 1916 die Zürcher Frauenzentrale hervorgeht. Bis einige Tage vor ihrem Tod ist sie Mitglied des Vorstands. Zwischen 1904 und 1921 redigiert sie die Zeitschrift Frauenbestrebungen. Daneben engagiert sie sich in der Schweizer Sektion der Internationalen Frauenliga für Frieden und Freiheit und pflegt enge Kontakte zur Frauenbewegung im Ausland. Sie steht dem religiösen Sozialismus nahe und arbeitet im Vorstand der Schweizerischen Zentralstelle für Friedensarbeit mit. 1933 ist sie Mitinitiantin der Arbeitsgemeinschaft Frau und Demokratie.

sollte die Vermittlung zwischen den Bedürfnissen der Behörden und den für Hilfsdienste zur Verfügung stehenden Frauenorganisationen sein. | ABB. 7 Unterzeichnet war der Aufruf von Klara Honegger und Emmy Rudolph-Schwarzenbach, der Präsidentin und der Aktuarin des BSF. | ABB. 8, 9 Beide Frauen lebten in der Stadt Zürich; sie liessen ihrem Aufruf sogleich Taten folgen. Rund fünfzig Frauen fanden sich zur Gründung der Zentralstelle Frauenhilfe ein. Leider sind die ersten Protokolle verloren gegangen. Deshalb ist nicht im Detail bekannt, wer dem Aufruf gefolgt ist und wo sich die Frauen getroffen haben. Hingegen erfährt man aus der Medienmitteilung vom 4. August, dass die Zentralstelle sich bereits mit einigen Mitgliedern des Regierungsrates in Verbindung gesetzt habe. Über den Gegenstand dieser Gespräche schweigt sich der kurze Text aus. Vermutlich wollten die Vertreterinnen der Zentralstelle kundtun, die Regierung könne auf die Mithilfe der Frauen zählen.

Fast drei Wochen später, am 20. August 1914, folgte ein weiterer Aufruf im *Zentralblatt des Schweizerischen Gemeinnützigen Frauenvereins (SGF)*. Er richtete sich an die Sektionen dieses schweizerischen Dachverbandes. Die Präsidentin des SGF, die Bernerin Bertha Trüssel, liess es an Pathos nicht fehlen: «Jetzt, liebe Schweizerfrauen, gilt's zu halten, was wir durch unsern Beifall still gelobten. Während unsere Männer an der Landesgrenze Wache halten, wollen wir ihr Heim schützen vor Not und Elend und ihren verlassenen Kindern und Frauen beistehen.» Sie schliesst mit den Worten: «Eine für Alle und Alle für eine. Von diesem Gedanken beseelt, mögen die im ganzen Lande herum verteilten 95 Sektionen, möge dieses Heer von über 12 000 Frauen das Vaterland im Innern schützen und vor Not bewahren. Gott gebe uns Kraft zum heiligen Gelingen.» Prosaischer tönen dagegen ihre praktischen Anweisungen. Die einzelnen Sektionen des Verbandes sollten sofort einberufen werden und sich jeweils in drei Gruppen einteilen: «Eine Gruppe soll Wäsche verfertigen fürs Rote Kreuz. Das Präsidium ist bereit, ihnen sofort die nötigen Muster zu senden. Verlangt werden vorläufig: baumwollene Hemden nach Muster vom Roten Kreuz, gewöhnliche Barchenthemden (Arbeiterhemden), von beiden mittlere und grössere, und Strümpfe und Taschentücher. Zusendungen direkt an ‹Bureau des Roten Kreuz-Chefarztes, Laupenstrasse 8›. Eine zweite Gruppe soll sich der verlassenen Familien annehmen und ihnen Hilfe senden zur Besorgung der Arbeit in Haus, Feld und Stall und im Wald das Beerensammeln und das

| ABB. 9 **Emmy Rudolph-Schwarzenbach** (1873 Zürich – 1970 Cassina d'Agno) stammt aus der Thalwiler Textilindustriellenfamilie Schwarzenbach. Zwischen 1910 und 1916 gehört sie dem Vorstand des Bundes Schweizerischer Frauenvereine an. Als Gründungsmitglied der Zentralstelle Frauenhilfe und später der Frauenzentrale ist sie bis 1932 Mitglied des Vorstandes. 1916 verhilft sie der Frauenzentrale zu geeigneten Räumlichkeiten an der Talstrasse 18. Als die Frauenzentrale 1929 die Kündigung erhält, ermöglicht Emmy Rudolph-Schwarzenbach mit einer Schenkung von 50 000 Franken den Kauf der Liegenschaft am Schanzengraben 29. Als Präsidentin der 1916 gegründeten Verkaufsgenossenschaft Spindel hat sie einen grossen Anteil an deren Zustandekommen. Das gleiche gilt auch für den Lettenhof, der Wohnungen für alleinstehende Frauen anbietet.

Dörren von Obst und Gemüse organisieren. Vielen fehlt der Ernährer, da soll die dritte Gruppe bezahlte Arbeit verschaffen oder Nahrung und den Säuglingen gute Milch, damit niemand Hunger leide.»⁸

FALSCHE EINSCHÄTZUNGEN

Niemand rechnete im Sommer 1914 damit, dass der Krieg mehr als vier Jahre dauern sollte. Auf höchster Ebene ging man in der Schweiz von einer Dauer von einigen Wochen aus. Die einen meinten, der Krieg werde bereits nach 35 Tagen entschieden sein. Der Generalstabschef fand diese Schätzung zu tief und empfahl dem Bundesrat, einen Getreidevorrat für hundert Tage zu organisieren. Insgesamt hatte man sich vor Ausbruch des Kriegs wenig Gedanken darüber gemacht, wie die Versorgung eines neutralen Staates sicherzustellen sei. Das mag auch daran gelegen haben, dass man an höchster Stelle im Militär und in der Politik davon ausging, die Neutralität könne nicht lange aufrechterhalten werden, sondern man müsse sich nach einer gewissen Schonfrist für eine der beiden kriegführenden Parteien entscheiden. Spätestens nach dem Einfall des deutschen Heeres in Belgien gleich zu Kriegsbeginn wurde deutlich, dass die Sympathien in der Bevölkerung sehr ungleich verteilt waren. In der Deutschschweiz neigte man dazu, das Vorgehen der Deutschen als kriegsnotwendig zu entschuldigen. In der Westschweiz hingegen wurde der deutsche Überfall auf das neutrale Belgien als ein barbarischer Verstoss gegen das Völkerrecht gesehen.⁹

EINE VORSTANDSSITZUNG IM SEPTEMBER 1914

Was die in der Zentralstelle Frauenhilfe tätigen Zürcherinnen über die schweizerische Neutralität oder über die beiden Kriegslager dachten, ist aus den vorhandenen Dokumenten nicht zu erfahren. Die ab Mitte September 1914 vorhandenen Protokolle legten den Fokus auf Versorgungsfragen. Exemplarisch lässt sich dies an der ersten dokumentierten Vorstandssitzung vom 14. September 1914 zeigen.¹⁰ Emmy Rudolph-Schwarzenbach berichtete zuerst über die letzte Sitzung des *Vereins der Freiwilligen und Einwohnerarmenpflege*. | ABB. 10 Das nächste Traktandum war ein an die Präsidentin Sophie Glättli-Graf gerichtetes Schreiben des Arbeiterinnenvereins. Es informierte über eine Eingabe an die Stadt, die anregte, die Suppenanstalten zu Volksküchen zu erweitern. Wie sich der Vorstand dazu stellte, ist im Protokoll nicht festgehalten. Es folgten Berichte über die Aktivitäten der Obstdörrkommission, der Soldatenwäschekommission, über den Vertrieb von Kochrezepten, über Kochkisten und Militärblusen und den Start eines Haushaltungskurses. Zum Schluss teilte Mary Rahn mit, dass sie die Vermittlung von Landarbeit für einige Zeit aufgeben müsse. Der Vorstand beschloss, die Zentralstelle würde diese Aufgabe künftig weiterführen.

ERFAHRENE VORSTANDSMITGLIEDER

Dieses erste erhaltene Vorstandsprotokoll der Zentralstelle Frauenhilfe entstand rund sechs Wochen nach ihrer Gründung. Es vermittelt den Eindruck einer bereits gut eingespielten Organisation. Welche rechtliche Form sie hatte, ist nicht überliefert. Vermutlich hatte man bisher gar nicht Zeit gefunden, sich darum zu kümmern. In diesen ersten Wochen nach Kriegsausbruch dürften die beteiligten Frauen die Zentralstelle als ein Projekt von kurzer Dauer eingestuft haben. Dennoch: Sie hatten einen Vorstand eingesetzt sowie diverse Kommissionen und Komitees gebildet. Die Protokolle der Vorstandssitzungen wurden jeweils von Hand in ein Schulheft notiert.

Ein Blick auf die Anwesenden der Vorstandssitzung vom 14. September 1914 bestätigt, dass wir es mit erfahrenen Vereinsmitgliedern zu tun haben. Von den fünfzehn im Protokoll genannten Frauen lassen sich die meisten identifizieren. Präsidentin war Sophie Glättli-Graf. | ABB. 11 Zum Zeitpunkt der Gründung der Zentralstelle war sie in der *Union für Frauenbestrebungen*, in der Zürcher Sektion des *Gemeinnützigen Frauenvereins* sowie in der Stimmrechtskommission des BSF aktiv. Schon bald wird sie in diesen drei Vereinen führende Funktionen übernehmen. Von Emmy Rudolph-Schwarzenbach wissen wir bereits, dass sie in ihrer Funktion als Aktuarin des BSF eine der beiden Unterzeichnerinnen des Aufrufs zur

| ABB. 10 Das Protokollheft Nr. 2 ist das älteste noch vorhandene Dokument der Zentralstelle Frauenhilfe. Nach den Handschriften zu schliessen, wechseln sich die Vorstandsmitglieder beim Protokollieren ab.

Gründung der Zentralstelle war. Auch Klara Honegger, die andere Unterzeichnerin, ist eine zentrale Erscheinung der zürcherischen und der schweizerischen Frauenbewegung. Die 54-Jährige war neben ihrem Amt als Präsidentin des BSF Redaktorin der monatlich erscheinenden Zeitschrift *Frauenbestrebungen*. Im Vorstand der Zentralstelle versah sie das Amt der Kassierin. Mit dabei war weiter Johanna Schärer, die damalige Präsidentin des *Gemeinnützigen Frauenvereins Zürich*. | ABB. 12 Marta von Meyenburg war die Leiterin der Fürsorgekurse für Frauen. Die Historikerin und Publizistin Hedwig Bleuler-Waser brachte als Zentralpräsidentin des *Schweizerischen Bundes abstinenter Frauen* die Sicht der Abstinenzbewegung in den Vorstand der Zentralstelle ein. Fräulein Rudolph vertrat in dieser Runde den *Martha-Verein* und Mary Rahn den *Zürcher Frauenbund zur Hebung der Sittlichkeit*. Von der Pflegerinnenschule und von deren Frauenspital war mit Anna Heer die Chefärztin anwesend, die gleichzeitig auch den von ihr mitgegründeten *Schweizerischen Krankenpflegebund* präsidierte. Auch Emma Boos-Jegher, mit 57 Jahren die Älteste der Anwesenden, gehörte zu den prominenten Vertreterinnen der Zürcher und der schweizerischen Frauenbewegung. Sie kam von der *Union für Frauenbestrebungen*, deren scheidende Präsidentin sie war. Dora Staudinger dürfte über die an dieser Sitzung nicht anwesende Clara Ragaz rekrutiert worden sein. Beide sollten bald einmal Exponentinnen der Friedensbewegung werden.

DIE ZÜRCHER FRAUENORGANISATIONEN UM 1914

Der Aufruf von Klara Honegger und Emmy Rudolph-Schwarzenbach zur Gründung von Zentralstellen richtete sich an die damals bestehenden Frauenorganisationen. Wenn wir die Liste der Vorstandsmitglieder Revue passieren lassen, so haben die beiden Frauen in der Stadt Zürich ihr Ziel erreicht. Mit dem *Gemeinnützigen Frauenverein Zürich*, der *Union für Frauenbestrebungen*, der Abstinenzbewegung und dem *Frauenbund zur Hebung der Sittlichkeit* vermochte der Aufruf die wichtigsten städtischen Frauenorganisationen für die Zusammenarbeit zu motivieren. Aus weiteren Protokollen der Zentralstelle wird zudem ersichtlich, dass auch Kontakte zu den *Frauenvereinen Oberstrass* und *Industriequartier*, dem *Verein für alkoholfreie Wirt-*

| ABB. 11 **Sophie Glättli-Graf** (1876 Aarau – 1951 Zürich) muss ihre Ausbildung zur Primarlehrerin wegen der Erkrankung ihres Vaters abbrechen. 1895 heiratet sie den Staatsanwalt Franz Glättli. Als eine der führenden Persönlichkeiten der Zürcher Frauenbewegung engagiert sich Sophie Glättli-Graf in der Zwischenkriegszeit sowohl für die Wohltätigkeit, das weibliche Bildungswesen als auch für die politischen Rechte der Frauen. Sie gehört zu den Gründerinnen der Zentralstelle Frauenhilfe und ist deren Präsidentin. Danach ist sie auch die erste Präsidentin der Frauenzentrale. Gleichzeitig leitet sie bis 1919 die Union für Frauenbestrebungen. Von 1917 bis 1949 präsidiert sie den Gemeinnützigen Frauenverein Zürich. In ihrer Amtszeit baut sie dessen soziales Dienstleistungsangebot aus und fördert die hauswirtschaftliche Ausbildung. Ab 1911 arbeitet sie in verschiedenen Funktionen im Bund Schweizerischer Frauenvereine mit. In der 1923 gegründeten Zentralstelle für Frauenberufe übernimmt sie das Präsidium. 1935 ist sie Gründungsmitglied der Frauengruppe der FDP Zürich.

schaften sowie zu den *Freundinnen junger Mädchen* bestanden haben.

Diese Organisationen verfolgten unterschiedliche Ziele. Eine der zahlenmässig grössten Vereinigungen dürfte der 1885 gegründete *Gemeinnützige Frauenverein Zürich* gewesen sein. Im Jahr 1914 hatte er 514 Mitglieder.[11] Als seine primäre Aufgabe betrachtete er die Ausbildung von Mädchen zu guten Hausfrauen, die Vermittlung von Heimarbeit und die Krankenpflege. In diesem Zusammenhang ist die Gründung der *Schweizerischen Pflegerinnenschule* mit Frauenspital von 1899 zu erwähnen. Sie hatte ihren Standort in Zürich, war aber eine Institution unter der Ägide der schweizerischen Dachorganisation der gemeinnützigen Frauen. Die Stiftungsurkunde verlangte, dass sowohl die Schule wie auch das Spital von Frauen geleitet werden.[12] Die Zürcher Sektion führte um 1914 eine Haushaltungsschule, vier Kinderkrippen sowie Dienstboten-Sonntagsheime. Heute ist der *Gemeinnützige Frauenverein Zürich* auf familienexterne Kinderbetreuung spezialisiert und betreibt auf der Basis einer Leistungsvereinbarung mit dem Sozialdepartement der Stadt Zürich elf Kindertagesstätten. Die erste war im Jahr 1897 eröffnet worden.[13]

Die Abstinenzbewegung gehörte gegen Ende des 19. und Anfang des 20. Jahrhunderts zu den wichtigen sozialen Bewegungen in der Schweiz. Auf ihrem Höhepunkt umfasste sie rund 60 000 Mitglieder. Auslöser war der in der zweiten Hälfte des 19. Jahrhunderts stark gestiegene Alkoholkonsum. Wie die Gemeinnützigkeit war Abstinenz ein Thema, das sowohl von Frauen als auch von Männern bearbeitet wurde. Während ein Teil dieser Vereinigungen der evangelisch-reformierten Kirche und den Freikirchen nahe stand, kamen andere aus der Sozialhygienebewegung, die in Zürich in den beiden Burghölzli-Direktoren Auguste Forel und Eugen Bleuler zwei starke Exponenten hatte. Die beiden Psychiater sahen die Schädigung des menschlichen Erbgutes durch Alkohol als ein vordringlich zu lösendes Problem an. Das Vorstandsmitglied der Zentralstelle Hedwig Bleuler-Waser war über diese beiden Männer mit der Abstinenzbewegung in Kontakt gekommen und gründete 1902 den *Schweizerischen Bund abstinenter Frauen*. Fast zwanzig Jahre lang war sie dessen Präsidentin. Vielfache ideelle und personelle Überschneidungen gab es auch zwischen der Abstinenzbewegung und dem 1894 gegründeten *Zürcher Frauenverein für alkoholfreie Wirtschaften*. Er betrieb in Zürich um 1914 bereits

| ABB. 12 **Johanna Schärer** (1862 Adlikon – 1926 Zürich) ist seit 1893 kantonale Arbeitsschulinspektorin. Sie arbeitet als Lehrerin, u. a. an der Schweizerischen Fachschule für das Bekleidungsgewerbe, und leitet die Zürcher Arbeitslehrerinnenkurse. Im Kontext der Landesausstellung 1914 in Bern gründet sie den Schweizerischen Arbeitslehrerinnenverein und ist dessen erste Präsidentin. Von 1914 bis 1917 präsidiert sie zudem die Zürcher Sektion des Schweizerischen Gemeinnützigen Frauenvereins. Sie ist Mitglied des Vorstands der Zentralstelle Frauenhilfe und danach bis 1919 der Zürcher Frauenzentrale.

mehrere alkoholfreie Restaurants, darunter den *Olivenbaum*, das Lokal *Karl der Grosse* und das *Volkshaus* am Helvetiaplatz. | ABB. 13

Wie die Gemeinnützigkeit und die Abstinenz war auch die Sittlichkeitsbewegung ein Betätigungsfeld für beide Geschlechter. Der *Zürcher Frauenbund zur Hebung der Sittlichkeit* war 1887 gegründet worden. Die Sittlichkeitsvereine entwickelten sich in den folgenden Jahren zur grössten schweizerischen Frauenorganisation: 1912 zählte sie in der deutschen Schweiz fast 26 000 Mitglieder. Ihr Hauptthema war die Prostitution.[14] Sie wurde als Symptom für den Zerfall der bürgerlichen Ordnung gesehen. Nachdem die Sittlichkeitsbewegung in der Stadt Zürich 1897 über eine Volksabstimmung die Schliessung der Bordelle erreichen konnte, widmete sich der *Zürcher Frauenbund zur Hebung der Sittlichkeit* zunehmend der Fürsorge und der Prävention.[15] Seit 1901 führte er in Aussersihl Mütterversammlungen durch. Nach Kriegsausbruch 1914 wurden Mädchen und junge Frauen zu Vorträgen und Kursen eingeladen. Daneben führte der Verein seit 1890 das noch heute bestehende *Mütter- und Säuglingsheim Pilgerbrunnen* (heute *Kinderhaus Pilgerbrunnen*). Aus dem Zürcher Sittlichkeitsverein ging der *Evangelische Frauenbund* hervor.

Bereits ein Jahr vor dem *Frauenbund zur Hebung der Sittlichkeit* hatten sich in Zürich die *Freundinnen junger Mädchen* formiert.[16] Auch sie wollten die Mädchen und jungen Frauen davor bewahren, auf die schiefe Bahn zu geraten. Zu diesem Zweck unterhielten sie Anlaufstellen auf den Bahnhöfen sowie die sogenannten Martha-Häuser, Durchgangs- und Wohnheime für alleinstehende berufstätige Frauen.[17] In Zürich nannte sich die entsprechende Organisation *Martha-Verein*. | ABB. 14 Zu ihm pflegte die Zentralstelle Frauenhilfe auch eine räumliche Nähe. In den ersten Monaten ihres Bestehens hatte sie im Marthahof an der Stadelhoferstrasse 24 einen Büroraum gemietet. | ABB. 15 Über die Weihnachts- und Neujahrstage 1914/15 musste die Zentralstelle das Büro dort räumen, weil der *Martha-Verein* den Raum für eigene Zwecke brauchte.[18] Knapp ein Jahr später zog die Zentralstelle endgültig aus und mietete sich an der Kirchgasse 27 ein. Der Vorstand beschloss an seiner Sitzung vom 5. November 1915, das Telefon vorläufig

| ABB. 13 Der Olivenbaum an der Stadelhoferstrasse 10 ist ein beliebter Versammlungsort der Zürcher Frauenorganisationen. Das Restaurant wird vom 1894 gegründeten Zürcher Frauenverein für Mässigkeit und Volkswohl geführt, der sich ab 1910 Frauenverein für alkoholfreie Wirtschaften nennt. Vorbild für diese Lokale sind die englischen Kaffeehäuser. Um 1914 führt der Verein bereits 13 Lokale. Der Olivenbaum zählt zu den ältesten Einrichtungen. Heute betreiben die als Genossenschaft organisierten ZFV-Unternehmungen rund 140 Einrichtungen. Dazu gehören Hotels, öffentliche Restaurants, Personalrestaurants, Schul- und Universitätsmensen. Das Bild ist um 1964 entstanden. Das Haus wird 1986 abgetragen und rekonstruiert.

im Marthahof stehen zu lassen, bis man wisse, wie lange die Frauenhilfe an der Kirchgasse bleiben würde und ob ein Telefon überhaupt nötig sei.[19]

Auch die *Union für Frauenbestrebungen* war eine Gründung des ausgehenden 19. Jahrhunderts. Sie war 1896 aus der Fusion des *Schweizerischen Vereins für Frauenbildungsreform* und dem *Frauenrechtsschutzverein* hervorgegangen. Übergeordnetes Ziel war die Verbesserung der rechtlichen und sozialen Stellung der Frauen, insbesondere ihnen Tätigkeitsbereiche zu erschliessen, zu denen sie bis anhin keinen Zugang gehabt hatten. Seit 1903 gab sie die Zeitschrift *Frauenbestrebungen* heraus, die über Frauenfragen sowie die in- und ausländische Frauenbewegung orientierte. | ABB. 16 Im Jahr 1909 gab sich der Verein den Zusatz Stimmrechtsverein und im Zweckartikel seiner Statuten wurde die «Erlangung des Stimmrechts für Frauen» als Ziel definiert.[20]

ENGE VERBINDUNGEN ZUM BUND SCHWEIZERISCHER FRAUENVEREINE

Die *Union für Frauenbestrebungen* gehörte zu den Gründungsmitgliedern des *Bundes Schweizerischer Frauenvereine (BSF)*.[21] Die Zürcherinnen hatten sich zwar für den Gründungsakt in Bern im Mai 1900 entschuldigen lassen, aber mit Emma Boos-Jegher waren sie von Anfang an im Vorstand vertreten. Die Gründerinnen strebten eine gesamtschweizerische, breite Frauenallianz an. Das Reservoir für die Werbung von Mitgliederorganisationen war gross: Im Vorfeld zum ersten schweizerischen Frauenkongress, der 1896 in Genf stattfand, waren 5695 Frauenorganisationen mit insgesamt fast 100 000 Mitgliedern ermittelt worden.[22] Obwohl ohne politisches Stimm- und Wahlrecht, partizipierten die Frauen breit an der starken Selbstorganisation der Zivilgesellschaft.[23] Trotz der Bemühungen der Gründerinnen um ein möglichst breites Spektrum an Mitgliedern schlossen sich dem BSF in den ersten Jahren seines Bestehens vor allem die fortschrittlichen Frauenorganisationen an; dazu gehörten unter anderen die Berufsverbände der Lehrerinnen und der Hebammen. Um 1915 zählte der BSF 85 Kollektivmitglieder, darunter der *Gemeinnützige Frauenverein Zürich* oder die Zürcher Ortsgruppe der Abstinentinnen. Neben bürgerlichen Vereinen traten dem BSF bis 1912 auch einzelne Arbeiterinnenvereine bei. Die sehr allgemein formulierten ersten BSF-Statuten sahen den folgenden Zweck vor: Der Bund sollte die Verständigung der Vereine untereinander fördern, das gemeinsame Vorgehen bei Eingaben an die eidgenössischen Behörden unterstützen und die Schweizerinnen gegenüber Frauenorganisationen im Ausland repräsentieren. Mit der «Verständigung» war nicht zuletzt die Zusammenarbeit von bürgerlichen Frauenorganisationen und Arbeiterinnenvereinen gemeint.

| ABB. 14 Junge Frauen schützen, die auf Arbeitssuche allein in die Stadt kommen: Das ist das Ziel des Martha-Vereins. Im Marthahaus an der Zähringerstrasse bietet er ihnen eine preisgünstige Unterkunft. Der Verein hilft ihnen auch bei der Stellensuche. Die Pension wird 1888 eröffnet. Marthahäuser und vergleichbare Einrichtungen gab es in verschiedenen Schweizer Städten und auch im Ausland. An der Zähringerstrasse 36 befindet sich heute das Hotel Marta.

Mit Eingaben an die Behörden wollten die Gründerinnen sich für die Verbesserung der rechtlichen, sozialen, beruflichen und politischen Stellung der Frauen einsetzen. Um diese Ziele zu verfolgen, brachten die Gründerinnen des BSF wichtige Voraussetzungen mit. Sie waren gut ausgebildet, verfügten über vertiefte Kenntnisse in Politik und Recht und sie waren geübte Organisatorinnen. Neben lokalen pflegten sie auch schweizerische und internationale Kontakte. Zudem hatten sie über verwandtschaftliche Beziehungen oder Bekannte Zugang zu wichtigen politischen Exponenten.

DIE MOBILISIERUNG GELINGT

Die Mobilmachung der Armee anlässlich des Ausbruchs des Ersten Weltkriegs hat auch die Frauen mobilisiert. Während Bertha Trüssel als Präsidentin des *Schweizerischen Gemeinnützigen Frauenvereins (SGF)* sich mit ihrem Aufruf an die angeschlossenen Vereine wandte und damit eine grosse Zahl von Frauen erreichen konnte, war der Einfluss des BSF eingeschränkter. Seine Mitglieder zählten eher zu den fortschrittlichen und auf Frauenrechte spezialisierten Frauenorganisationen und weniger zu denen, die auf gemeinnützige, karitative Arbeit ausgerichtet waren. Dank ihrer guten Vernetzung konnten die beiden Verfasserinnen des BSF-Aufrufes in der Stadt Zürich jedoch die wichtigen Exponentinnen der städtischen Frauenbewegung rasch an einen Tisch bringen. Die Historikerin Beatrix Mesmer sieht den Aufruf von Klara Honegger und Emmy Rudolph-Schwarzenbach, der zur Gründung der Zürcher Zentralstelle Frauenhilfe führte, in Konkurrenz zu demjenigen des SGF. Dieser «fühlte sich alleine stark genug», die kriegsbeding-

| ABB. 15 In den ersten Monaten ihres Bestehens ist die Zentralstelle Frauenhilfe beim Martha-Verein an der Stadelhoferstrasse 24 eingemietet. Der Martha-Verein gehört zu den ersten Kollektivmitgliedern der Frauenzentrale. Die Aufnahme stammt aus dem Jahr 1966. Das Haus wird 1980 abgetragen.

ten Aufgaben zu übernehmen, «der BSF dagegen versuchte das Konzept einer Zusammenfassung aller Vereine, dem er ja sein Entstehen verdankte, in der neuen Situation ein Stück weiterzubringen, indem er die Bildung von Lokalkartellen anregte».[24] Dass den Gründerinnen der Zentralstelle Frauenhilfe in Zürich die Schaffung eines solchen Kartells am Herzen lag, ist offensichtlich. Offenbar war die Konkurrenz zwischen den Vereinen in der Stadt Zürich kleiner als diejenige unter den beiden schweizerischen Dachorganisationen SGF und BSF. Dies äussert sich nicht zuletzt darin, dass die Zürcher Sektion des SGF im Gegensatz zur Dachorganisation damals schon Mitglied des BSF gewesen war. Zwischen dem Vorstand des BSF und demjenigen der Zentralstelle Frauenhilfe in Zürich bestand von Anfang an eine enge Verbindung. Zunächst einmal war sie durch Klara Honegger und Emmy Rudolph-Schwarzenbach sichergestellt.

| ABB. 16 Die Zeitschrift Frauenbestrebungen erscheint erstmals im Herbst 1903. Sie ist das offizielle Organ der Zürcher Union für Frauenbestrebungen. Sie versteht sich als Bindeglied und Kommunikationsmittel zwischen den verschiedenen Frauenorganisationen. Abgedruckt werden Jahres- und Tätigkeitsberichte verschiedener Frauenorganisationen sowie Artikel, die über die in- und ausländische Frauenbewegung berichten. Ein Schwerpunkt ist das Frauenstimmrecht. Ab 1913 wird vermehrt auch über die Friedensbewegung geschrieben. 1919 übernimmt die Frauenzentrale die Herausgabe der Zeitschrift. Gleichzeitig wird die verantwortliche Redaktion erweitert. Neben Klara Honegger gehören neu Emmi Bloch, die Sekretärin der Frauenzentrale, und Lina Erni, die Präsidentin der Union für Frauenbestrebungen, dazu. Im Dezember 1921 wird das Monatsblatt aus finanziellen Gründen eingestellt.

2_ MÜTZEN- UND ANDERE KOMMISSIONEN

Der Zentralstelle Frauenhilfe ist zu Ohren gekommen, dass die Militärverwaltung in Bern grosse Bestellungen von Militärmützen zu vergeben hat. An der erweiterten Bürositzung vom 21. Mai 1915 beschliessen die anwesenden Frauen, eine Offerte für 25 000 Mützen einzureichen. Gleich wird eine Mützenkommission eingesetzt und deren Mitglieder bestimmt. Im September 1915 sind schon rund 3000 Mützen abgeliefert worden. Der Stücklohn für eine Mütze beträgt 80 Rappen. Heimarbeit ist gesucht, sowohl von Frauen, deren Männer in die Armee eingezogen worden sind, wie auch von verwitweten und alleinstehenden Frauen.

Die Akquisition von Heimarbeitsaufträgen ist oft keine einfache Sache. In diesem Kapitel beschreiben wir, womit sich die Zentralstelle Frauenhilfe in den ersten Monaten ihres Bestehens befasste. An Ideen fehlte es ihr nicht, es stellt sich aber heraus, dass ihre Stärke eher im Koordinieren, Organisieren und Delegieren liegt als darin, eigene Projekte über längere Zeit selber durchzuführen.

IM DIENSTE DER ARMEE

Solche Gremien wie die Mützenkommission setzte der Vorstand der Zentralstelle für verschiedene Projekte ein. So gab es auch eine Kommission für Blusen – gemeint sind Militärhemden –, Handschuhe und Finken. Diese Gremien waren dafür zuständig, Aufträge für Militärkleidung zu akquirieren und dafür zu sorgen, dass die Arbeit durch die städtischen Frauenvereine an die interessierten Heimarbeiterinnen verteilt wurde.[1] Auftraggeber waren hauptsächlich das *Eidgenössische Militärdepartement* und das *Schweizerische Rote Kreuz*. Die Zusammenarbeit verlief nicht immer konfliktfrei. An der ersten Vorstandssitzung im Jahr 1916 wurde berichtet, es liege eine Anfrage aus Bern vor «für sofortige Lieferung einiger 1000 Paar Socken zum Preis von Fr. 2.20». Da beim damaligen hohen Wollpreis ein Paar Socken aber wenigstens auf Fr. 2.50 zu stehen kam, machte die Zentralstelle der *Kriegstechnischen Abteilung* den Vorschlag, sie solle die nötige Wolle liefern, während die Zentralstelle die Verarbeitung übernehme. Die Militärverwaltung in Bern lehnte diesen Antrag jedoch ab.

Trotz des niedrigen Preises beschloss die Zentralstelle, 350 Paar Socken zu liefern, vor allem um Frauen beschäftigen zu können. Gleichzeitig schrieb sie aber nach Bern, dass man für spätere Lieferungen wenigstens Fr. 2.50 verlangen müsse. Frau Hänggi berichtete im Vorstand zudem, dass der *Gemeinnützige Frauenverein Bern* dieselbe Anfrage erhalten habe. Die Bernerinnen hätten beschlossen, den Auftrag auszuschlagen, «da es ganz unkaufmännisch und ungerecht sei, wenn Frauenverbände dem Bund, der über genügend Mittel verfüge, unter Selbstkostenpreis liefere».[2] An der darauffolgenden Vorstandssitzung gab Sophie Glättli-Graf zu Protokoll, sie habe erfahren, dass die *Kriegstechnische Abteilung* den Zürcherinnen keine Socken-Aufträge mehr zukommen lassen werde. Hingegen habe sie einen Auftrag für 4000 Paar Socken zum Preis von Fr. 2.10 ins Emmental vergeben. Bertha Trüssel, die langjährige Präsidentin des *Schweizerischen Gemeinnützigen Frauenvereins,* werde sich informieren, unter welchen Bedingungen die Socken dort hergestellt würden.[3]

Wie dieses Beispiel zeigt, gehörte Wolle zu den Rohstoffen, die innert kurzer Zeit rar und teuer wurden. Ein Jahr nach Kriegsausbruch betrug die Teuerung bereits rund 20 Prozent.[4] Es erstaunt denn auch nicht, dass genau vorgeschrieben wurde, wieviel Material für ein Paar Socken gebraucht werden dürfe: «1 Paar Socken soll 110–135 gr. Gewicht haben, bei dicker Wolle kein Fächtli nötig, bei dünner erwünscht. Rohr kann etwas kürzer gehalten werden.»[5]

Neben den Aufträgen, die erfolgreich ausgeführt wurden, gab es auch Misserfolge. Als ein richtiger Tiefschlag erwies sich das Vorhaben, für die Armee zu waschen und zu flicken. Das zuständige Komitee berichtete, alle Frauenvereine klagten, dass sie zu wenig Arbeit hätten, da sich die Soldaten meistens ablehnend zeigen gegen die Abgabe von Wäsche. Im Kantonnement Rigiblick hatte es sogar Reklamationen gegeben, weil die Wäsche nicht gut getrocknet war, und der *Frauenverein Oberstrass* musste Socken ersetzen, weil diese durch das Waschen hart geworden waren.[6] | ABB. 17

HEIMARBEIT IST LEBENSNOTWENDIG

Obwohl die Frauen in der ganzen Schweiz Berge von Socken, Handschuhen, Hemden, Pulswärmern, Unterhosen, Mützen, Ohrenkappen, Nebelkappen, Lismern, Wäschesäcklein, Strohsäcken, Patronentragbändern und Gewehrputztäschchen für die Armee strickten und nähten, gab es eindeutig zu wenig bezahlte Arbeit. Heimarbeit suchten sowohl Frauen, deren Männer in die Armee eingezogen worden waren, wie auch alleinstehende und verwitwete Frauen, die ihre Erwerbsarbeit bei Kriegsausbruch verloren hatten. Die Soldaten, die durchschnittlich rund 500 Tage Dienst zu leisten hatten, erhielten weder eine Lohnausfallentschädigung, noch war für deren Familien eine Unterstützung vorgesehen. Die Situation verschärfte sich zudem durch die galoppierende Teuerung. Die Lebens-

Zentralstelle Frauenhilfe.
Das Bureau Stadelhoferstrasse 24 ist vom 4. Januar 1915 an wieder **täglich von 9—12 Uhr vormittags** geöffnet.
-34738*

haltungskosten hatten sich während des Kriegs im Durchschnitt verdoppelt, bei wichtigen Nahrungsmitteln und Kleidern war der Preisanstieg sogar noch höher.

Die Heimarbeit hat im Kanton Zürich eine lange Geschichte, sie war von jeher eng mit der Textilbranche verbunden. Produktionsort war der private Haushalt. Dadurch waren die Heimarbeiterinnen und Heimarbeiter der direkten Kontrolle der Arbeitgebenden entzogen und konnten den Arbeitsrhythmus selbst bestimmen. Diese Freiheiten waren jedoch nicht hoch zu veranschlagen, waren die Heimarbeitenden doch abhängig von Aufträgen, die oft in kürzester Zeit ausgeführt werden mussten. Vielmehr waren der Selbst- und Fremdausbeutung keine Schranken gesetzt. Typisch für die Heimarbeit waren neben langen Arbeitszeiten Kinderarbeit sowie schlechte Wohn- und Arbeitsverhältnisse. Die Löhne waren in der Regel tief.[7] Ein Versuch, neben der Fabrikarbeit auch die Heimarbeit gesetzlich zu regeln und damit einen minimalen Schutz für die Arbeiterinnen und Arbeiter zu erreichen, scheiterte 1920 in einer eidgenössischen Referendumsabstimmung.

MÄNNER PLANEN, FRAUEN FÜHREN AUS

Bei den Aufträgen für die Armee waren es jedoch nicht die Fabrikanten, welche die Arbeitsaufträge an die einzelnen Heimarbeiterinnen verteilten, sondern die Frauenvereine. In der Stadt Zürich gab es eine ganze Reihe solcher Vereine. Namentlich erwähnt sind in den Protokollen der Zentralstelle die Frauenvereine Oberstrass, Industriequartier, Wipkingen und Höngg. Weitere gab es in der Enge, in Hirslanden, Hottingen, Riesbach und Wiedikon.[8] Über die meisten dieser Vereine ist wenig bekannt. Viele von ihnen dürften schon im 19. Jahrhundert gegründet worden sein. Wie Beatrix Mesmer feststellt, wurden solche Frauenvereine immer dann gegründet, «wenn männliche Vereinigungen das zur Erreichung ihrer Ziele für notwendig erachteten, gleichgültig, ob es sich nun um Missionsgesellschaften oder Freimaurerlogen, christliche Kirchen oder jüdische Kultusgemeinden handelte. Die Frauen wurden unter Berufung auf Nächstenliebe oder Christenpflicht angeworben, um auszuführen, was die übergeordnete männliche Planung ihnen auftrug.»[9]

In den protestantischen Kantonen gehörten die Gemeinnützigen Gesellschaften zu den wichtigen sozialpolitischen Impulsgeberinnen. Diejenige im Kanton Zürich war 1829 gegründet worden. Obschon sie sich als politisch neutral bezeichnete, standen ihre Mitglieder in der Regel dem Freisinn nahe. Die Frauen ihrerseits kamen eher aus den Kirchgemeinden. So ist es weiter nicht erstaunlich, dass der Präsident des *Frauenvereins Enge* um 1914 ein Pfarrer war. Die Kasse wurde

| ABB. 17 Die Zentralstelle annonciert am 2. Januar 1915 im Tagblatt der Stadt Zürich nach den Feiertagen ihre Öffnungszeiten.

von seiner Frau geführt. Unter den weiteren Mitgliedern des Vorstands waren zwei Pfarrersgattinnen und die Frau eines Lehrers.[10]

Die Arbeitsbeschaffung für bedürftige Personen gehörte schon lange zu den Aufgaben von Frauenvereinen. Konkret ging es dabei etwa darum, Socken für die Armee zu stricken. Nachdem sich zunächst die Männer um die Aufträge gekümmert hatten, wurde gegen Ende des 19. Jahrhunderts der *Schweizerische Gemeinnützige Frauenverein* selbst aktiv und verhandelte nun direkt mit dem *Eidgenössischen Militärdepartement*. Die Möglichkeit, Heimarbeitsaufträge zur erhalten, veranlasste in der Folge viele Frauenvereine, sich den kantonalen Sektionen des 1888 gegründeten Dachverbandes anzuschliessen.[11]

Neben der Arbeitsbeschaffung gehörte auch die Krankenpflege zu den Arbeitsgebieten der Frauenvereine. So sah es zum Beispiel der *Frauenverein Enge* als eine seiner Hauptaufgaben an, «armen Wöchnerinnen Pflege und Unterstützung angedeihen zu lassen. Zwölf solchen Frauen spendeten wir Kindszeug und Bettwäsche oder stellten ihnen Gutscheine für Milch und Eier aus. Als besonders wohltätig wurde die Vermittlung einer Pflegerin während des Wochenbetts empfunden. Die meisten Familien wären sonst ausser Stande gewesen, eine solche aus eigenen Mitteln anzustellen.» Weiter kümmerte sich der Verein um Arme und Kranke, indem er ihnen Lebensmittel, Kleidungsstücke und Brennmaterial zukommen liess, oder er unterstützte ältere Frauen mit einem monatlichen Geldbetrag. Wohltätigkeit sollte aber nicht zum Nichtstun verführen: «Engherzig gingen wir dabei nicht vor; aber wir wollten doch auch nicht durch allzu reichliches Geben Nachlässigkeit, Trägheit und Liederlichkeit fördern.»[12]

Der *Frauenverein Enge* stand auch mit der Zentralstelle in Kontakt. Der Plan, für Soldaten zu waschen und zu flicken, scheiterte aber: «Auf Anregung der Zentralstelle für Frauenhilfe wollten die Frauenvereine in den verschiedenen Quartieren der Stadt das Flicken von Militärwäsche übernehmen. Uns wurde die Wäsche der im Albisgütli und in Leimbach stationierten Soldaten zugeteilt. Wir beabsichtigten, die Flickarbeiten von armen arbeitslosen Frauen ausführen zu lassen […]. Alles war gut vorbereitet, aber leider wurde uns keine Wäsche zugesandt, sodass die ganze Sache ins Wasser fiel.»[13]

KOCHREZEPTE, KOCHKISTEN UND KAKAO

Neben der Vermittlung von Heimarbeit beschäftigte sich die Zentralstelle von Anfang an mit hauswirtschaftlichen Fragen. Gleich in den ersten Kriegstagen stellte sie mit dem *Gemeinnützigen Frauenverein* eine kleine Rezeptsammlung zusammen. | ABB. 18 Diese sollte die Frauen unterstützen, sparsam, gesund und mit einheimischen Produkten zu kochen. In den ersten Kriegsmonaten beschäftigte sich der Vorstand der Zentralstelle mehrmals mit dem Vertrieb dieser Broschüre. Das

Rezepte

für zeitgemässe Gerichte mit Berücksichtigung der Kochkiste

aufgestellt und herausgegeben von der Haushaltungsschulkommission der Sektion Zürich des Schweiz. Gemeinnützigen Frauenvereins und der Zentralstelle „Frauenhilfe" Zürich.

Einleitung.

Der Ernst der Zeit gebietet uns Frauen mehr denn je, in der Wirtschaftsführung weise Sparsamkeit und Einschränkung zu beobachten. Wir müssen aber doch darauf bedacht sein, durch eine richtige und ausreichende Ernährung uns und unsere Familienglieder leistungsfähig für unsere Pflichten und widerstandsfähig gegenüber Krankheiten zu erhalten. Dabei haben wir Rücksicht zu nehmen auf die unserem Lande zur Verfügung stehenden Lebensmittel und Produkte. Wir müssen es uns angelegen sein lassen, durch sorgfältiges Garkochen der Speisen, durch Beobachtung der wichtigsten Ernährungsregeln, wie Regelmässigkeit in den Essenszeiten, gutes, gründliches Durchkauen der Speisen, die Nährstoffe möglichst gut auszunützen. Alkoholische Getränke, wie Wein, Bier etc. sollen keine Verwendung im Haushalt finden, weder als Zusatz zu Speisen, noch als Getränke. Sie sind kein Nahrungsmittel und ihr geringer Nährwert steht in keinem Verhältnis zu ihrem Preise.

Eine grosse Ersparnis an Brennmaterial und an Zeit für das Kochen liegt in recht ausgiebiger Verwendung der Kochkiste zum Garkochen der Speisen, wodurch auch die Schmackhaftigkeit und Verdaulichkeit der Gerichte noch wesentlich erhöht wird.

Die Zentralstelle „Frauenhilfe" in Zürich will mit der Herausgabe dieser Sammlung von Speisezetteln, Kochrezepten und einer Anleitung zur Herstellung einer Kochkiste den Hausfrauen an die Hand gehen, wie sie, unter Berücksichtigung unserer

---

Versandt per Nachnahme durch die Zentralstelle „Frauenhilfe", Stadelhoferstrasse 24, Zürich I: 1 Ex. à 10 Rp.; 20 Ex. à Fr. 1.—; 50 Ex. à Fr. 2.—; 100 Ex. à Fr. 3.50; 500 Ex. à Fr. 15.—; 1000 Ex. à Fr. 25.—.

| ABB. 18 Die von der Zentralstelle Frauenhilfe und vom Gemeinnützigen Frauenverein Zürich herausgegebene Rezeptsammlung wird in den ersten Kriegsmonaten in grosser Zahl vertrieben und mehrmals nachgedruckt. Ein Hauptanliegen dieser kleinen Broschüre ist es, die Kochkiste bekannt zu machen. An der Delegiertenkonferenz der Zürcher Frauenzentrale vom 5. Juli 1916 kündigt die Präsidentin Sophie Glättli-Graf an, es werde eine neue Sammlung vorbereitet, da die alte «durchaus nicht mehr zeitgemäss» sei. Wahrscheinlich meint sie damit, dass mittlerweile viele Lebensmittel nicht mehr verfügbar oder zu teuer sind.

Einzelexemplar kostete zehn Rappen, bei der Abnahme von grösseren Mengen waren tiefere Preise vorgesehen. Um sie an die Frauen zu bringen, wurden sie in Kommission gegeben, zunächst bei den Lebensmittel- und Konsumvereinen, dann bei weiteren Geschäften wie Globus oder Schwarzenbach, den alkoholfreien Wirtschaften, die laut Vorstandsprotokoll vom 7. Oktober 1914 gleich tausend Exemplare der Broschüre in Kommission genommen hatten. Insgesamt dürften im Laufe der Jahre mehrere tausend Exemplare dieser Rezeptsammlung vertrieben worden sein.

Die Broschüre bot auch Gelegenheit, gegen die Verarbeitung und den Konsum von Alkohol zu kämpfen: «Alkoholische Getränke, wie Wein, Bier etc. sollen keine Verwendung im Haushalt finden, weder als Zusatz zu Speisen, noch als Getränke. Sie sind keine Nahrungsmittel und ihr geringer Nährwert steht in keinem Verhältnis zu ihrem Preise.»[14] Mit dieser Bemerkung wurde der damals sehr aktiven Abstinenzbewegung Referenz erwiesen, die in Zürich in Hedwig Bleuler-Waser eine leidenschaftliche Vorkämpferin hatte. | ABB. 19 Sie war es auch, die im Vorstand der Zentralstelle Frauenhilfe für die Kochkiste warb, die «eine grosse Ersparnis an Brennmaterial und an Zeit» bringen würde. | ABB. 20, 21 Das Interesse an den Kochkisten flaute jedoch bald wieder ab, und an der Vorstandssitzung vom 18. Januar 1915 wurde protokolliert: «In Kochkisten geht nicht mehr viel, da die meisten Leute [damit] versehen sind.»[15]

Weitere hauswirtschaftliche Anliegen waren die Propaganda für die Herstellung von Dörrobst und für die Verwendung von Magermilch. | ABB. 22 Im Kakao-Ausschank sah der Vorstand die Möglichkeit, gleich zwei Anliegen zu verbinden. Zum einen konnte dafür die offenbar gewöhnungsbedürftige Magermilch verwendet werden, zum andern wurde damit die Idee der Schülerspeisung und der öffentlichen Volksküchen unterstützt. Die Kakaofrage wurde erstmals im Dezember 1914 erörtert: Nach vorläufigen Berechnungen «sollte es möglich sein, eine Tasse von 2 dz zu 5 cts abzugeben, wenn für die Kosten 6 cts gerechnet werden können. Für 2000 Portionen müssten pro Tag 20 fr dazugelegt werden.»[16] Zur Erledigung der Detailfragen sollte eine Kommission eingesetzt werden. Einen Monat später war die Kommission zwar noch nicht eingesetzt, trotzdem hatte das Pro-

| ABB. 19 **Hedwig Bleuler-Waser** (1869 Zürich – 1940 Zollikon) studiert in Zürich Literatur und Geschichte. Nach der Promotion ist sie bis zu ihrer Heirat Lehrerin an der Höheren Töchterschule in Zürich. 1901 heiratet sie den Psychiater Eugen Bleuler, den Direktor der Psychiatrischen Universitätsklinik Burghölzli. Im Jahr darauf gründet Hedwig Bleuler-Waser den Schweizerischen Bund abstinenter Frauen, als dessen Zentralpräsidentin sie bis 1921 amtiert. 1919 bis 1937 leitet sie zudem die Deutschschweizer Ortsgruppenvereinigung dieses Verbandes. Ab 1914 ist Hedwig Bleuler-Waser am Aufbau von alkoholfreien Soldatenstuben beteiligt. Im Winter 1917/18 ruft sie Frauenbildungskurse ins Leben. Neben ihrer Tätigkeit im Vorstand der Zürcher Frauenzentrale von 1914 bis 1918 engagiert sie sich im Bund Schweizerischer Frauenvereine sowie im Zürcher Verein für Mutter- und Säuglingsschutz. Daneben ist sie ein aktives Mitglied des Lesezirkels Hottingen, der damals im kulturellen Leben Zürichs einen wichtigen Platz einnimmt. Neben ihren sozialen, politischen und kulturellen Tätigkeiten verfasst sie zahlreiche kulturhistorische und literarische Werke.

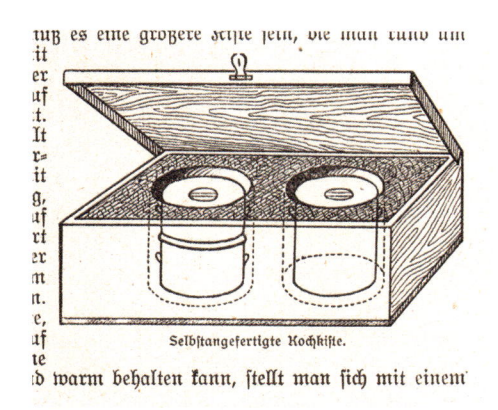

jekt der Zentralstelle Fortschritte gemacht: Die Kessel für das Kochen des Kakaos waren bestellt, eine Küche in einem Schulhaus, wo schon Suppe gekocht wurde, gefunden und Magermilch genügend vorhanden.

Am 1. Februar 1915 startete der Kakao-Ausschank. In der ersten Woche wurden im Schulhaus an der Kernstrasse und auf der Strasse im Kreis 3 bereits 1020 Liter – umgerechnet 4080 Tassen – ausgegeben. Der Vorstand beschloss, die Aktion auf Wipkingen auszudehnen, da dort ebenfalls grosse Not herrsche. Schliesslich waren vier Personen zu einem Tageslohn von Fr. 2.50 mit dem Kakaokochen beschäftigt. Am 1. April wurde der Ausschank des Wintergetränkes eingestellt. Neben der Witterung waren Lieferprobleme und die Teuerung ausschlaggebend: «Es wird nach u. nach schwieriger, Milch zu bekommen, auch der Kakao soll aufschlagen.»[17] Im November desselben Jahres beschloss der Vorstand der Zentralstelle, den Kakao-Ausschank nicht wieder aufzunehmen. Die Abrechnung, die Klara Honegger im März 1916 dem Vorstand vorlegte, wies ein Defizit von Fr. 64.10 aus, was dem Gegenwert von 1068 Kakaoportionen oder 26 Taglöhnen einer Kakaoköchin entsprach.[18] | ABB. 23

GEMÜSEBAUKURSE

Kaum war der Kakao-Ausschank gestartet, beschäftigte sich der Vorstand mit einem neuen Projekt: der Durchführung von Gemüsebaukursen. Vorgesehen war ein zehntägiger Kurs, verteilt auf das Frühjahr und die Sommermonate. Als geeigneter Ort für den Kurs wurde der Garten des Kantonsspitals oder derjenige der Pflegerinnenschule angeregt. | ABB. 24, 25 Eine geeignete Leiterin, Fräulein Gabathuler, war schnell gefunden. Zudem konnte die Präsidentin Sophie Glättli-Graf berichten, die Pflegerinnenschule sei «nicht abgeneigt, ihren Garten durch einen solchen Kurs bearbeiten zu lassen».[19] Uneinig war man sich über das Zielpublikum: «Frl. Rahn meint, es werde den Arbeiterfrauen kaum möglich sein, einen Kurs zu besuchen; sie können das Nötigste meist von selbst, für andere einen Kurs ein-

| ABB. 20 Dank Wärmeisolation können in der Kochkiste bereits erhitzte Speisen ohne weitere Energiezufuhr über einen Zeitraum von einigen Stunden weitergaren. Die Kochkiste entsteht Ende des 19. Jahrhunderts und verdankt ihre Verbreitung den Bemühungen, breiten Bevölkerungsschichten Möglichkeiten zum sparsamen Haushalten aufzuzeigen. Kochkisten waren vor allem in Kriegszeiten im Gespräch. Die Idee wird später von umwelt- und entwicklungspolitischen Kreisen wieder aufgenommen.

| ABB. 21 Die Zentralstelle wirbt nicht nur mit ihrer Rezeptsammlung für die Kochkiste, sondern macht dafür mit Inseraten Propaganda wie beispielsweise am 2. September 1914 im Tagblatt der Stadt Zürich.

Die Delegierten von Aarburg findet Sonntag
den 27. April, im Ludwigshof statt. Vorschläge
von Mitgliedern sind an H. Hausy noch zu
richten. — Frau Rudolph's Frage ob ev. Be-
sprechungen statt werden könnten in der
Augsburg abgehalten werden können, wird
bejaht.

Frl. Honegger verlest die Abrechnung.
Sie schliesst mit einem Aktiv Saldo von
Fr. 4452.50, der, nach allgemeiner
Bestimmung, dem Frauen Sekretariat zu-
gewiesen wird.

Ausgaben
Arbeitslöhne   2348.—
Generalunkosten   674.65
Defizit Cacaoverkauf   64.10
Naturalien   242.45

Einnahmen   25.983.83
Ausgaben   21.526.27
                4452.50

Einnahmen an Geschenken   10.546.53
   „   die Sammelbüchsen   179.85
   „   Zinsen   270.25
   „   Broschüren   274.65

Schluss der Sitzung 5 Uhr 15.

zurichten, ist nicht Sache der Frauenhilfe.»[20] Fräulein Gabathuler war allerdings der Meinung, «dass gerade diese Frauen nicht wissen, wie richtig u. nutzbringend gepflanzt werden muss u. dass es richtig wäre, es zu lernen».[21] Schliesslich wurde die Durchführung des Kurses einstimmig beschlossen und das Kursgeld auf fünf Franken festgesetzt. Eine Kommission sollte die weiteren Detailfragen klären. Nachdem der Kurs bei verschiedenen nahestehenden Vereinen, im *Volksrecht*, im *Grütlianer*, im *Tagesanzeiger* und in den *Zürcher Nachrichten* angekündigt worden war, hatten sich bis zum 15. Februar bereits fünfzehn Frauen angemeldet. Der Vorstand beschloss gleichentags, einen zweiten Kurs auszuschreiben. Solche Gemüsebaukurse wurden danach während einiger Jahre durchgeführt. | ABB. 26

| ABB. 22 Arbeiterkinder vor den Vereinigten Molkereien an der Feldstrasse in Zürich-Aussersihl. Sie stehen an, um verbilligte Magermilch zu kaufen. Das Bild stammt aus dem Jahr 1918.

| ABB. 23 An der Vorstandssitzung vom 18. März 1916 stellt Klara Honegger als Kassierin die Abschlussrechnung der Zentralstelle Frauenhilfe vor. Ausgewiesen werden unter anderem das Defizit des Kakaoverkaufs und der Aufwand für die Gemüsebaukurse. Die Rechnung schliesst mit einem Überschuss von 4452.50 Franken. Dieser Betrag soll für das Sekretariat der künftigen Frauenzentrale verwendet werden.

| ABB. 24 Der Schweizerische Gemeinnützige Frauenverein eröffnet 1901 in Zürich die Pflegerinnenschule – im Volksmund wird sie die Pflegi genannt. Sie gehört zu den Pionierinnen in Sachen Frauenbildung und Professionalisierung der Pflegeberufe. Der Ausbildungsstätte ist eine Frauenklinik angegliedert. Das Bild zeigt eine Diplomfeier. Die Pflegerinnenschule stellt der Zentralstelle Frauenhilfe Land für ihre Gemüsebaukurse zur Verfügung. 1998 wird die Pflegi im Rahmen der kantonalen Spitalplanung geschlossen.

ARMENPFLEGE

Ein weiteres Thema, das in den Vorstandsprotokollen der Zentralstelle Frauenhilfe in den ersten Monaten regelmässig zur Sprache kam, war die Armenpflege – später als Fürsorge und heute als Sozialhilfe bezeichnet. Dabei ging es meist um Informationen über die Tätigkeiten der sogenannten *Freiwilligen und Einwohnerarmenpflege*. Zweck dieses Ende des 19. Jahrhunderts gegründeten Vereins war die Unterstützung von armen Personen, welche nicht Bürgerinnen und Bürger der Stadt waren. Diese waren in der Stadt nicht anspruchsberechtigt, da nach kantonalem Recht die Heimatgemeinden für ihre Armen zuständig waren. Eine solche Regelung galt in den meisten Kantonen noch bis in die 1920er Jahre und stand im Widerspruch zu der seit dem 19. Jahrhundert stark zunehmenden Mobilität der Bevölkerung.

Armenpflegevereine gab es vielerorts. Derjenige der Stadt Zürich war gemäss dem *Handwörterbuch der Schweizerischen Volkswirtschaft, Socialpolitik und Verwaltung* besonders mächtig.[22] Getragen wurde er durch Spenden des wohlhabenden städtischen Bürgertums und von kirchennahen Kreisen. Zu seinen Mitgliedern zählten auch eine Reihe von den Vorstandsfrauen der Zentralstelle Frauenhilfe oder deren Ehemänner.[23] Der private Verein erhielt auch städtische Subventionen. Normalerweise befasste er sich mit Einzelfallhilfe und empfahl den zuständigen städtischen Ämtern, welche Massnahmen zu vollziehen seien. Damit war dieses Gremium indirekt verantwortlich für Ausschaffungen, Einweisungen in Heime bis hin zu Kindswegnahmen.[24] Mitte August 1914 wurde der Verein noch einflussreicher, indem ihm der Zürcher Stadtrat die Verantwortung für die kriegsbedingte Hilfstätigkeit übertrug. Für diese Aufgabe wurde eine Spezialkommission eingesetzt, der als Vertreterin der Zentralstelle Frauenhilfe Emmy Rudolph-Schwarzenbach angehörte. Sie orientierte im Vorstand vor allem über zwei Themen: die Unterstützung von zahlungsunfähig gewordenen Mieterinnen und Mietern und die Zuschüsse an Familien in Notlage. Mitte März 1915 konnte sie im Vorstand mitteilen, die Arbeitsverhältnisse hätten sich entschieden gebessert und die Auslagen für die Kriegsnotunterstützung würden zurückgehen. Bald darauf wurden die Sitzungen dieser Spezialkommission der *Freiwilligen und Einwohnerarmenpflege* eingestellt.

| ABB. 25 **Anna Heer** (1863 Olten – 1918 Zürich) kann dank Förderung durch ihren Pflegevater Medizin studieren. 1889 eröffnet sie in Zürich eine gynäkologische Praxis. Als erste Frau in der Schweiz ist sie auch als Chirurgin tätig. Sie setzt sich ein für die Professionalisierung der Krankenpflege und gewinnt dafür die Unterstützung des Schweizerischen Gemeinnützigen Frauenvereins. Nach der Eröffnung der Pflegerinnenschule in Zürich ist sie dort bis zu ihrem Tod als Chefärztin und Lehrerin tätig. 1909 gründet sie den Krankenpflegeverband Zürich und ein Jahr später den Schweizerischen Krankenpflegebund, dem sie bis 1916 vorsteht. Anna Heer engagiert sich bei der Zentralstelle Frauenhilfe. Nach der Gründung wird sie Mitglied der Zürcher Frauenzentrale.

DER ELAN LÄSST NACH

Wie die ausgewählten Beispiele zeigen, hat die Zentralstelle Frauenhilfe in den ersten Monaten ihres Bestehens zahlreiche Aktivitäten entfaltet, mit mehr oder weniger Erfolg. So konnte sie zwar Heimarbeitsaufträge akquirieren, wenn auch bei weitem nicht ausreichend. Mit dem Kakao-Ausschank bediente sie im ersten Kriegswinter eine Nachfrage, trotzdem wurde das Projekt im darauffolgenden Winter nicht wieder aufgenommen. Erfolgreicher waren die Gemüsebaukurse, die über mehrere Jahre durchgeführt wurden. Bei der Armenpflege beschränkte sich ihre Rolle auf diejenige einer Informationsmultiplikatorin. Ihre Aufgabe sahen die Vorstandsfrauen in der Regel im Koordinieren, Organisieren und Delegieren von Aufgaben und weniger darin, selbst Hand anzulegen. Die Historikerin Beatrix Mesmer vertritt sogar die Meinung, dass es die Zentralstellen für die Bewältigung der Kriegsprobleme gar nicht gebraucht habe. Denn «an sich wäre es durchaus möglich gewesen, auch die mit dem Kriegsausbruch anfallenden neuen Probleme [...] nach dem bisherigen System zu bewältigen, wie das an den meisten Orten ja auch geschehen ist».[25] Mit dem «bisherigen System» sind vor allem die gemeinnützigen Frauenvereine angesprochen. Es trifft tatsächlich zu, dass sich die Zentralstelle in Zürich mit der Heimarbeit, mit hauswirtschaftlichen Themen und dem Gemüsebau in einem Feld bewegte, das bis anhin vor allem von den gemeinnützigen Frauenvereinen bearbeitet worden war.

Liest man die Protokolle der ersten Monate, so lassen sich neben einem gewissen Aktivismus auch bald einmal Ermüdungserscheinungen feststellen. Ein Indikator dafür ist die Sitzungshäufigkeit des Vorstandes. Tagte der Vorstand der Zentralstelle bis im November 1914 mindestens alle zwei Wochen, so wurden die Sitzungen ab Dezember des ersten Kriegswinters deutlich seltener. Zwar regte Sophie Glättli-Graf im Januar 1915 an, die Sitzungen des Vorstandes wieder alle vierzehn Tage abzuhalten. Das wurde aber nur bis im April so gehalten. Danach finden in diesem Jahr gerade noch vier Sitzungen statt. Man darf jedoch nicht vergessen, dass die Hauptarbeit in den vom Vorstand eingesetzten Kommissionen geleistet wurde. Aufgrund der vorliegenden Unterlagen muss offen bleiben, ob den Vorstandsfrauen nach und nach die Ideen ausgegangen sind, ob andere

| ABB. 26 **Dora Staudinger-Förster** (1886 Halle – 1964 Wetzikon) kommt mit ihrem Mann nach Zürich, als er 1912 eine Professur an der ETH übernimmt. Sie engagiert sich in der religiös-sozialen Bewegung als enge Mitarbeiterin von Leonhard Ragaz. Mit seiner Frau Clara Ragaz wird sie in der Frauenfriedensbewegung aktiv. Ihr Interesse gilt auch der Genossenschaftsbewegung. In den 1920er Jahren wird sie als erste Frau in den Vorstand der allgemeinen Baugenossenschaft gewählt. Daneben ist sie als Sozialarbeiterin in der Mütter- und Säuglingsberatung tätig. In den Protokollen der Zentralstelle und später der Frauenzentrale taucht sie zwischen 1914 und 1919 mehrmals auf. Zunächst erledigt sie die schriftlichen Arbeiten für die Gemüsebaukurse, später orientiert sie über den sozialen Wohnungsbau. Sie bleibt noch für einige Jahre Mitglied der Frauenzentrale. Schliesslich begegnen wir ihr in den Protokollen ab 1937 wieder. Mittlerweile ist sie Mitglied der Kommunistischen Partei. Die Vorbehalte des Vorstandes der Frauenzentrale gegenüber Dora Staudinger sind daher gross. Im Jahr 2005 wird im Stadtteil Affoltern eine Strasse nach ihr benannt.

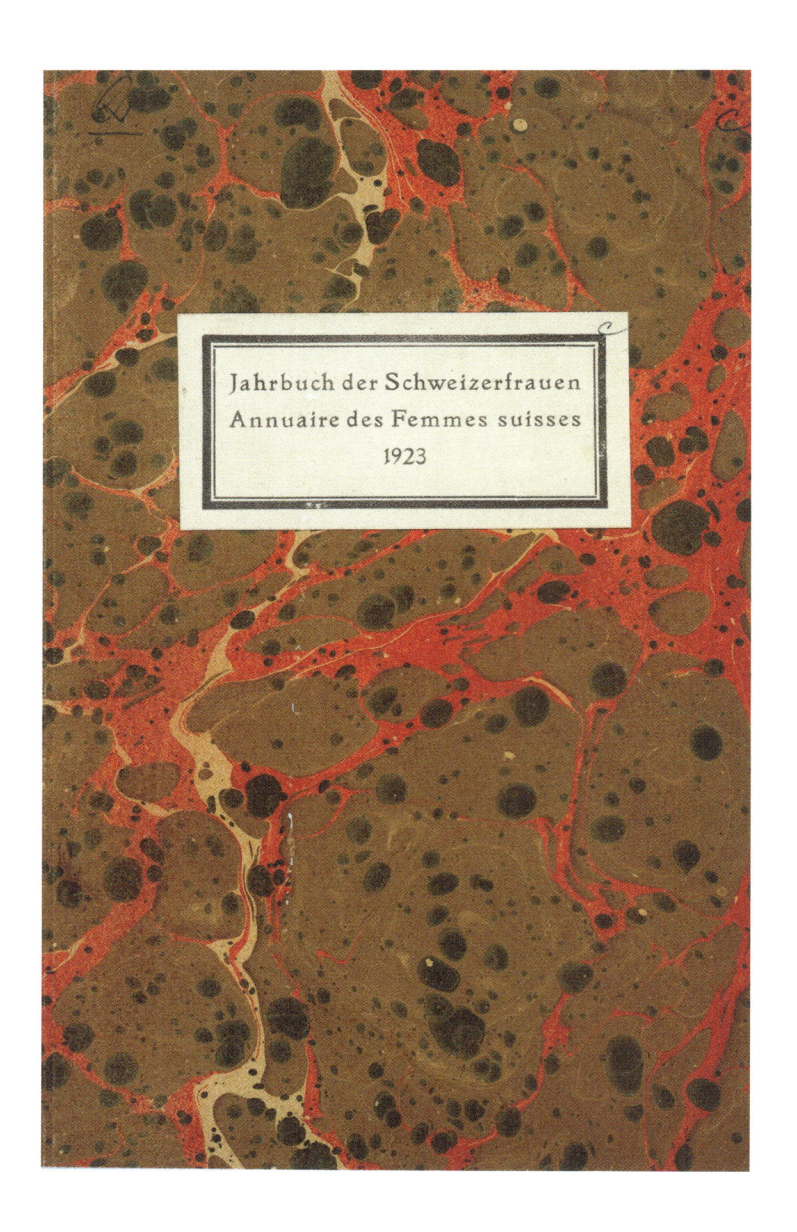

an ihrer Stelle die Probleme gelöst haben oder ob sich die Versorgungslage im Verlauf des Jahres 1915 in der Stadt Zürich tatsächlich verbessert hat und sie deshalb für die Kriegsnothilfe gar nicht mehr gebraucht wurden. | ABB. 27

| ABB. 27 Das Jahrbuch der Schweizerfrauen erscheint erstmals 1915, herausgegeben von der Sektion Bern des Schweizerischen Verbandes für Frauenstimmrecht. Es beschäftigt sich mit Grundsatzfragen der bürgerlichen Frauenbewegung und enthält jeweils eine Chronik der laufenden frauenpolitischen Ereignisse im In- und Ausland. Im Jahr 1944 fusioniert das Jahrbuch mit dem Schweizerischen Frauenkalender. Dieser ist schon etwas älter als das Jahrbuch und befasst sich vor allem mit dem literarischen und künstlerischen Schaffen von Frauen.

3_ EIN NEUANFANG
UND EIN NEUER NAME

Im Januar 1916 wendet sich der Vorstand der Zentralstelle Frauenhilfe mit einem Brief an die Zürcher Frauenorganisationen: «Geehrte Frau, schon längst haben die Mitarbeiterinnen der Frauenhilfe das Bedürfnis einer Reorganisation unserer Centralstelle empfunden und den Wunsch geäussert, es möchte ihr in irgend einer Form ein Weiterbestehen, ja mehr noch eine Weiterentwicklung möglich gemacht werden. Über die Notwendigkeit einer Centralstelle in ihrer heutigen Form kann man im Zweifel sein, wenn man die Leistungen derselben im zweiten Kriegswinter in's Auge fasst; sie erhält aber ihre volle Berechtigung, sobald man ihr eine neue Form und neue Aufgaben gibt, die auch in normalen Zeiten von den vereinigten Frauenvereinen besser gelöst werden können als von einzelnen.»[1] Bereits am 23. Februar 1916 findet eine erste Zusammenkunft der Vereinsvertreterinnen statt.

Die Krise der Zentralstelle Frauenhilfe, die sich im Verlauf des Jahres 1915 abzeichnete, war den Vorstandsmitgliedern also nicht verborgen geblieben. Im Folgenden geht es um die Überführung der Zentralstelle Frauenhilfe in die Zürcher Frauenzentrale. Wir werfen einen Blick auf die Vereinsgründung, die Organisation und ihre ersten Projekte.

PLÄNE FÜR EINE FRAUENZENTRALE
Die Idee der Gründung einer Frauenzentrale war im Vorstand bereits im Sommer 1915 diskutiert worden. So richtig in Schwung kam sie aber erst Ende des Jahres, als die Präsidentin Sophie Glättli-Graf ihre Vorstellungen konkretisierte: Sie schlug vor, einen Verein zu gründen und zweimal wöchentlich Sprechstunden anzubieten. Hier sollten Interessierte über Frauenorganisationen, Fürsorgestellen und die Vermittlung von Heimarbeit Auskunft einholen können. Vorgesehen war auch die Organisation von Vorträgen für die Mitglieder. Die Zentralstelle Frauenhilfe sollte «im geistigen Sinn weiter bestehen u. ein Band für die Frauenvereine sein».[2]

> Konstituierende Sitzung
> der
> ZÜRCHER FRAUENZENTRALE
> Donnerstag, 27. April 1916, nachmittags 2½ Uhr
> im Zwinglisaal, Glockenhaus, Sihlstrasse 33
>
> TRAKTANDEN:
> 1. Statuten.
> 2. Wahlen.
> 3. Rechtsnachfolge der Zentralstelle Frauenhilfe.
> 4. Bericht der Studienkommission für das Sekretariat.
> 5. Bericht über die Vorarbeiten für den Laden etc.
> 6. Verschiedenes.
>
> Zu dieser Sitzung sind die Vertreterinnen der Frauenvereine und alle diejenigen, die sich für die Frauenzentrale interessieren, freundlich eingeladen.

Die Vorstellungen von Emmy Rudolph-Schwarzenbach gingen weit über die Ideen der Präsidentin hinaus. Ihr Ziel war, «die Frauenbewegung zu fördern». Sie regte die Gründung einer eigentlichen Frauenzentrale an mit einer Geschäftsstelle in zentraler Lage, einer Teestube, einer Bibliothek sowie Sitzungszimmern, Ausstellungs- und Depoträumen für den Verkauf von «Wäsche und einfachen Kleidern […] sowie von kunstgewerblichen und künstlerischen Gegenständen, Stickereien, Spezialitäten in Konfekt und Bonbons und Heimarbeitsartikel der ganzen Schweiz».[3] Weiter regte sie an, eine Berufsberatungsstelle einzurichten und Vortragszyklen zu entwickeln. Die Anwesenden waren von den Ausführungen Emmy Rudolph-Schwarzenbachs begeistert und beschlossen, die Zürcher Frauenorganisationen mit dem oben erwähnten Schreiben zu informieren.

Am 23. Februar 1916 kamen 22 Vertreterinnen der kontaktierten Vereine im *Olivenbaum* zusammen, um sich über das Projekt auszutauschen. In ihrem Eingangsreferat betonte Emmy Rudolph-Schwarzenbach, dass die Frauenzentrale den bestehenden Vereinen nicht ins Handwerk pfuschen wolle, «sondern neue Aufgaben lösen möchte, die vielleicht weniger auf dem Felde der Wohltätigkeit als auf volkswirtschaftlichem und kaufmännischem Gebiet liegen».[4] Für die Vernetzung und den Erfahrungsaustausch sah die Referentin regelmässige Konferenzen unter der Leitung der Frauenzentrale vor. Die Ausführungen wurden von den Anwesenden gut aufgenommen.

DIE GRÜNDUNGSVERSAMMLUNG

Die konstituierende Sitzung der Zürcher Frauenzentrale fand am Donnerstag, 27. April 1916 nachmittags im Glockenhaus an der Sihlstrasse statt. [ABB. 28, 29] Anwesend waren die Vertreterinnen von vierzehn Vereinen sowie neunzehn Einzelpersonen. Als erstes wurde der Statutenentwurf verlesen und diskutiert. Der Zweckartikel war sehr offen formuliert: «Die Zürcher Frauenzentrale bezweckt den Zusammenschluss zürch. Frauenvereine und einzelner Frauen zu gegenseitiger Anregung und zur Förderung gemeinsamer Interessen.»[5] Anlass zu Diskussionen gab lediglich die Höhe des Jahresbeitrages für Einzelmitglieder: Zehn Franken wurden von einigen als zu hoch bewertet, von der Mehrheit der Anwesenden jedoch unterstützt. Anschliessend wurde der Vorstand gewählt. Ihm gehörten Sophie Glättli-Graf als Präsidentin sowie Hedwig Bleuler-Waser, Fräulein Bloch, Maria Fierz, Klara Honegger, Johanna Schärer sowie Gertrud Mousson an. Neu dabei

| ABB. 28 Einladungskarte zur konstituierenden Sitzung der Zürcher Frauenzentrale am 27. April 1916.

waren Maria Fierz und Fräulein Bloch. |ABB. 30 Bei Letzterer handelte es sich wahrscheinlich um Emmi Bloch, von der gleich noch die Rede sein wird. Die anderen Namen sind aus den Anfängen der Zentralstelle Frauenhilfe schon bekannt. Die personelle Kontinuität entsprach der formellen: Die Frauenzentrale übernahm die Rechte und Verpflichtungen der Zentralstelle Frauenhilfe. |ABB. 31

DIE VEREINSORGANE

Dass sich die Zürcher Frauenzentrale als Verein konstituierte, entsprach dem damaligen Usus. Seit dem 19. Jahrhundert war der Verein in der Schweiz die Rechtsform, die in der Regel gewählt wurde, um spezifische Interessen zu organisieren. Dementsprechend gab es Vereine mit den unterschiedlichsten Zwecksetzungen. Gegen Ende des 19. Jahrhunderts soll es in der Schweiz mindestens 30 000 Vereine gegeben haben und hundert Jahre später sogar um die 100 000.[6] Wie bereits festgestellt, gehörten auch die Frauen zu den eifrigen Vereinsgründerinnen. Waren es zunächst vor allem Vereine mit gemeinnützigen, karitativen oder ethisch-moralischen Zwecken, so entstanden im letzten Viertel des 19. Jahrhunderts zunehmend auch Vereine, die sich hauptsächlich für die rechtliche, soziale, berufliche und politische Besserstellung der Frauen einsetzten.

Als Organe der Frauenzentrale sahen die Statuten von 1916 neben dem Vorstand die vierteljährlich stattfindenden Delegiertenkonferenzen vor. Der Vorstand

| ABB. 29 Die konstituierende Sitzung der Frauenzentrale findet im Glockenhaus an der Sihlstrasse 33 statt. Der Christliche Verein Junger Männer CVJM erwirbt das Grundstück in den Jahren vor dem Ersten Weltkrieg und baut dort sein Zentrum sowie das Hotel Glockenhof. Das Glockenhaus dient verschiedenen Kollektivmitgliedern der Frauenzentrale als Treffpunkt. Dazu gehören der Schweizerische und der Zürcher Frauenverein zur Hebung der Sittlichkeit oder der Krankenpflegerinnenverband. Auch die Soziale Frauenschule nutzt seine Räume. Eine ganze Reihe von Einzelmitgliedern der Frauenzentrale ist zumindest bis in die 1940er Jahre mit dem CVJM eng verbunden. Der Glockenhof und das Glockenhaus sind Teil der gleichen Überbauung.

war befugt, Kommissionen einzusetzen. Von diesem Recht machte er sogleich Gebrauch: An der ersten Delegiertenkonferenz im Juli 1916 stellte er eine Kommission für das Sekretariat, eine weitere für die Heimarbeit und eine dritte für den Laden und die Teestube vor. Diese Gremien standen unter der Leitung von Marta von Meyenburg, Fanny Bertheau-Fierz und Emmy Rudolph-Schwarzenbach. Nach ein paar Monaten kamen die Dienstlehrstellenkommission und die hauswirtschaftliche Kommission hinzu.

DAS HERZSTÜCK DER FRAUENZENTRALE

Die Sekretariatskommission begann gleich mit der Planung der Geschäftsstelle. Unterstützt von freiwilligen Helferinnen baute sie eine Kartei mit umfassenden Informationen über frauenrelevante Themen auf. Gleichzeitig suchte sie eine Sekretärin, zunächst informell, dann per Inserat in der *Neuen Zürcher Zeitung*. | ABB. 32 Die eingereichten achtzig Bewerbungen wurden aber alle als ungeeignet betrachtet. Die Lösung des Problems wurde schliesslich in der Person von Emmi Bloch gefunden. Die Sekretariatskommission beurteilte sie als ideale Besetzung: «Sie bewährte sich an jedem Posten & ist speziell für organisatorische Arbeiten ausgezeichnet.» Bedenken hatte die Kommission einzig wegen ihrer jüdischen und ursprünglich deutschen Herkunft. Die «überaus gute Vorbildung» machte jedoch diese Nachteile wett.[7] Der Vorstand war einverstanden und Emmi Bloch wurde mit einem Beschäftigungsgrad von 75 Prozent und einem Monatssalär von 200 Franken angestellt. | ABB. 33

Zu ihren Hauptaufgaben gehörten die Sprechstunden, die für die Ratsuchenden unentgeltlich waren. Das Spektrum der Anliegen war breit: Es ging um Bildungsangelegenheiten und Unterkunftsverhältnisse, um Auskünfte über billige Kurorte und Erholungsheime; Arbeitsmöglichkeiten und freiwillige Hilfskräfte wurden vermittelt und auch die Berufsberatung wurde stark in Anspruch genommen.[8] Über diese Beratungen wurde eine Statistik geführt. Schon im ersten Monat nach Eröffnung hatten 119 Ratsuchende die Sprechstunde aufgesucht, im März

| ABB. 30 **Maria Fierz** (1878 Richterswil – 1956 Oberrieden) gehört zu den Gründerinnen der Zürcher Frauenzentrale und ist – mit einem Unterbruch in den 1930er Jahren – von 1917 bis 1944 deren Präsidentin. Als junge Frau absolviert sie zusammen mit Mentona Moser in der Londoner Settlement-Bewegung eine Ausbildung zur Sozialarbeiterin. Anschliessend ist sie in Zürich für den Gemeinnützigen Frauenverein tätig und macht ein Praktikum bei der städtischen Einwohnerarmenpflege. 1908 führt sie mit Mentona Moser den ersten Fürsorgekurs für Frauen durch. Zusammen mit Marta von Meyenburg gründet Maria Fierz 1920 in Zürich die Soziale Frauenschule. Sie gehört bis 1948 dem Schulvorstand an. Alarmiert durch den Frontenfrühling initiiert sie mit anderen Exponentinnen der Frauenbewegung die Arbeitsgemeinschaft Frau und Demokratie. Als deren Präsidentin organisiert sie staatskundliche Vorträge und Tagungen. Von 1935 bis 1940 ist sie Vorstandsmitglied des Bundes Schweizerischer Frauenvereine. Ihre Hauptinteressen gelten sozialen Fragen, der politischen Gleichberechtigung und dem Pazifismus. Sie steht dem religiösen Sozialismus nahe.

nennen. — Schluss der Sitzung 5 ¾ Uhr.

Konstituirende Sitzung der Zürcher
Frauenzentrale 27. April (Zwinglisaal)
Fr. Gl. eröffnet die Sitzung und spricht ihre Freude
aus über die zahlreiche Beteiligung an derselben.
Das Protokoll der Sitzung vom 23. Feb. wird verlesen u. genehmigt. Fr. Gl. teilt hierauf mit,
dass nach der letzten Sitzung Frl. Honegger, Frl.
Schärer u. Fr. Dr. Bleuler beauftragt wurden
einen Statutenentwurf zu machen; derselbe
wird von Frl. Honegger vorgelegt werden. Sodann
wurde eine Studienkommission für das Sekretariat ernannt bestehend aus Fr. Gl. Frl. v. Mzbg.
Frl. Bloch p Frl. Monsson. Frl. Eberhard konnte
sich leider wegen Abwesenheit nicht daran
beteiligen. Diese Kommission hat in zwei
Sitzungen ein Arbeitsprogram für das Sekretariat besprochen, das in kurzen Zügen
von Frl. v. Mzbg. Ihnen heute noch vorgelegt
wird. — Der Aufforderung der Fg. beizutreten

Sekretärin

gesucht. Verlangt werden: Gute Allgemeinbildung, geschäft-
liche Erfahrung und Gewandtheit; erwünscht Kenntnisse auf dem
Gebiet der sozialen Fürsorgearbeit.
Für tüchtige Kraft selbständiger Wirkungskreis. Offerten
mit Angabe der bisherigen Tätigkeit und Referenzen unter
Chiffre C 6103 an die Annoncen-Abteilung der **Neuen Zürcher
Zeitung.** [5673c]

| ABB. 31 Auszug aus dem Protokoll der konstituierenden Sitzung der Zürcher Frauenzentrale. Die Kontinuität zwischen der Zentralstelle Frauenhilfe und der Frauenzentrale zeigt sich unter anderem daran, dass man im Protokollheft der Zentralstelle für die Gründungssitzung nicht einmal auf einer neuen Seite beginnt. Bei der zu Beginn erwähnten Fr. Gl. handelt es sich um Sophie Glättli-Graf.

| ABB. 32 Im Juni 1916 sucht die Frauenzentrale eine geschäftsführende Sekretärin. Höchst wahrscheinlich handelt es sich bei dem hier abgebildeten Inserat um die Ausschreibung dieser Stelle. Es melden sich über 80 Interessierte. Die Sekretariatskommission findet darunter keine geeignete Person.

1917 waren es 190. Dieses Angebot erfüllte offensichtlich ein Bedürfnis: Im Berichtsjahr 1917/18 kamen insgesamt über 2000 Personen in die Nachmittagssprechstunden der Frauenzentrale und zehn Jahre nach der Eröffnung wurden fast 5500 Ratsuchende gezählt.[9]

Die wichtigste Aufgabe der Sekretärin, neben der Beratungstätigkeit, war die Erledigung der laufenden Geschäfte der Frauenzentrale: Korrespondenz führen, Kursanmeldungen entgegennehmen, Eintrittskarten für Veranstaltungen und Broschüren verkaufen sowie die Bibliothek betreuen. Dabei erhielt Emmi Bloch Unterstützung durch freiwillige Hilfskräfte und Schülerinnen der Fürsorgekurse. Zwei Jahre später wurden zwei weitere Frauen fest angestellt.[10]

DIE ERSTEN PROJEKTE

Zu den Projekten der ersten Jahre – Gründungen oder Werke genannt – gehörten die Näh- und Flickstuben, die Wärme- und Arbeitsstuben, die *Verkaufsgenossenschaft Spindel* und die *Baugenossenschaft Lettenhof* mit Wohnungen für alleinstehende Frauen. | ABB. 34, 35 Es war die Idee von Emmy Rudolph-Schwarzenbach, ein Verkaufslokal einzurichten. Der Beschluss fiel bereits an der Gründungsversammlung, und zwei Monate später wurde die sogenannte Verkaufsgenossenschaft gegründet. Ziel war es, ein «gut assortiertes Lager von Waren» aufzubauen. Emmy Rudolph-Schwarzenbach sah sich bei Kunstgewerblerinnen in Bern und in der Westschweiz um und Fanny Bertheau reiste in der gleichen Sache nach Basel. Der Plan der Verkaufsgenossenschaft stiess überall auf gute Aufnahme, und bald darauf wurden rund hundert Kunstgewerblerinnen schriftlich angefragt, welche Art von Gegenständen sie künftig der Verkaufsstelle zur Verfügung stellen möchten. Um die Qualität zu garantieren, wurden für Textil- und Metallarbeiten, Keramik, Lederbuchbinderei und Grafik Jurys vorgesehen, welche die Arbeiten beurteilen sollten. Mehr Sorgen machten sich die Genossenschafterinnen um die Qualität der Heimarbeitsprodukte: «Hier werden gute Muster gekauft werden müssen und die Heimarbeiterinnen müssen zu deren Vervielfältigung herangebildet werden.»[11] Dem Verkaufslokal angegliedert war auch das Projekt Teestube.

Für die Finanzierung der Verkaufsgenossenschaft wurden 600 Anteilscheine herausgegeben. | ABB. 36 Das erste Viertel war rasch gezeichnet, doch dann ging es nur noch stockend voran. Emmy Rudolph-Schwarzenbach bemühte sich, der irrigen Meinung entgegenzutreten, die Verkaufsstelle sei eine Konkurrenz für die

| ABB. 33 **Emmi Bloch** (1887 Zürich – 1978 Uerikon) ist die erste geschäftsführende Sekretärin der Zürcher Frauenzentrale. Sie besetzt diese Stelle von 1916 bis 1930. Vorher hat sie eine Handelsschule besucht, als Weissnäherin in der Fabrik ihres Vaters mitgearbeitet, den Fürsorgekurs absolviert und als erste Leiterin der städtischen Tuberkulosenfürsorge gearbeitet. Ihr Interesse gilt der weiblichen Berufsbildung und Berufsarbeit. 1923 beteiligt sie sich am Aufbau der Zentralstelle für Frauenberufe. Von 1921 bis 1942 ist sie Präsidentin des Zürcher Berufsvereins Sozialarbeitender und redigiert bis 1961 auch dessen Mitteilungsblatt. Nach ihrer Zeit bei der Frauenzentrale ist sie vorwiegend journalistisch tätig. Von 1934 bis 1943 ist sie Redaktorin des Schweizerischen Frauenblatts.

Zürcher Geschäfte: «Da gute Löhne bezahlt werden sollen, wird die V.Z.F. keinesfalls billiger als andere Geschäfte ihre Waren absetzen können.» Auch die Teestube sei kein neues Vergnügungslokal, sondern «im Gegenteil ein Zufluchtslokal für diejenigen, denen das Getriebe in den Cafés und Conditoreien unsympathisch» sei.[12] Von Anfang an war die Verkaufsgenossenschaft ein eigenständiges Unternehmen und führte eine von der Frauenzentrale getrennte Rechnung.

WECHSELNDE STANDORTE

Die erste Adresse der Zentralstelle Frauenhilfe war die Stadelhoferstrasse 24. Damals war sie beim Martha-Verein zur Miete. Im März 1916 zog die Zentralstelle an die Kirchgasse 27. Bald war schon vom nächsten Mietobjekt die Rede. Im Protokoll der Gründungsversammlung vom April 1916 steht: «Das Haus Talstrasse 18 ist für den Betrieb der Z. F. in Aussicht genommen.» Es erfüllte alle räumlichen Ansprüche und bot Platz für Laden, Sitzungszimmer, Teestube, Bibliothek sowie «zwei Bureauzimmer fürs Sekretariat mit direktem Eingang vom Treppenhaus aus».[13] Die Jahresmiete betrug 3000 Franken für den Laden, 1500 Franken für die

| ABB. 34 Der Lettenhof in Wipkingen geht auf die Initiative der Frauenzentrale zurück. Unter der Ägide von Emmy Rudolph-Schwarzenbach gehört die Planung der Wohnungen für alleinstehende Frauen zu den Haupttraktanden des Vorstandes in den Jahren 1925/26. Zunächst muss ein Grundstück gesucht werden. In Lux Guyer findet sich die geeignete Architektin und im Frühjahr 1927 sind die 2- und 3-Zimmerwohnungen bezugsbereit. Hervorgehoben werden insbesondere die grossen Fenster sowie die Elektroherde, die damals noch nicht selbstverständlich sind. Das Projekt entsteht in einer Zeit, in der die Genossenschaftsbewegung in Zürich Konjunktur hat. Wie aus dem Jahresbericht 1926/27 der Frauenzentrale hervorgeht, ist die städtische Unterstützung der Wohnbaugenossenschaften eine wichtige Voraussetzung, um das Projekt realisieren zu können. Vergleichbare Bauten werden kurz danach auch in Bern und Basel geplant.

Teestube und 500 Franken für das Sekretariat inklusive Heizung. An der Delegiertenkonferenz im Oktober 1916 teilte Emmy Rudolph-Schwarzenbach mit, das Haus an der Talstrasse 18 werde künftig den Namen *Spindel* tragen. | ABB. 37, 38 Sekretariat, Laden und Teestube konnten am 1. Dezember dort eröffnet werden. Diese Liegenschaft gehörte damals der Firma *Robert Schwarzenbach & Co*, die von Emmy Rudolph-Schwarzenbachs Vater gegründet worden war und mittlerweile von ihren Brüdern geführt wurde.[14]

Die Standortfrage konnte im Jahre 1929 definitiv gelöst werden. Bis dann war die Frauenzentrale «unter günstigsten Bedingungen» im Haus zur Spindel eingemietet gewesen. Nun war dieses Haus verkauft worden und die Frauenzentrale musste sich nach einer neuen Bleibe umsehen: «Freilich ist es nicht leicht, etwas zu finden, was für uns, die soziale Frauenschule, das Frauenberufsamt, evtl. auch die Verkaufsgenossenschaft und die Pfadfinderinnen passt. Es wäre uns ausserordentlich leid, wenn wir nicht mit den genannten Institutionen zusammenbleiben und weiter mit ihnen ein kleines Zentrum sozialer Frauenarbeit bilden könnten.»[15] Am 21. August 1929 fand eine ausserordentliche Generalversammlung statt. Einziges Traktandum war der Kauf der Liegenschaft am Schanzengraben 29. Das Haus sei in gutem Zustand und der Preis von 235 000 Franken annehmbar. Neben der Frauenzentrale bot es weiterhin Platz für die Soziale Frauenschule und die Zentralstelle für Frauenberufe, nicht aber für die Verkaufsgenossenschaft, die Teestube und die Pfadfinderinnen. Die Mehrheit der Anwesenden stimmte dem Hauskauf zu.[16] Emmy Rudolph-Schwarzenbach stiftete 50 000 Franken an den Kauf, die Stadt gewährte ein zinsloses Darlehen von 30 000 Franken und der Kanton leistete einen einmaligen Beitrag von 20 000 Franken. Den Umbau leitete die Architektin Lux Guyer und am 1. Juli 1930 waren die Räume bezugsbereit. Ende der 1950er Jahre wurde angesichts des anstehenden Renovationsbedarfs entschieden, das Haus abzureissen und eine Liegenschaft zu errichten, die mehr Rendite abwerfen sollte.[17] Seit dem Neubezug im Juli 1963 belegt die Frauenzentrale die Räume im obersten Stockwerk. Die weiteren Geschosse sind als Geschäftsräume vermietet. Die Mieteinnahmen tragen seit Erwerb der Liegenschaft wesentlich zur Finanzierung der Geschäftsstelle der Frauenzentrale bei.

| ABB. 35 **Lux Guyer** (1894 Zürich – 1955 Zürich) besucht 1916/17 die Kunstgewerbeschule in Zürich und anschliessend ein Jahr die ETH. Berufliche Erfahrungen erwirbt sie unter anderem im Büro von Gustav Gull. Nach Studienreisen eröffnet sie 1924 in Zürich als eine der ersten Architektinnen ihr eigenes Büro. Zu ihren wichtigsten Werken gehören der Lettenhof für alleinstehende Frauen (1926/27) und das Studentinnenheim Fluntern (1927/28). Gleichzeitig ist sie die leitende Architektin der SAFFA 1928 in Bern. Ihr dort ausgestelltes Einfamilienhaus kann dank vorgefertigten Holzelementen in nur drei Monaten errichtet werden. Das sogenannte SAFFA-Haus wird nach Ende der Ausstellung in Aarau wieder aufgebaut und steht seit 2007 in Stäfa.

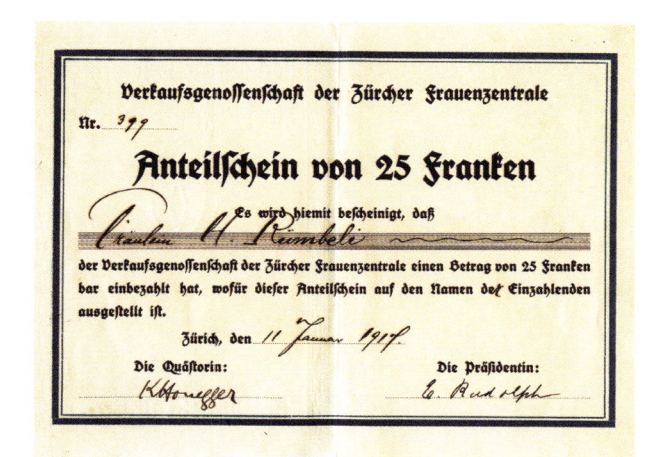

STATUTARISCHE UND ORGANISATORISCHE VERÄNDERUNGEN

Werfen wir einen Blick auf die statutarischen und organisatorischen Veränderungen, die sich im weiteren Verlauf der Frauenzentrale und zum Teil bis heute ergeben haben, stellen wir fest, dass es neben Veränderungen auch sehr viel Konstanz gibt. So wurde beispielsweise der Zweckartikel in den Statuten erst bei der Revision von 1972, also fast fünfzig Jahre später, leicht geändert: «Die Zürcher Frauenzentrale bezweckt die Förderung gemeinsamer Interessen und die Bearbeitung von Aufgaben, die sich auf kommunaler, kantonaler und eidgenössischer Ebene stellen.»[18] Bei der Revision von 1991 wurde die politische und konfessionelle Neutralität, die bis dahin in einem eigenen Artikel festgehalten worden war, in den Zweckartikel integriert. Anlässlich der Revision von 2003 wurde die offene Formulierung in neun Punkten konkretisiert. Diese noch heute gültige Version des Zweckartikels betont insbesondere die Förderung der Gleichstellung von Frauen und Männern in Arbeitswelt, Familie, Politik und Gesellschaft.[19]

Auch die Organe der Frauenzentrale blieben sich über lange Jahre gleich, einzig ihre Namen wechselten von Zeit zu Zeit. Die vierteljährlichen Treffen der Mitglieder wurden Delegiertenkonferenzen oder auch Delegiertenversammlungen genannt. Diejenige im Frühjahr hatte jeweils die Funktion einer Generalversammlung und wurde auch als Jahresversammlung bezeichnet. Seit 1991 gibt es nur noch die einmal pro Jahr stattfindende Generalversammlung. Die immer wieder wechselnden Kommissionen wurden im Verlauf der 1990er Jahre endgültig abgeschafft. In den 1980er Jahren, während des Präsidiums von Mildred Bohren-Stiner, wurden das Präsidium und die Geschäftsführung der Frauenzentrale erstmals zusammengelegt. Später wurden die beiden Funktionen wieder getrennt, seit dem Präsidium von Irène Meier im Jahr 2003 jedoch wieder in einer Person vereinigt.

PIONIERINNEN

Die Interlakener Lehrerin und Chronistin für das *Jahrbuch der Schweizerfrauen* Elisa Strub machte in den Jahren 1915 und 1916 die folgende Beobachtung: «In den Vereinsorganisationen der Schweizerfrauen vollzieht sich eine interessante Umgestaltung zur Zentralisation. Während im Parteiwesen der Männer der Weltkrieg eine zersetzende Wirkung ausübt und keine Partei kompakt gelassen hat, haben sich bei uns Frauen die Reihen geschlossen. […] Die Zentralisation hat schon

| ABB. 36 Die erste Gründung der Frauenzentrale ist die Verkaufsgenossenschaft Spindel. Sie verkauft kunstgewerbliche Artikel und Produkte aus Heimarbeit und führt die Teestube an der Talstrasse 18. Das Startkapital wird mit Anteilscheinen geäufnet.

im ersten Kriegsjahr begonnen, indem in den grossen Zentren die Frauenvereine sich zu ‹Frauenhilfen› zusammengeschlossen haben. Aus diesen entwickelten sich im Berichtsjahr Frauenzentralen mit Sekretariaten, was dann wiederum die Gründung, Einrichtung und Führung von Frauenlokalen bedingte. Und wenn mit der Zeit sich diese zu Frauenklubhäusern auswachsen würden, als Gegenstück zu den vom Staate subventionierten Volks- und Bürgerhäusern der Männer, wie würde damit nicht nur der Stand der Frauen gehoben, ihr Selbstgefühl gestärkt, das weibliche Vereinsleben gefördert, sondern wie wäre damit auch den vielen alleinstehenden, erwerbenden Frauen gedient.»[20]

Wie viele solche kriegsbedingten Zusammenschlüsse es wirklich gegeben hat, muss hier offen bleiben. Tatsache ist, dass die Zürcher Frauenzentrale zusammen mit denjenigen von St. Gallen und Basel-Stadt zu den Pionierinnen gehörte.[21] Die meisten Frauenzentralen entstanden erst nach dem Ersten Weltkrieg. Die letzte Gründung erfolgte 1983 im Kanton Jura.[22] Zeitweise dürfte es in den meisten Kantonen eine Frauenzentrale gegeben haben. Doch nicht alle hatten Bestand. So haben in den letzten Jahren etwa die Frauenzentralen Basel-Stadt und zuletzt Neuenburg ihren Betrieb eingestellt. Aktuell gibt es neben der Zürcher Frauenzentrale ähnliche Institutionen in den Kantonen Aargau, Appenzell Ausserrhoden, Basel-Land, Bern, Genf, Glarus, Graubünden, Luzern, Schaffhausen, Solothurn, St. Gallen, Tessin, Thurgau, Waadt, Winterthur und Zug.[23] Seit den 1920er Jahren treffen sie sich regelmässig zum gegenseitigen Austausch. Die Zürcher Frauenzentrale hatte dabei lange die Funktion eines sogenannten Vororts.

| ABB. 37 Die Räume an der Talstrasse 18 sind nach dem Umbau für die Frauenzentrale Ende 1916 bezugsbereit. Sie ist hier bis zu ihrem Auszug um 1930 die Hauptmieterin. Im gleichen Haus befinden sich auch die Verkaufsgenossenschaft Spindel und die Teestube. Später kommen die Soziale Frauenschule und die Zentralstelle für Frauenberufe hinzu. Die Nummer 18 ist der linke Teil des langgestreckten Hauses in der Mitte des Bildes. Die Aufnahme stammt aus dem Jahr 1945.

| ABB. 38 Zu den Aufgaben der Sekretärin gehört auch die Betreuung der Bibliothek. Wie das Inserat in den Frauenbestrebungen zeigt, ist sie zweimal wöchentlich geöffnet. 1919 verfügt sie über rund 1900 Bücher und 75 Zeitschriftentitel.

4_ DIE MITGLIEDER
DER FRAUENZENTRALE

Ganz bewusst beschliesst der Vorstand der Zentralstelle Frauenhilfe Anfang 1916, zunächst nur die stadtzürcherischen Vereine zum Beitritt aufzufordern. Die Landvereine sollen erst später angefragt werden. An der ersten Hauptversammlung der Frauenzentrale im April 1917 stellt die Präsidentin fest, dass neben sechs Einzelmitgliedern auch vier Vereine neu beigetreten seien. Es handelt sich um den Lehrerinnenverein sowie die Frauenvereine Dietikon, Erlenbach und Affoltern a. A. Die Präsidentin heisst sie herzlich willkommen und gibt ihrer Freude Ausdruck, «dass sich immer mehr Vereine vom Land der Z.F. anschliessen und dadurch mit der Zeit eine engere Fühlung zwischen Land und Stadt zu erhoffen sei». Wie wir sehen werden, geht dieser Prozess jedoch nur zögerlich vor sich.

Wer waren die Mitglieder der Frauenzentrale der ersten Jahre? Zunächst befassen wir uns mit den Kollektivmitgliedern. Im zweiten Teil stehen die Einzelmitglieder im Vordergrund. Aus dem Jahr 1926 liegt ein gedrucktes Mitgliederverzeichnis vor. Es erlaubt uns, eine grosse Zahl der Frauen zu identifizieren und sie geografisch und sozial zu verorten. Das Kapitel zeigt auch, wie sich die Frauenzentrale im Verlauf ihrer Geschichte aus einer städtischen zu einer kantonalen Organisation gewandelt hat.

DIE KOLLEKTIVMITGLIEDER DER ERSTEN JAHRE
Die Frauenzentrale hatte von Anfang an Kollektiv- und Einzelmitglieder, dabei war die Zahl der Einzelmitglieder immer grösser als diejenige der angeschlossenen Vereine. Dieser Trend hat sich in den letzten Jahren noch zugespitzt. | ABB. 39 In den ersten Jahren waren die Kollektivmitglieder gegenüber den Einzelmitgliedern privilegiert: Nur die Vereine waren an den Delegiertenkonferenzen stimmberechtigt. Gemäss den Statuten von 1916 hatte jeder Verein im Minimum eine Stimme. Hatte er mehr als fünfzig Mitglieder, erhöhte sich die Stimmenzahl. An der Delegiertenkonferenz vom 30. April 1919 wurde beschlossen, auch den Einzelmitglie-

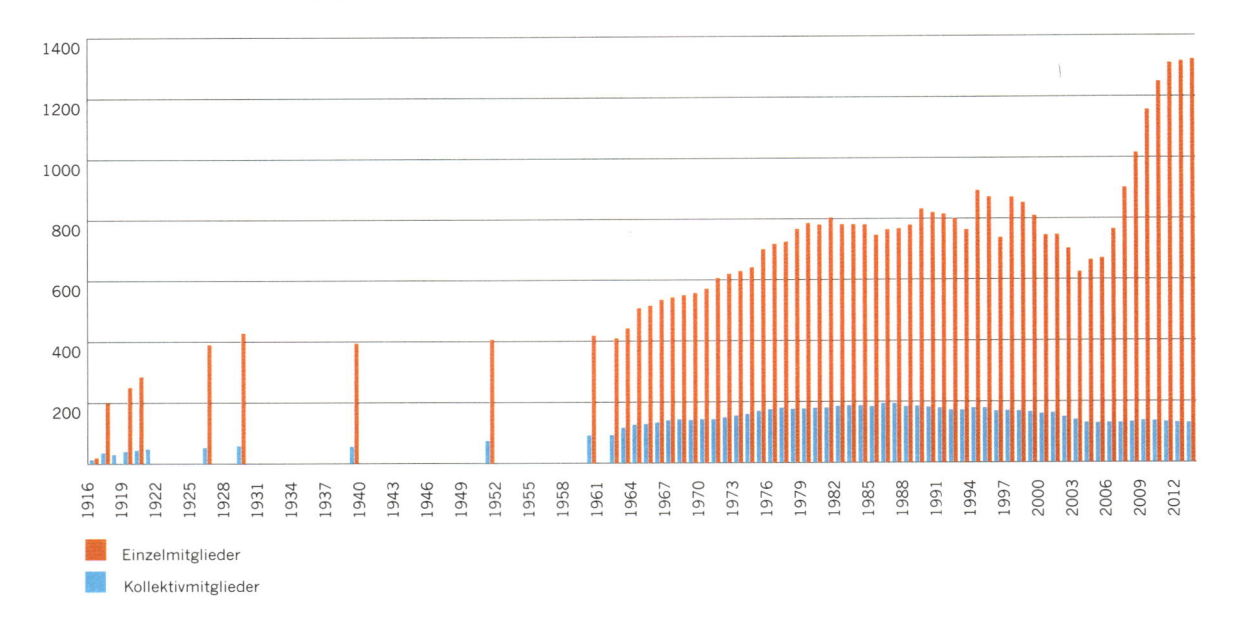

MITGLIEDERBESTÄNDE DER ZÜRCHER FRAUENZENTRALE 1916–2012

■ Einzelmitglieder
■ Kollektivmitglieder

dern das Stimmrecht zu verleihen. Damit die Kollektivmitglieder weiterhin ihr Gewicht geltend machen konnten, erhielten sie je fünf Stimmen.[1]

An der Gründungsversammlung waren 14 Kollektivmitglieder vertreten; während der ersten zwölf Monate wuchs ihre Zahl auf 35 an. Bis auf zwei Vereine hatten sie ihren Wirkungskreis alle in der Stadt.[2] Die Liste der ersten Kollektivmitglieder dürfte den grössten Teil der um 1916 in der Stadt Zürich existierenden Frauenorganisationen umfasst haben, und wir können davon ausgehen, dass die Frauenzentrale die verschiedenen Fraueninteressen in der Stadt gut abbildete.

Die grösste Gruppe unter den Vereinen, die sich innerhalb des ersten Jahres nach der Gründung der Frauenzentrale anschlossen, waren die quartierweise organisierten Frauenvereine aus der Enge, Fluntern, Hirslanden, Hottingen, Oberstrass, Riesbach, Wiedikon, Wipkingen und Wollishofen. In den 1920er Jahren kamen die Frauenvereine des Industriequartiers und aus Unterstrass hinzu und 1964 schliesslich noch der Frauenverein Zürich-Leimbach. Die weiteren Kollektivmitglieder waren 1916/17 in etwa die gleichen Organisationen, die sich auch schon an der Zentralstelle Frauenhilfe beteiligt hatten: die Zürcher Sektion des *Schweizerischen Gemeinnützigen Frauenvereins*, die *Union für Frauenbestrebungen*, der *Martha-Verein*, der *Zürcher Frauenbund zur Hebung der Sittlichkeit*, die Ortsgruppe Zürich *des Schweizerischen Bundes abstinenter Frauen* sowie der *Zürcher Frauenverein für alkoholfreie Wirtschaften*. Der *Verein für Mutter- und Säuglingsschutz* dürfte neu dazu gekommen sein, ebenfalls die Berufsverbände der Gewerblerinnen, der Kindergärtnerinnen und der Hebammen. Ihnen folgten im Jahr darauf die Lehrerinnen

| ABB. 39 Mitgliederbestände der Zürcher Frauenzentrale 1916.
Die Anzahl der Mitglieder wird in den Jahresberichten erst seit den 1960er Jahren regelmässig ausgewiesen. Nachdem sich die Mitgliederbestände über Jahrzehnte hin eher in gemächlichem Tempo entwickelt haben, ist seit 2006 bei den Einzelmitgliedern eine starke Zunahme zu beobachten, während die Anzahl der Kollektivmitglieder stagniert. Letzteres dürfte damit zusammenhängen, dass die Zahl der Frauenorganisationen insgesamt rückläufig ist.

und in den 1920er und frühen 1930er Jahren die Akademikerinnen, die Gewerbe- und Haushaltungslehrerinnen, die Arbeitslehrerinnen, die Sozialarbeiterinnen und die Schwestern der Pflegerinnenschule. Neben den Berufsfrauen schlossen sich auch Alumniorganisationen an: die ehemaligen Handelsschülerinnen, die Ehemaligen der Töchterschule und diejenigen der schweizerischen Fachschule, die unter anderem Schneiderinnen ausbildete. Auch konfessionelle Vereine waren von Anfang an dabei. Nach dem Krieg – im Jahr 1919 – folgten mit der Zürcher Gruppe der *Internationalen Frauenliga für Frieden und Freiheit* die Frauen, die sich in der Friedensarbeit engagierten.

Die Mehrheit der Kollektivmitglieder der Frauenzentrale befasste sich mit karitativen Aufgaben innerhalb eines Quartiers oder einer Kirchgemeinde. Der politische Flügel der damaligen Frauenbewegung war mit den Berufsverbänden, der Friedensbewegung und vor allem mit der *Union für Frauenbestrebungen*, dem späteren Stimmrechtsverein, vertreten. Obschon zahlenmässig in der Minderheit, kamen die Anliegen der an Fragen zu Stimmrecht und Rechtsgleichheit interessierten Frauenorganisationen in der Frauenzentrale insofern nicht zu kurz, als ihre Exponentinnen im Vorstand gut vertreten waren. Die Vorstandsfrauen der ersten Jahre lebten alle in der Stadt und waren grossteils auch hier aufgewachsen. Ihnen dürften die persönlichen Verbindungen und Kontakte zu den Landvereinen weitgehend gefehlt haben, vielleicht aber auch das Interesse an diesen. Neben ihrem städtischen Tätigkeitsbereich bewegten sie sich eher auf Bundesparkett als auf demjenigen des Kantons. Eine ganze Reihe von ihnen war in einer der nationalen Frauendachorganisationen aktiv. Dem *Bund Schweizerischer Frauenvereine* schloss sich die Frauenzentrale erst im Berichtsjahr 1921/22 an.[3]

DIE LANDVEREINE

Zu den ersten Kollektivmitgliedern gehörte auch der Frauenverein Küsnacht. Ihm folgten noch während des Ersten Weltkriegs und unmittelbar danach die Frauenvereine Altstetten, Affoltern a. A., Dietikon, Erlenbach, Hinwil, Höngg, Schlieren und Thalwil sowie der *Gemeinnützige Frauenverein Oerlikon*.[4] Altstetten, Höngg und Oerlikon zählten damals noch zu den Landgemeinden. Diese Dörfer wurden erst 1934 in die Stadt Zürich eingemeindet. Viele Landvereine gaben ihren Beitritt jedoch erst in den 1960er Jahren oder später. | ABB. 40 Die Frage, was sie bewogen hat, sich der Frauenzentrale anzuschliessen bzw. ihr fernzubleiben, wäre zu klären. Es steht jedoch fest, dass die gemeinnützig orientierten Frauenvereine der Landgemeinden unter den Kollektivmitgliedern der Frauenzentrale heute die Mehrheit bilden und dass viele von ihnen auf eine Geschichte zurückblicken können, die ins 19. Jahrhundert zurückreicht. | ABB. 41

KOLLEKTIVMITGLIEDER NACH SITZ (IN PROZENT)

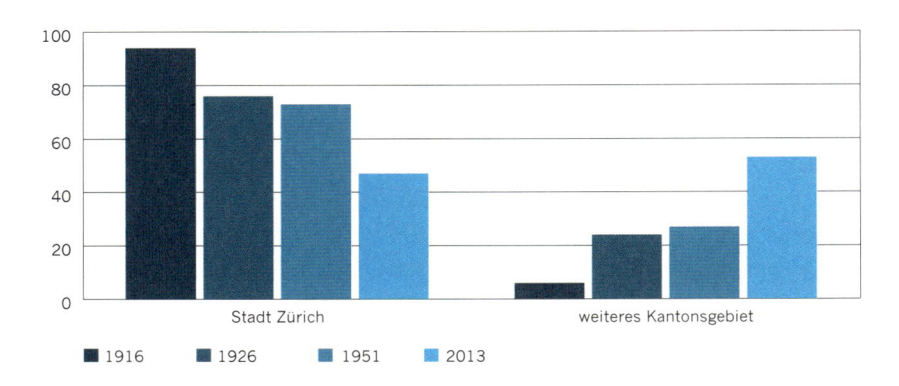

■ 1916 ■ 1926 ■ 1951 ■ 2013

KONFESSIONELLE UND PARTEIPOLITISCHE VEREINE

Einige der konfessionellen Vereine, die bis heute der Frauenzentrale angehören, sind besonders treue Mitglieder. Der *Christkatholische Frauenverein*, der *Evangelische Frauenbund* und der *Israelitische Frauenverein* haben sich bereits im Gründungsjahr angeschlossen. Von katholischer Seite trat damals der *Katholische Arbeiterinnenverein* bei und 1919 kam auch der *Katholische Frauenbund* hinzu. Diese langjährigen Mitgliedschaften können als ein Indikator dafür gesehen werden, dass die in den Statuten verbürgte konfessionelle Neutralität von der Frauenzentrale glaubwürdig vertreten wurde.

Die Frauengruppen der politischen Parteien traten der Frauenzentrale erst zu Beginn der 1960er Jahre bei, obschon einige Parteien schon lange vor Einführung des Frauenstimmrechts Frauengremien geschaffen hatten. Den Anfang machten 1963 die städtischen Frauengruppen der CVP, der FDP, der SP sowie die kantonale Vereinigung der FDP-Frauen. Ein Jahr später folgte die SVP, gleichzeitig mit den sozialdemokratischen Frauen des Kantons. Später kamen die EVP-Frauen hinzu, und mittlerweile sind auch die Grüne Partei des Kantons und die grünliberalen Frauen dabei.

Die ab Sommer 1932 wiederum vorhandenen Vorstandsprotokolle zeigen, dass die nach und nach auch in den bürgerlichen Parteien entstehenden Frauengremien durchaus Interesse zeigten, mit der Frauenzentrale zusammenzuarbeiten. Der erste entsprechende Hinweis findet sich schon im August 1932: Damals schrieb Sophie Glättli-Graf, die ehemalige Präsidentin der Frauenzentrale, die freisinnige Partei der Stadt Zürich habe einen Ausschuss für Frauenfragen gebildet. In diesem Gremium sollten neben Männern auch Frauenorganisationen Zürichs Einsitz haben. In Aussicht genommen wurden dafür je eine Vertreterin des *Gemeinnützigen Frauenvereins*, der *Union für Frauenbestrebungen* und der Frauenzentrale. Offensichtlich wurden diese alle als dem Freisinn nahestehend eingestuft. Die Frauenzentrale lehnte diesen Vorschlag mit der folgenden Begründung ab:

| ABB. 40 Während Jahrzehnten sind vor allem Frauenorganisationen aus der Stadt Zürich Mitglieder bei der Zürcher Frauenzentrale. Das ändert sich erst in den 1960er und 1970er Jahren. Mittlerweile sind die Kollektivmitglieder aus dem weiteren Kantonsgebiet leicht in der Mehrheit.

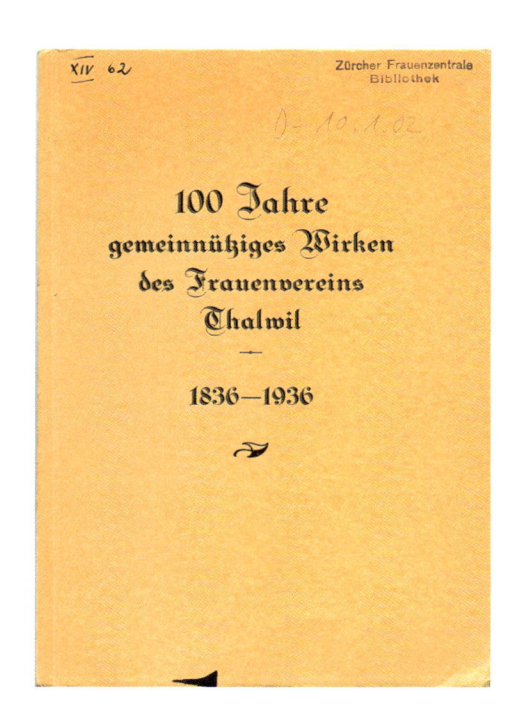

«Der Vorstand ist einstimmig der Ansicht, dass die Mitarbeit in einem Partei-Ausschuss mit dem statutarischen Grundsatz der politischen Neutralität unvereinbar sei.»[5] Sophie Glättli-Graf gab sich mit diesem Entscheid nicht zufrieden. Sie vertrat die Meinung, die Frauenzentrale sollte die Mitarbeit im freisinnigen Ausschuss für Frauenfragen «nicht so schroff ablehnen, wenn man den Frauen schon einmal soweit entgegenkomme»[6]. Doch der Vorstand blieb bei seinem Beschluss und lehnte auch das Gesuch der Landesring-Frauen ab, die im Frühjahr 1938 der Frauenzentrale beitreten wollten. Nur zwei Jahre später suchte er nach einer internen Aussprache explizit die Zusammenarbeit mit den politischen Frauengruppen in der Absicht, einen «überparteilichen Zusammenhang zu schaffen».[7] Ein erstes Treffen fand im September 1940 statt. Eingeladen waren Vertreterinnen der sozialdemokratischen, der demokratischen und der freisinnigen Frauengruppen, der organisierten Katholikinnen und des Landesrings. Zur Sprache kamen das neue Einführungsgesetz zum schweizerischen Strafrecht, die Revision des Bürgschaftsrechtes sowie das Heimarbeitsgesetz – alles Vorlagen, die damals auf Bundesebene diskutiert wurden. Diese Aussprache stiess bei den Parteifrauen auf grosses Interesse.[8] Wie lange und in welcher Form sie fortgesetzt worden ist, wissen wir nicht.

DIE KOLLEKTIVMITGLIEDER HEUTE

Im Februar 2013 hat die Frauenzentrale 132 Kollektivmitglieder. Von diesen sind 63 – also nur noch knapp die Hälfte – in der Stadt Zürich angesiedelt. Das Spektrum der Kollektivmitglieder ist sehr breit. Im Gegensatz zu den ersten Jahrzehnten der Frauenzentrale ist der häufigste Typus heute der gemeinnützig tätige Frauenverein einer Zürcher Landgemeinde. Er macht 2013 mit 42 ein knappes Drittel der gesamten Kollektivmitglieder aus. Die gemeinnützigen Einrichtungen aus Stadt und Kanton kommen zusammen auf rund 40 Prozent. Gemeinnützig orientiert sind mehrheitlich auch die neun Vereine, die explizit einer Konfession zugehörig sind. Von den zehn Vereinen mit politischer Ausrichtung lassen sich acht einer Partei zuordnen, zwei weitere wenden sich generell an politisch interessierte Frauen. Zahlenmässig weit stärker vertreten als in den Anfangsjahren sind

| ABB. 41 Der Frauenverein Thalwil wird 1836 durch den damaligen Gemeindepfarrer gegründet. Die Pfarrer gehören in vielen Gemeinden und Stadtquartieren zu den Initianten der Frauenvereine. Das Tätigkeitsfeld des Frauenvereins Thalwil ist ebenfalls typisch für einen Frauenverein: Er befasst sich in den ersten Jahren mit sozialen Aufgaben wie der Armenpflege, mit Mädchenbildung – insbesondere im Bereich Handarbeiten – sowie mit der sogenannten Kleinkinderschule. Das Tätigkeitsgebiet wird im Lauf der Zeit erweitert und an die jeweiligen Bedürfnisse der Gemeinde angepasst: Seit den 1880er Jahren vermittelt der Verein Heimarbeit, 1904 stellt er die erste Gemeindekrankenschwester an, 1921 eröffnet er eine Kinderkrippe. Mit seinem Beitritt im Jahr 1920 gehört der Frauenverein zu den ersten Landvereinen der Frauenzentrale.

EINZELMITGLIEDER NACH WOHNORT (IN PROZENT)

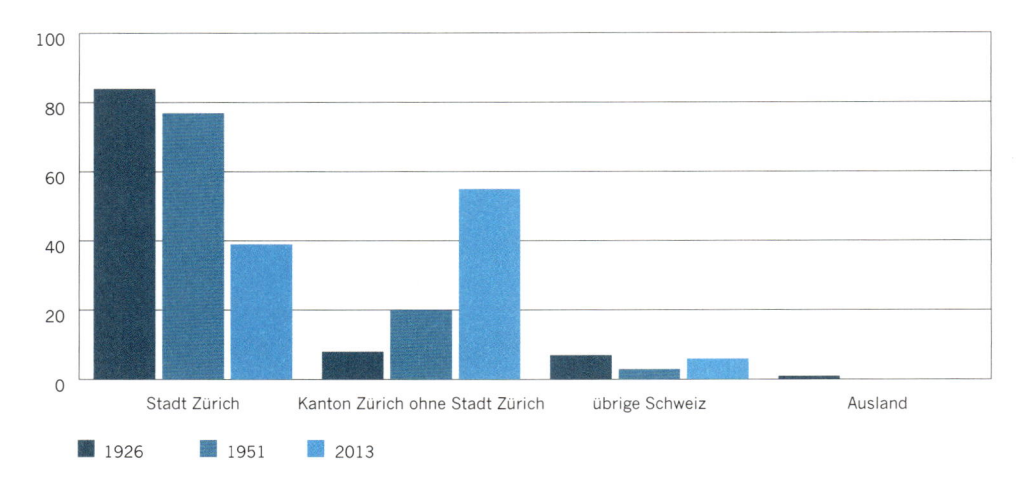

die Kollektivmitglieder, welche berufs- oder arbeitsorientiert sind. Diese Gruppe ist sehr heterogen. Waren es in den Anfängen eher Berufsverbände, so sind es in den letzten Jahren eher einzelne Betriebe, die sich der Frauenzentrale anschliessen. Schliesslich vertritt eine recht grosse Gruppe von Organisationen und Institutionen ganz unterschiedliche Themenbereiche: von Integration, Gewalt an Frauen bis hin zum Sport.

EINZELMITGLIEDER

In der hundertjährigen Geschichte der Frauenzentrale waren die Einzelmitglieder immer weit zahlreicher als die Kollektivmitglieder. Das gedruckte Mitgliederverzeichnis von 1926 enthält neben den Namen auch die Wohnadressen und erlaubt so eine Identifikation der frühen Einzelmitglieder der Frauenzentrale.[9] Es enthält 390 Namen. Die Mitglieder wohnten zu 84 Prozent in der Stadt Zürich. | ABB. 42

Vergleichen wir diese Zahlen mit denjenigen von 2013,[10] so sind markante Veränderungen sichtbar. Der Anteil der Stadtzürcherinnen ist mittlerweile um 45 Prozentpunkte zurückgegangen und macht nur noch rund 40 Prozent der insgesamt 1295 Einzelmitglieder aus. Zugenommen hat über die Jahre hinweg insbesondere der Anteil der Frauen, die im weiteren Kantonsgebiet zu Hause sind. Sie haben mittlerweile einen Anteil von 55 Prozent an den Einzelmitgliedern der Frauenzentrale. Bei den Einzelmitgliedern lässt sich also wie bei den Kollektivmitgliedern ein Trend von der Stadtzürcherin zur Kantonszürcherin feststellen.

Es lohnt sich, das Mitgliederverzeichnis von 1926 etwas genauer anzuschauen. Mit Hilfe von Adress- und Bürgerverzeichnissen der Stadt Zürich, dem Historischen Lexikon sowie der Matrikel der Universität Zürich konnten zwar nicht zu allen 390 Mitgliedern weitere Informationen gefunden werden, jedoch zu einem beträchtlichen Teil.[11] 80 Prozent der aufgeführten Mitglieder waren verheiratet, geschieden oder verwitwet. | ABB. 43

| ABB. 42 Was für die Kollektivmitglieder gilt, trifft auch für die Einzelmitglieder zu: Lange sind vor allem Stadtzürcherinnen der Frauenzentrale beigetreten. Inzwischen haben sich die Gewichte verschoben und die Einzelmitglieder aus dem weiteren Kantonsgebiet sind nun mit einem Anteil von 55 Prozent gegenüber den Stadtzürcherinnen in der Mehrheit.

EINZELMITGLIEDER DER ZÜRCHER FRAUENZENTRALE
NACH ZIVILSTAND 1926 (IN PROZENT, N = 390)

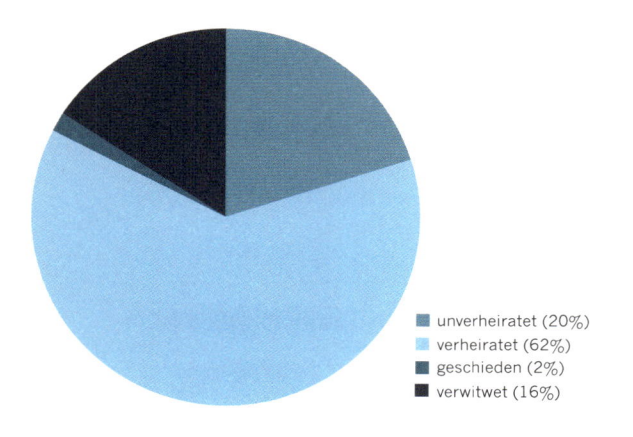

- unverheiratet (20%)
- verheiratet (62%)
- geschieden (2%)
- verwitwet (16%)

EINZELMITGLIEDER DER ZÜRCHER FRAUENZENTRALE
NACH WOHNQUARTIER DER STADT ZÜRICH 1926
(IN PROZENT, N = 236)

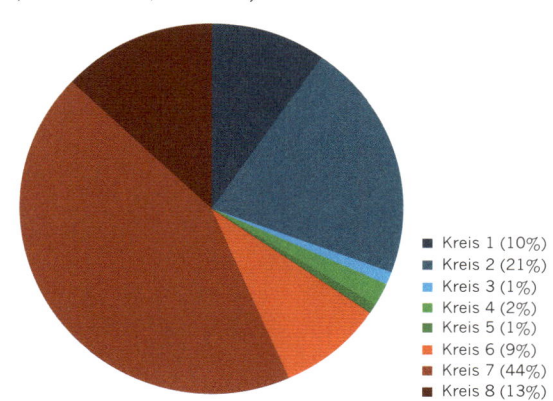

- Kreis 1 (10%)
- Kreis 2 (21%)
- Kreis 3 (1%)
- Kreis 4 (2%)
- Kreis 5 (1%)
- Kreis 6 (9%)
- Kreis 7 (44%)
- Kreis 8 (13%)

Von rund 60 Prozent der Mitglieder kennen wir das Geburtsjahr. Mehr als die Hälfte waren 1926 zwischen 40- und 59-jährig. Anders gesagt: Sie sind in den 1860er, 1870er und 1880er Jahren geboren. Nur knapp jedes fünfte Einzelmitglied war unter 40 Jahre und 16 Frauen waren 70-jährig oder älter. Das durchschnittliche Alter betrug 51 Jahre.

Einen ersten Hinweis auf den sozialen Hintergrund der Mitglieder geben ihre Wohnadressen, wobei zu beachten ist, dass es 1926 erst acht Stadtkreise gab. Lediglich 12 von den 326 in der Stadt Zürich lebenden Frauen wohnten in den Unterschichtquartieren in den Kreisen 3, 4 und 5. Zu diesen zählte damals teilweise auch der Kreis 1. | ABB. 44

DIE EHEMÄNNER

Einen weiteren Hinweis auf die soziale Herkunft der Einzelmitglieder geben Ausbildung, Beruf und Funktion des Ehemannes. Entsprechende Angaben konnten immerhin bei 85 Prozent der Ehemänner rekonstruiert werden.[12] Von diesen 265 Personen verfügten 47 Prozent, also fast die Hälfte, über eine akademische Ausbildung. Sie waren in erster Linie Juristen und Ärzte.[13] | ABB. 45

Bedenkt man, wie tief die Studierendenquote damals war, ist die Akademikerdichte unter den Ehemännern der Einzelmitglieder der Frauenzentrale sehr hoch. Nicht genug: Eine ganze Reihe von ihnen – nämlich fast 30 Prozent – hat Karriere an der Universität oder an der ETH gemacht. Die meisten waren ordentliche Professoren und einige wenige Titular- oder ausserordentliche Professoren an der Universität Zürich oder an der ETH. Besonders gut vertreten waren in der Frauenzentrale die Ehefrauen der Mitglieder der medizinischen Fakultät. 1926 lehrten dort siebzehn ordentliche Professoren. Neun von ihnen hatten eine Ehefrau, die

| ABB. 43 Die Einzelmitglieder der Zürcher Frauenzentrale im Jahr 1926 sind mehrheitlich verheiratet.

| ABB. 44 Bevorzugte Wohnquartiere der Einzelmitglieder der Frauenzentrale des Jahrs 1926 sind die besseren Wohngegenden der Stadt Zürich. Gegen die Hälfte von ihnen wohnt im Kreis 7.

Er umfasst damals die 1893 in die Stadt eingemeindeten Quartiere Fluntern, Hottingen und Hirslanden. Bei der Eingemeindung von 1934 kommt noch Witikon hinzu.

EHEMÄNNER DER EINZELMITGLIEDER DER ZÜRCHER FRAUENZENTRALE:
AKADEMIKER NACH STUDIENRICHTUNG 1926 (IN PROZENT, N = 125)

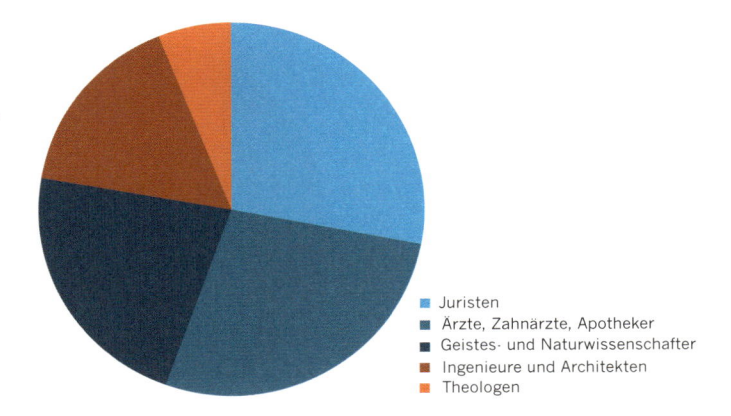

- Juristen
- Ärzte, Zahnärzte, Apotheker
- Geistes- und Naturwissenschafter
- Ingenieure und Architekten
- Theologen

Mitglied der Frauenzentrale war. Dies dürfte das Verdienst von Hedwig Bleuler-Waser gewesen sein, einer der rührigen Gründerinnen und Vorstandsfrauen der Frauenzentrale. Neben den Professoren finden sich Bezirksrichter, Oberrichter, Staatsanwälte, Rechtsanwälte, höhere Beamte, Ärzte mit eigener Praxis, Ingenieure und Architekten mit eigenem Büro, Mittelschullehrer und -rektoren, Pfarrer usw.

Wenig Konkretes wissen wir über die Ausbildung der Ehemänner, welche keine akademische Ausbildung hatten. Fast 60 Prozent von ihnen bezeichnen sich im Adressbuch als Kaufleute, weitere knapp 15 Prozent als Fabrikanten oder Industrielle. Der Begriff Kaufmann bezeichnete eine Kategorie, mit der unterschiedlichste Funktionen und soziale Positionen umschrieben wurden. | ABB. 46

Von denjenigen, die sich als Fabrikanten oder als Industrielle bezeichneten, waren die meisten im Textilsektor tätig, insbesondere im Seidengeschäft. Die Seidenverarbeitung war im Verlauf des 19. Jahrhunderts im Kanton Zürich zum wichtigsten Industriezweig geworden.[14] Neben die traditionellen europäischen Handelskontakte traten nun die USA, welche bald zum wichtigsten Absatzmarkt wurden. 1926 befand sich die krisenanfällige Seidenindustrie nach verschiedenen konjunktur- und kriegsbedingten Einbrüchen wieder einigermassen auf Kurs. Eine Vertreterin dieser Kreise war in der Frauenzentrale Emmy Rudolph-Schwarzenbach, Tochter und Schwester von Seidenfabrikanten. Weitere Mitglieder der Frauenzentrale stammten etwa aus den Familien Abegg, Baumann, Reiff und Stehli. Neben Ehefrauen von Textilindustriellen und -händlern waren auch Gattinnen von Vertretern der Maschinen- und Elektroindustrie Mitglieder der Frauenzentrale oder Ehefrauen von Bankiers.

Knapp vier Prozent der Ehemänner der Frauenzentrale-Mitglieder von 1926 hatten eine politische Karriere durchlaufen. Sie waren Gemeinderäte, Kantons-

| ABB. 45 Unter den Ehemännern der Einzelmitglieder des Jahres 1926 mit einer akademischen Ausbildung dominieren die Juristen sowie die Gruppe der Ärzte, Zahnärzte und Apotheker.

| ABB. 46 Die Ehemänner der Einzelmitglieder des Jahres 1926 mit einer nicht akademischen Ausbildung bezeichnen sich häufig als Kaufleute.

EHEMÄNNER DER EINZELMITGLIEDER DER ZÜRCHER FRAUENZENTRALE:
NICHTAKADEMIKER NACH BERUFSBEZEICHNUNG 1926 (IN PROZENT, N = 139)

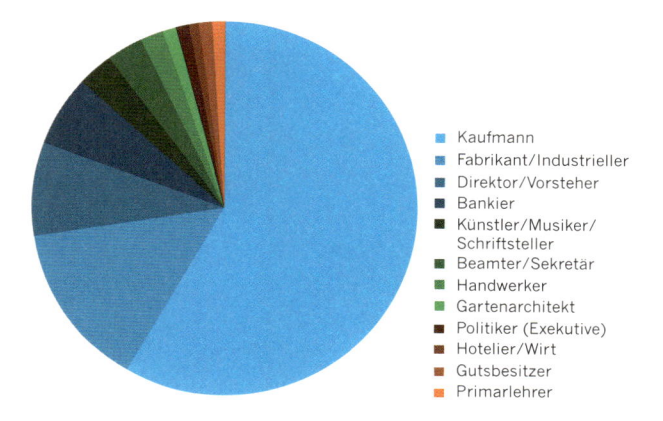

- Kaufmann
- Fabrikant/Industrieller
- Direktor/Vorsteher
- Bankier
- Künstler/Musiker/Schriftsteller
- Beamter/Sekretär
- Handwerker
- Gartenarchitekt
- Politiker (Exekutive)
- Hotelier/Wirt
- Gutsbesitzer
- Primarlehrer

räte, Nationalräte oder Parteipräsidenten. Vier von ihnen besetzten zudem als Gemeindepräsident, Stadtrat oder Regierungsrat ein Exekutivamt. Insgesamt acht von diesen vierzehn Politikern hatten eine juristische Ausbildung, einer war Architekt, drei waren Kaufleute, einer Schreiner und einer war ein ehemaliger Gemeindeschreiber. Von acht Ehemännern kennen wir auch ihre Parteizugehörigkeit: Einer – nämlich der ehemalige Schreiner – hatte ein Parteibuch der SP und die sieben andern gehörten zur sogenannten freisinnigen Grossfamilie, darunter zwei Angehörige der demokratischen Partei. Diese war im Kanton Zürich in den 1860er Jahren in Opposition zum manchesterliberalen und elitären «System Escher» entstanden.

HERKUNFT UND HEIRAT BESTIMMEN DIE GESELLSCHAFTLICHE STELLUNG

Stellvertretend für andere vergleichbare Biografien von Ehemännern stellen wir hier den Lebenslauf von John Syz vor, dem Gatten des Mitgliedes Susanna Klara Syz-Schindler. Er wurde 1859 in New York geboren als Sohn des Kaufmanns und Konsuls Johannes Syz und der Anna Landis. 1861 kehrte die Familie in die Schweiz zurück, wo John eine kaufmännische Lehre absolvierte. Danach arbeitete er in Paris, London und den USA. Im Jahr 1890 wurde er Teilhaber und zehn Jahre später Leiter der Weberei Dietikon, die danach in Weberei Syz & Co umbenannt wurde. Er war ein aktives Mitglied in zürcherischen, schweizerischen und internationalen Textilverbänden, 1917–1933 Präsident der Zürcher Handelskammer sowie 1924–1934 des Schweizerischen Handels- und Industrievereins und der Schweizer Handelskammer. Als Mitglied der FDP sass er während acht Jahren im Zürcher Kantonsrat und danach drei Jahre im Nationalrat. Syz war auch Delegierter des Bundesrats an internationalen Arbeiterschutzkonferenzen und 1917 Chef einer Delegation, die beim damaligen US-amerikanischen Präsident Woodrow Wilson die Wirtschaftsinteressen der Schweiz vertrat. Er hatte mehrere Verwaltungsratsmandate inne, unter anderem bei der *Schweizerischen Kreditanstalt*, der *Unfallversicherungsgesellschaft Zürich* und bei der *Schweizerischen Lebensversicherungs- und Rentenanstalt*. Schliesslich war er auch Mitglied der Kirchenpflege Grossmünster, Zünfter, Präsident der Sektion Uto des *Schweizer Alpen Clubs*, im Vorstand der *Museumsgesellschaft* sowie der *Schweizerischen Völkerbundsgesellschaft*. Im Militär bekleidete er den Rang eines Infanterie-Hauptmanns.[15]

John Syz war eben Teilhaber der Weberei Dietikon geworden, als er sich im Jahr 1891 mit Susanna Klara Schindler vermählte. Er war damals 32- und sie 26-jährig. Beide heirateten in dem für ihr Geschlecht je typischen Alter. Der Vater von Susanna, Kaspar Schindler, war Seidenfabrikant, Abkömmling einer Dynastie von Glarner Baumwoll- und Seidenfabrikanten. Ihre Mutter Elise Escher stammte aus einem vergleichbaren Milieu. Neben der Mitgift brachte Susanna Klara Schindler als Kapital einen ihrem Ehemann ebenbürtigen Stammbaum mit in die Ehe.[16] Bei dieser Heirat dürfte nichts dem Zufall überlassen worden sein. Die richtigen (Heirats)Allianzen einzugehen war ein wichtiges Mittel, um eine erreichte soziale Position abzusichern.

Über Susanna Klara Schindler selbst ist aus den öffentlich zugänglichen Quellen wenig mehr zu erfahren, als dass sie in der Folge drei Kinder hatte. Den Beitritt zur Frauenzentrale hatte sie, damals 51-jährig, gleich im Gründungsjahr 1916 gegeben. Im Mitgliederverzeichnis von 1926 ist sie als Frau Syz-Schindler aufgeführt, während viele andere Mitglieder mit den Titeln ihrer Ehemänner erscheinen. Das galt nicht nur für akademische Titel, sondern auch für berufliche oder militärische Funktionen. So finden sich neben der Frau Doktor im Adressverzeichnis von 1926 auch die Frau Direktor, die Frau Oberrichter oder die Frau Oberst. Anders gesagt: Die Ehefrauen wurden über ihre Ehemänner definiert, was für die Frauen damals ganz selbstverständlich war.

Die Heirat gehörte für die allermeisten Frauen zum Lebensplan, zu dem wenige gesellschaftlich akzeptierte Alternativen denkbar waren. Wie Ursi Blosser und Franziska Gerster in ihrem Buch über die Töchter der guten Gesellschaft beschreiben, gab es etablierte Muster, wie die Zeit bis zur Vermählung zu verbringen war.[17] Bevor die Mädchen das Schulalter erreichten, wurden sie meist von Dienstboten und Gouvernanten betreut. Die Schulpflicht wurde entweder in einer öffentlichen Schule oder in einem privaten Institut absolviert. Beliebt war in Zürich beispielsweise die Sekundarschule für Mädchen der Schwestern Josephine und Anna von Grebel. Nach der Konfirmation folgte in der Regel ein Aufenthalt in einem Pensionat in der Westschweiz. Auf dem Stundenplan standen vor allem Fremdsprachen – in erste Linie Französisch, oft aber auch Englisch und Italienisch. Weitere Fächer waren Musik, Handarbeiten, Malen und zunehmend auch Gymnastik. Ziel dieser meist einjährigen Aufenthalte war es, den jungen Frauen so viel Allgemeinbildung zu vermitteln, dass sie an der Konversation in einem grossbürgerlichen Salon mithalten konnten. Mindestens so wichtig wie die Wissensvermittlung waren gutes Benehmen, Haltung und Beherrschung, was dazu führte, dass diese Pensionate umgangssprachlich auch als «Schliifschulen» bezeichnet wurden. Zurück aus dem Pensionat folgten streng behütete Jahre des Wartens auf den geeigneten Ehemann, die mit Handarbeiten, Klavierspielen und Malen verflossen. Auf Bällen und anderen gesellschaftlichen Anlässen wurden die jungen Frauen in die gute Gesellschaft eingeführt.

Vermutlich hat auch Susanna Klara Schindler ihre Jahre bis zur Heirat nach diesem Muster verbracht. Ihr künftiger Ehemann hatte unterdessen schon einiges von der Welt gesehen. Verbürgt sind seine Ausbildung in Zürich und Lausanne sowie anschliessend seine ersten Berufsjahre in Paris, London und den USA, in denen er bereits ein unabhängiges Leben geführt hatte. Gegen Entgelt einer beruflichen Tätigkeit nachzugehen, kam für eine grossbürgerliche Tochter wie Susanna Klara Schindler nicht in Frage. Das einzige Betätigungsfeld ausser Haus waren ehrenamtliche Engagements. Für sie galt, was die ebenfalls 1865 geborene Winterthurerin Fanny Sulzer-Bühler in ihren Erinnerungen beschreibt: «Zu meiner Zeit war es verpönt, dass ein Mädchen aus sogenannt guter Familie einen Beruf ausübte; sogar das Studium wurde als Entgleisung angesehen. [...] Wir waren zu einem Drohnen-Dasein verdammt. Als ethische Begründung galt der Satz, man solle den wirklich auf Verdienst Angewiesenen nicht das Brot wegnehmen, ein Satz, der mir so eingetrichtert worden ist, dass ich noch viele Jahre später für seine Richtigkeit eintrat.»[18]

NEUE (UN)GENUTZTE MÖGLICHKEITEN

Das Studium stand den Frauen an der Universität Zürich bereits seit 1867 offen. Die Universität Zürich war zusammen mit Paris die erste Hochschule, welche es Frauen erlaubte, einen Abschluss zu machen. Die erste immatrikulierte Studentin war Nadezhda Suslova. Sie verkörpert in zweifacher Hinsicht den Prototyp der ersten Studentinnen an Schweizer Hochschulen: Sie war Ausländerin und sie machte einen Abschluss in Medizin. In den ersten Jahren waren es denn auch nicht die Schweizerinnen, sondern die Russinnen, welche die Möglichkeit zum Studium ergriffen.[19] Doch keine Regel ohne Ausnahme; vereinzelt machten sich auch die Zürcherinnen auf den Weg an die Universität. Unter den Mitgliedern der Frauenzentrale von 1926 lassen sich fünfzehn Frauen mit einem abgeschlossenen Studium identifizieren. Das entspricht einem Anteil von knapp vier Prozent. Drei waren Ärztinnen, eine Volkswirtschafterin, eine Chemikerin und die weiteren haben ein geisteswissenschaftliches Studium absolviert. Alle haben einen bürgerlichen Hintergrund, d. h. die Väter waren Lehrer, Ärzte, Kaufleute oder Landwirte. Ein Studium war aber nicht gleichzusetzen mit gesellschaftlicher Akzeptanz. Hedwig Bleuler-Waser, die zur Gruppe der Akademikerinnen gehört, erinnerte sich 1928, dass man sowohl ihr wie auch ihrer Mutter vom Studium abgeraten hätte, unter anderem mit der Begründung, sie sei ja noch jung und habe so schöne Augen: «Warum denn gleich alle Hoffnung fahren lassen und studieren?»[20]

Lassen wir die Mitglieder der Frauenzentrale von 1926 Revue passieren, so findet sich lediglich bei 46 von insgesamt 390 Frauen ein Hinweis auf ihre Ausbildung und/oder ihre berufliche Tätigkeit. Neben den Akademikerinnen war Lehrerin die häufigste Ausbildung. Eine weitere grössere Gruppe hatte die Soziale Frauenschule absolviert. Als Damenschneiderinnen – damals einer der am weitesten verbreiteten Frauenberufe – bezeichneten sich lediglich zwei Frauen. Fast zwei Drittel der Berufstätigen waren nicht verheiratet. Die Frage, ob sie einen Beruf ausübten, weil sie nicht verheiratet waren, oder ob sie umgekehrt nicht geheiratet hatten, weil sie einen Beruf ausüben wollten, kann hier nicht beantwortet werden. Unter den nicht verheirateten Mitgliedern der Frauenzentrale stellten sie eine Minderheit dar. Wir wissen bei der Mehrheit der ledigen Frauen nicht, womit sie ihren Lebensunterhalt bestritten haben. Nach ihrem sozialen Hintergrund zu schliessen, dürfte eine Reihe von ihnen vom Familienvermögen gelebt haben. Weil viele von ihnen einen eigenen Haushalt führten, vermuten wir, dass sie über ein gewisses Vermögen verfügten.

MOTIVE FÜR DEN BEITRITT

Wie die Frauenzentrale Mitglieder gewonnen oder angeworben hat und was die Frauen bewogen hat, ihr beizutreten, muss ebenfalls Gegenstand von Vermutungen bleiben. Sicher, es gab Netzwerke von Frauen. Einige kannten sich aus gemeinsamen Aktivitäten – etwa in der *Union für Frauenbestrebungen*, in den Sittlichkeitsvereinen, in der Abstinenzbewegung oder in der Friedensbewegung. Ein Beispiel dafür ist Klara Honegger, die langjährige Kassierin der Frauenzentrale. Von ihr wissen wir, dass sie in einigen dieser Frauenorganisationen aktives Mitglied war oder sogar zu den Gründerinnen gehörte. Das trifft auch zu auf Hedwig Bleuler-Waser, Emmi Bloch, Jeanne Eder-Schwyzer, Maria Fierz, Sophie Glättli-Graf, Marta von Meyenburg, Anna Mürset, Anny Peter, Clara Ragaz, Emmy Rudolph-Schwarzenbach, Dora Staudinger, Ella Wild und Dora Zollinger. Für sie alle dürfte neben Interesse am Projekt Frauenzentrale auch die Solidarität unter Frauenrechtlerinnen ein Motiv für den Beitritt gewesen sein.

Ein weiteres Motiv für den Beitritt zur Frauenzentrale waren verwandtschaftliche Beziehungen: Mindestens 68 der Mitglieder von 1926 hatten Schwestern, Schwägerinnen, Mütter, Töchter, Schwiegertöchter oder Tanten, die ebenfalls der

Frauenzentrale angehörten. Gleich mehrere verwandtschaftliche Bindungen hatte etwa Maria Fierz. Ihre Schwester Fanny Bertheau-Fierz war bereits im Vorstand der Zentralstelle Frauenhilfe aktiv gewesen und gehörte danach dem Vorstand der Frauenzentrale bis im September 1931 an. Sie hatte eine Tochter und eine Schwägerin unter den Mitgliedern und ebenfalls zwei Schwestern, Sara Landis-Fierz in Zug und Klara Gertrud Landolt-Fierz in Mailand, sowie die Tante Emilie Fierz-Zollinger. Aber auch Susanna Klara Syz-Schindler hatte zwei Schwägerinnen unter den Mitgliedern der Frauenzentrale. Ihre Nichte Gertrud Haemmerli-Schindler sollte später Präsidentin der Frauenzentrale werden.

EIN BLICK AUF DIE GEGENWART

Inzwischen hat sich die Stellung der Frauen stark verändert. Über den Zivilstand gibt die aktuelle Adresskartei keine Auskunft mehr,[21] werden doch heute alle als Frau angesprochen. Der Zivilstand gilt nicht mehr als Hauptkriterium für die Definition der gesellschaftlichen und sozialen Position einer Frau. Erhoben werden jedoch im Gegensatz zu 1926 Informationen, die über Ausbildung und/oder berufliche Funktion der Mitglieder Auskunft geben. Diese Daten liegen jedoch nicht lückenlos vor. Zudem setzt die Vermischung von Ausbildungs-, Berufs- und Positionskriterien der statistischen Auswertung enge Grenzen.

Bei 544 von 1295 Personen sind die Angaben in der Adressdatei so formuliert, dass ein Rückschluss auf die Ausbildungsstufe möglich ist. Von diesen geben 40 Prozent einen Abschluss auf Sekundarstufe II und die weiteren 60 Prozent einen auf Tertiärstufe an. Zur Sekundarstufe II zählen insbesondere die Berufsbildung sowie die allgemeinbildenden Mittelschulen. Als tertiäre Ausbildungen gelten Hochschulausbildungen sowie Abschlüsse der höheren Berufsbildung. Besonders häufig sind auf Sekundarstufe II die Mitglieder mit einer kaufmännischen Ausbildung. Bei den tertiären Abschlüssen dominieren die Juristinnen, Lehrerinnen und Pädagoginnen. Die Zuteilung nach Tätigkeitsbereich oder Branche lässt sich nicht exakt vornehmen. Eindeutig ist jedoch, dass ein grosser Teil der Mitglieder in den Bereichen Wirtschaft und Verwaltung tätig ist. Weitere namhaft vertretene Bereiche sind das Bildungs- und das Gesundheitswesen sowie der Bereich Medien/Kommunikation/Werbung.

WANDEL BEI DEN MITGLIEDERBESTÄNDEN

Um Breitenwirkung zu entfalten, war die Frauenzentrale darauf angewiesen, möglichst viele Kollektivmitglieder zu gewinnen. Dieses Ziel hat sie in der Stadt ziemlich rasch erreicht. Breitenwirkung erzielte sie auch durch die Vielfalt von Vereinen, die sie zu rekrutieren vermochte. Unter den Mitgliedern fanden sich von Anfang an neben den karitativ ausgerichteten Frauenvereinen und den konfessionellen Zusammenschlüssen auch die Organisationen, welche sich in erster Linie um die Verbesserung der Stellung der Frauen bemühten, sei es bezüglich der politischen Rechte oder der Stellung im Berufsleben. Die Landvereine kamen in grösserer Zahl erst nach dem Zweiten Weltkrieg hinzu. Warum dies so war, lässt sich nicht abschliessend beurteilen. Ob der Vorstand der Frauenzentrale diese vorher nicht erreichen konnte oder ob er gar nicht daran interessiert war, sie als Mitglieder zu werben, bleibt offen. Beantworten lässt sich hingegen die Frage, weshalb die parteipolitischen Frauengremien sich erst in den 1960er Jahren der Frauenzentrale angeschlossen haben. Die Quellen belegen, dass dies weniger an den Parteifrauen als am Vorstand der Frauenzentrale lag. Er war dezidiert der Meinung, mit der Aufnahme von parteigebundenen Frauengremien würde er seine politische Neutralität aufs Spiel setzen.

Die Frauenzentrale bemühte sich auch um Einzelmitglieder. | ABB. 47, 48 Dafür mag es verschiedene Gründe gegeben haben, und einer davon war folgender: Sie war auf Mitgliederbeiträge angewiesen. Während im Berichtsjahr 1920/21 von den Vereinen 1605 Franken zusammengekommen sind, haben die Einzelmitglieder insgesamt 7094 Franken einbezahlt. Das reichte für weit mehr als den Jahreslohn von Emmi Bloch, der bei Beginn ihrer Anstellung auf 200 Franken pro Monat vereinbart worden war. Viele Frauen haben zudem mehr einbezahlt als die statutarisch festgelegten 10 Franken. Am spendefreudigsten zeigte sich wieder einmal Emmy Rudolph-Schwarzenbach, die in den ersten Jahren jeweils 1000 Franken an die Kosten der Frauenzentrale beisteuerte. Aber auch andere Vorstandsfrauen zahlten oft mehr als den Mindestbeitrag.[22] Einzelmitglieder hatten gegenüber den Kollektivmitgliedern zudem den Vorteil, dass ihre Zahl – zumindest potenziell –

| ABB. 47 Die Werbebroschüre der Frauenzentrale vom Juni 1930 ruft auf zum Beitritt und zu Sonderspenden: «Die Z.F. ist zur Bestreitung ihrer ungefähr Fr. 20'000.- betragenden jährlichen Ausgaben zum Betrieb ihres Sekretariates auf Mitgliederbeiträge und Geschenke angewiesen, da sie nur für spezielle Aktionen behördliche Unterstützung erhält. Sie bedarf mindestens 300 neuer Mitglieder mit Jahresbeiträgen von im Minimum Fr. 10.–, um ihre Arbeit im bisherigen Rahmen weiterführen zu können. Für den notwendigen weiteren Ausbau ihres Sekretariates ist sie zudem auf Schenkungen grösserer Beiträge und Legate angewiesen.» Damals hatte die Frauenzentrale rund 60 Kollektiv- und 430 Einzelmitglieder.

| ABB. 48 Neue Mitglieder anzuwerben ist ein ständiges Thema. Diesen Prospekt hat die Frauenzentrale um 2000 für die Mitgliederwerbung verwendet. Mittlerweile zahlen Einzelmitglieder 50 und Kollektivmitglieder 100 Franken Mitgliederbeitrag.

nicht begrenzt war. Und schliesslich stärkten die vielen Bekannten, Freundinnen und Verwandten unter den Mitgliedern auch die Hausmacht des Vorstandes.

Was hatte umgekehrt die Frauenzentrale ihren Mitgliedern zu bieten? Einmal gab es hier ein Umfeld, das für Frauen aus bürgerlichen und grossbürgerlichen Kreisen gesellschaftlich erlaubt, wenn nicht sogar erwünscht war. Ihre Exponentinnen bildeten zudem sozial eine ziemlich homogene Gruppe. Dies und der karitative Tätigkeitsbereich dürften die Bedenken aufgewogen haben, die möglicherweise wegen der fortschrittlichen Haltung in Frauenfragen hätten aufkommen können. Heute sind es nicht mehr die Stadtzürcherinnen, welche das Bild der Frauenzentrale prägen. Obschon sie unter den Einzelmitgliedern noch knapp in der Mehrheit sind, versteht sich die Frauenzentrale heute als kantonale Organisation: Die Kollektivmitglieder, die ihren Sitz ausserhalb der Stadt Zürich haben, sind leicht in der Mehrheit. Das Frauenbild hat sich in den vergangenen hundert Jahren stark verändert und damit auch das Profil der Einzelmitglieder: Die meisten von ihnen haben eine Berufsausbildung oder ein Studium absolviert und viele von ihnen sind – unabhängig davon, ob sie Kinder haben oder nicht – berufstätig, einige von ihnen in leitenden Positionen.

5_ KLASSENVERSTÄNDIGUNG
STATT KLASSENKAMPF

Ende November 1918 – der Landesstreik liegt noch nicht weit zurück – wendet sich die Frauenzentrale mit einem Flugblatt an die «Frauen aller Stände». Sie fordert die bürgerlichen Frauen auf, «mit Rat und Tat, mit treuer Arbeit und finanziellen Opfern» ihre persönlichen Einflussmöglichkeiten geltend zu machen und für «die gerechten Forderungen der Arbeiterschaft» einzustehen. Und sie appelliert an die Arbeiterfrauen: «Wir brauchen Euern Rat und Euere Hilfe, wenn es besser werden soll. Euer Vertrauen und Euere Mitarbeit an dem Bau der neuen Ordnung. Ihr sollt uns sagen, wo es Euch fehlt, und wie Ihr glaubt, dass Euch geholfen werden kann. Wir wollen mit-, nicht gegeneinander arbeiten. [...] Wir wollen keine russischen Zustände, keine Gewaltherrschaft einer Minderheit, die Bürger- und Arbeiterschaft unter der Knute hält. Noch ist es Zeit, unser Land vor dem Bürgerkrieg zu bewahren, aber es ist höchste Zeit!»[1] | ABB. 49

Wie schon bei der Mobilmachung 1914 hat die Frauenzentrale nicht lange gezögert und unmittelbar auf das politische Geschehen reagiert. Dass die Lage ernst ist, zeigt der Ton, der in diesem Flugblatt angeschlagen wird: Er ist geradezu dramatisch. Diese Auseinandersetzungen der Frauenzentrale mit den sozialistischen Frauen sowie ihre Bemühungen um soziale Verständigung stehen hier im Fokus.

DER LANDESSTREIK VON 1918
Der Landesstreik hatte den Bundesstaat erschüttert wie kein anderes Ereignis zuvor. Seinen Ursprung hatte er zum einen in den sich im Verlaufe des Kriegs rapid verschlechternden Lebensbedingungen der Arbeiterschaft, zum andern im demonstrativen Aufmarsch der Truppen in Zürich. Damit wollten Bundesrat und Armeeführung mit Blick auf die Ereignisse in Deutschland das Aufkommen einer revolutionären Bewegung in der Schweiz verhindern. Die organisierte Arbeiterschaft fühlte sich durch den Truppenaufmarsch provoziert. Nach einer gewalttätigen Auseinandersetzung zwischen Demonstranten und Militär am 10. November auf dem Münsterplatz in Zürich rief das *Oltener Aktionskomitee*, in dem die Spit-

Schweizerfrauen!

Was lehren uns die letzten Tage? Daß wir mehr **Schweizergeist** brauchen, wenn wir unser Schweizerhaus davor bewahren wollen, in Flammen aufzugehen. Wir wollen uns wieder als Bürgerinnen eines Staates fühlen, dessen höchste Aufgabe es ist, das **Wohl des ganzen Volkes** zu fördern!

Bürgerliche Frauen!

Ganz anders als bisher müssen wir dafür eintreten, daß jeder Schweizer sich in seinem Lande wohl fühlen kann. Mit Rat und Tat, mit treuer Arbeit und finanziellen Opfern, mit dem Stimmzettel und unserem persönlichen Einfluß müssen wir für die gerechten Forderungen der Arbeiterschaft einstehen: für die freie Entwicklung einer körperlich, geistig und sittlich gesunden Generation, die Teil hat an allem, was unsere Kultur Gutes geschaffen, und es mit Stolz und Freude empfindet, Schweizerbürger zu sein! Wir fühlen es mit Beschämung, daß ein großer Teil unseres Volkes sich mit Haß gegen das Bürgertum wendet und glaubt, nur durch Gewalt die Befreiung von den drückenden Fesseln unseres gegenwärtigen Wirtschaftssystems zu erlangen. Das muß und soll anders werden durch unser aller ernste Arbeit und ehrliche Opfer, durch eine entschiedene Solidarität mit allen unseren Volksgenossen.

Arbeiterfrauen!

Wir brauchen Euern Rat und Euere Hilfe, wenn es besser werden soll, Euer Vertrauen und Euere Mitarbeit an dem Bau der neuen Ordnung. Ihr sollt uns sagen, wo es Euch fehlt, und wie Ihr glaubt, daß Euch geholfen werden kann. Wir wollen **mit-**, nicht gegeneinander arbeiten. Machet Front gegen die unschweizerischen Tendenzen, welche die Arbeiterbewegung vergiften, gegen jene Elemente, **die** nur verleumden, hetzen und schüren, bis der Brand ausgebrochen ist. Wir wollen keine russischen Zustände, keine Gewaltherrschaft einer Minderheit, die Bürger- und Arbeiterschaft unter der Knute hält. Noch ist es Zeit, unser Land vor dem Bürgerkrieg zu bewahren, aber es ist **höchste** Zeit!

Frauen aller Stände, welche zu einer friedlichen aber rascheren Entwicklung unserer Verhältnisse im Geist sozialer Gerechtigkeit beitragen wollen, werden gebeten, ihre Adresse dem Sekretariat der Zürcher Frauenzentrale, Talstrasse 18, einzusenden.

Der Vorstand der Zürcher Frauenzentrale.

Bitte abtrennen und einsenden.

Die Unterzeichnete begrüßt einen Zusammenschluß der Frauen auf der genannten Grundlage.

Name, Beruf, Adresse:

---

zen der Gewerkschaften und der SP vertreten waren, für den 12. November einen unbefristeten Generalstreik aus. Die Forderungen waren in einem Neun-Punkte-Programm zusammengefasst, darunter die sofortige Neuwahl des Nationalrats nach dem Proporzsystem, das aktive und passive Frauenstimm- und -wahlrecht, die Schaffung einer Alters- und Invalidenversicherung sowie die Einführung der 48-Stunden-Woche. Nachdem sich der Bundesrat und verschiedene Kantonsregierungen zunächst zu Konzessionen bereit erklärt hatten, gewannen rasch diejenigen Kreise die Oberhand, die keinerlei Zugeständnisse machen wollten. Der Bundesrat forderte am zweiten Streiktag den bedingungslosen Abbruch des Streikes. Aus Angst vor militärischen Einsätzen beschloss das Oltener Komitee in den frühen Morgenstunden des dritten Streiktages, dem Ultimatum des Bundesrates Folge zu leisten. Am 15. November wurde der Generalstreik beendet und die Arbeit mehrheitlich wieder aufgenommen.[2]

| ABB. 49 Kurz nach dem Generalstreik 1918 verteilt die Frauenzentrale auf den Strassen Zürichs ein Flugblatt, das sich an alle Frauen richtet. Es ruft dazu auf, sich über Klassengrenzen hinweg für die soziale Verständigung einzusetzen.

> Telegramm der Z. F. an den Bundesrat
>
> 12. November 1918.
>
> Bundesrat Bern.
>
> Der Vorstand der Zürcher Frauenzentrale dankt dem Bundesrat für den Schutz der Stadt Zürich vor revolutionären Untrieben unverantwortlicher Elemente. Sie bittet um ganz energische Förderung aller Massnahmen, welche geeignet sind, bessere Existenzbedingungen für unsere bedrängten Volksschichten zu schaffen und entschieden Front zu machen gegen alle ausländischen Einflüsse, welche unser Volksleben vergiften. Ein Programm, welches der Entwicklung unserer Verhältnisse im Geiste sozialer Gerechtigkeit freie Bahn schafft, wird die Unterstützung aller gutgesinnten Elemente finden.
>
> Die Präsidentin : Sig. Fierz.
> Die Aktuarin   : Sig. Finsler.

KLASSENGEGENSÄTZE ÜBERWINDEN

Mit dem Streikabbruch waren aber die sozialen Spannungen nicht beigelegt, und bis weit ins bürgerliche Lager war der Wille vorhanden, Reformen anzugehen. Zu diesem Lager gehörte auch die Frauenzentrale. Nachdem sie ihren Beitrag während des Kriegs geleistet hatte, wollte sie sich nun in der anbrechenden Friedenszeit positionieren. Dem Vorstand der Frauenzentrale war es ein Anliegen, sich für notwendige Reformen einzusetzen, Not zu lindern und Gewalt zu verhindern. Die Klassengegensätze, die in seinen Augen eine konstruktive Neuorientierung verhinderten, sollten durch soziale Verständigung überwunden werden. Dies kam nicht erst im eingangs zitierten Flugblatt zum Ausdruck, sondern schon während des Generalstreiks. In einem Artikel, der am 14. November in der *Neuen Zürcher Zeitung* erschien, schrieb der Vorstand der Frauenzentrale: «An uns Frauen ist es, den Willen zur friedlichen Entwicklung hochzuhalten. [...] Lassen wir uns nicht, verbittert durch die Erregungen dieser Tage, zu engherzigem und allzu raschem Urteilen hinreissen, das nur die Kluft zwischen den Klassen, deren Überbrückung unsere heiligste Aufgabe ist, noch vergrössern würde. [...] Unsere Frauenaufgabe ist es heute, über Klassengeist und Klassenhass hinweg, die Güter zu retten, die zum Aufbau, zum Fortschritt, zum endlichen Frieden unentbehrlich sind: Besonnenheit, Einsicht und Menschliebe – und in diesem Geist unsere Arbeit zu tun.»[3]

Was bewegte den Vorstand der Frauenzentrale, sich für den sozialen Frieden zwischen den Klassen einzusetzen? Die Frauen hatten seit Ausbruch des Ersten Weltkriegs mit unterschiedlichsten Aktivitäten die Not zu lindern versucht, nun waren sie konfrontiert mit der Armut vieler Arbeiterhaushalte, dem Mangel und dem Hunger. Sie nahmen die soziale Notlage wahr, diskutierten, kommentierten und kritisierten sie. So war etwa in der Dezemberausgabe 1918 der *Frauenbestrebungen* zu lesen: «Wir leiden unter der Not, die neben unserer relativen Wohlfahrt einhergeht, uns ekelt vor dem Luxus, der sich neben der Armut breit macht, wir fühlen das Unrecht einer Geldherrschaft, die unzählige Menschenseelen und -leiber zugrunde richtet.»[4]

| ABB. 50 Telegramm der Zürcher Frauenzentrale vom 12. November 1918 an den Bundesrat.

DANK AN DIE BEHÖRDEN

Auch wenn die Frauenzentrale gewisse Forderungen der Arbeiterklasse als berechtigt empfand, so waren der Solidarität doch Grenzen gesetzt. Recht und Ordnung sollten unbedingt erhalten bleiben und Streik wurde als ein unangemessenes Mittel angesehen, um Interessen durchzusetzen. So schickten die Präsidentin Maria Fierz und die Aktuarin Fanny Finsler am 12. November 1918, am ersten Tag des Generalstreiks, ein Telegramm an den Bundesrat, in dem sie sich «für den Schutz der Stadt Zürich vor revolutionären Umtrieben unverantwortlicher Elemente» bedankten.[5] | ABB. 50 Zwei Tage später dankten sie auch den Zürcher Behörden für ihren Einsatz während des Streiks: «In weiten Frauenkreisen herrscht das Bedürfnis, Ihnen ein Wort warmen Dankes zu sagen für Ihren treuen Schutz. Unser Dank an Sie bestehe darin, dass wir nach Kräften an Fürsorge für Sie leisten, was Frauenarbeit irgend tun kann.»[6] Gleichzeitig forderten sie die Behörden auf, Massnahmen zur Linderung der Not zu ergreifen.

Dass die Frauenzentrale in den Tagen nach dem Generalstreik mit einem Flugblatt zur Verständigung zwischen bürgerlichen und linken Frauen aufrief, war keine Selbstverständlichkeit. Auf beiden Seiten gab es viele Vorbehalte: Die bürgerlichen Frauen, von der Erwerbsarbeit weitgehend ausgeschlossen und auf die Rolle der Ehefrau und Mutter reduziert, wollten zwar durchaus einen Beitrag zur Linderung sozialer Probleme leisten. Sie wollten helfen, aber nichts ändern, und ihre Hilfe bewegte sich innerhalb eines bürgerlichen Normenkatalogs. Gleichzeitig eröffnete ihnen eine solche Tätigkeit die Möglichkeit, sich ausserhäuslich zu betätigen.

GESCHLECHTERKAMPF ODER KLASSENKAMPF?

Neben den Berührungspunkten, die sich durch die Not auf der einen Seite und die karitativen Aktivitäten auf der anderen ergaben, blieb ein gemeinsames Feld der Benachteiligung, nämlich der Kampf für die politischen Rechte. Auf Seiten der Sozialistinnen war der zeitweise im Zürcher Exil lebende Deutsche August Bebel eine wichtige Stimme gewesen. In seinem einflussreichen Buch *Die Frau und der Sozialismus* forderte er bereits 1879 die politische und berufliche Gleichstellung der Frau. Den Kampf der bürgerlichen Frauen für das Wahlrecht sah er als Berührungspunkt zwischen der sozialistischen und der bürgerlichen Frauenbewegung und hielt somit eine Teilallianz zwischen proletarischen und bürgerlichen Frauen für möglich. Eine Generation später lehnte Clara Zetkin, eine der damals tonangebenden Frauen in der europäischen Arbeiterbewegung, die Zusammenarbeit mit der bürgerlichen Frauenbewegung ab. Bereits 1889 hatte sie kritisiert, dass die bürgerliche Frauenbewegung im Rahmen des bestehenden gesellschaftlichen Systems für ihre Rechte kämpfe.[7] Für sie war die Geschlechterfrage ein «Nebenwiderspruch», das heisst, der Kampf für die Emanzipation der Frauen wurde den

Nr. 7 — **XIII. Jahrgang**

Die Vorkämpferin

Vertritt die Interessen der arbeitenden Frauen

| Erscheint monatlich einmal
Kann bei jedem Postbureau bestellt werden
Jahresabonnement Fr. 1.50 | **Zürich,**
1. Juli 1918 | Herausgegeben von der Frauenkommission der
Sozialdemokratischen Partei der Schweiz. |

Die Frauendemonstration vor dem Zürcher Kantonsrat.

In der letzten Nummer unserer „Vorkämpferin" wurde von den Versammlungen der Wehrmänner-Frauen berichtet. Es mag mancher Leserin ähnlich ergangen sein, wie jenen Genossinnen, die uns beinahe etwas vorwurfsvoll berichteten, daß nicht nur die Familienangehörigen der Schweizer und ausländischen Wehrmänner unter der enormen Teuerung schwer leiden, sondern daß bis weit in den Mittelstand hinein Männer, Frauen und Kinder hungern. Kaum waren die ersten Gemüse auf dem Markt erschienen, um in den schrecklich einförmigen Speisezettel etwas Abwechslung zu bringen, wurde der Genuß verbittert durch die Wucherpreise; vor allem beim Erscheinen der ersten Kirschen, auf die sich so viele gefreut hatten, um dem ewigen Reis etwas Geschmack zu verleihen.

Eine Besprechung mit den Vorständen der gewerkschaftlichen und politischen Frauenorganisationen ergab Zustimmung zu einer Frauen-Demonstration; nur waren die meisten Sprecherinnen in der Einschätzung der Kampfbegeisterung und des Kampfeswillens zu pessimistisch. Die Versammlung der Frauen, die ohne Flugblätter, nur auf ein paar Inserate im Volkshaus erschien, zählte nahezu 1000 Arbeiterfrauen, und bekundete ganz unzweideutig die Entschlossenheit, um als mobilisiertes Arbeiterinnenbataillone, wenn auch ohne Waffen, für die von den Genossinnen aufgestellten Forderungen zu demonstrieren. Obwohl man den versammelten Frauen noch nichts vom vorgesehenen Plan bekannt gab, fanden die Flugblätter, die die Proletarierinnen Zürichs auf Montag, den 10. Juni, auf den Helvetiaplatz vor das Volkshaus, einberiefen, reißenden Absatz und es war nur die Klage: „Ich bekam zu wenig Zettel!"

Die Kundgebung der Frauen.

Der Wetterprophet hatte auf Montag, den 10. Juni, Niederschläge vorausgesagt. Land und Kulturen lechzten nach Regen. Richtig, die glanzvoll trockenen Tage waren nun vorbei zur Freude der Landwirte, die ihr Heu im Trockenen hatten, und der vielen Familiengärten, die wohl Gießkanne um Gießkanne, aber nie so ein richtiges Naß zu spüren bekommen hatten und deswegen schon mit Streik drohten.

Wer etwa gehofft hatte, das schlechte Wetter halte die Demonstrantinnen ab, der sah sich getäuscht. Wohl mögen manche Mütter, die gerne ihre Kleinen mitgenommen hätten, davon abgehalten worden sein. Beinahe militärisch pünktlich marschierten 1000 Proletarierfrauen und -mädchen um 9½ Uhr vom Volkshaus gegen die Stadt zu. Etwa 300 Nachzüglerinnen, die erst auf 10 Uhr gekommen waren, bildeten die Nachhut und stießen an der Bahnhofstraße auf den Gewalthaufen. Die Bahnhofstraße ist sich gewohnt, daß Demonstrationen ihren Asphalt treten. Sie muß unter den Schritten dieser Frauen etwas ganz anderes verspürt haben: ein Gewicht, so enorm; denn wie viel, wie schweres Leid schleppten diese 1000 Proletarierinnen! Für gewöhnlich sind es ja „Damenstiefelchen," die da hinab und hinauf tänzeln und schwänzeln und ihren Putz und Luxus Parade führen.

Dort trippelte eben eine auf 100fränkigen Stiefeletten und trug einen mehrhundertfränkigen Hut, Brillanten und ein einfaches Seidenkleid. Sie glotzte, wie die übrigen „bessern" Spaziergänger diesen Frauenzug verständnislos an; aber sie verstummten alle vor dem, was ihre Augen sahen. Die Tafeln sagten es denen, die es auf den Gesichtern der Proletarierinnen nicht lesen mochten: „Wir hungern", „Unsere Kinder hungern", „Wir fordern Beschlagnahme der Lebensmittel". Eine Frau, die neben mir ging, erzählte: „Ich mußte schon auf 5 Uhr zum Putzen; da schrieb ich meinem Mann auf einen Zettel: „Bitte, sieh Du, was Du heute zu Mittag findest; ich werde ausharren. Vielleicht erreichen wir etwas".

Vor dem Rathaus.

Am Limmatquai konnte das Tram nicht mehr passieren; beim Rathaus mögen es etwa 2000 Menschen gewesen sein, samt den vielen Polizisten und Detektivs, die aber weder provozierten noch überhaupt etwas zu tun bekamen. Unter die vielen Frauen hatten sich nun auch männliche Passanten gemischt. Ein Bierfuhrwerk wollte partout hindurch. Die Masse stand so dicht, daß keine Maus, geschweige denn ein Wagen durchkommen konnte. Der Fuhrmann war wild. Ein Arbeiter besänftigte ihn: „Hut ab vor diesen Frauen! In den Boden hinein schämen sollten wir uns, daß sie uns vorangehen müssen. Alle Achtung vor denen, die da stehen; drum kehr' halt um, Du gehörst ja auch nicht zu denen, die jetzt noch in Saus und Braus leben!" Und der Fuhrmann kapitulierte. Ebenso taten es die Tram-Chefs. Die Trämler sympathisierten sowieso mit uns.

Eben erzählte mir eine Bekannte: „Wenn's nur etwas hilft! Ich mag schon gar nie mehr heim von der Arbeit. Wenn ich bei den Herrschaften, wo ich wasche, auch recht und genug zu essen bekomme; aber meine Kinder! Immer und immer nur diese Suppe! Heute hab' ich's nun doch gewagt und hab' die Dame, bei der ich spetten war, gefragt, ob sie mir nicht ein Kilo Kartoffeln gäbe, sie hat noch so viel. Sie gab mir gleich diesen Korb voll. Die werden eine Freude haben zuhause!" Dort berichtet eine ihrer Freundinnen: „Mein Mann und ich vertrugen uns sonst immer gut; unsere Ehe war all die sechs Jahre wie man's nur wünschen kann; aber jetzt, seitdem ich jeden Tag ihm wieder Reis und Suppe und Suppe und Reis, höchstens hie und da zur Abwechslung einmal mit Stückli auf den Tisch bringe, fragt er manchmal ganz unwillig: „Gits dänn nüt anders?" Und seitdem 's Geld einfach nicht ausreicht, haben wir öfter Streit. Man möchte schon bald lieber sterben."

Dem Waibel wurde zur Uebergabe „Das Memorial der Frauen an den Regierungsrat und Kantonsrat des Kantons Zürich abgegeben.

anderen Zielen der Arbeiterbewegung untergeordnet. Eine Allianz zwischen den bürgerlichen und sozialistischen Frauenbewegungen lehnte sie ab.

Auch in der Schweiz widerspiegelten sich diese Diskussionen. Als sich die lokalen Arbeiterinnenvereine 1890 zum *Schweizerischen Arbeiterinnenverband* zusammenschlossen, übernahmen sie die Linie von Zetkin. Das zeigte sich unter anderem daran, dass der *Schweizerische Arbeiterinnenverband* um 1900 ablehnte, dem *Bund Schweizerischer Frauenvereine* beizutreten: «Die Delegiertenversammlung der schweizerischen Arbeiterinnenvereine anerkennt die Tätigkeit der schweizerischen bürgerlichen Frauenvereine, lehnt es aber mit grosser Majorität ab, dem Schweizerischen Frauenbund beizutreten, da sie sich als ein Glied der schweizerischen Arbeiterbewegung fühlt, deren Wege sie zu gehen hat.»[8] | ABB. 51

Diese Linie wurde 1910 an der zweiten internationalen sozialistischen Frauenkonferenz in Kopenhagen gestärkt. Dort wurde entschieden, dass sich die sozialistischen Frauen künftig für das aktive Stimm- und Wahlrecht einsetzen sollten. Eine Resolution verbot ihnen gleichzeitig, mit bürgerlichen Frauen zusammenzuarbeiten: «Die sozialistische Frauenbewegung aller Länder weist das beschränkte Frauenwahlrecht als eine Verfälschung und Verhöhnung des Prinzips der politischen Gleichberechtigung des weiblichen Geschlechts zurück. Sie kämpft für den einzig lebensvollen konkreten Ausdruck dieses Prinzips: das allgemeine Frauenstimmrecht, das allen Grossjährigen zusteht und weder an Besitz, noch Steuerleistung, noch Bildungsstufe oder sonstige Bedingungen geknüpft ist, welche Glieder des arbeitenden Volkes von dem Genuss des Rechtes ausschliessen. Sie führt ihren Kampf nicht im Bund mit den bürgerlichen Frauenrechtlerinnen, sondern in Gemeinschaft mit den sozialistischen Parteien, welche das Frauenwahlrecht als eine der grundsätzlich und praktisch wichtigsten Forderungen zur vollen Demokratisierung des Wahlrechtes überhaupt verfechten.»[9]

Diese Resolution wurde in der schweizerischen bürgerlichen Frauenpresse, den *Frauenbestrebungen*, abgedruckt und kommentiert: «Wir bedauern diese Resolution und glauben, die Frauen haben damit gegen ihre eigensten Interessen gehandelt. Es ist schade, dass auch sie die Partei über das Allgemeine stellen, und beweist uns, wie sehr sie in ihrem Denken von den Männern beeinflusst werden. Dass auch die Sozialistinnen nicht zuerst Frauen und dann Sozialistinnen sein können! Dass das Prinzip des Frauenstimmrechts anerkannt werde und geschähe es vorerst auch nur mit einem beschränkten Wahlrecht, ist doch zurzeit die Hauptsache. Es ist wahrscheinlich, dass da, wo noch kein sog. allgemeines Stimmrecht besteht, auch das Frauenstimmrecht schrittweise eingeführt werde. Warum also nicht zusammenhalten und sich dadurch die Unterstützung der zuerst Begünstigten sichern? Kann diese später erwartet werden, wenn die Sozialistinnen sich jetzt so ostentativ von der bürgerlichen Stimmrechtsbewegung lossagen?»[10]

DIE ARBEITERINNENVEREINE LÖSEN SICH AUF

Einige der bürgerlichen Frauen liessen sich durch das Zetkin'sche Gebot jedoch nicht beirren. Zu ihnen gehörte die Ärztin Betty Farbstein. | ABB. 52 Sie war gleichzeitig Mitglied des *Zürcher Arbeiterinnenvereins* und des bürgerlich geprägten Frauenstimmrechtsvereins. Farbstein kritisierte sowohl die sozialistischen als auch die bürgerlichen Frauen, womit sie die Polarisierung zwischen den beiden Gruppierungen zeitweise verstärkte. In den *Frauenbestrebungen* schrieb sie zu Beginn des Jahres 1911: «Der Klassengegensatz zwischen den bürgerlichen und proletarischen Männern ist nicht minder gross als der zwischen den bürgerlichen und proletarischen Frauen. Durch die langjährige politische Betätigung und die gemeinsame Arbeit in verschiedenen Behörden haben es die Männer gelernt, sich miteinander zu vertragen und auch den politischen Gegner mit Achtung zu behandeln. Nicht also die Frauen. In der kurzen Zeit, seit letztere angefangen haben, vor die Öffentlichkeit zu treten, gibt es fast in jeder Versammlung einen unangenehmen Zusammenstoss. Die Frauen, isoliert lebend, jede in ihrer Häuslichkeit mehr oder weniger eingeschlossen, nur auf den Verkehr mit wenigen Gleichgesinnten beschränkt, verstehen es nicht, den richtigen Ton zu finden, sobald sie mit Geschlechtsgenossinnen zusammenprallen, die einer anderen Klasse, einer anderen Nationalität, angehören. Das muss anders werden, sollen wir positive politische Arbeit leisten, spezielle Frauenforderungen erreichen.»[11]

Der *Schweizerische Arbeiterinnenverband* näherte sich trotz solcher Stimmen immer mehr der SP an und beschloss an der Delegiertenversammlung von 1912, als Sektion der SP beizutreten. Die Doppelmitgliedschaft führte zu verschiedenen Problemen, die in der Auflösung der autonomen Strukturen der Arbeiterinnenbewegung gipfelte. Die Abgrenzung zur bürgerlichen Frauenbewegung wurde beibehalten. So beschloss der schweizerische Parteitag der SP 1912, ein «zeitweiliges Zusammenwirken zur Erringung des Frauenstimmrechts» sei zwar zulässig, die Mitgliedschaft in einer bürgerlichen Organisation jedoch nicht gestattet.[12] Marie Walter-Hüni, die damalige Arbeitersekretärin, bekräftigte in ihrem Referat die Unterstützung der Arbeiterbewegung durch die Frauen und distanzierte sich von der bürgerlichen Frauenbewegung. Für sie war der «Traum einer allgemeinen Verschwesterung [...] ein Trugbild, das die bestehenden Klassengegensätze

| ABB. 52 **Betty Farbstein-Ostersetzer** (1873 Czortkow – 1938 Kilchberg) studiert in Zürich und Bern Medizin und führt bis 1933 in Zürich eine gynakologische Praxis. Sie ist Mitglied des Zürcher Arbeiterinnenvereins und der Union für Frauenbestrebungen. 1910 löst sie eine Debatte aus: Sie plädiert für die Zusammenarbeit zwischen der sozialistischen und der bürgerlichen Frauenbewegung. Im gleichen Jahr publiziert sie dazu eine Broschüre mit dem Titel «Die Ziele der Frauenbewegung». Ein Jahr später ist sie Rednerin am erstmals durchgeführten Internationalen Frauentag. Betty Farbstein engagiert sich für die weibliche Erwerbstätigkeit und tritt für die Kollektivierung der Haushalte ein.

verschleiern möchte».[13] Im Jahr 1917 war der Integrationsprozess der Arbeiterinnenbewegung in die SP Schweiz mit der Errichtung einer *Zentralen Frauenagitationskommission* unter der Führung der Zürcherin Rosa Bloch abgeschlossen.[14]

WACHSENDE NOT UND MARKTREVOLTEN

Beim Ausbruch des Ersten Weltkriegs 1914 schlossen die Parteien in der Schweiz einen sogenannten Burgfrieden. Für kurze Zeit vermochte die drohende Gefahr, in das Kriegsgeschehen der Nachbarstaaten verwickelt zu werden, die Klassenspannungen zu überdecken. Doch schon bald wurde dieser Burgfriede brüchig. Grund dafür waren die sich verschlechternden Lebensbedingungen. Auf der einen Seite standen weniger Nahrungsmittel und Konsumgüter zur Verfügung, da die durch den Krieg ausgelösten Wirtschaftssanktionen die Versorgung der Bevölkerung behinderten. Auf der anderen Seite nahm die Kaufkraft ständig ab. Für die diensttuenden Männer existierte keine soziale Absicherung, eine Lohnausfallentschädigung gab es damals noch nicht. Den Arbeiterhaushalten, die meist auf zwei Löhne angewiesen waren, fehlte so ein Einkommen.[15] Gleichzeitig stiegen die Lebenshaltungskosten, insbesondere die Nahrungsmittelpreise. Der Lebenskostenindex kletterte zwischen 1914 und 1920 von 100 auf 250 Prozent. Die Teuerung

| ABB. 53 Die zunehmende Teuerung und der Verdienstausfall der Soldaten führen dazu, dass gegen Ende des Ersten Weltkriegs ein Fünftel der Schweizer und ein Viertel der Stadtzürcher Bevölkerung unterstützungsberechtigt sind. Das Bild von 1916 zeigt die Abgabe verbilligter Kartoffeln durch die Stadt an der Uraniastrasse.

von Lebensmitteln, Heizmaterial und Kleidern lag sogar noch darüber. | ABB. 53 Die Löhne der Arbeiterinnen und Arbeiter konnten nicht Schritt halten, sodass es in diesem Zeitraum zu einer Reallohneinbusse von etwa 30 Prozent kam.[16] Diese Entwicklungen waren für die sonst schon kargen Einkommen der Arbeiterfamilien einschneidend und Hunger gehörte bald zu ihrem Alltag.[17] Der Bund reagierte nur zögerlich auf diese verschlechterten Bedingungen. Eine Rationierung der knappen Grundnahrungsmittel erfolgte erst im Herbst 1917. Der Entscheid für die Schaffung des *Eidgenössischen Ernährungsamts* fiel sogar erst gegen Ende des Kriegs. Im Sommer 1918 stieg die Zahl der Notstandsberechtigten in der ganzen Schweiz auf fast einen Fünftel der Bevölkerung.[18] In der Stadt Zürich war sogar ein Viertel der Bevölkerung für Notstandsunterstützung bezugsberechtigt.

Die ungenügende Vorratspolitik des Bundes und die kriegsbedingt erschwerten Importverhältnisse führten bald zu Engpässen, vor allem bei der Versorgung mit Kartoffeln und Gemüse. Die Angst vor einer wetterbedingten schlechten Ernte löste im Sommer 1916 in mehreren Städten, auch in Zürich, Marktdemonstrationen aus.[19] Die Ziele dieser Aktionen blieben immer die gleichen, nämlich die Waren zu günstigeren Preisen zu erhalten. Manchmal umringten die protestierenden Frauen die Verkaufsstände, um die Bäuerinnen zu Preissenkungen zu überreden. Gingen diese nicht darauf ein, versuchten die Konsumentinnen, die Waren zu einem von ihnen als angemessen betrachteten Preis selber zu verkaufen und überreichten den überrumpelten Standverkäuferinnen danach das eingenommene Geld. Hin und wieder wurden Körbe der Marktstände umgeworfen, und es kam zu handgreiflichen Auseinandersetzungen oder es gab Streit mit gut betuchten Käuferinnen, die bereit waren, mehr als die festgesetzten Preise zu bezahlen. Wie sich die Frauenzentrale zu diesen Marktdemonstrationen stellte, ist aus den vorhandenen Quellen nicht ersichtlich.

FRAUENDEMONSTRATION VOR DEM ZÜRCHER KANTONSRAT

In Zürich kam es am 10. Juni 1918 zu einer Demonstration von Arbeiterfrauen gegen Hunger und Not, die grösseres Aufsehen erregte und auch den Vorstand der Frauenzentrale zu Stellungnahmen herausforderte. Es muss an diesem Tag in Strömen geregnet haben. Die Arbeiterinnen liessen sich jedoch nicht abschrecken und beteiligten sich zahlreich an der Demonstration. In der *Vorkämpferin*, dem Organ der sozialistischen Frauen, ist der Aufmarsch der Arbeiterinnen bildhaft beschrieben: «Beinahe militärisch pünktlich marschierten 1000 Proletarierfrauen und -mädchen um 9 1/2 Uhr vom Volkshaus gegen die Stadt zu. [...] Die Bahnhofstrasse ist sich gewohnt, dass Demonstrationen ihren Asphalt treten. Sie muss unter den Schritten dieser Frauen etwas ganz anderes verspürt haben; ein Gewicht, so enorm; denn wie viel, wie schweres Leid schleppten diese 1000 Proletarierinnen! Für gewöhnlich sind es ja ‹Damenstiefelchen›, die da hinab und hinauf tänzeln und schwänzeln und ihren Putz und Luxus Parade führen. Dort trippelte eben eine auf 100fränkigen Stiefeletten und trug einen mehrhundertfränkigen Hut, Brillanten und ein einfaches Seidenkleid [...] aber sie verstummten alle vor dem, was ihre Augen sahen. Die Tafeln sagten es denen, die es auf den Gesichtern der Proletarierinnen nicht lesen mochten: ‹Wir hungern›, ‹Unsere Kinder hungern›, ‹Wir fordern Beschlagnahme der Lebensmittel›.»[20]

Ziel der demonstrierenden Frauen war das Rathaus. Dort liessen sie dem tagenden Kantonsrat eine *Eingabe notleidender Frauen in Zürich* überreichen, die sie im Ratssaal gleich selbst präsentieren und erläutern wollten. Sie stützten sich dabei auf die Verfassung des Kantons Zürich, die allen Bürgern das Recht einräumte, ihre Anliegen direkt vor dem Parlament vorbringen zu können. Es war zum ersten Mal, dass Frauen von diesem Recht Gebrauch machten.[21] Die Eingabe, unterschrieben von den Sozialdemokratinnen Rosa Bloch, Minna Tobler-Christinger und Marie Härry, enthielt als Hauptforderung die «sofortige Beschlagnahme aller Lebens- und Bedarfsartikel, Enteignung des Besitzes».[22] | ABB. 54, 55 Im Ratssaal wurde daraufhin heftig über die Form des Begehrens debattiert und wie dieses zu behandeln sei. Der freisinnige Kantonsratspräsident Adolf Streuli schlug vor, es auf die Traktandenliste der nächsten Sitzung zu setzen. Nach eingehender Debatte, ob es sich nun um eine Initiative oder eine Petition handle, wurde die *Eingabe notleidender Frauen in Zürich* verlesen. Danach wurde diskutiert, ob ein Empfang der Frauen

| ABB. 54 Marie Härry, Rosa Bloch-Bollag und Agnes Robmann (v. l.) vor dem Zürcher Rathaus.

| ABB. 55 Die Demonstration am 10. Juni 1918 gegen die schlechten Lebensbedingungen mobilisiert nicht nur eine grosse Anzahl Frauen, sondern auch Ordnungshüter (vgl. auch Abb. 51).

wegen der Dringlichkeit gerechtfertigt sei. Bis zu einer abschliessenden Entscheidung des Geschäfts brauchte es drei Abstimmungen.

Einer, der sich auf den Empfang der Arbeiterfrauen einlassen wollte, war Georg Forster, ein Sozialdemokrat aus der Stadt Zürich. Er stellte den Antrag, einer Delegation der Demonstrantinnen Gelegenheit zu geben, ihr Begehren mündlich vorzutragen: «Die Arbeiterschaft leidet unter viel Unrecht und Ungesetzlichkeiten, die tagtäglich vorkommen; der dabei am stärksten leidende Teil sind aber die Arbeiterfrauen, und darin liegt der wahre Grund zur Eingabe und zur heutigen Kundgebung. Der Kantonsrat darf sich in dieser ausserordentlichen Zeit wohl gestatten, die Stimme der Not im Ratssaale zu vernehmen.»[23] Unter den Gegnern war Emil Walter, ein Grütlianer,[24] ebenfalls aus der Stadt Zürich: «Es wäre nicht von Gutem, die Begründung der Frauen unter dem Drucke des Strassentumultes anzuhören. Die Frauen besitzen in der grossen sozialdemokratischen Fraktion des Rates eine Instanz, die ihre Interessen sowohl zu wahren und zu verteidigen versteht. Die Geschichte der Vergangenheit beweist, dass es sich immer als ein schwerer Fehler erwies, die Masse ins Parlament eindringen zu lassen. In den Zeiten starker Aufregung ist es doppelt gefährlich, ein Parlament vom streng gesetzlichen Boden dadurch abzudrängen, dass man die Masse da zum Worte kommen lässt, wo ihr kein Recht der Einmischung in die Verhandlungen zukommt.»[25]

Nach einer weiteren ergebnislosen Abstimmung erklärte sich Georg Forster im Namen der sozialdemokratischen Fraktion mit den notleidenden Frauen solidarisch und forderte seine Fraktionskollegen auf, die Sitzung zu verlassen: «Wenn der Rat nicht zum Volk heruntersteigen und es hören will, geht die sozialdemokratische Fraktion zum hungernden Volk hinab.»[26] Mit Ausnahme von drei Mitgliedern verliessen die Sozialdemokraten den Saal. Schliesslich wurde einem Antrag von Paul Pflüger, einem sozialdemokratischen Mitglied der Stadtzürcher Exekutive, stattgegeben, wonach eine Vertretung der Petitionärinnen an der nächsten Kantonsratssitzung anzuhören sei.[27]

ANHÖRUNG DER DEMONSTRANTINNEN

An der Sitzung des Kantonsrates vom 17. Juni 1918 waren es die Sozialdemokratinnen Rosa Bloch, Agnes Robmann und Marie Härry, die ihre Anliegen und Forderungen für eine gerechtere Verteilung der knappen Lebensmittel im Kantonsrat vorbrachten. | ABB. 56. 57 Die Tribüne muss bis auf den letzten Platz besetzt gewesen sein. Auch die Zürcher Frauenzentrale war vertreten. Sie hatte zu den Vorkommnissen eine Eingabe an den Kantonsrat verfasst. Die drei redegewandten Sozialdemokratinnen hielten je eine Ansprache. Sie beklagten den Hunger der ärmeren Bevölkerung und kritisierten insbesondere die Bestandesaufnahme von Lebensmitteln. Diese sei so ungeschickt gemacht worden, dass es den Begüterten möglich gewesen sei, frühzeitig Vorräte anzuschaffen. Die Rednerinnen betonten, ihre Forderungen seien vom Regierungsrat bisher nicht zur Kenntnis genommen worden. Kritisiert wurden auch die grossen Investitionen in die Militäraufgebote, während gleichzeitig die Notlage der Bevölkerung vernachlässigt werde. Die Lebenshaltungskosten hätten sich fast verdoppelt, ohne dass die Löhne entsprechend erhöht worden seien. Die Arbeiterschaft nehme zwar Entbehrungen hin, wolle aber keinen Hunger leiden. Am Schluss rief Rosa Bloch dazu auf, dringend Massnahmen umzusetzen, damit Arbeiterfrauen und ihre Kinder nicht hungern. Sie schloss mit dem Hinweis, die sozialistischen Frauen seien bereit, an Lösungen mitzuarbeiten.[28]

Nach den Beiträgen der Sozialdemokratinnen wurden die weiteren Eingaben verlesen. Die Frauenzentrale und die *Union für Frauenbestrebungen* nahmen Stellung zu den von den Demonstrantinnen gestellten Forderungen: «Leider müssen wir die Tatsache bestätigen, dass infolge der Lebensmittelknappheit in unserer Stadt die richtige Ernährung einer Familie ausserordentlich schwierig geworden ist und dass ein nicht unbeträchtlicher Teil unserer Bevölkerung – nicht nur der Arbeiterschaft,

| ABB. 56 **Rosa Bloch-Bollag** (1880 Zürich – 1922 Zürich) stammt aus einer verarmten Kaufmannsfamilie. In jungen Jahren verdient sie ihr Geld als Vertreterin für ein Zürcher Juweliergeschäft, was ihr von Seiten der NZZ den Übernamen Brillanten-Rosa einträgt. Sie ist bekennende Marxistin und engagiert sich in der sozialistischen Frauenbewegung. Im Juni 1918 gehört sie zu den Organisatorinnen der Zürcher Frauendemonstration gegen die Teuerung und vertritt die Forderungen der Demonstrantinnen mit Erfolg vor dem Kantonsrat. Im gleichen Jahr wird sie die erste Präsidentin der Zentralen Frauenagitationskommission der Sozialdemokratischen Partei der Schweiz (SPS) und übernimmt die Redaktion der Vorkämpferin. Während des Landesstreiks von 1918 ist sie die einzige Frau im Oltener Aktionskomitee. Nach der Spaltung der SPS 1920 tritt sie in die Kommunistische Partei ein.

sondern auch des Mittelstandes – eigentlichen Mangel leidet.»²⁹ Die bürgerlichen Frauen bestärkten also die Anliegen der Arbeiterinnen. Sie forderten zudem vom Kantonsrat, eine Erhebung über den Umfang der Unterernährung durchzuführen und das Rationierungssystem weiter auszubauen. Auch sie stellten sich für die Mitarbeit zur Verfügung. Der Vorsitzende des Kantonsrates schlug abschliessend vor, eine Kommission von fünfzehn Mitgliedern einzusetzen, in der die Demonstrantinnen sowie die Frauenzentrale und die *Union für Frauenbestrebungen* mit je einer Vertreterin Einsitz nehmen sollten.

FRAUENVERSAMMLUNG IM GLOCKENHOF

Die Eingabe der Frauenzentrale stiess nicht bei allen ihren Mitgliedern auf Akzeptanz. Der Vorstand entschied deshalb, eine Versammlung einzuberufen, damit die Frauen zu der Eingabe Stellung nehmen konnten. Diese fand am 28. Juni 1918 im Glockenhof statt. Maria Fierz eröffnete sie und ging auf die gegenwärtige politische und soziale Situation ein; sie betonte, dass «Unzufriedenheit und Hass gegen die begüterten Klassen überhandnehmen, dass wir endlich erwachen müssen und einsehen, wie gross auch unsere Schuld ist an den jetzigen Zuständen und dass aus dieser Überzeugung heraus nun auch Mittel und Wege gefunden werden müssen zur Überbrückung der Kluft, die noch immer zwischen den Frauen der verschiedenen Stände besteht».³⁰

Dem Votum der Präsidentin folgte eine Diskussion, in der verschiedene Massnahmen vorgeschlagen wurden: die Einrichtung von Volksküchen und Massenspeisungen, hauswirtschaftliche Beratungsstellen, die Sammlung von Lebensmitteln bei Privaten, die Erhebung einer Luxus- und Vergnügungssteuer, die Beschlagnahme aller Lebensmittel und Gebrauchsartikel, die Schliessung der grossen Konditoreien und Cafés oder die Schaffung von Hausfrauenorganisationen. Die Sitzung im Glockenhof wurde mit der folgenden Resolution geschlossen: «Die heute auf Einladung der Zürcher Frauenzentrale versammelten etwa 350 Frauen gedenken mit warmer Anteilnahme der Schwierigkeiten und Entbehrungen der Arbeiterfrauen in der heutigen schweren Zeit. Selbst den Druck der Verhältnisse schwer empfunden, möchten sie mit ihnen Mittel und Wege suchen, die geeignet sind, ihre grosse Last zu erleichtern und die Not zu bekämpfen. Sie sind überzeugt, dass nur fester Zusammenhalt und gemeinsame Arbeit die jetzigen Schwierigkeiten überwinden können.»³¹

| ABB. 57 **Agnes Robmann** (1876 Herbrechtingen D – 1951 Meilen) wächst als Arbeiterkind im Tösstal auf. Von 1893 bis 1895 besucht sie das Seminar in Küsnacht und arbeitet danach als Lehrerin in Zürich. Sie wird 1906 Mitglied der sozialdemokratischen Lehrervereinigung und der Sozialdemokratischen Partei der Schweiz (SPS). Während des Ersten Weltkriegs ist sie im Vorstand der SPS. Agnes Robmann engagiert sich sowohl im Schweizerischen Arbeiterinnenverband, in dem sie eine führende Stellung einnimmt, als auch in der bürgerlichen Union für Frauenbestrebungen. Sie nimmt 1914 an einer der ersten Sitzungen der Zentralstelle Frauenhilfe teil und orientiert hier über erfolglose Eingaben des Arbeiterinnenvereins an die Stadt betreffend Volksküchen. Zudem schlägt sie der Zentralstelle vor, Wärmestuben einzurichten. Sie schreibt verschiedene Broschüren zu Frauenfragen und Sozialismus.

Am Ende der Versammlung habe sich durch die Auseinandersetzung mit der Not eine erdrückende Ratlosigkeit breit gemacht, schrieb das Vorstandsmitglied Gertrud Mousson in den *Frauenbestrebungen* über den Anlass. Das, was getan werden könne, sei nicht mehr als ein «Palliativmittel», so die Äusserung einer Teilnehmerin. Zur Ratlosigkeit trug auch ein Zwischenfall gegen Ende der Sitzung bei, als sich eine Frau von sozialistischer Seite äusserte: «Eine Verständigung, wie Ihr sie träumt, gibt es nicht, wir wollen keine Verständigung.»[32] Maria Fierz als Vorsitzende erwiderte deutlich: «Aber wir wollen sie». Nach der Versammlung, so schrieb Gertrud Mousson weiter, seien auf vielen Gesichtern Enttäuschung und Entmutigung wahrnehmbar gewesen. Der Vorwurf aus dem linken Lager stiess bei den Initiantinnen der Veranstaltung auf Unverständnis, waren sie doch in bester Absicht zu diesem Treffen gekommen.

Immerhin hatte die Versammlung zur Folge, dass sich die Frauenzentrale im folgenden Winter an den Massenspeisungen der Stadt Zürich beteiligte. Ihr wurden die Aufsicht und die Bedienung übertragen. Das hiess, für 19 Speiselokale 260 freiwillige Helferinnen zu stellen und für jedes Lokal eine bis zwei Frauen zu bezeichnen, die für die Organisation besorgt waren. Zu Beginn der Aktion wurde diese Arbeit unentgeltlich geleistet, später erhielten die Leiterinnen eine Entschädigung.[33] Die weiteren Hilfsmassnahmen, wie die Abgabe von billigem Gemüse aus den Gemüsesammlungen, die Konservierung von Obst und Gemüse und die Wiederverwertung von Kleidern, wurden weitergeführt oder sogar verstärkt.

UNVEREINBARE GEGENSÄTZE

Das eingangs erwähnte Flugblatt an die «Frauen aller Stände» schloss mit einem Aufruf an die Frauen, sich zu engagieren und dem Sekretariat der Frauenzentrale Name und Adresse einzusenden.[34] Dieser Aufforderung folgte die beträchtliche Zahl von 2000 Frauen. Sie hinterlegten nicht nur ihre Adressen, sondern gaben vielfach auch ihrer Meinung Ausdruck. Dem Vorstand war bewusst, dass diese Aktion heikel war und auch auf ablehnende Stimmen stossen würde: Bürgerliche Frauen fanden, dass damit «einer übertriebenen Demut gegenüber Recht und Ordnung gefährdenden Elementen» gehuldigt würde, sozialistische Frauen dagegen fanden den Aufruf anbiedernd.

Die Befürchtungen des Vorstands bestanden nicht zu Unrecht. Wie von den bürgerlichen und den Arbeiterfrauen die jeweils andere Seite wahrgenommen und beschrieben wurde, zeigen die folgenden zwei Beispiele. Eine Arbeiterfrau schrieb: «An die Frauen, wo in der Sonne sind. Ihr fragt uns, wie uns zu helfen sei? Wisst Ihr das nicht? Nein! – Ihr, die Ihr Euch in Samt und Seide, dito Mäntel und Pelze kleidet, ihr könnt ja nicht wissen, wie es tut, wenn man den Kindern keine wollenen Strümpfe, keine ganzen Schuhe hat. Ihr, die Ihr, wenn sattgegessen an Braten und

Gemüse, noch obenauf Pattisserie und andere gute Sachen, wie feine Früchte usw. habt, wie könnt Ihr wissen, wie satt man ist von Schülersuppe, und wie schnell man wieder Hunger hat. Nein, solches versteht Ihr nicht. Wie könnt Ihr wissen, dass wir bald kein Leintuch, keinen Anzug mehr ans Bett haben. [...] Also: Sehet zu, dass allerorts Sammelstellen von noch anständigen Kleidern und Schuhen und Bettzeug, auch verbilligte Strickwolle, Resten zum Flicken von Bettzeug und Leibwäsche errichtet werden. [...] Sehet zu, dass mindestens vom Februar an, wo das Gemüse für unseren Geldbeutel nicht mehr zu bekommen ist, jede Woche doch zweimal ein Eintopfgericht, Fleisch und Gemüse und Kartoffeln billig zu erhalten ist.»[35]

Eine bürgerliche Frau formulierte ihren Unmut wie folgt: «Im Prinzip eine gegenseitige Verständigung zu suchen und mehr Schweizergeist zu zeigen, bin ich durchaus einverstanden, nicht aber mit der Auffassung über Mittel und Wege, wie diese Verständigung angebahnt werden soll. Oder ganz offen gesprochen nicht mit der Einseitigkeit, mit der betont wird, dass die Fehler nur auf bürgerlicher Seite liegen und von da aus gut zu machen seien. Das Entgegenkommen muss von allen Seiten vorhanden sein, hüben und drüben wurde gefehlt und dies soll auch betont werden. [...] Bei der ersten grossen Versammlung im Glockenhof bekamen wir bürgerlichen Frauen zu hören, worin wir gefehlt haben. Umgekehrt glaube ich, wäre es an der Zeit, den Frauen aus Arbeiterkreisen einmal ein Wort über ihre Pflichten zu sagen, ihnen begreiflich zu machen, dass auch sie verantwortlich sind dafür, dass die Mittel, die ihnen der Staat gibt, zweckdienlich verwendet werden. Dass man ihnen klar macht, wie notwendig wirtschaftliche Tüchtigkeit auch von der Arbeiterfrau verlangt werden muss, damit sie mit den vorhandenen Mitteln sich einrichten lernt und imstande ist, ihre Familie anständig zu kleiden und vernünftig zu ernähren [...] und ich möchte sie bitten, diese Punkte in ihr Verständigungsprogramm aufzunehmen; denn nur richtige Einsicht in die wirklichen Verhältnisse aller Klassen kann den Neid etwas dämpfen und zu einer gewissen Verständigung führen.»[36]

Diese Äusserungen sind von den je eigenen Lebensbedingungen geprägt. Gleichzeitig sind es Zuschreibungen, die im damaligen Diskurs weit verbreitet waren. Der Vorstand hätte sich mit der Feststellung zufrieden geben können, diese beiden Sichtweisen seien nicht zu vereinbaren. Er fühlte sich jedoch in seiner Meinung bestärkt, dass nur der vermehrte Kontakt zwischen den bürgerlichen und den linken Frauen helfen könne, die gegenseitigen Vorurteile abzubauen und so «viele künstlich gezüchtete Gegensätze durch gegenseitige Aufklärung» zu beseitigen.[37] Die grössten Chancen, etwas zu erreichen, rechnete sich der Vorstand der Frauenzentrale einerseits bei den Arbeiterfrauen aus, die mit der «klassenkämpferischen Taktik» nicht einverstanden waren, andererseits bei den bürgerlichen Frauen, die «ein klares Bewusstsein davon haben, dass die heutige Zeit von ihnen ein Umlernen auf allen Gebieten verlangt».[38]

FRAUENGRUPPEN ZUR SOZIALEN VERSTÄNDIGUNG

Nach den Rückmeldungen auf das Flugblatt der Frauenzentrale zu schliessen, wollten sich etwa 600 Frauen für das Projekt soziale Verständigung engagieren. Ein Teil der Arbeiterfrauen, die sich gemeldet hatten, wurden im Winter 1918/19 zu wöchentlichen Besprechungsabenden eingeladen, um ihnen die Möglichkeit zu geben, sich über ihre Situation zu äussern.[39] In den Gesprächen wurden die bereits bekannten Probleme wie die Teuerung, der Mangel an Lebensmitteln und die unzulänglichen Wohnverhältnisse thematisiert. Auch die Löhne wurden angesprochen. Dabei machten die Arbeiterinnen deutlich, dass sie keine Almosen wollten, sondern einen Lohn, der es ihnen ermögliche, die Lebenshaltungskosten zu tragen.

Die Frauenzentrale hielt diese sozialpolitischen Anliegen zwar für gerechtfertigt, für die Vorstandsfrauen standen aber andere Aspekte im Vordergrund. In einem Artikel in der *Neuen Zürcher Zeitung* hob Maria Fierz hervor, es seien in erster Linie der Standesdünkel und der Hochmut der bürgerlichen Frauen, der die Arbeiterfrauen bedrücke. Sie würden die Herzensbildung der oberen Stände vermissen, beispielsweise, wenn eine Dame der Waschfrau die Hand nicht gebe, wenn sie sie auf der Strasse treffe.[40] Auf der andern Seite, so Fierz weiter, werde von Arbeiterfrauen eingestanden, «dass in ihren Kreisen viel Genusssucht und mangelndes Pflichtgefühl zu finden» sei, «Vernachlässigung der Kinder, Alkoholismus, Neid und Widerstandslosigkeit gegen verhetzende Einflüsse».[41] Kein Thema war dagegen die strukturell bedingte Ungleichheit zwischen den Klassen. Verständigung hiess in der Auffassung des Vorstandes der Frauenzentrale ein besseres gegenseitiges Verständnis für die jeweils andere Seite, nicht aber tiefer greifende sozialpolitische Reformen.

Um die Kontakte zu fördern, wurden in der Folge in fast allen Quartieren der Stadt Frauengruppen gegründet, in denen sich Frauen aller Schichten monatlich treffen sollten. In diesen Gruppen «soll der Gedanke der Solidarität, der gegenseitigen Hilfe zum Ausdruck kommen, hier sollen die Frauen der verschiedenen Volksschichten sich kennen und verstehen lernen».[42] Dass diese nur an der Oberfläche kratzende Massnahme nicht richtig greifen konnte, zeigte sich sehr schnell. Bereits ein Jahr später wurde das mangelnde Interesse der Mitglieder der Frauenzentrale kritisiert. Immer mehr Frauen aus gebildeten und wohlhabenden Kreisen würden den monatlichen Treffen fernbleiben. Enttäuschung machte sich breit. Trotzdem blieben die Gruppen bestehen und wurden nach den jeweiligen Interessen unterschiedlich genutzt. Ab Mitte der 1930er Jahre wurde in den Gruppen, neben Vorträgen und Diskussionen, vor allem gemeinsam gestrickt und genäht.[43] Die Zahl von etwa 600 Mitgliedern blieb lange Zeit gleich und nahm erst seit den 1940er Jahren ab. Da es kaum neue Mitglieder gab, setzte ein langsamer

Alterungsprozess ein. Mitte der 1950er Jahre begannen sich die ersten Gruppen aufzulösen und 1962 löste sich die letzte Quartierfrauengruppe auf.

KONFRONTATION MIT DER KLASSENFRAGE

Die Frauenzentrale war von Anfang an mit der Klassenfrage konfrontiert. Sie wollte einen Beitrag zur Lösung der sozialen Frage leisten und engagierte sich für die Notleidenden, meist Frauen aus der Arbeiterschicht. Sie hat mit konkreten Hilfeleistungen sicher zur Linderung der Not beigetragen, eine Verständigung, ja ein Miteinander der beiden Klassen, wie es der Vorstand gewünscht und angestrebt hatte, war jedoch nicht möglich. Zu unterschiedlich waren die Analysen und Lösungsvorschläge. Die jeweiligen Lebensbedingungen, der gesellschaftliche Status und die unterschiedlichen Interessen setzten der Verständigung über die sozialen Klassen hinweg Grenzen.

Einzelne Frauen haben versucht, zwischen den verhärteten Fronten Brücken zu schlagen. Bereits genannt wurde Betty Farbstein. Zu erwähnen bleibt Clara Ragaz. Wie Farbstein ebenfalls aus bürgerlichem Milieu stammend, war sie 1913 in die sozialdemokratische Partei eingetreten. Dieser Parteibeitritt hatte sie aber nicht davon abgehalten, in der Zentralstelle Frauenhilfe mitzumachen. | ABB. 58 So hat sie 1916 auch auf einen Artikel in der *Vorkämpferin* reagiert, in welchem der Frauenzentrale vorgeworfen wurde, sie würde nichts gegen Arbeitslosigkeit und Teuerung unternehmen. In ihrer Entgegnung erwiderte sie, dieser Vorwurf sei ungerechtfertigt. Von Anfang an hätte sich die Frauenzentrale um Arbeitsbeschaffung und Arbeitsvermittlung bemüht. Sie schloss mit der Bemerkung, es sei jedoch unbestritten, dass es zwischen der bürgerlichen und der sozialistischen Frauenbewegung klare Unterschiede hinsichtlich Methoden und Ziele gebe.[44] Auch wenn die Brückenbauerinnen mit den Vermittlungsversuchen keinen nachhaltigen Erfolg hatten, so erreichten sie doch, dass die Kontakte zwischen den beiden Flügeln der Frauenbewegung nie ganz abgebrochen sind.

Maria Fierz, die Präsidentin der Zürcher Frauenzentrale, hatte eine klare Vision. Für sie lag das «soziale Heil nicht im Klassenkampf, sondern in der Klassen-

| ABB. 58 **Clara Ragaz-Nadig** (1874 Chur – 1957 Zürich) absolviert das Lehrerinnenseminar in Aarau, arbeitet in verschiedenen Ländern und schliesslich in Zürich als Hauslehrerin. 1901 heiratet sie den Theologen Leonhard Ragaz. 1902 gehört Clara Ragaz-Nadig zu den Gründerinnen des Schweizerischen Bundes abstinenter Frauen. 1907 wird sie Mitglied der Union für Frauenbestrebungen und 1913 der Sozialdemokratischen Partei (SPS). Als engagierte Pazifistin und Feministin beteiligt sie sich 1915 an der Gründung der Schweizer Sektion der Internationalen Frauenliga für Frieden und Freiheit (IFFF). Bis 1946 bleibt sie deren Präsidentin. 1929 wird sie zudem als eine der Vizepräsidentinnen des internationalen Dachverbands der IFFF gewählt. Neben Bildungsarbeit für Arbeiterinnen wirkt sie auch als Dozentin an der Sozialen Frauenschule. Clara Ragaz gehört dem Vorstand der Zentralstelle Frauenhilfe an. Zur Frauenzentrale ergeben sich später Kontakte rund um die Friedensarbeit. 1935 treten sie und ihr Mann unter Protest aus der SPS aus. Sie sind nicht einverstanden mit deren Bekenntnis zur militärischen Landesverteidigung.

verständigung». Um diese zu verwirklichen, sah sie zwei Strategien: zum einen organisierte Hilfeleistungen, die die Not der Unbemittelten lindern sollten, und zum andern ein besseres Verstehen und aufeinander Zugehen der unterschiedlichen Klassen. Diese Überzeugung hat sie gelebt und vertreten: «Wollen wir Krisen schwerster Art vermeiden, müssen wir zu einem viel intensiveren Interesse für die Lebensbedingungen der minder bemittelten Volksschichten» kommen. «Alles, was wahr und gut ist am Sozialismus, müssten wir uns zu Eigen machen, um die Gefahren, mit denen er uns bedroht, richtig bekämpfen zu können. Der verderblichen Theorie des Klassenkampfes müssen wir die andere, wahre, gegenüberstellen, dass all unsere Arbeit und unser Besitz das Wohl der Gesamtheit fördern müssen, dass wir Gehilfen statt Konkurrenten sind.»[45] Hartnäckig hat sie diesen Weg verfolgt und der «verderblichen» Theorie des Sozialismus ihre «wahre» Theorie entgegengestellt.

6_ SOZIALE WERKE

Es ist der 10. Januar 1920. In Zürich wird mit einer kleinen Feier die *Soziale Frauenschule* gegründet. Die Eröffnungsrede hält Wilhelm von Wyss, Rektor der Höheren Töchterschule und Präsident des neuen Instituts. In seinem Referat umreisst er die Zielsetzung: «Die Schule will dem stets wachsenden Bedürfnis nach tüchtigen besoldeten und freiwilligen Hilfskräften für die sozialen Aufgaben entgegenkommen und junge Mädchen theoretisch und praktisch für diese Arbeit vorbereiten. Im Weiteren soll auch Frauen und Mädchen, die bereits sozial tätig sind, Gelegenheit gegeben werden, sich auf einzelnen Arbeitsgebieten weiterzubilden.»[1] Die neue zweijährige Ausbildung beginnt ziemlich genau ein Jahr später am 11. Januar 1921.

Die Anfänge der Professionalisierung der Sozialen Arbeit sind mit dem sozialen Engagement der bürgerlichen Frauenbewegung eng verbunden. Diesem Zusammenhang gehen wir anhand der Zürcher Frauenzentrale ausführlicher nach. Neben dieser langfristigen Zusammenarbeit berichten wir von den vielen Projekten der Krisenhilfe während des Ersten Weltkriegs und in späteren wirtschaftlich schwierigen Zeiten. In den 1930er Jahren musste sich die Frauenzentrale auch mit der heiklen Frage der Abtreibung befassen. Sie setzte bei der Schwangerschaftsberatung und der Mütterhilfe an.[2] Ein Werk, welches die Frauenzentrale bis Ende der 1990er Jahre führte, war die Mütterschule, die junge werdende Mütter und später auch Väter in die Säuglingspflege einführte.

PERSONELLE VERFLECHTUNG ZWISCHEN SOZIALER FRAUENSCHULE UND FRAUENZENTRALE

Der Zusammenhang zwischen bürgerlicher Frauenbewegung und Professionalisierung der Sozialen Arbeit wird im Fall der Zürcher Frauenzentrale und der Sozialen Frauenschule Zürich besonders deutlich. Zentrale Persönlichkeiten in beiden Organisationen waren Maria Fierz und Marta von Meyenburg. Maria Fierz, Präsidentin der Frauenzentrale von 1917 bis 1944, war Vizepräsidentin des Schulvorstandes von 1920 bis 1944. Marta von Meyenburg, Mitbegründerin der Zürcher

Frauenzentrale und bis 1947 aktiv im Vorstand, war die erste Schulleiterin bis 1934. Im Vorstand der *Sozialen Frauenschule* blieb sie bis 1960. | ABB. 59 Die weiteren weiblichen Mitglieder des Schulvorstandes von 1920 waren alle mit der Frauenzentrale verbunden: Emmi Bloch, langjährige Sekretärin, Gertrud Mousson, Vorstandsmitglied, Clara Ragaz, Vorstandsmitglied in der Gründungszeit, und Ida Hilfiker als Mitglied. Die neu gegründete Schule richtete sich im selben Haus an der Talstrasse 18 ein wie die Zürcher Frauenzentrale. Dadurch entstand auch räumliche Nähe. Als die Frauenzentrale später an den Schanzengraben 29 wechselte, zog die Frauenschule mit. Die Bibliothek der Frauenzentrale war gleichzeitig auch die Bibliothek der Schülerinnen. Auf dem Sekretariat arbeiteten regelmässig Praktikantinnen der *Sozialen Frauenschule*. Erst der Umzug der Frauenschule am 1. Oktober 1955 in die städtische Rote Villa im Rieterpark markierte das Ende einer langen und engen Beziehung zwischen den beiden Organisationen. Heute ist das *Departement Soziale Arbeit* Teil der *Zürcher Hochschule für Angewandte Wissenschaften*.

DIE SOZIALE FRAGE

Als Soziale Frage wurden ab den 1850er Jahren die Probleme in der Folge der Industrialisierung umschrieben, insbesondere die prekären Arbeits- und Wohnbedingungen der Arbeiterschicht in den schnell wachsenden Städten. Die herkömmliche Armenhilfe gelangte an ihre Grenzen und rief nach neuen Lösungen. Hier sahen die Frauen – in erster Linie die bürgerlichen – ein für sie geeignetes Tätigkeitsfeld. Denn ihnen blieb als einzig akzeptierte ausserhäusliche Betätigung die Mithilfe bei Aufgaben im Sozial- oder Schulwesen.

Bereits in der ersten Hälfte des 19. Jahrhunderts hatten Männer die Gründung von lokalen Frauenvereinen angeregt. Diese standen meist in ihrem eigenen Interesse, da sie sich dadurch von konkreten Aufgaben für Menschen vor Ort entlasten und ihre Berufs- und Ämterlaufbahn effizienter gestalten konnten.[3] Gegen Ende des 19. Jahrhunderts standen den bürgerlichen Frauen nun einige Berufe wie Lehrerin oder Krankenpflegerin offen und damit wuchs auch ihr Selbstbewusstsein. Sie gründeten eigene Vereine und übernahmen soziale Aufgaben in der Öffentlichkeit. Eine Enquête zum *Schweizerischen Kongress für die Interessen der*

| ABB. 59 **Marta von Meyenburg** (1882 Dresden – 1972 Oberrieden) absolviert die Pflegerinnenschule in Zürich und arbeitet danach für die Amtsvormundschaft in Zürich. Ab 1910 leitet sie zusammen mit Maria Fierz, mit der sie eine enge Freundschaft verbindet, Fürsorgekurse. Aus diesen geht die Soziale Frauenschule Zürich hervor, deren erste Direktorin sie von 1921 bis 1934 ist. 1916 wird sie in den Vorstand der Frauenzentrale gewählt, dem sie bis 1947 angehört. Daneben ist sie mehr als zwanzig Jahre im Vorstand der Pflegerinnenschule tätig. Während des Zweiten Weltkriegs arbeitet sie auch für den Zivilen Frauenhilfsdienst und macht sich dort für die Geistige Landesverteidigung stark. Marta von Meyenburg wird 1945 Ehrendoktorin der Universität Zürich.

Frau im September 1896 in Genf zeigte, dass rund ein Zehntel der Frauen in solchen Vereinen organisiert war.[4] In der Übernahme von sozialen Aufgaben sahen Frauen eine Möglichkeit, sich im öffentlichen Leben unter Beweis zu stellen, um im Gegenzug mehr Rechte zu erhalten. So entstanden schon früh die Forderungen nach Einsitz in Armen- und Fürsorgebehörden.[5] Das 1912 in Kraft getretene Zivilgesetzbuch stärkte die Fürsorge und zog Gründungen von Sozialinstitutionen nach sich. Zusammen mit dem langsamen Ausbau des Sozialstaates führten diese Entwicklungen zu einem erhöhten Bedarf an Hilfskräften, die über die notwendigen Fähigkeiten für diese Tätigkeiten verfügten.[6]

ERSTE FÜRSORGEKURSE

In diesen Zusammenhang kann auch die Gründung der *Sozialen Frauenschule* gestellt werden, die 1920 bereits auf eine längere Vorgeschichte zurückblicken konnte. 1908 wurde in der Schweiz erstmals ein *Kurs zur Einführung in weibliche Hilfstätigkeit für soziale Aufgaben* angeboten. Initiiert und konzipiert wurde dieser Kurs von Maria Fierz und Mentona Moser. Beide Frauen hatten um 1900 in England in sogenannten Settlements gearbeitet und sich dort praktisch ausbilden lassen. Die Arbeit in den Settlements genannten Arbeiterquartieren war eine neue Form der sozialen Unterstützung, die sich insbesondere in England und in den USA etabliert hatte. Statt traditioneller Hausbesuche und individueller Hilfstätigkeiten, wie sie damals in der Schweiz üblich waren, lebten Helferinnen in den Armenquartieren, um dort mit den Menschen gemeinsam die Lebensverhältnisse zu verbessern.[7] Diese Erfahrung hatte die beiden Frauen stark geprägt. Sie wollten die in England erhaltenen Impulse für die Schweiz fruchtbar machen und damit einen Beitrag zur Lösung sozialer Probleme leisten. Die in ihren Augen «planlose Hilfstätigkeit» bürgerlicher Frauen sollte zielgerichtet eingesetzt und auf eine theoretische Grundlage gestellt werden. Dazu konzipierten sie den Fürsorgekurs, den sie mit einem breit abgestützten Komitee absicherten. Nach dem ersten Kurs stieg Mentona Moser aufgrund inhaltlicher Differenzen bereits wieder aus. An ihre Stelle trat Marta von Meyenburg.

PIONIERINNEN GESUCHT

Die Fürsorgekurse, schrieb Maria Fierz 1923 rückblickend, waren ein Versuch, weibliche Hilfskräfte systematisch in die soziale Tätigkeit einzuführen. «In erster Linie dachte man an die jungen Mädchen, welche – vor dem Krieg bedeutend häufiger als heute – ohne eine richtige Arbeit oder Vorbereitung auf einen Beruf zu Hause sassen und sich der Leere und Zwecklosigkeit eines solchen Daseins bewusst geworden waren. Sie sollten für nützliche Arbeit im Dienste der Hülfsbedürftigen gewonnen werden.»[8] Meyenburg erinnerte daran, dass die Kurse in erster Linie dazu da waren, «Pionierinnen zu erwecken für neue Frauenaufgaben, – es galt vorerst, den jungen Mädchen aus begüterten Kreisen zu zeigen, welch reiches Arbeitsfeld ihrer wartete, – ihnen klar zu machen, wie gross die Diskrepanz war zwischen ihrem, durch Familienpflichten meist nur zum kleineren Teil ausgefüllten Leben, ihrer ungenützten Kraft und den dringlichen Aufgaben, die in den Kreisen weniger begünstigter Volksschichten auf Lösung warteten.»[9]

Die Nachfrage nach den Fürsorgekursen war gross, und sie wurden im Verlaufe der Jahre immer mehr ausgebaut. Dauerte der erste Kurs noch sechs Monate, so umfasste der achte und letzte Kurs bereits fünfzehn Monate. Die Gründung der Sozialen Frauenschule im Jahr 1920 war somit eine Weiterentwicklung dieser Kurse zu einem ausgebauten Ausbildungsgang. Auch wenn diese Ausbildung immer noch freiwillige Arbeit miteinschloss, war sie doch ein wichtiger Schritt in Richtung Professionalisierung der Sozialen Arbeit. Die Zielsetzung der Ausbildung in Sozialer Arbeit entsprach dem damaligen Bildungsprogramm für Mädchen, das von den Frauenverbänden vertreten wurde: die Vermittlung einer Doppelqualifikation. Zum einen sollten die Frauen für ihre Rolle als Hausfrau und Mutter vorbereitet und zum andern für einen Beruf ausgebildet werden. Dieses Konzept der Doppelqualifikation blieb bis Mitte des 20. Jahrhunderts bestehen.[10] Die Zürcher Frauenzentrale als Teil der Frauenbewegung hat mit ihrem sozialen Engagement genau diese Ziele verfolgt: einen Beitrag leisten zum öffentlichen Wohl, Einfluss nehmen auf das öffentliche Leben und neue Berufsfelder für bürgerliche Frauen erschliessen.

KRISENHILFE IM ERSTEN WELTKRIEG

Aktuelle soziale Fragen aufzunehmen und dafür praktische Lösungen zu suchen, stand schon bei der Gründung der Zentralstelle Frauenhilfe im Vordergrund. 1914 richtete sich die Krisenhilfe vor allem an Bevölkerungsgruppen, die durch den Krieg in eine Notlage geraten waren. Das Motiv, sich in der Öffentlichkeit nützlich zu machen, war eindeutig: «Wenn je, so ist jetzt für uns Frauen der Zeitpunkt gekommen, dass wir uns tüchtig erweisen im Kleinen und im Grossen. Wenn viele von uns und speziell diejenigen, die durch langjährige Vereinstätigkeit einen Einblick in das Gefüge des sozialen Lebens und Vertrauen in ihre eigene Kraft gewonnen haben, der Wunsch beseelt, ein Wort mitreden zu dürfen auf den Gebieten des öffentlichen Lebens, die ihres Erachtens die Mitwirkung der Frauen erheischen, so haben wir jetzt Gelegenheit, die Berechtigung unserer Wünsche zu beweisen, indem wir zeigen, dass wir grösseren Anforderungen gewachsen sind.»[11] Der Krieg bot den Frauen Gelegenheit, ihr Wirken sichtbar zu machen und zu zeigen, wie bedeutsam und künftig unverzichtbar ihre Arbeit ist.

Die Liste der Hilfstätigkeiten, welche allein während des Ersten Weltkriegs von der Zürcher Frauenzentrale als Notstandshilfe geleistet wurde, ist lang. Ausführlicher wird darüber im Kapitel 2 berichtet. Es wurde zum Beispiel eine Vielfalt von Kursen angeboten, die spezifische Kompetenzen für die Krisenzeit vermittelten: Anweisungen für Kochkisten, Finkenkurse, in denen «vom Schulmädchen bis zur Grossmutter» alle lernten, wie aus alten Stoffresten warme Hausschuhe verfertigt werden konnten, Kurse zur Herstellung von Spielwaren aus wertlosem Material und Kurse zur Umänderung alter Hüte.[12] Im Sommer wurde auf den Märkten Gemüse gesammelt, welches zu zwei Drittel des Marktpreises verkauft wurde.

DAS NOTSPITAL MÜNCHHALDEN

Als im Herbst 1918 die Grippeepidemie ausbrach, machte die Zürcher Frauenzentrale dem Stadtarzt das Angebot, bei der Errichtung eines Notspitals zu helfen. Am 12. Oktober gründete die Frauenzentrale unter der Leitung von Fanny Bertheau-Fierz ein Komitee mit Vertreterinnen und Vertretern der Stadt, der Pflegerinnenschule und des Samaritervereins Neumünster. Innerhalb von acht Tagen war das Schulhaus Münchhalden in ein Notspital mit mehr als 200 Betten umgewandelt. Die Betten samt Zubehör wurden geliehen, grösstenteils unentgeltlich, Wäsche und Nahrungsmittel wurden in der Bevölkerung als Spenden gesammelt.

Bei der Eröffnung am 19. Oktober hatte die Grippe schon fast ihren Höhepunkt erreicht und das Notspital war in kurzer Zeit mit Patientinnen und Patienten aus der Zivilbevölkerung belegt. Mit dem Ausbruch der Grippe unter den Soldaten, die wegen der sozialen Unruhen nach Zürich aufgeboten waren, wuchs die Patientenzahl auf 255, sodass auch die Korridore belegt werden mussten.[13] Am 6. Januar 1919 konnte der Betrieb wieder eingestellt werden. In den drei Monaten

| ABB. 60 Die Frauenzentrale richtet beim Ausbruch der Grippeepidemie im Herbst 1918 im Münchhaldenschulhaus ein Notspital ein.

Vermittlungsstelle für freiwillige soziale Hilfsarbeit
der Zürcher Frauenzentrale, Talstrasse 18.

Sprechstunden
täglich von 2—4 Uhr, ausgenommen Donnerstag.
Uebersicht über die praktische Tätigkeit für Helferinnen.
Krippen: Tätigkeit: Säuglingspflege und Beschäftigung von Kindern im Alter von 3—5 Jahren.
Zeit: meistens Halb- oder Ganztagsarbeit.
Jugendhorte: Beaufsichtigen der Schularbeiten und Anleitung in Handfertigkeitsarbeiten, Spielen mit Kindern im schulpflichtigen Alter.
Zeit: 2 ganze Nachmittage und 4mal von 4—7 Uhr.
Ferienkolonien. Führung des Haushaltes, Beschäftigung und Beaufsichtigung, Wandern und Spielen mit Kindern und jungen Mädchen.
Zeit: Im Sommer zirka 2 Monate.
Jugendpflege: Unterhaltung, Belehrung, Spazieren usw. mit jungen Mädchen.
Zeit: abends 8—10 Uhr und Sonntag Nachmittag.
Jugendfürsorge: Informationsbesuche, Kontrolle von Kostorten, Aktenschreiben usw.
Zeit: Halb- oder Ganztagsarbeit.
Uebernahme von einzelnen Patronatsfällen oder Vormundschaften.
Unterricht: Nachhilfestunden für Schulkinder.
Nachhilfestunden in den Elementarfächern für kranke Kinder.
Sprachen, Musik, Kunstgeschichte, Literaturstunden und Nähunterricht für junge Mädchen.
Zeit: Nach Vereinbarung.
Blindenfürsorge. Uebertragen von Büchern in Blindenschrift.
Vorlesen, Diktieren und Spazieren mit Blinden.
Zeit: Nach Vereinbarung.
Gemeinde- und Hauspflege. Führung des Haushaltes, Besorgung einzelner Kranker.
Zeit: Halb- oder Ganztagsarbeit.

seines Bestehens wurden 416 Zivilpersonen und 445 Soldaten verpflegt. | ABB. 60

In Zusammenarbeit mit dem *Schweizer Verband Soldatenwohl* setzte sich die Frauenzentrale unter der Leitung von Marta von Meyenburg auch für die Einrichtung von Krankenstuben für Soldaten ein. Diese dienten der vorübergehenden Unterbringung der Soldaten bis zu deren Überführung in die Spitäler. Die Frauenzentrale war verantwortlich für vier Krankenstuben.

In einem Artikel in den *Frauenbestrebungen* drückte sich der Stolz der Zürcher Frauenzentrale auf ihre Leistung aus: «Mehr als manche geistreiche Rede und manche wohlbegründete Petition trägt vielleicht die energische Aktion der letzten Woche die Sache derer, die für die Frauen eine neue, gewichtigere Stellung im öffentlichen Leben erstreben.»[14]

VERMITTLUNG VON FREIWILLIGEN HILFSKRÄFTEN

Die Hilfsaktivitäten während des Ersten Weltkriegs konnten nur mit Hilfe von zahlreichen Freiwilligen erbracht werden. Damit die Frauenzentrale jeweils auf genügend freiwillige Helferinnen zurückgreifen konnte, aber auch um ihrem besonderen Anliegen, Mädchen und Frauen aus der bürgerlichen Schicht für soziale Hilfstätigkeiten zu gewinnen, richtete sie eine Stelle ein, die Freiwillige für soziale Hilftätigkeiten vermittelte. Organisationen, die freiwillige Helferinnen suchten, konnten sich bei der Frauenzentrale melden. Die Arbeitsfelder für die Hilfseinsätze reichten von der Mitarbeit in Horten und Heimen bis zur Mithilfe im Haushalt bei einem Krankheitsfall. Die Statistik, die zwischen 1918 und 1939 geführt wurde zeigt, dass die Freiwilligenvermittlung zwischen 1918 und 1925 den Höchststand erlebte. In dieser Zeit wurden jährlich zwischen 400 und 450 Freiwillige vermittelt. | ABB. 61 Danach ging die Zahl der Vermittlungen stetig zurück. Das mag damit zusammenhängen, dass immer mehr, vor allem jüngere Frauen eine bezahlte Arbeit aufnahmen. Aufgehoben wurde die Vermittlungsstelle aber erst mit der Mobilmachung im Zweiten Weltkrieg, als die freiwillige Arbeit unter dem Dach des neu gegründeten *Zivilen Frauenhilfsdienstes* organisiert wurde. | ABB. 62, 63

| ABB. 61 Die Vermittlung von freiwilligen Helferinnen ist bis zum Zweiten Weltkrieg eine zentrale Tätigkeit der Frauenzentrale. Für die Rekrutierung werden regelmässig Inserate geschaltet. Das abgebildete Inserat zeigt, wie breit und vielfältig die Einsatzgebiete sind.

WÄRME- UND NÄHSTUBEN

Ursprünglich als Notstandshilfe während des Ersten Weltkriegs eingerichtet, entwickelten sich die Wärme- und Nähstuben zu einem langfristigen Engagement der Frauenzentrale und dienten als Modell für eine Anzahl weiterer solcher Einrichtungen. Es war mitten im Krieg. Kleider und Wäsche waren für viele unerschwinglich geworden. Im Winter 1917 eröffnete die Zürcher Frauenzentrale eine erste Wärme- und Nähstube im Brunnentor. Weitere wurden im Sonnenblick an der Langstrasse und im Gartenhof beim Stauffacher geführt.[15] Die Wärme- und Nähstuben sollten «unbemittelten» Frauen Gelegenheit geben, «unter fachkundiger Leitung ihre alten Kleider aufzufrischen und umzuändern».[16] Die Frauen brachten ihre eigenen Kleider und die ihrer Familienmitglieder mit und konnten diese mit Unterstützung von gelernten Schneiderinnen, die alle ehrenamtlich arbeiteten, wieder in Stand setzen. Die Stuben waren in den Wintermonaten geöffnet und boten damit Frauen mit geringen Einkünften gleichzeitig einen beheizten Raum – ein Luxus bei den immer teurer werdenden Heizkosten. Das Angebot wurde rege benutzt. Waren es im ersten Winter 1200 Frauen, die davon Gebrauch machten, so besuchten ein Jahr darauf bereits 2227 Frauen die Wärme- und Nähstuben.[17] Je nach Bedürfnis und Notlage wurden in den folgenden Jahren Näh-, Wärme-, Flick-, Kleider- und Arbeitsstuben für unterschiedliche Zielgruppen errichtet: für Wehrdienstfrauen, für arbeitslose Frauen, für ältere Frauen und für schwer vermittelbare Frauen. Zwei dieser Stuben werden im Folgenden näher beschrieben.

SELBSTHILFE UND VERDIENST FÜR ARBEITSLOSE FRAUEN

Im Herbst 1929 eröffnete die Zürcher Frauenzentrale eine von Stadt und Kanton subventionierte und im städtischen Arbeitsamt untergebrachte Wärme- und Arbeitsstube für arbeitslose Frauen. Diese hatte verschiedene Aufgaben. Sie sollte erstens den erwerbslosen Frauen die Möglichkeit geben, für die eigene Kleidung und Wäsche zu sorgen. Zweitens ermöglichte sie den Frauen hin und wieder einen kleinen Zwischenverdienst, denn die Wärme- und Arbeitsstube akquirierte

| ABB. 62 Gegen Ende des Zweiten Weltkriegs beginnt die Frauenzentrale, sich unter dem Dach der Schweizer Spende für die Hilfe in den kriegsbetroffenen Ländern einzusetzen. Sie sammelt Nahrungsmittel, Küchenutensilien und Kleider. Nach Kriegsende findet diese Tätigkeit in Linz einen Schwerpunkt. Unter anderem sucht die Frauenzentrale nach Nähmaschinen, um in Linz eine Nähstube eröffnen zu können. Auch Wolle wird gesammelt. Als Dank erhält die Zürcher Frauenzentrale ein Bild von den Linzer Strickarbeiten.

Arbeitsaufträge, die auch dort ausgeführt wurden. Eine weitere Aufgabe war, die Frauen an Arbeitsstellen zu vermitteln. Dazu wurden die Frauen «unauffällig» auf ihre Nähkenntnisse und auf ihre Charaktereigenschaften geprüft, um herauszufinden, wozu sie sich am besten eignen würden. Da die meisten Frauen kaum über Berufskenntnisse verfügten, sollte ihnen Nähen, Flicken und Stricken beigebracht werden, um sie an «Geschäfte oder Kundenhäuser» weiter empfehlen zu können.[18] Die Zahl von 2354 registrierten Besucherinnen im ersten Betriebsjahr stufte die Frauenzentrale als grossen Erfolg ein.[19]

Als ab Beginn der 1930er Jahre die Arbeitslosenzahlen als Folge der Weltwirtschaftskrise zunahmen, reichte die Frauenzentrale im Herbst 1931 beim Stadtrat ein Subventionsgesuch für den Ausbau der Wärme- und Arbeitsstube ein. Dieses wurde im Dezember gutgeheissen, sodass die Frauenzentrale das neue erweiterte Angebot bereits Anfang 1932 realisieren konnte. Das neue Angebot hatte nun zwei Abteilungen: eine für Kundenaufträge und eine für Selbsthilfe. Mit der ersten Abteilung sollte «eine grosse, geschäftsmässig betriebene Kundenflickerei» entstehen, die

| ABB. 63 Im Oktober 1947 führt die Frauenzentrale eine Sammlung der 1000 Kleinigkeiten durch: «Um der Sammelmüdigkeit mit neuen Mitteln zu begegnen, wurden an farbig geschmückten Ständen auf den Strassen und Plätzen Zürichs Kleider, Schuhe, Wäsche, Haushaltungsgegenstände und die tausend Kleinigkeiten gesammelt, deren wir im Alltag bedürfen und die in den Kriegsländern in katastrophaler Art fehlen.» Gesammelt wird an 72 Ständen, die das städtische Quartieramt zur Verfügung stellt. Die gesammelten Gegenstände füllen zehn Eisenbahnwagen.

den Frauen Verdienstmöglichkeiten verschaffte, aber auch Gelegenheit für Umschulungen bot, das hiess «handwerklich geschickte Frauen aus der Industrie auf Näh- und Hausarbeit umzuschulen».[20] Die zweite Abteilung ermöglichte den Frauen, für den eigenen Bedarf zu arbeiten und Fertigkeiten zu erlernen, wie etwa das Nähen mit der Nähmaschine. Diese Abteilung wurde jeweils von Dezember bis März geführt. Im Durchschnitt waren es täglich 40 bis 50 Frauen im Alter ab 45 Jahren, die vom Arbeitsamt und anderen Fürsorgestellen zugewiesen wurden.[21] | ABB. 64

Ab 1935 liefen Diskussionen mit den Behörden über die Kürzung der Subventionen. Das Selbsthilfeangebot wurde ab 1936 wegen der sinkenden Arbeitslosigkeit nicht mehr unterstützt und deshalb eingestellt.[22] Die Flickstube konnte den Betrieb vorerst weiterführen. 1946 stellte das Finanzamt der Stadt Zürich auch die Subvention der Flickstube in Frage. Die Frauenzentrale war aber nicht bereit, diese aufzugeben und kämpfte mit Erfolg für die Weiterführung.[23] Als die Stadt die Räume auf den 1. Oktober 1948 kündigte, war das Ende jedoch nicht mehr aufzuhalten. 1951 entschied die Frauenzentrale, die Flickstube zu schliessen.[24]

| ABB. 64 Die Aufnahme aus dem Jahr 1938 zeigt Frieda Tobler, die langjährige Sekretärin der Erholungsfürsorge und Ferienhilfe. Initiiert wird dieses Angebot 1922 von der Frauenzentrale und dem Zürcher Gemeinnützigen Frauenverein. Die Beratung findet in den Räumen der Zürcher Frauenzentrale statt. Sie wendet sich an «ermüdete und überlastete» Frauen und vermittelt ihnen Ferien- und Erholungsaufenthalte. Zwischen 500 bis 700 Frauen können jeweils jährlich von dem Angebot profitieren, das mit Spenden und Subventionen der Stadt finanziert wird.

EINE STUBE FÜR ÄLTERE FRAUEN

Die Wärmestube für ältere Frauen entstand 1934 aus einer Reorganisation der Flickstube. Der Stadtrat verlangte in einer Weisung, die über 65-jährigen Frauen der Stadt Zürich aus der Flickstube zu entlassen, um jüngeren Frauen Platz zu machen. Um die betroffenen Frauen nicht ihrem Schicksal zu überlassen, richtete die Frauenzentrale für sie eine eigene Wärmestube ein, die jeweils im Winter von Montag- bis Freitagnachmittag geöffnet war. Am späteren Nachmittag gab es jeweils gratis Kaffee und Brot, was vielen die Abendmahlzeit ersetzte.[25] Geleitet wurde die Wärmestube von einer «Wärmestubenmutter», die die Nachmittage gestaltete und hin und wieder Ausflüge organisierte. Im Durchschnitt waren zwischen 30 und 35 Frauen anwesend. | ABB. 65 Als mit der Einführung der AHV 1947 die materielle Not nicht mehr ganz so drückend war, wurde die Wärmestube mit dem Bedürfnis nach Zusammensein mit Gleichaltrigen begründet. Sie blieb bis 1996 bestehen und bestand damals noch aus sieben Frauen, die alle das 80. Lebensjahr überschritten hatten.[26] Das moderne Leben mit den neuen Freizeitmöglichkeiten hatte nun das letzte Relikt aus den Anfängen der Frauenzentrale zum Verschwinden gebracht.

ABTREIBUNGSFRAGE UND BERATUNG VON SCHWANGEREN FRAUEN

War bisher vom Engagement der Frauenzentrale in der Krisenhilfe als Reaktion auf soziale Notlagen die Rede, so eröffnete sich ihr ab den 1930er Jahren ein Tätigkeitsfeld, auf dem sie bisher noch keine Erfahrungen gesammelt hatte. 1930 wandte sich nämlich Theodor Koller, der stellvertretende Oberarzt der *Kantonalen Universitätsfrauenklinik*, an die Zürcher Frauenzentrale mit dem Vorschlag, eine Beratungsstelle für Frauen in den ersten Schwangerschaftsmonaten zu initiieren. Einen Entwurf für eine solche Stelle hatte er gleich mitgeliefert.[27] Die kantonale Frauenklinik hatte bereits 1925 eine Abteilung für unbemittelte schwangere junge Frauen eingerichtet mit dem Ziel, diese von einem Schwangerschaftsabbruch abzubringen. 1929 richtete das Spital zudem eine Fürsorgestelle zur Betreuung von schwangeren Frauen ein, die stark in Anspruch genommen wurde. Jährlich wurden rund 1300 Frauen beraten.[28] Das Interesse von Theodor Koller war, eine solche Stelle auch ausserhalb des Spitals einzurichten.

Ein solches Projekt anzugehen war zu diesem Zeitpunkt eine heikle Angelegenheit, da die Schwangerenberatung mit der kontrovers diskutierten Abtreibungsfrage untrennbar verbunden war. Abtreibungen wurden im Kanton Zürich in der Regel nur durchgeführt, wenn eine medizinische Indikation vorlag, und Verhütungsmittel wurden sehr restriktiv gehandhabt.[29] Die wirtschaftliche Not vieler Arbeiterhaushalte liess ein zusätzliches Kind zu einer existenziellen Frage werden, sodass eine illegale Abtreibung oft der einzige Ausweg war. Bereits 1903 hatte der Zürcher Arbeiterarzt Fritz Brupbacher eine Broschüre mit dem Titel *Kindersegen und kein Ende* verfasst, die über Empfängnisverhütung aufklärte und eine Aufhebung des Abtreibungsverbots verlangte. Auch der *Schweizerische Arbeiterinnenverband* forderte 1914 die straffreie Abtreibung in den ersten drei Monaten der Schwangerschaft.[30] Breiter diskutiert wurde die Abtreibungsfrage aber erst nach dem Ersten Weltkrieg. Beklagt wurde eine Zunahme der illegalen Abtreibungen, wobei Motive, Argumente und Interessenlage verknüpft waren mit den Diskussionen über das abnehmende Bevölkerungswachstum, aber auch mit der Eugenik, die das qualitative Wachstum der Bevölkerung im Blick hatte und vor der Zunahme von «erblich belasteten Menschen» warnte. Der Entwurf des ersten schweizerischen Strafgesetzbuches gab der Diskussion über Schwangerschaftsabbruch und Geburtenregelung in den 1920er und 1930er Jahren weiteren Schub. Leider sind wenig Quellen vorhanden, die zeigen, wie die Frauenzentrale in der Abtreibungsfrage argumentiert hat. Ihre Haltung zu Mutterschaft und Abtreibung kommen aber in den folgenden zwei Ereignissen zum Ausdruck.

WIDERSTAND GEGEN DEN FILM «FRAUENNOT – FRAUENGLÜCK»

Das erste Ereignis war der Protest gegen den Film *Frauennot – Frauenglück*, der im März 1930 erstmals im Kino gezeigt wurde. | ABB. 66 Er beschrieb Schicksale von Frauen, die aus sozialer und individueller Not illegal abtreiben und so ihr Leben

| ABB. 65 Die 1934 von der Frauenzentrale eingerichtete Wärmestube für ältere Frauen bleibt mehr als sechzig Jahre bestehen. In dieser Zeit muss sie den Standort mehrmals wechseln.

aufs Spiel setzen mussten. Gleichzeitig zeigte er reale Geburten und pries die Errungenschaften der Medizin auf diesem Gebiet. In Inseraten wurde darauf hingewiesen, dass Aufnahmen aus der Geburtenabteilung der kantonalen Frauenklinik gezeigt würden. Gerade Letzteres löste einen Sturm der Entrüstung aus und der Film wurde nach wenigen Tagen verboten. «Die Zürcher Frauenzentrale steht in einem heissen Kampf», schrieb die Präsidentin im *Schweizer Frauenblatt*.[31] Den Sturm hatte nicht die Abtreibungsfrage ausgelöst, sondern die Darstellung des Geburtsvorganges. Im Zentrum stand die Würde der Frau und die Frage, «geben wir Frauen den Geburtsvorgang frei für die öffentliche Schaustellung oder tun wir es nicht?» Mehrmals betont die Präsidentin in ihrem Bericht, dass es nicht um die Art der Darstellung gehe, sondern um «die Tatsache dieser Darstellung». Die Frauen wollten nicht, dass «diese heilige Stunde der Frau verkauft werde». Die Frauenzentrale ging in die Offensive: Im *Tagblatt* und im *Tages-Anzeiger* rief sie zu Unterschriften gegen den Film auf. | ABB. 67 Innerhalb kurzer Zeit kamen mehr als 12 000 Unterschriften zusammen. Die Frauenzentrale hatte zudem am 26. März zu einer Protestversammlung mit Referaten in der Aula des Hirschengrabenschulhauses aufgerufen, die von rund 1400 Personen besucht wurde. Der Andrang war so gross, dass diese in verschiedenen Räumen untergebracht werden mussten.[32]

Der Protest zeigt, wie sehr die Mutterschaft mit der Geburt als letztes «heiliges» Refugium verteidigt wurde. Es war ein Kampf gegen die «Entseelung» und ein Kampf für die Werte der Frau als Gebärende. Diese Deutung von Mutterschaft erlaubt den Schluss, dass eine Abtreibung nur in Ausnahmefällen zugelassen werden konnte. Der Film *Frauennot – Frauenglück* wurde nach diesen Protesten gekürzt und danach wieder in die Kinos gebracht.[33]

Das zweite Ereignis war die Konferenz der Frauenzentralen vom 4. Juni 1930 in Zürich zum Thema Abtreibung. An diesem Anlass wurde die Frage der

| ABB. 66 Der Film Frauennot – Frauenglück wird von der Präsensfilm-AG in der Tagespresse stark beworben. Er kommt im März 1930 in die Kinos und löst bei der Frauenzentrale einen Sturm der Entrüstung aus.

Protest der Frauenzentrale.

Eine unglaubliche Roheit wird gegenwärtig in Zürich begangen. Mit behördlicher Einwilligung wurden Frauen, die sich unserer Kantonalen Frauenklinik anvertraut hatten, auf Wunsch einer Kinounternehmung in ihrer schweren und doch wohl auch von ihnen als heilig empfundenen Stunde gefilmt und werden nun als neueste Sensation dem Kinopublikum zur Schau gestellt.

An dieser schlimmen Tatsache wird dadurch nichts geändert, daß die Darstellung dieses erstemal eine rein sachliche und in diesem Sinne einwandfreie ist und daß sie auch mit einem, bei äußerlicher Betrachtung, guten Zwecke verbunden wurde. Die Konkurrenz wird sich dankbar dieses neuen Objektes bemächtigen und auch für weniger einwandfreie Darstellungen sorgen. Von hier aus eröffnen sich auch in anderer Weise erfreuliche neue Perspektiven: Das nächstemal filmt man uns wohl einen Sterbenden in einem unserer öffentlichen Spitäler! Machen wir denn wirklich vor nichts Heiligem mehr halt?

Als Frauen protestieren wir mit aller Energie gegen diesen Mißbrauch des tiefsten Erlebens der Frau.

Der Vorstand der Zürcher Frauenzentrale.

Ein hochmoralischer Film.

Ein künstlerischer Film! Es wird von Filmrevolution, von neuem Leben gesprochen. Hier ist ein Weg beschritten, nicht nur besprochen ...

Mütter gebären wirklich ihre Kinder; sie tun nicht nur so! Und wie ergreifend der einfache Ausdruck dieser geängstigten, beseligten Mütterantlitze. Unvergeßlich so gut wie die Gesichter der Krankenschwestern, der Aerzte! ... Der Ernst, die Größe des Lebens selber. Schärfster Gegensatz zum „König der Bernina", gespielt in Hollywood.

Ein Höhepunkt: Kaiserschnitt, das Kind herausgehoben aus dem Mutterleibe, der es ohne ärztliche Hilfe nicht gebären könnte. Spontaner Beifall der Menge, die den riesigen Saal füllt. Ein Beifall, ein Klatschen, das mich erschüttert. Es sind die Frauen, die klatschen. Ich habe selten etwas Ergreifenderes erlebt als dieses Klatschen. Eine Mutter, ein Kind dem Leben gegeben! Und schon glänzt der Leib des Neugeborenen im Badewasser. Eine Woge der Rührung geht durch den Saal. Das Erschütternde der Geburt eines neuen Menschen wird erlebt. Tausende erleben es.

Ein künstlerischer Film in seiner strengen Sachlichkeit. Und ein hochmoralischer Film dazu.

Felix Moeschlin.

Abtreibung «vom medizinischen, rassenhygienischen und moralisch-ethischen Standpunkt» aus diskutiert und erörtert.[34] Eingeladen als Referentinnen waren Frau Dr. med. Zellweger als Gegnerin und Frau Dr. med. Minna Tobler als Befürworterin der Straffreiheit der Abtreibung. In den Diskussionen wurde argumentiert, die Strafbarkeit der Abtreibung sei als Schutz der Frau zu verstehen; deshalb müsse sie «trotz gelegentlichen Härten» beibehalten werden. Die soziale Indikation, das heisst eine Abtreibung aus sozialen Gründen, wollten die Vertreterinnen der Zentralen als Abtreibungsgrund nicht gelten lassen. Sie gingen aber davon aus, dass «bei prekärer sozialer Lage auch medizinische Indikation» vorliegen dürfte. Die Frauenzentralen standen also für eine strenge gesetzliche Regelung ein, waren aber gleichzeitig überzeugt, dass eine solche Haltung Rahmenbedingungen verlangte. Sie wussten, dass es notwendig sein würde, «wirtschaftlich bedrängten Eltern bei der Aufzucht der Kinder in genügendem Masse behilflich zu sein».[35]

Das 1937 von der Bundesversammlung angenommene und 1942 in Kraft getretene Strafgesetzbuch verbot die Abtreibung gesamtschweizerisch mit der einzigen Ausnahme der medizinischen Indikation.[36]

GRÜNDUNG DES VEREINS MÜTTERHILFE

Der restriktive Umgang bezüglich Schwangerschaftsunterbrechung und Schwangerschaftsverhütung brachte viele Menschen in schwer lösbare Konflikte – deshalb die Forderungen nach Beratungsstellen für schwangere Frauen und Ehe- und Sexualberatungsstellen. Die Frauenzentrale griff das Anliegen von Theodor Koller auf und setzte ein Gremium mit dem Auftrag ein, einen Vorschlag für eine

| ABB. 67 Die Frauenzentrale erreicht mit ihrem Protest, dass der Film Frauennot – Frauenglück abgesetzt und die beanstandeten Passagen herausgeschnitten werden. Im Zentrum der Debatte steht die umstrittene dokumentarische Darstellung des Geburtsvorgangs und nicht etwa die brisante Thematik der Abtreibung.

Beratungsstelle auszuarbeiten. Das Gremium konnte sich aber auf keinen Vorschlag einigen, insbesondere blieb kontrovers, wer eine solche Stelle betreiben sollte.[37]

Trotz dieses Scheiterns blieb die Frauenzentrale aktiv und beauftragte Nelly Naef, die damalige Geschäftsführerin der Frauenzentrale, nach alternativen Lösungen zu suchen. Im Herbst 1931 wurde die Kommission für Mütterhilfe gegründet, in der die verschiedenen Akteure eingebunden waren.[38] In der Kommission vertreten waren neben dem Vorstand der Frauenzentrale drei Vertreter der Bezirksvereinigung der Ärzte, Rita Morf, Fürsorgerin der kantonalen Frauenklinik, und Theodor Koller. Die Präsidentinnen anderer Frauenvereine waren eingeladen, an den Sitzungen der Kommission teilzunehmen.

Die Kommission für Mütterhilfe machte sich daran, eine Eingabe an den Stadtrat zu verfassen, um Subventionen für das neue Angebot zu erhalten. Für diese Eingabe entstanden zwei Entwürfe, einer von Theodor Koller und einer von Nelly Naef. Gertrud Haemmerli-Schindler übernahm als Vorstandsmitglied der Frauenzentrale die Leitung und Koordination für die Eingabe.

| ABB. 68 Der Entwurf der Eingabe von Koller wurde von der Ärztevereinigung heftig kritisiert, weil er diskriminierende und rassenhygienische Aussagen vertrat: «Zweifelsohne wird eine Fürsorgerin viel besser als die Frauen selbst krankhafte Abweichungen an Seele und Körper entdecken und so erwirken, dass zur Zeit der Arzt zugezogen wird. Dadurch können geistig und körperlich Minderwertige durch richtige ärztliche Beratung von der heute noch schrankenlosen Vermehrung zurückgehalten werden, und es ist so tatsächlich ausser der Hilfe für diese Frauen auch eine grosszügige Durchführung auf dem Gebiete der Rassenhygiene möglich.»[39] Der Diskurs um Rassenhygiene und Eugenik war damals von links bis rechts stark präsent, die Lösungsansätze insbesondere bezüglich Abtreibung und Sterilisierung sahen jedoch sehr unterschiedlich aus.[40]

Die Eingabe wurde soweit bereinigt, dass keine rassenhygienischen Argumente mehr darin enthalten waren. Vielmehr wurde hervorgehoben, dass die «Tendenz zur Unterbrechung der Schwangerschaft in erschreckendem Masse» zugenommen habe. Da viele der Abtreibungen sozial begründet seien und von den Ärzten abgelehnt würden, sei es begreiflich, «dass solche Mütter, gezwungen durch ihre seelische und körperliche Not, leicht auf verhängnisvolle Abwege gera-

| ABB. 68 **Gertrud Haemmerli-Schindler** (1893 Zürich – 1978 Zürich) besucht die Töchterschule und wird danach Krankenschwester. Sie ist von 1928 bis 1954 im Vorstand der Zürcher Frauenzentrale, von 1947 bis 1954 als Präsidentin. Gertrud Haemmerli-Schindler ist für den Aufbau der Mütterhilfe verantwortlich und präsidiert während den ersten 25 Jahren deren Verein. Während des Zweiten Weltkriegs leitet sie den Zürcher und den Schweizerischen Zivilen Frauenhilfsdienst. Von 1949 bis 1955 hat sie den Vorsitz des Bundes Schweizerischer Frauenorganisationen. Besondere Anliegen sind ihr das Überbrücken von Stadt-Land-Gegensätzen und die Förderung der Zusammenarbeit unter den Frauenorganisationen.

ten».[41] An diesem Punkt wollte die neue Fürsorgestelle einsetzen und alle Frauen beraten, für die eine Unterbrechung nicht in Frage kam. Die Stelle wolle keine neue finanzielle Unterstützungsinstanz sein, sondern eine Vermittlungs- und Überweisungsstelle.

Im Sommer 1932 reichte der neu gegründete *Verein Mütterhilfe* das Gesuch an den Stadtrat ein. Dieser unterstützte eine Subvention, sodass die Schwangerenberatungsstelle Anfang Oktober 1932 an der Badenerstrasse 18 eröffnet werden konnte. Mit der Gründung des *Vereins Mütterhilfe* wurde die Organisation formell von der Frauenzentrale abgelöst. Personell blieb die Frauenzentrale mit der Mütterhilfe jedoch eng verbunden. Gertrud Haemmerli-Schindler amtete bis 1967 als Präsidentin des *Vereins Mütterhilfe*.

MÜTTERSCHULE AUF ERFOLGSKURS

Ein paar Jahre später startete die Frauenzentrale ein neues Unterfangen, die Mütterschule. Waren es bei der Mütterhilfe wohl eher Unterschichtsfrauen, die sich in Notlagen Hilfe holten, so waren es im neuen Projekt eher bürgerliche Töchter, die sich auf ihre künftige Aufgabe als Mütter vorbereiteten. Die Idee der Mütterschule war nicht neu, in Bern und Basel gab es solche Einrichtungen bereits seit längerem. Die Mütterschulen hatten zum Ziel, Frauen in Kursen in die Säuglings- und Kleinkinderpflege einzuführen. Gleichzeitig sollte das «Frauliche und Mütterliche» in ihnen geweckt und vertieft werden.[42] In Zürich wollte man das Angebot an das bestehende Säuglingsheim des Inselhofspitals anschliessen, damit die Kurse mit den dort betreuten Säuglingen durchgeführt werden konnten. Die Eröffnung, die auf Anfang 1940 geplant war, musste wegen des Ausbruchs des Zweiten Weltkriegs hinausgeschoben werden.[43] Am 1. Oktober 1942 war es dann so weit. Die Mütterschule wurde unter der Leitung von Olga Schalch-Raeber eröffnet. In einer kleinen gemieteten Wohnung an der Mühlebachstrasse, nahe beim Mütter- und Säuglingsheim Inselhof gelegen, fand der erste Kurs statt. Unter Anleitung und Aufsicht von Säuglingsschwestern wurden die Säuglinge vom Inselhof von jungen Frauen und Mädchen «gewaschen, gebadet, gefüttert und gewickelt».[44] Im ersten Halbjahr fanden bereits sechs Kurse mit 68 Teilnehmerinnen statt.[45] Der Andrang war so gross, dass Bewerberinnen abgewiesen werden mussten. Als Erfolgsrezept galt das Üben an lebenden Kindern statt an Puppen.[46] 1946 bezog die Mütterschule ein Haus in der Stadt mit Umschwung, das die Frauenzentrale von der Stadt mieten konnte. Ab da führte sie die Mütterschule mit einem eigenen Säuglingsheim und Kursen unter einem Dach. Die Einrichtung erlebte über die Zeit viele Änderungen. Es gab Kurse mit unterschiedlicher Dauer und zu unterschiedlichen Tageszeiten.[47] 1956 fand ein erster Kurs speziell für Väter statt, ein Jahr später waren es bereits drei – eine Attraktion der Mütterschule.[48] | ABB. 69

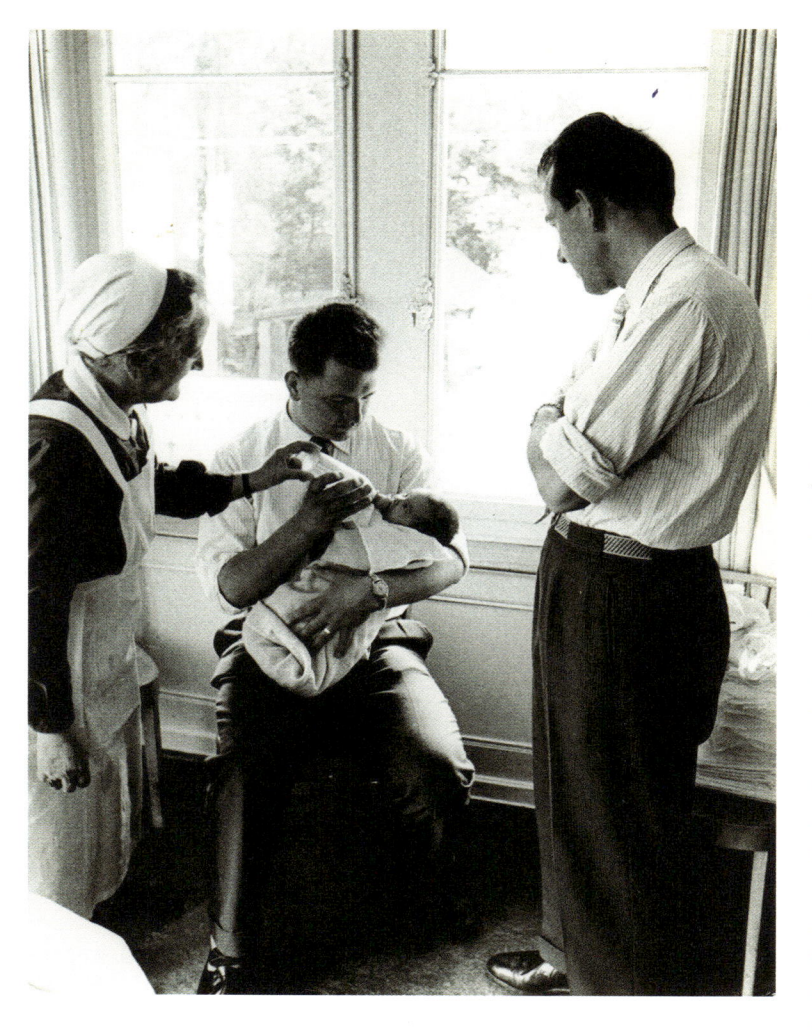

1953 erweiterte die Frauenzentrale das Kursangebot mit Themen zu Erziehung, Partnerschaft und Familie. Daraus entwickelte sich die Elternschule, eine Pionierleistung, denn es war die erste Institution mit einem solchen Angebot.[49] Ein Jahr nach der Gründung bezog die Elternschule sogar eigene Räume und bot während Jahren zu unterschiedlichsten Themen Kurse für die Eltern an. 1984 musste sie geschlossen werden, da sich die Angebotslandschaft inzwischen stark verändert hatte: Das *Elternbildungszentrum der Stadt Zürich* hatte immer mehr Kurse übernommen, sodass die Elternschule der Konkurrenz nicht mehr Stand halten konnte.[50]

Die Mütterschule war von dieser Entwicklung noch nicht betroffen. 1977 musste zwar ihr Säuglingsheim schliessen, da die Nachfrage nach Heimplätzen für Säuglinge ausblieb.[51] Doch auch die Kurse mit den Puppen liefen gut und das Angebot wurde in den 1980er Jahren noch ausgebaut: 1986 übernahm die Frauenzentrale eine Beratungsstelle für Säuglingspflege vom *Marie-Meierhofer-Institut für das Kind* in Albisrieden.[52]

Zu Beginn der 1990er Jahre machte sich auch bei der Mütterschule die veränderte Angebotsstruktur bemerkbar. Die Zahlen der Kursteilnehmerinnen gingen zurück und die Abschlussrechnung wies ein beträchtliches Defizit aus. Für den Rückgang der Teilnehmerinnen wurde das grosse Angebot der öffentlichen Hand und der Spitäler verantwortlich gemacht. | ABB. 70 Zwischen 1996 und 1998 unternahm der Vorstand grosse Anstrengungen, um die Mütterschule wieder auf Kurs zu bringen. Als sich jedoch abzeichnete, dass die Subventionen des Kantons Zürich ab 2000 definitiv eingestellt würden und die Anmeldungen weiter zurückgingen, beschloss er, die Mütterschule der Zürcher Frauenzentrale 57 Jahre nach ihrer Gründung per 30. Juni 1999 zu schliessen.[53]

| ABB. 69 Ab Ende der 1950er Jahre werden die Männer explizit aufgefordert, an den Säuglingskursen der Frauenzentrale teilzunehmen. Aber nur wenige machen mit.

DIE FRAUENZENTRALE UND IHRE SOZIALEN WERKE

Die Zürcher Frauenzentrale hat mit ihrem sozialen Engagement die Ziele verfolgt, einen Beitrag zum Gemeinwohl zu leisten, Einfluss zu nehmen auf das öffentliche Leben und neue Berufsfelder für bürgerliche Frauen zu erschliessen. Zur Zeit ihrer Gründung begannen einzelne Frauen, sich für eine Professionalisierung der bis anhin ausschliesslich freiwillig geleisteten Fürsorgearbeit einzusetzen. Auf diesem Hintergrund ist die Entstehung der *Sozialen Frauenschule* zu verstehen. Sie war ein Projekt der bürgerlichen Frauenbewegung, von bürgerlichen Frauen für bürgerliche Frauen. Das Angebot richtete sich an Frauen aus den oberen Schichten, denn nur sie konnten das hohe Semestergeld bezahlen. Die Errichtung der Wärme- und Nähstuben hingegen war ein typisches Angebot der Krisenintervention. Es entsprach dem Leitsatz, unkompliziert und schnell konkrete Hilfsangebote für einen spezifischen Notstand zu schaffen. Bei der Realisierung solcher Angebote konnte der Vorstand in der Regel auf die Unterstützung der Mitglieder rechnen, sei es durch finanzielle Beiträge oder durch freiwillige Mitarbeit.

Mit dem Einsatz für Frauen, die wegen einer Schwangerschaft in Not geraten waren, und der Teilnahme an der Diskussion über den Schwangerschaftsabbruch mischte sich die Frauenzentrale in eine schwierige Debatte ein, nahm aber eine gemässigte Position ein. Mit der Mütter- und Elternschule bewegte sie sich hingegen wieder auf sicherem Terrain. Sie zählten zu den grösseren und zeitlich am längsten dauernden Werke, welche die Zürcher Frauenzentrale in eigener Regie geführt hat. In vielen Fällen beschränkte sie sich jedoch auf die Mitarbeit bei Projekten oder auf deren Entwicklung wie bei der Mütterhilfe. | ABB. 71

| ABB. 70 Die Mütterschule der Frauenzentrale bezieht im April 1997 neue Räumlichkeiten an der Selnaustrasse 15. Als kurz darauf die Subventionen der Stadt wegfallen, ist die Mütterschule nicht mehr zu retten. Sie wird im Juni 1999 nach 57 Jahren geschlossen.

| ABB. 71 Sieben gemeinnützige Zürcher Institutionen schliessen sich 1971 zur Genossenschaft Gemeinschaftshaus zusammen: die Zürcher Frauenzentrale, Pro Senectute, Pro Infirmis, die Caritas Zürich, der Verein Mütterhilfe, der Verein Mütter-und Säuglingsheim Inselhof und die Pflegekinder-Aktion Schweiz. Die Genossenschaft will mit günstigen Wohnungen sozial benachteiligten Menschen ein Zusammenleben ermöglichen. Die Frauenzentrale führt die Geschäftsstelle der 1975 eröffneten Siedlung an der Bändlistrasse. Innovativ ist die Idee, alleinerziehenden Müttern auch gleich eine Kindertagesstätte anzubieten. Nach Bedarf können die Kinder dort übernachten. 2002 wird die Genossenschaft aufgelöst und der Stiftung für Alterswohnungen der Stadt Zürich übergeben.

7_ BERUF HAUSFRAU

Im Juli 1931 nehmen die Männer des Kantons Zürich ein Gesetz an, welches die obligatorische hauswirtschaftliche Fortbildung für junge Frauen festschreibt. Die Begründung des Regierungsrats lautet: «Es wird nicht zu viel gefordert, wenn von jeder zukünftigen Hausfrau und Mutter ein Minimum praktischer und theoretischer hauswirtschaftlicher Ausbildung verlangt wird: es handelt sich um die Hebung des sozialen und ethischen Niveaus der Familie, der Zelle des Staates.»[1] Das Abstimmungsresultat ist ein Erfolg für die Frauenzentrale, hat sie sich doch seit ihrer Gründung für das Obligatorium eingesetzt.

Die Hauswirtschaft war Gegenstand unendlicher Debatten der bürgerlichen Frauenorganisationen bis in die 1980er Jahre. Die Frauenzentrale nahm regen Anteil daran. Wir beschreiben ihren Kampf für die hauswirtschaftliche Bildung, ihr Engagement in der Dienstbotenfrage und ihre Projekte: die Einführung eines Dienstlehrjahres und die Hauswirtschaftskurse für arbeitslose Frauen. Wir fragen, warum die Hauswirtschaft eine so grosse Bedeutung hatte.

DIE OBLIGATORISCHE HAUSWIRTSCHAFTLICHE FORTBILDUNG

Für die gesetzliche Verankerung eines Obligatoriums für hauswirtschaftliche Fortbildung, umgangssprachlich «Rüebli RS» (Rekrutenschule) oder «Obli» genannt, haben Frauenorganisationen, unter ihnen die Frauenzentrale, lange gekämpft. Seit Ende des 19. Jahrhunderts hatte sich eine breite Allianz von bürgerlichen Frauenorganisationen gebildet, die sich für dieses Anliegen einsetzte. | ABB. 72 Dass dieses Gesetz im Kanton Zürich zu Beginn der 1930er Jahre angenommen wurde, ist Ausdruck für den wachsenden Konsens von links bis rechts, dass die Hauswirtschaft der erste Beruf der Frau sei und dass alle Frauen die dafür notwendige Bildung erhalten sollten. Mit der gesetzlichen Grundlage wurde jede im Kanton ansässige Frau zwischen dem 16. und dem 18. Lebensjahr fortbildungspflichtig. Mit der Heirat erlosch die Pflicht. Das Obligatorium umfasste 240 Stunden Unterricht, für die Gymnasiastinnen 180 Stunden, in den Fächern: Weissnähen, Flicken, Kochen, Ernährungslehre, Hauswirtschaftslehre und hauswirtschaftliches Rechnen.[2]

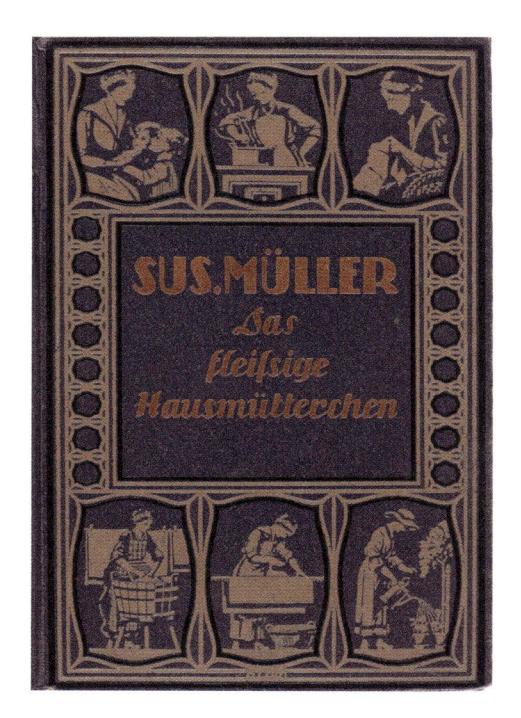

DIE BEDEUTUNG DER HAUSWIRTSCHAFT IM ERSTEN WELTKRIEG

Die Rolle der Frau und ihre Aufgaben im und für den Staat wurden in der bürgerlichen Frauenbewegung seit dem Ersten Weltkrieg lebhaft diskutiert. Die Frauen versprachen sich mehr Mitwirkung, wenn sie ihre Pflichten in der Öffentlichkeit stärker zur Geltung bringen konnten.[3] Konsens in diesen Diskussionen war, dass die spezifisch weiblichen Fähigkeiten, die in der Hauswirtschaft zum Ausdruck kamen, eine zentrale Stellung einnehmen sollten.

Im Herbst 1917 vertrat Sophie Glättli-Graf, damalige Präsidentin der Frauenzentrale, in einem Referat bei der *Neuen Helvetischen Gesellschaft* die Ansicht, dass die Hauswirtschaft, «durch die Zeitumstände an die Öffentlichkeit gezerrt», zu grösster Sorge Anlass gebe. Sie lasse sich nicht mehr von der Volkswirtschaft trennen, da die «unrationelle Führung der Hauswirtschaft» starke Rückwirkungen habe.[4] Auch im Jahresbericht 1917/18 der Frauenzentrale war zu lesen, dass jede hauswirtschaftliche Arbeit durch den Krieg eine grössere Bedeutung erlangt habe: «Es ist, um nur ein kleines Beispiel zu bringen, volkswirtschaftlich nicht mehr unwesentlich, ob eine Frau in ihrem Haushalt viel oder wenig Butter oder Zucker braucht. Es ist für die Masse nicht gleichgültig, ob da und dort Nahrungsreste zu Grunde gehen oder nicht, es ist wichtig, dass möglichst alle Hausfrauen mit den Nahrungsmitteln richtig zu wirtschaften verstehen.»[5] Die Teuerung, die Verknappung der Lebensmittel, die Arbeitslosigkeit sowie die Abwesenheit der Männer brachten viele Haushalte in grosse Not. Für die Arbeiterhaushalte bedeuteten sie einschneidende materielle Entbehrungen und oft Hunger. Die bürgerlichen Frauen zogen daraus den Schluss, bessere hauswirtschaftliche Kenntnisse könnten zumindest einen Teil der Not lindern.

Gleich im ersten Jahr ihres Bestehens hatte die Zürcher Frauenzentrale unter der Leitung des Vorstandsmitglieds Ida Bosshart-Winkler eine hauswirtschaftliche Kommission eingesetzt mit der Begründung, «den Standpunkt der Frauen sowohl den Behörden als der Öffentlichkeit gegenüber besser vertreten zu können».[6] In erster Linie waren hauswirtschaftliche Auskunftsstellen geplant. Beide Themen wurden unmittelbar angegangen. Die Präsidentin der hauswirtschaft-

| ABB. 72 Das umfangreiche Haushaltbuch «Das fleissige Hausmütterchen. Mitgabe in das praktische Leben für erwachsene Töchter» von der Zürcherin Susanna Müller (1829-1913) war ein Klassiker. Es erscheint 1860 zum ersten Mal, zunächst in Briefform. Bis nach dem Zweiten Weltkrieg wird es immer wieder aktualisiert. Anfänglich eine Anleitung für die bürgerliche Hausfrau, setzt sich das Buch immer breiter durch und wird schliesslich zum Standardwerk für Haushaltführung.

lichen Kommission konnte Einsitz nehmen in die Kommission des kantonalen Ernährungsamtes.[7] Und noch im gleichen Winter wurden in Zusammenarbeit mit dem *Schweizerischen Gemeinnützigen Frauenverein* Beratungsstellen eröffnet und Demonstrationsabende durchgeführt. In den Auskunfts- oder Beratungsstellen wurden Frauen über Ernährung, Instandhaltung der Kleider und Wäsche und der Wohnung informiert, immer mit dem Blick, wie und wo noch gespart werden könnte.[8] So wurde insbesondere Wissen über Techniken zum Sparen weitergegeben: Einkochen ohne Zucker, Vorbereitung von Obst und Gemüse zum Dörren, Zubereitung von Sauerkraut, Einlagerung von Obst und Gemüse, Sterilisierung von süssem Most als Zuckerersatz beim Kochen.

FRAUEN IN DER PFLICHT

Eine Idee, wie sich Frauen für öffentliche Aufgaben zur Verfügung stellen könnten, war die «Dienstzeit» der Frauen als Pendant zum männlichen Militärdienst. Eine weibliche Rekrutenprüfung als Fähigkeitsausweis im hauswirtschaftlichen Können war von den gemeinnützigen Frauenvereinen schon früh gefordert worden. Auch im *Bund Schweizerischer Frauenvereine (BSF)* hatte Ida Hilfiker bereits 1909 ein weibliches Dienstjahr angeregt. Nun, gegen Ende des Ersten Weltkriegs und in der Nachkriegszeit, gewannen diese Ideen breitere Abstützung.

Emmy Rudolph-Schwarzenbach, damals Vorstandsmitglied der Zentralstelle Frauenhilfe und des BSF, schlug in einem Referat an der Generalversammlung des BSF 1915 ein weibliches Dienstjahr vor mit der Begründung: «Der Gedanke ist für eine Demokratie einleuchtend, dass alle ihre Töchter wie die männlichen Rekruten durch ein und dieselbe Schule der Zucht und Disziplin hindurchzugehen und dem Staat die Arbeit eines Jahres zu opfern haben, der ihnen seinerseits einen Schatz wertvoller Kenntnisse zu Teil werden lässt.»[9] Sie zweifelte, ob sich die Frauen dieser Verantwortung bewusst seien: «Wie viele mussten ihre Unzulänglichkeit erkennen, von der ungelernten Arbeiterin, die mangels genügender Fingerfertigkeit nicht einmal die ihr angebotene Notstandsarbeit ausführen konnte, bis zur eleganten Dame, die plötzlich überall helfen wollte und doch nirgends zu gebrauchen war.»[10] Diese Aussage verdeutlicht, welche Defizite Emmy Rudolph-Schwarzenbach den Arbeiterinnen und den bürgerlichen Frauen zuschrieb. Für sie war klar, dass die Frauen, je nach Stand, unterschiedliche Pflichten hatten, ihre weiblichen Fähigkeiten zu perfektionieren: für die Arbeiterfrau war es die rationale Führung des Haushalts, für die bürgerliche Frau, die über Dienstboten verfügte, das soziale Engagement.

Ein Jahr später, 1916, kam die Idee einer freiwilligen Bürgerinnenprüfung auf. Die in mehreren Frauenorganisationen aktive Emma Zehnder verwies in erster Linie auf die Pflichten der Frau. Wenn diese Rechte begehre, müsse sie danach fragen, «ob sie auch die Befähigung besitze, dieses Recht auszuüben».[11] Die Bürgerinnenprüfung pries sie als Lösung an, um «vermehrte Achtung und Beachtung von oben her zu erringen». Sie sollte die Frauen «anspornen zur Erweiterung ihrer Kenntnisse, zur Befestigung ihres Könnens, zur Schulung ihrer geistigen Kräfte.»[12] Die Kenntnisse und das Können der Frauen sollten, wie bei Emmy Rudolph-Schwarzenbach, auf die «Pflege eines Heims und einer Familie» als «Keimzellen des Staates» ausgerichtet sein.[13] Sie schlug zwei Prüfungsstufen vor, eine für die Mädchen aus ärmeren Verhältnissen, die potenziell als Dienstmädchen in Frage kamen, mit Schwergewicht in der Handarbeit, und eine für Mädchen, die eine weitergehende Ausbildung vorhatten und später Arbeitgeberinnen von Dienstboten werden sollten.

1922 wurde im Nationalrat eine Motion Traugott Waldvogels von der Bauern-, Gewerbe- und Bürgerpartei (BGB) diskutiert, die einen dreimonatigen Arbeitsdienst für die gesamte Schweizerjugend forderte. Für die Mädchen waren Einsätze in Haus- und Gartenarbeit und in der Kranken- und Kinderpflege vorgesehen. Diese Debatte forderte Frauenorganisationen heraus, Stellung zu beziehen, da sie nun mit männlichen Vorstellungen zu Hauswirtschaft konfrontiert wurden. Obschon die Forderungen der Motion in eine sehr ähnliche Richtung wie diejenigen der Frauenorganisationen gingen, lehnten diese sie ab. Der Vorstand der Zürcher Frauenzentrale meinte, die Voraussetzungen zu einem solchen Dienst seien nicht gegeben, da den Mädchen die Grundkenntnisse fehlen würden. Für sie kam eher die obligatorische Bürgerinnenprüfung in Frage, die die Mädchen «auf Hauswirtschaft, Hygiene, Kinderpflege und -erziehung» vorbereite.[14] Auch der BSF lehnte die Motion Waldvogel nach ausführlichen Diskussionen ab. Entscheidendes Argument war, dass vorerst

| ABB. 73 Es gab kaum Gegenentwürfe zum Ernährer-Hausfrauen-Modell. Ein abweichender Entwurf ist die in linken Kreisen diskutierte Zusammenfassung von Privathaushalten zu einem Kollektivhaushalt. Die Zürcher Ärztin Betty Farbstein schreibt bereits 1910 darüber. Ein paar Jahre wird für die genossenschaftliche Liegenschaft an der Ecke Gertrudstrasse/Idastrasse eine Kollektivküche geplant. Doch schon während der Planungsphase tauchen Bedenken auf. Man befürchtet, Wohnungen ohne eigene Küchen nicht vermieten zu können, und rückt von der Idee ab. Als Ersatz für die Kollektivküche entsteht im Parterre das Restaurant Ämtlerhalle. Die Liegenschaft ist zur Zeit ihres Entstehens während des Ersten Weltkriegs das grösste Wohnhaus in Zürich und wird Amerikanerhaus genannt.

eine für alle Frauen gleiche hauswirtschaftliche Ausbildung vorhanden sein müsse. Weiter setzte der BSF auf die Strategie, die obligatorische hauswirtschaftliche Fortbildung auf der Ebene der Kantone durchzusetzen.[15] Die ablehnende Haltung der Frauenorganisationen gegenüber der Motion von Traugott Waldvogel erklärt sich mit der Befürchtung, dass mit der Einführung eines Sozialdienstes seitens des Staates das zentrale Anliegen einer hauswirtschaftlichen Bildung in den Hintergrund gerückt werden könnte.

BERUF HAUSFRAU

Seit Beginn der 1920er Jahre fanden die Postulate der Frauen, die Hausarbeit zu einem Beruf aufwerten wollten, breiten Anklang. | ABB. 73 Das *Schweizerische Frauenblatt* bringt das Anliegen, warum Hausarbeit höher gewertet werden sollte, auf den Punkt: «Einmal dadurch, dass mit der höchst irrigen, aber immer noch bei vielen Männern verbreiteten Ansicht aufgeräumt wird, die Hausführung sei der Frau sozusagen angeboren, wie die Fähigkeit zu essen und zu schlafen! Etwas, was man ‹von selber› kann, wird nicht geschätzt. Braucht es jedoch zur Erlernung der Hausarbeit eine richtige Lehrzeit, wie eine Schneiderin, eine Handelsangestellte eine Lehrzeit durchmachen muss, so wird die Hausarbeit ein richtiger Beruf und steigt im Ansehen.»[16]

Am zweiten schweizerischen Frauenkongress von 1921 wurde dafür plädiert, dass die Hausfrauenarbeit als Beruf anerkannt werden sollte, weil die Rolle der Frau in der Hauswirtschaft bedeutsam sei für die Volkswirtschaft: «Je besser sie die in ihrer Hand liegenden Werte anwendet und wirtschaftet und damit auch ethische Güter zu erzielen sucht, desto mehr wird sie zur Hebung der Volkswirtschaft und zur allgemeinen Kultur unseres Landes beitragen.»[17] 1924 traktandierte die Zürcher Frauenzentrale das Thema Hauswirtschaft für den Kantonalen Frauentag,[18] um diese «Angelegenheit» voranzutreiben, da diese nicht nur für die Frauen, sondern «für unser ganzes Volk von grosser Bedeutung» sei.[19] Im Anschluss an die Veranstaltung verabschiedeten die Frauen eine Resolution, die sie am 20. Oktober mit einem Schreiben an die Zürcher Erziehungsdirektion sandten:

| ABB. 74 Am Kantonalen Frauentag vom 1. November 1924 verabschieden die Teilnehmerinnen eine Resolution, die die obligatorische hauswirtschaftliche Fortbildung für Mädchen im Kanton Zürich fordert. Die Frauenzentrale schickt sie an die Erziehungsdirektion.

«Die am zürcherischen kantonalen Frauentag versammelten 200 Frauen aus Stadt und Land sprechen den dringenden Wunsch aus, es möchte die obligatorische hauswirtschaftliche Fortbildungsschule für Mädchen im Kanton Zürich so bald als möglich verwirklicht werden.»[20] | ABB. 74 1927 stellte die Frauenzentrale dank eines Legats eine hauswirtschaftliche Beraterin an. Sie sollte ärmere Frauen unterstützen, «die durchaus willig sind, ihren Haushalt gut und rationell zu führen, aber nie Gelegenheit hatten zu lernen, wie man das macht». Die Anstrengungen der Frauenorganisationen im Kanton haben sich gelohnt. Mit der Einführung der obligatorischen hauswirtschaftlichen Fortbildung 1931 waren sie am Ziel angelangt.

DAS OBLIGATORIUM WIRD BEGRABEN

Das Wirtschaftswachstum in der Nachkriegszeit revolutionierte die Haushalte. Kühlschränke, Staubsauger, Waschmaschinen und Fertigprodukte liessen den in den 1920er Jahren propagierten Traum vom rationellen Haushalt wahr werden. | ABB. 75 Doch die Überzeugung, dass die Hauswirtschaft von allen Frauen eine Ausbildung erforderte, blieb über vierzig Jahre unhinterfragt bestehen. Die Vorstellung der Doppelqualifikation, zum einen für den Beruf und zum andern für den Haushalt, hatte sich festgesetzt. Erst die neue Frauenbewegung setzte die hauswirtschaftliche Ausbildung wieder auf die Agenda. Die jungen Frauen bezeichneten das «Obli» als unzeitgemäss und kritisierten die ungleiche Behandlung der Geschlechter. Diese Kritik blieb nicht ohne Folgen. 1972 verabschiedete die Erziehungsdirektorenkonferenz *Grundsätze zur Mädchenbildung*. Um die Ungleichheit zwischen den Geschlechtern zu verkleinern, wurden ab 1973 im Kanton Zürich freiwillige Kurse für Männer angeboten.[21] 1977 reichte Fritz Höner (FDP) von Winterthur im Kantonsrat eine Motion ein, die verlangte, dass die obligatorische hauswirtschaftliche Fortbildung in die Volksschule zu integrieren und für Mädchen und Jungen gleich angeboten werden müsse.[22] Die Motion wurde entgegengenommen und eine Revision eingeleitet. Zur Revision machte die Frauenzentrale eine Eingabe. Sie bejahte zwar eine Grundausbildung für Mädchen und Jungen, wies jedoch auf die Gefahr hin, dass damit das neunte Schuljahr überfrachtet werde und die Schülerinnen und Schüler für bestimmte Themen wie Partnerschaft und Erziehung noch zu jung seien. Gerade diese Themen, so die Frauenzentrale, seien aber wichtig, da sie «der Stärkung der Familie» dienten, die nach wie vor die «Keimzelle des Staates» bilde.[23]

| ABB. 75 In den 1920er Jahren wird die rationelle Haushaltführung propagiert. Die Architektin Margarete Schütte-Lihotzky (1897 Wien – 2000 Wien) entwirft für ein Wohnbauprogramm in der Stadt Frankfurt die sogenannte Frankfurter Küche. Sie ist so konzipiert, dass für die Haushaltarbeit möglichst wenig Zeit und Laufwege erforderlich sind.

1980 lag ein Entwurf zu einem neuen kantonalen Gesetz über die hauswirtschaftliche Fortbildung vor und Ende 1983 wurde die Vernehmlassung eingeleitet. Das Gesetz hatte das Ziel, die obligatorische Fortbildung aufzuheben.²⁴ Die Frauenzentrale unter Mildred Bohren-Stiner nahm Stellung zu diesem Gesetz und formulierte dazu die *Thesen zur hauswirtschaftlichen Ausbildung*.²⁵ Sie vertrat die Meinung, dass das Fortbildungsschulgesetz die Motion Höner nicht erfülle. | ABB. 76 Die für die Abschaffung notwendigen Voraussetzungen bezüglich der hauswirtschaftlichen Grundausbildung für beide Geschlechter seien nicht gewährleistet. Eine mögliche Abschaffung wurde als Rückschritt interpretiert, weil damit der Bedeutung dieses «Lebensbereichs» nicht mehr entsprochen würde.²⁶ 1986 stimmte die Zürcher Bevölkerung dem Gesetz zu. Die «Rüebli RS» wurde nach 55 Jahren abgeschafft.

DAS DUALE GESCHLECHTERMODELL

Aus heutiger Sicht mag es befremdlich erscheinen, dass sich die Frauenorganisationen, die für mehr Rechte kämpften, sich derart lange und hartnäckig mit der Rolle als Mutter und Hausfrau legitimierten. Erklärungsansätze liegen im dualen Geschlechtermodell, das sich seit dem Ende des 18. Jahrhunderts in der bürgerlichen Gesellschaft durchzusetzen begann und die geschlechtsspezifische Arbeits- und Rollenteilung als gesellschaftliches Ordnungsprinzip etablierte.²⁷

In der vorindustriellen, ständischen Gesellschaft wurden die Aufgaben für die Produktion von Gütern und der Subsistenzsicherung meist unter einem Dach «im ganzen Haus» von allen Mitgliedern arbeitsteilig ausgeführt. In der entstehenden bürgerlichen Gesellschaft konnte sich der Mann, dessen Aktivitäten sich immer mehr nach aussen verlagerten, einen Platz im neu entstehenden öffentlichen Raum verschaffen. Die Frau hingegen wurde immer mehr als allein zuständig für das leibliche Wohl der Mitglieder im Haus erklärt. Die Industrialisierung, die Produktion und Reproduktion räumlich immer mehr trennte, förderte die Entwicklung eines öffentlichen und eines privaten Raums. In diesen hatten Mann und Frau je unterschiedliche Funktionen, denen entsprechende Wesenseigenschaften zugeordnet wurden. Den Männern im öffentlichen Raum wurden Rationalität, Durchsetzungs- und Schaffenskraft zugeschrieben, den Frauen im privaten Raum Emotionalität,

| ABB. 76 **Mildred Bohren-Stiner** (1931 Philadelphia – 2000 Zürich) ist Lehrerin von Beruf. Über lange Jahre ist sie Mitglied der Bezirksschulpflege, in Bildungskommissionen der freisinnig-demokratischen Partei und im Vorstand der kantonalen Arbeitsgemeinschaft für Ausländerfragen. Sie tritt 1974 in den Vorstand der Frauenzentrale ein und engagiert sich auch dort für Schul- und Bildungsfragen. Während ihrer Präsidialzeit von 1982 bis 1988 ist die Revision des Eherechts ein wichtiges Thema. Die Frauenzentrale übernimmt die Geschäftsstelle für das Schweizerische Aktionskomitee, das sich für ein zeitgemässeres Eherecht einsetzt. Mildred Bohren-Stiner macht sich zudem für die ehrenamtliche Tätigkeit stark und lanciert gemeinsam mit dem Bund Schweizerischer Frauenorganisationen die Studie «Unbezahlt und Unbezahlbar».

Hingabe und Aufopferung. Dieses duale Geschlechtermodell hat die Unterschiede der Geschlechter ideologisch festgeschrieben und als «natürliche» Geschlechtscharaktere legitimiert.[28] Durchsetzen konnte sich dieses Modell zuerst im Bürgertum, da die Freistellung der Frau von der Erwerbsarbeit einen gewissen Wohlstand voraussetzte. Im Gewerbe blieb die Mitarbeit der Frau im Betrieb lange eine Notwendigkeit, in bäuerlichen Haushalten war und ist sie eine Selbstverständlichkeit, ebenso wie die Erwerbsarbeit der Frau in den Unterschichten.

Als sich die bürgerlichen Frauen im öffentlichen Raum zu betätigen begannen, hatten sie diese Zuschreibungen verinnerlicht. Sie beriefen sich auf ihre «natürlichen» Eigenschaften, wollten diese aber nicht nur im privaten Bereich, sondern auch im öffentlichen Raum zur Geltung bringen. Mädchen wurden entsprechend dem dualen Geschlechtermodell erzogen und ausgebildet. Je nach sozialer Klasse sah dieses unterschiedlich aus. Die bürgerlichen Mädchen sollten in erster Linie auf die künftige Hausfrauen- und Mutterrolle vorbereitet werden. Die Mädchen aus der Unterschicht hatten so früh wie möglich Geld zu verdienen, sei es in der Fabrik oder als Dienstmädchen. Als Vorbereitung für die Familienaufgaben wurden für Mädchen der einfacheren Volksschichten bereits in der ersten Hälfte des 19. Jahrhunderts Arbeitsschulen gegründet, die den Volksschulen angegliedert waren.[29] Die im Zusammenhang mit der Industrialisierung entstehenden prekären Lebenssituationen in vielen Arbeiterhaushalten interpretierten die bürgerlichen Frauen als mangelnde Fähigkeit bei der Gestaltung des Familienlebens. Das führte dazu, dass sie es sich zur Aufgabe machten, die ärmeren Frauen in der Hauswirtschaft zu bilden. Gegen Ende des 19. Jahrhunderts wurde ein gut geführter Haushalt als Lösung sozialer Probleme wie Armut, Alkoholismus oder fehlender Hygiene hochstilisiert.

Die grösste Frauenorganisation, die Hauswirtschaft zu ihrem zentralen Thema machte, war der 1888 gegründete *Schweizerische Gemeinnützige Frauenverein*, der ab Ende des 19. Jahrhunderts Haushaltungsschulen und Dienstbotenschulen gründete. Das Interesse für die Erziehung der Mädchen der Unterschichten für die Hauswirtschaft war nicht nur, tüchtige Hauswirtschafterinnen aus ihnen zu machen, sondern auch gute Dienstmädchen heranzuziehen.

DIE DIENSTBOTENFRAGE

Dienstboten waren zu Beginn des 20. Jahrhunderts in bürgerlichen Haushalten eine Selbstverständlichkeit. Zu der sogenannten Dienstbotenfrage kam es aber erst, als um 1900 die Frauen der Unterschicht dank der Industrialisierung Arbeit in Fabriken fanden und sie die wenig attraktive Arbeit im Hausdienst meiden konnten. Gleichzeitig war mit der Zunahme der städtischen Haushalte die Nachfrage nach Dienstmädchen gewachsen.[30] Mit der Dienstbotenfrage verknüpft

Die Ursachen der Dienstbotennot.

- Schlechte Behandlung...
- Arbeiten von 5 Uhr Morgens bis 11 Uhr Nachts...
- Ungenügendes Essen...
- Kaltes Zimmer im Dachboden...
- Nachstellungen des „Herrn"...
- Zu guter Letzt noch Lohnabzug von der „gnädigen Frau"

waren sowohl der Mangel an Dienstboten als auch ihre schlechte Stellung. Dienstmädchen rekrutierten sich aus der ländlichen Arbeiterschaft oder aus der bäuerlichen Schicht. Die Arbeit war hart und lang. Gemäss einer Enquête von 1907 arbeiteten Hausangestellte oft bis abends spät, waren in einfachsten Zimmern, oft ohne Heizung, untergebracht und assen getrennt von der Herrschaft. Nicht selten gab es Klagen, dass die Nahrung nicht ausreiche, um satt zu werden.[31]

Die Arbeit als Dienstmädchen blieb bis weit ins 20. Jahrhundert kaum gesetzlich geregelt. Das Obligationenrecht von 1883 umschrieb das Dienstverhältnis sehr offen, auch die Revision von 1912 änderte daran wenig. Als das Zürcher Ruhegesetz von 1905 vorsah, Dienstmädchen einen freien Tag zu gewähren, wehrten sich die Frauenverbände vehement dagegen mit dem Argument, dass der Haushalt kein Fabrikbetrieb sei und eine Schablone als Lösung nicht tauge. Sie schlugen hingegen einen halben freien Tag vor, vorzugsweise am Sonntag. | ABB. 77

VERMITTLUNG VON DIENSTLEHRSTELLEN

Eine der vielen Kommissionen, die die Frauenzentrale in ihrer Gründungszeit schuf, war die Kommission Dienstlehrplätze. Diese sollte die Dienstlehre für 14- bis 18-jährige schulentlassene Mädchen fördern mit dem Ziel, die hauswirtschaft-

| ABB. 77 Die Karikatur zeigt die schlechten Arbeitsbedingungen der Dienstmädchen. Ende der 1910er Jahre beginnt sich die Frauenzentrale als Mitglied der Hausdienstkommission für bessere Arbeitsbedingungen einzusetzen.

liche Bildung der Mädchen als potenzielle Dienstboten zu verbessern. Es gab zwar bereits die Haushaltungs- und Dienstbotenschulen, aber viele Mädchen konnten sich eine Ausbildung für den Hausdienst nicht leisten, da sie sofort Geld verdienen mussten. Die Frauenzentrale übernahm die Idee eines praktischen Haushaltlehrjahres der Berufsberatung St. Gallen, die bereits erste Versuche mit Dienstlehrverträgen gemacht hatte, und setzte sie in Zürich um.

Das neue Angebot wurde in den Abschlussklassen der Volksschule propagiert. Kam eine Vermittlung zustande, wurden Rechte und Pflichten der Eltern und der Dienstherrin schriftlich festgehalten. Im Frühjahr 1917 wurden bereits 39, im Jahr darauf 42 schulentlassene Mädchen platziert. Die Besetzung scheint nicht ganz einfach gewesen zu sein. Auf der einen Seite entsprachen die Mädchen nicht den Erwartungen der Vermittlerinnen: «Es war dabei auffallend, wie wenig körperlich entwickelt viele der angemeldeten Mädchen waren. Es ist natürlich schwierig für so kleine, unentwickelte Mädchen passende Stellen zu finden, und es braucht von Seiten der Hausfrauen viel Geduld, um sie zu tüchtigen Arbeiterinnen auszubilden.»[32] Auf der anderen Seite waren die Interessen der Eltern der Mädchen und diejenigen der Dienstherrinnen so unterschiedlich, dass die Eltern dem Angebot gegenüber eher skeptisch waren. Sie waren auf das zusätzliche Einkommen angewiesen, während die Dienstherrin ihren Aufwand für die Ausbildung der Mädchen betonte und deshalb einen kleinen Lohn bezahlen wollte. Diese Lehrstellen hatten den Vorteil, dass sie den Mädchen einen minimalen Schutz vor zu grosser Ausbeutung boten. Gleichzeitig ermöglichten sie den bürgerlichen Frauen, die Mädchen mit geringen Kosten in ihre kulturellen Codes einzuführen und sie nach ihren Vorstellungen zu formen. Um der Dienstbotenfrage mehr Gewicht zu geben, schloss sich die Frauenzentrale 1919 mit anderen Frauenorganisationen zusammen und gründete die Hausdienstkommission.[33]

EIN NORMALARBEITSVERTRAG FÜR DIENSTMÄDCHEN

Die Gründung der linksgerichteten *Freien Dienstmädchenorganisation* in Zürich 1919, die unter anderem einen 10-Stunden-Tag forderte, brachte Dynamik in die Dienstbotenfrage. Der Vorstand der Zürcher Frauenzentrale reagierte schnell und gründete den *Verein der Hausgehilfinnen* als politisch unabhängige Organisation. Zudem setzte er sich nun im Rahmen der Hausdienstkommission dafür ein, Richtlinien für die Anstellungsbedingungen von Dienstboten zu schaffen. Er anerkannte «Missstände im Anstellungsverhältnis der Dienstboten» und unterstützte Forderungen im Interesse der Dienstmädchen, damit sich diese gegenüber «renitenten Arbeitgeberinnen» wehren konnten.[34] Interessant ist die Argumentation der Frauenzentrale: «Es entspricht dies unserem Programm: nicht Kampf, sondern Solidarität der Frauen, denn es liegt in unser aller Interesse, dass die soziale Ent-

Normalarbeitsvertrag für Dienstmädchen.

Der Regierungsrat,
nach Einsicht eines Antrages der Volkswirtschaftsdirektion,
beschließt:

I. Bei den in den Städten Zürich und Winterthur bestehenden und neu abzuschließenden Dienstverträgen zwischen normal leistungsfähigen Dienstmädchen, welche das 18. Altersjahr zurückgelegt haben, und ihren Dienstgebern gilt, sofern nicht schriftlich zwischen den Parteien Abweichungen vereinbart werden, vorläufig vom 1. Januar bis 31. Dezember 1923 der Inhalt des folgenden

Normalarbeitsvertrages

als Vertragswille:

Das Dienstmädchen verpflichtet sich, seine Arbeit sorgfältig und nach besten Kräften auszuführen (O. R., Art. 328). Es hat ein Anrecht auf gute Behandlung von seiten der Dienstgeber und ihrer Angehörigen.

Es hat sich der Hausordnung zu fügen, die aber auch auf seine Interessen in billiger Weise Rücksicht nehmen muß (Z.G.B., Art. 332).

Die Zeit der Arbeitsbereitschaft beträgt täglich durchschnittlich 14 Stunden, inbegriffen 2 Stunden für die Mahlzeiten.

Monatlich sind dem Dienstmädchen 6 freie Nachmittage von mindestens 4 Stunden einzuräumen. 2 der freien Nachmittage müssen auf den Sonntag fallen. 1 freier Nachmittag im Monat umfaßt 8 Stunden. Protestantischen Mädchen ist jeden zweiten Sonntag der Besuch des Gottesdienstes zu ermöglichen; katholische Mädchen sollen den einen Sonntag die Frühmesse, den andern die Messe mit der Predigt besuchen können.

Die Mitgliedschaft bei Vereinen ist gestattet. Der Besuch von Kursen und Vorträgen soll womöglich gestattet werden;

1. Allgemeine Verpflichtungen.

2. Arbeits- u. Freizeit.

wicklung [...] sich in ruhigen Bahnen vollziehe. Dazu ist von unserer Seite allerdings mancher Verzicht auf ein für den Moment noch mögliches Festhalten an überlebten Vorrechten nötig.»[35]

Die 1919 in der Hausdienstkommission entwickelten *Richtlinien zur Regelung des Dienstverhältnisses* wurden an einer Delegiertenversammlung der Frauenzentrale diskutiert und gutgeheissen.[36] Sie schlugen hohe Wellen.[37] Noch Jahre später schrieb Maria Fierz: «Mehr als irgend etwas anderes ist der Zürcher Frauenzentrale verargt worden, dass sie gemeinsam mit einigen anderen Frauenvereinigungen einen Dienstbotenvertrag aufstellte, um auch die Rechte des Dienstmädchens gesetzlich schützen zu helfen.»[38] Diese Reaktionen zeigen, dass das Verständnis des selbstlosen Dienens bei den bürgerlichen Frauen noch weit verbreitet gewesen sein muss, selbst bei Frauen in der Frauenbewegung. Zeugnis davon legt die Broschüre *Die Dame als Magd* von Martha Kaegi von 1931 ab. In dieser Broschüre beschreibt Martha Kaegi ihre Anstellung bei einer wohlbekannten Dame der zürcherischen Frauenbewegung. Gemeint war damit Emmy Rudolph-Schwarzenbach.[39] Mit spitzer Feder beschrieb die «Hausdame» ihre Herrin als geizig, hochmütig und als Prinzipienreiterin, wie im folgenden Zitat zum Ausdruck kommt: Nichts, was vom Tisch der Herren kommt, durfte auf dem Tisch der Angestellten landen, «nicht der kleinste Rest Mayonnaise. Er steht herum, verdirbt, wandert in den Mistkübel – keinesfalls aber dürfen die Angestellten ihn haben».[40] Solche Prinzipien, schreibt Martha Kaegi, drückten die Haltung aus: «Wir sind die Wesen höherer Art [...], menschliche Beziehungen zwischen uns und euch gibt es nicht, kann es niemals geben.»[41]

Die *Richtlinien zur Regelung des Dienstverhältnisses* gingen an den Regierungsrat mit der Bitte, einen Normalarbeitsvertrag auszuarbeiten. Die Frauen hatten Erfolg. Am 1. Januar 1923 trat in Zürich der schweizweit erste *Normalarbeitsvertrag*

| ABB. 78 Der schweizweit erste Normalarbeitsvertrag tritt 1923 in Kraft. Doch auch nach seiner Einführung verbessern sich die Bedingungen für die Hausangestellten nur langsam.

für Dienstboten in Kraft. | ABB. 78 Dieser Arbeitsvertrag, als kleine Revolution bezeichnet, darf jedoch nicht darüber hinwegtäuschen, dass er unter den Dienstmädchen kaum bekannt war und die Arbeitgeberinnen noch lange die Ansicht vertraten, die Anstellung eines Dienstmädchens sei Privatsache.[42]

HAUSWIRTSCHAFTLICHE BILDUNG ALS ARBEITSLOSENFÜRSORGE

Den bürgerlichen Frauen war jedes Mittel recht, um den Frauen der Unterschicht ihre Vorstellungen über Haushaltführung beizubringen. So nahm die Frauenzentrale trotz anfänglichen Bedenken die Anfrage an, Kurse in Hauswirtschaft anzubieten mit dem Ziel, Arbeiterinnen in den Hausdienst zu vermitteln. Im November 1920 war nämlich die kantonale Volkswirtschaftsdirektion an sie und den *Schweizer Verband Volksdienst* mit der Frage herangetreten, ob sie bei der Fürsorge für die «von der katastrophal einsetzenden Arbeitslosigkeit betroffenen Arbeiterinnen» mitwirken würde. Das Hauptmotiv für die Annahme des Angebots lag aber darin, einen lang gehegten Wunsch verwirklichen zu können, nämlich: «die hauswirtschaftliche Ertüchtigung der Fabrikarbeiterin der Erfüllung näher zu bringen».[43] Ab Dezember 1920 konnten bereits die ersten Kurse für teil- und ganzarbeitslose Arbeiterinnen durchgeführt werden. Im ersten Berichtsjahr 1920/21 fanden in 20 Gemeinden 86 Kurse mit 476 Arbeiterinnen statt, im zweiten Berichtsjahr 1921/22 waren es 650 Arbeiterinnen.[44] Die Kurse boten eine willkommene Gelegenheit, dem angestrebten Ziel einer obligatorischen hauswirtschaftlichen Fortbildung mehr Geltung zu verschaffen: «Uns Frauen ist mit der Durchführung solcher Kurse ein Weg gezeigt, im Kleinen wenigstens gutzumachen, was der Mangel einer obligatorischen Fortbildungsschule und die Fabrikarbeit allzu vieler Frauen an grossem Schaden bringen. Vielleicht, dass die Erfahrungen, die da und dort in den Kursen gemacht werden, dazu beitragen können, dass manche Gemeinde dem Postulat der obligatorischen Fortbildungsschule für Mädchen mehr Verständnis entgegenbringt, als wie bis anhin geschah.»[45]

Als die Arbeitslosigkeit zurückging, stoppte das Volkswirtschaftsdepartement die Finanzierung und die Kurse für arbeitslose Frauen wurden 1924 eingestellt. Weitergeführt hat die Frauenzentrale die speziellen Kurse für Mädchen, die nach Abschluss der Schule auf eine Stelle warteten. In dieser Zeit sollten Mädchen hauswirtschaftliche Kenntnisse erwerben. Wie stark das Motiv war, den Frauen der Unterschicht die bürgerliche Vorstellung des Haushaltens beizubringen, zeigt ein Brief der Frauenzentrale an den Bundesrat. Das *Bundesamt für Industrie, Gewerbe und Arbeit* (BIGA) hatte 1922 die Kantone angefragt, ob sie einverstanden seien, die Unterstützung für weibliche Arbeitslose zu streichen, ausser bei denjenigen, die eine Familie zu ernähren hatten. Alle Kantone stimmten zu. Dagegen hatte sich der BSF gewehrt, im Gegenzug aber einen Gesetzesartikel vorgeschlagen, der es zulassen würde, die Frauen unter Androhung der Streichung der Gelder zur Annahme einer Stelle in einem Haushalt zu zwingen.[46] Die Frauenzentrale schloss sich dieser Position an und schlug dem Bundesrat in einem Brief folgende Lösung vor: «Eine grosszügige Subventionierung von Haushaltungsinternaten, resp. Dienstbotenschulen, denen alle dafür geeignet erscheinenden arbeitslosen Mädchen zwangsweise, d. h. unter Androhung des Entzuges der Unterstützung, zugewiesen werden könnten, wäre eine auch von uns warm begrüsste und volkswirtschaftlich ausserordentliche wertvolle Massnahme.»[47]

MÜTTER DER NATION

In den 1930er Jahren wurde die Rolle der Frau als Hausfrau und Mutter noch stärker ideologisch aufgeladen. Die durch die Wirtschaftskrise hervorgerufene Verunsicherung führte zu einer Kritik an der «materialistischen» Lebensauffassung und an den modernen Lebensformen. Es fand eine Rückbesinnung auf tradierte Normen und Werte statt.[48] Nicht rationale, sondern empathische Fähigkeiten waren nun gefragt. «Die Hausfrau vor allem sollte es fertig bringen, nicht nur das Notwendige zu tun, sondern darüber hinaus ihr Heim ständig zu verschönern und es zum Ausdruck ihrer persönlichen Eigenart zu machen. Was nützen die rationellsten Arbeitsmethoden, die gute Tageseinteilung, die blendend weisse Wä-

| ABB. 79 Das Sammeln von Gemüse und Früchten für kinderreiche Familien auf dem Bürkliplatz hat eine lange Tradition bei der Zürcher Frauenzentrale, vor allem in Krisenzeiten. Die Sammelaktion findet jeweils von Juni bis November statt, meist zweimal in der Woche. Die Frauen sammeln bis zum Ende des Zweiten Weltkriegs im Durchschnitt 450 Wochenportionen. Davon können rund neunzig Familien profitieren. Ab 1936 tragen die Sammlerinnen Trachten, die ihnen von der Schweizerischen Trachtenstube zur Verfügung gestellt werden. Diese Aufmachung steht ganz im Zeichen der Geistigen Landesverteidigung.

sche und die raffiniertesten Rohkostplatten, wenn sich Mann und Kinder in ihrem Heim nicht ‹zuhause› fühlen.»[49] Vor dem Hintergrund der Geistigen Landesverteidigung hatten auch die Spannungen zwischen den Klassen abgenommen. Gestrickt, genäht und gebügelt für das «Heim» wurde nun auch in der sozialistischen Frauenbewegung. Die Gleichsetzung von Hausfrau in der Familie und Mütter der Nation hatte sich durchgesetzt.[50] | ABB. 79

1934 war die Bundesfeierspende für die hauswirtschaftliche Erziehung bestimmt. Ihre Richtlinien gaben vor, die Gelder über kantonale Organisationen zu verteilen. Im Kanton Zürich war die Frauenzentrale gleich zur Stelle. Sie gründete die *Kantonale Arbeitsgemeinschaft für hauswirtschaftliche Erziehung* (KAG) und lud am 13. März 1935 zur konstituierenden Sitzung ein.[51] Träger waren neun Frauenorganisationen und das kantonale Jugendamt.

Die Gelder der Bundesfeierspende wurden in Zürich für drei Bereiche eingesetzt: für die hauswirtschaftliche Ausbildung aller Frauen, die Stärkung des Hausdienstes und die Förderung der Haushaltlehre – entsprechend der Strategie der *Schweizerischen Arbeitsgemeinschaft für den Hausdienst*. | ABB. 80 Die Frauenzentrale führte das Sekretariat der Arbeitsgemeinschaft bis September 1939. Danach wurde in den Räumen der Frauenzentrale dafür eine eigene Geschäftsstelle eingerichtet.[52]

DIENST AN DER HEIMAT

Mit der Betonung von traditionellen Werten wurden die alten Projekte für die Ertüchtigung der Hausfrauen und Staatsbürgerinnen, die unter den Begriffen Dienstjahr und Bürgerinnenprüfung diskutiert worden waren, wieder aufgegriffen. 1938 legte Rosa Neuenschwander der Delegiertenversammlung des BSF den Plan einer «Frauenschulung» vor, der von einer Studienkommission weiter bearbeitet wurde. Erst sieben Jahre später, an der Delegiertenversammlung des BSF im Jahr 1945, präsentierte die Studienkommission Frauenschulung das ausgearbeitete Projekt. Dieses beinhaltete einen dreimonatigen Dienst für junge Frauen im Alter von 18 bis 22 Jahren mit praktischer und theoretischer Schulung. Die Organisation für diesen Dienst, so der Vorschlag, sollte in den Kantonen von den Frauenzentralen übernommen werden. Die Delegierten einigten sich auf den Projektnamen «Heimatdienst» und stimmten einer weiteren Bearbeitung zu. So wie die Wehrpflicht des Mannes als notwendig erachtet werde, so müsse in der heuti-

| ABB. 80 «Eine Sammlung der ganz anderer Art» nennt die Frauenzentrale diese Aktion am ersten Tag der Frauenwerke 1949 in Zürich. Zu diesem Anlass werden auf den Strassen Zürichs 77 007 selbst gebackene Züri Guetzli verkauft. Der Erlös kommt der Arbeitsgemeinschaft für den Hausdienst zugute. Geplant ist, die Aktion jährlich in der ganzen Schweiz durchzuführen. Der Plan scheitert jedoch an den unterschiedlichen Vorstellungen der Frauenorganisationen.

gen Zeit von jedermann anerkannt werden, dass «die Tüchtigkeit der Frau als Mutter, Hausfrau und Staatsbürgerin» für die Zukunft des Landes nicht weniger wichtig sei, schrieb Rosa Neuenschwander.[53]

Wie die Zürcher Frauenzentrale diese Thematik diskutierte, wurde leider nicht festgehalten. Erst im Protokoll der Vorstandssitzung vom 21. November 1947 findet sich der Hinweis, der Heimatdienst solle «in irgend einer Form» unterstützt werden.[54] In Zürich wurde eine andere Idee realisiert, die vor allem von Hulda Autenrieth-Gander, der späteren Präsidentin der Frauenzentrale, gefördert wurde: das *Leistungsbrevet für Mädchen*. Das Projekt, aus der 1941 gegründeten kantonalen staatsbürgerlichen Kommission hervorgegangen, erhielt Unterstützung von Regierungsrat Briner, der es auf die politische Ebene brachte.[55] Mit Erfolg! Bereits im November 1942 konnte es starten. Die Mädchen wurden aufgerufen, sich freiwillig für eine Prüfung anzumelden: «Züri-Maitli! Das Vaterland ruft auch Euch! Seine Erhaltung und sein Ausbau stellen auch an die Schweizerfrau immer grössere Anforderungen. Das zürcherische Leistungsbrevet für Mädchen öffnet Euch einen neuen Weg zur Vorbereitung auf Eure Aufgabe als Mutter, Berufsfrau und Bürgerin.»[56]

Das Brevet hatte drei Prüfungsthemen: «Gsund und zäch», «Gschickt im Huus» und «Vertrout mit dr Heimet». Für den Prüfungsteil «Gschickt im Huus» wurden die seit 1926 freiwillig durchgeführten hauswirtschaftlichen Prüfungen und die inzwischen eingeführte Haushaltlehrprüfung anerkannt. | ABB. 81 Die Frauenzentrale machte bei ihren Mitgliedern Werbung. Hulda Autenrieth-Gander schrieb 1944 im *Schweizer Frauenblatt*, dass sich im ersten Jahr bereits 1300 Mädchen zur Prüfung angemeldet hätten, obwohl sich diese noch im Aufbaustadium befinde. Das Leistungsbrevet pries sie als «sinn- und segensreiches Geschenk an seine jungen Bürgerinnen». Es liege nun an der älteren Generation von Frauen, sich dafür einzusetzen. Sie seien dies «den zukünftigen Frauen und Müttern» schuldig.[57]

BEDEUTUNG DER HAUSWIRTSCHAFT

Ein wichtiger Grundstein für die aussergewöhnlich hohe Bedeutung der Hauswirtschaft ist das duale Geschlechtermodell. Dieses bildete den normativen Orientierungsrahmen für das gesellschaftliche Ordnungsprinzip, das die geschlechtsspezifisch ausgestalteten Arbeits- und Lebensformen prägte. Der private Raum von Familie, Haushalt und Kindererziehung wurde zum «ureigensten» Bereich der Frau. Die in ihrem Wesen angelegten «natürlichen» Eigenschaften sollten zum

| ABB. 81 Nachdem verschiedene Anläufe für einen freiwilligen Dienst für Mädchen auf nationaler Ebene gescheitert waren, gelingt es in Zürich während des Zweiten Weltkriegs ein abgespecktes Programm umzusetzen. Die Mädchen können sich in den Bereichen Haushalt, Bürgerkunde und Gesundheit auf eine Prüfung vorbereiten und erhalten nach bestandener Prüfung einen Leistungsausweis.

Dienste im Kleinen – der Familie – wie im Grossen – des Staates – perfektioniert werden. Dafür hat sich die Frauenzentrale sehr engagiert.

Um diesem Dienst im Kleinen gerecht zu werden, musste die Hauswirtschaft zum ersten «Beruf» der Frauen aufgewertet werden. Das gelang mit der Einführung der obligatorischen hauswirtschaftlichen Fortbildung, die für alle Frauen eine staatlich angeordnete Ausbildung garantierte.

Die bürgerlichen Frauen waren die ersten, die sich eine Freistellung von der Erwerbsarbeit leisten konnten. Sie machten es sich zur Aufgabe, auch den Arbeiterinnen beizubringen, wie sie einen Haushalt zu führen hatten. Gleichzeitig waren sie daran interessiert, dass ihre zukünftigen Dienstboten einige Vorkenntnisse für den Dienst im bürgerlichen Haushalt mitbrachten.

Rechte hatten die Dienstboten kaum. Die Frauenzentrale hat sich zusammen mit anderen Frauenorganisationen dafür eingesetzt, dass auch Dienstboten einen Normalarbeitsvertrag erhielten. Bis Ende des Zweiten Weltkriegs hatten die Arbeitgeberinnen jedoch das Recht, die Freizeit der Dienstmädchen zu kontrollieren. Erst mit der Revision des Normalarbeitsvertrages von 1986 wurden die letzten Bevormundungen aufgehoben.[58]

Als sich die bürgerlichen Frauen immer mehr in der Öffentlichkeit engagierten und mehr Rechte einforderten, wollten sie gegenüber dem Staat auch ihre Pflichten erfüllen. Auch für diesen Dienst am Grossen sollten ihre mütterlichen Eigenschaften zum Tragen kommen, wie dies die Debatten um die Bürgerinnenprüfung oder den Heimatdienst zum Ausdruck brachten. Erst als die neue Frauenbewegung das bestehende Geschlechtermodell als Konstruktion aufdeckte, war der Weg frei für neue Vorstellungen, Strategien und Lösungen.

8_ EINSATZ FÜR DEN FRIEDEN

Die politische Lage in Europa ist angespannt. Noch ist der Zweite Weltkrieg nicht ausgebrochen, aber der Friede ist gefährdet. Das bewegt Maria Fierz, die Präsidentin der Frauenzentrale. Sie schreibt im Jahresbericht 1938/39: «Wir wollen auch in Zukunft dem Gedanken des Völkerfriedens dienen, so ferne auch heute das Ziel erscheint. Einmal muss ja doch die Erkenntnis durchbrechen, dass der Krieg Wahnsinn und Verbrechen ist.» Und sie nimmt jede Schweizerin, jeden Schweizer in die Pflicht: «Wir wissen uns in unserem Friedenswillen einig mit der ungeheuren Mehrheit der Menschen. – Friede und Abrüstung verlangen eine Opferbereitschaft, welche nur aus tiefstem Gottvertrauen fliessen kann, wir dürfen sie ja nicht mit Feigheit verwechseln.» Feige wäre es hingegen, vor «Übermacht und Gewalt, die nach unserer Freiheit» greifen, zurückzuweichen. «Dies will kein Mann und keine Frau, die des Schweizernamens wert sind. Deshalb haben wir uns auf die Landesverteidigung eingestellt.»[1] Mit der (Geistigen) Landesverteidigung nimmt Maria Fierz ein Thema auf, das die Schweiz ab Ende der 1920er Jahre bis in die 1960er Jahre prägt.

Wie hat sich die Zürcher Frauenzentrale zu den vorherrschenden Themen der Zwischenkriegszeit verhalten? Zur Friedens- und zur Frontenbewegung? Zur Flüchtlingsfrage, zur Geistigen Landesverteidigung und später zum Zweiten Weltkrieg? Die Meinungen des Vorstandes gingen oft auseinander. Konnte deshalb das Präsidium der Frauenzentrale über Jahre nicht definitiv besetzt werden?

GEISTIGE LANDESVERTEIDIGUNG
Der Begriff Geistige Landesverteidigung war zunächst gegen die sogenannte Überfremdung im Literaturbetrieb[2] verwendet worden; nun, in den 1930er Jahren, richtete er sich gegen Nationalsozialismus und Faschismus und nach dem Zweiten Weltkrieg schliesslich gegen den Kommunismus. Mit der Geistigen Landesverteidigung sollte die nationale Einheit und Geschlossenheit gegenüber dem nationalsozialistischen Deutschland demonstriert werden sowie der Wille, die Schweiz gegenüber

der Bedrohung von aussen zu verteidigen. | ABB. 82 Die Geistige Landesverteidigung war insofern ein offenes Konzept, als es von Anfang an konkurrierende Interpretationen zuliess.³ Es wurde eingesetzt, um Anpassung einzufordern und auszuschliessen, was jeweils als unschweizerisch definiert worden war. Die konservative Variante hatte ihren Ursprung im kulturkritischen Diskurs, der sich schon seit Ende des 19. Jahrhunderts gegen Liberalismus, Industrialisierung und Urbanisierung richtete. Liberale und linke Deutungsmuster setzten hingegen darauf, Interessengegensätze innerhalb der demokratischen Strukturen des Bundesstaates auszuhandeln und diese gegenüber dem Faschismus und dem Nationalsozialismus zu verteidigen. Der für unsere Ohren übersteigerte Patriotismus, wie er auch im Eingangszitat von Maria Fierz zum Ausdruck kommt, war weit verbreitet – unabhängig davon, welchem Lager sich die Schreibenden zugehörig fühlten.

DIE INTERNATIONALE FRAUENLIGA FÜR FRIEDEN UND FREIHEIT

In ihrem Text nahm Maria Fierz auch Bezug auf den gefährdeten Frieden und auf die internationale Friedensbewegung. Werfen wir einen kurzen Blick zurück: Der Pazifismus hatte während des Ersten Weltkriegs bei vielen als eine Bewegung gegolten, welche die Landesverteidigung schwächte. Aber es gab auch damals Stimmen, welche die Forderung nach Frieden weiterhin mit Nachdruck vertraten. Im März 1915 fand ein von Clara Zetkin organisierter internationaler Friedenskongress der Sozialistinnen in Bern statt. Er war nur schlecht besucht, weil viele Interessentinnen wegen der kriegsbedingten Reisebeschränkungen nicht anreisen konnten. Mehr Wirkung zeigte die kurz darauf folgende Tagung in Den Haag, wo es dem *Weltbund für Frauenstimmrecht* gelang, über 1000 Teilnehmerinnen aus zwölf Ländern zu versammeln. Sie verabschiedeten ein Programm, das für die kommende Friedensordnung folgende Grundsätze vorsah: «1. Dass kein Gebiet ohne die Einwilligung seiner männlichen und weiblichen Bevölkerung übertragen werde, und dass das Eroberungsrecht nicht anerkannt werden soll. 2. Dass keinem Volk Autonomie und ein demokratisches Parlament verweigert werde. 3. Dass die Regierungen aller Nationen übereinkommen, alle künftigen internationalen Streitigkeiten einem Schiedsgericht oder einer Vermittlung zu unterwerfen und dass sozialer, moralischer oder wirtschaftlicher Druck über ein Land verhängt werden soll, das zu den Waffen greift. 4. Dass die auswärtige Politik unter demokratische Kontrolle gestellt werde. 5. Dass Frauen die gleichen politischen Rechte wie Männern gewährt werde.»⁴

| ABB. 82 Die Geistige Landesverteidigung verwendet für die Bildsprache gerne Motive aus dem bäuerlichen Leben. Dies illustriert auch die Broschüre zum Pavillon der Schweizerfrau an der Landesausstellung 1939 in Zürich.

Am gleichen Kongress wurde das *Internationale Frauenkomitee für dauernden Frieden* gegründet, die spätere *Internationale Frauenliga für Frieden und Freiheit* (IFFF).[5] Waren die Schweizerinnen der Haager Konferenz noch ferngeblieben, gründeten sie bald erste Ortsgruppen der IFFF, eine davon in Zürich. Die treibenden Kräfte waren hier Clara Ragaz und Dora Staudinger – beide damals auch Mitglieder der Frauenzentrale.[6] Auch das Vorstandsmitglied Klara Honegger gehörte der Zürcher Sektion der IFFF an, die ihrerseits bald einmal der Frauenzentrale beitrat. Im April 1918 veranstaltete die IFFF einen ersten internationalen Kongress in Bern. Darüber berichtete Emmi Bloch an der darauffolgenden Delegiertenkonferenz der Frauenzentrale und äusserte sich positiv über die motivierenden Vorträge.[7] Im Mai des darauffolgenden Jahres fand der zweite Kongress der IFFF in Zürich statt. | ABB. 83 Mit ihren Forderungen knüpften die Kongressteilnehmerinnen an diejenigen der Haager Konferenz an. Dazu gehörten die politische, soziale und wirtschaftliche Gleichstellung der Frauen mit den Männern und die Abschaffung der Militärdienstpflicht.[8]

Die Zürcher Frauenzentrale stand der IFFF nahe und lud mehrmals Exponentinnen dieser Organisation ein, um über die internationalen Aktivitäten zu berichten. Den Rahmen für diese Orientierungen boten die vierteljährlich stattfindenden Delegiertenkonferenzen. Die Berner Friedenskämpferin Gertrud Woker machte den Anfang.[9] Die Chemikerin informierte 1924 über den IFFF-Kongress in Washington, wo sie ein vielbeachtetes Referat gegen den Einsatz von Giftgas gehalten hatte.[10] | ABB. 84 Ein paar Jahre später lud der Vorstand Clara Ragaz ein, um über den IFFF-Kongress in Prag zu orientieren. Die Referentin betonte, «dass grosse Irrtümer aufzuklären seien. Viele glauben, für den Frieden brauche man nicht besonders zu arbeiten, andere wollen die Sache den Männern und der Politik überlassen; die Frauen sollen sich da nicht einmischen. Eine dritte Kategorie bezeichnet

| ABB. 83 Teilnehmerinnen am Zweiten Internationalen Frauenkongress in Zürich im Mai 1919. Über 150 Frauen aus 16 Ländern nehmen daran teil. Die Tagung wird von Clara Ragaz eröffnet.

die Pazifisten als eine gutmütige, weltfremde Gesellschaft, welche die realen Verhältnisse nicht kenne. Der Kampf um den Frieden sei aber ein mühsamer, zäher Alltagskampf.»[11]

DIE HALTUNG ZUM VÖLKERBUND

Der Völkerbund mit Sitz in Genf, wesentlich gefördert vom damaligen US-amerikanischen Präsidenten Woodrow Wilson, nahm im Januar 1920 seine Arbeit auf. | ABB. 85, 86 Sein Hauptzweck war, international den Frieden zu sichern. Die Frage des Beitritts zum Völkerbund löste in der Schweiz grosse Diskussionen aus. Dabei ging es hauptsächlich um die Frage der Neutralität. Diese stand auch im Zentrum der Argumentation des Bundesrates, der sich für einen Beitritt zum Völkerbund aussprach.[12]

Wie stellte sich die Frauenzentrale zum Völkerbund? Gemeinsam mit anderen Organisationen hatte sie bereits im Vorfeld der Abstimmung eine kontradiktorische Veranstaltung durchgeführt. Für den Beitritt warb der freisinnige Stadt- und Kantonsrat Hermann Häberlin. Seine Kontrahentin war Emma Boos-Jegher.[13] Dass der Vorstand den Mitgliedern Gelegenheit bot, sich selbst eine Meinung zu diesem umstrittenen Thema zu bilden, entsprach einem Muster, dem wir immer wieder begegnen. Damit gab er seinem liberalen Grundverständnis Ausdruck, aber auch seinem Anspruch, sich politisch neutral zu verhalten.

In der Stadt Zürich wurde die Mitgliedschaft im Völkerbund abgelehnt. Mit einem Ja-Stimmen-Anteil von 56 Prozent und einem knappen Ständemehr konnte der Bundesrat jedoch den Ausgang der Abstimmung im Mai 1920 knapp für sich entscheiden. Damit war die Diskussion aber keineswegs beigelegt. Die Befürworterinnen und Befürworter des Beitritts organisierten sich in der *Schweizerischen Vereinigung für den Völkerbund*. Ihre Mitglieder rekrutierten sich zu einem guten Teil aus der politischen Prominenz des liberalen Bürgertums. Sie sorgten dafür, dass die Vereinigung einen gemässigten Pazifismus verfolgte.[14] Zu den Vorstandsmitgliedern der Sektion Zürich gehörte als einzige Frau Klara Honegger.[15] Gleichzeitig organisierten sich auch die Gegner des Völkerbundbeitritts. Sie gründeten im März 1921 den einflussreichen rechtskonservativen *Volksbund für die Unabhängigkeit der Schweiz*.[16] Zu den Gründern gehörte der Zürcher Obergerichtspräsident Theodor Bertheau, der Ehemann von Fanny Bertheau-Fierz, dem langjährigen Vorstandsmitglied der Frauenzentrale.

| ABB. 84 **Gertrud Woker** (1878 Bern – 1968 Marin) gehört zu den engagierten Pazifistinnen innerhalb der schweizerischen Frauenbewegung. Die an der Universität Bern tätige Chemieprofessorin kämpft seit dem Ersten Weltkrieg gegen chemische Waffen. Ihre Broschüre zum Giftgaskrieg erscheint 1924 und wird mehrmals neu aufgelegt. Nach dem Zweiten Weltkrieg wird sie Mitglied der Schweizer Bewegung gegen die atomare Aufrüstung.

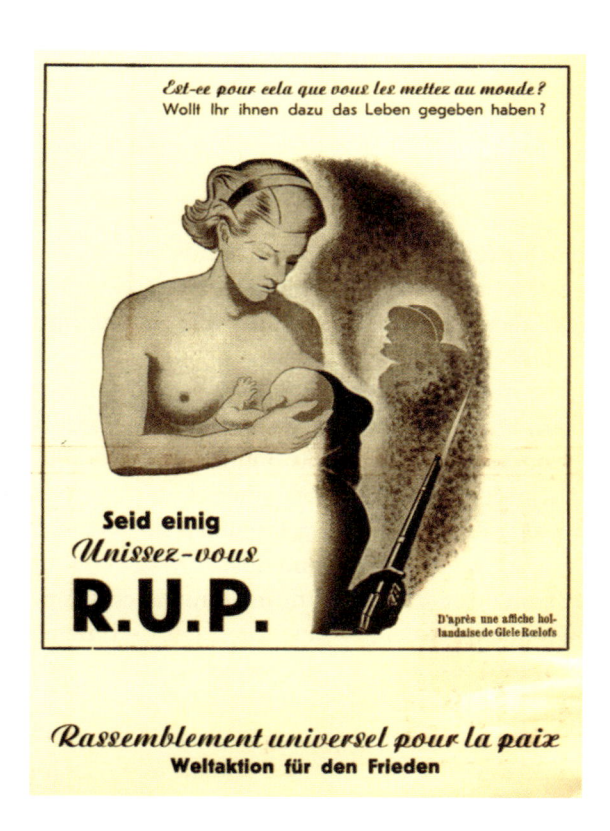

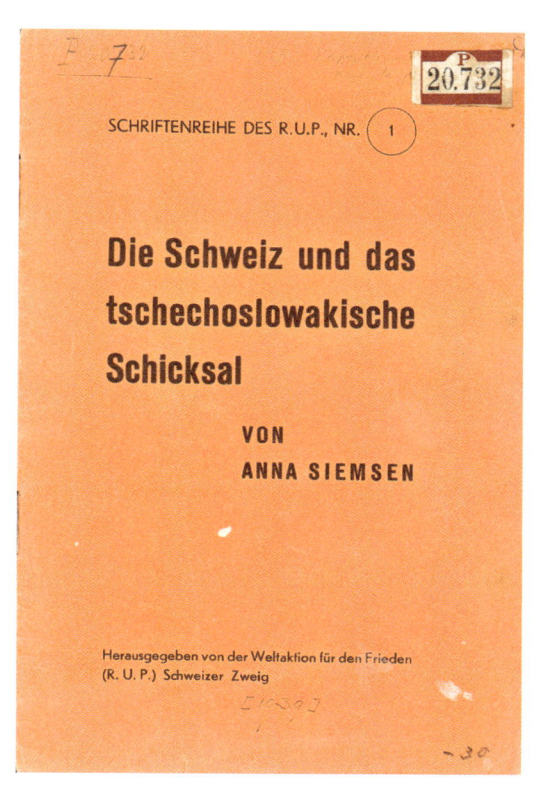

RUND UM DIE GENFER ABRÜSTUNGSKONFERENZ

Es ist nicht zu übersehen, dass die Völkerbundsidee innerhalb des Vorstandes begeisterte Anhängerinnen hatte. Das äusserte sich unter anderem darin, dass sich die Völkerbundsvereinigung richtiggehend zu einem Pool von Referentinnen und Referenten der Frauenzentrale entwickelte, aus dem sie über die Jahre hinweg immer wieder Personen einlud, um über Friedensfragen zu sprechen, über Völkerbundaktivitäten zu orientieren, aber auch über staatskundliche Themen oder später über die Geistige Landesverteidigung. In Friedensfragen war für den Vorstand der Frauenzentrale auch die IFFF eine wichtige Referenzgrösse. Clara Ragaz war seit 1929 eine der Vizepräsidentinnen des internationalen Vorstandes der IFFF und mitbeteiligt, als diese im Vorfeld der Abrüstungskonferenz des Völkerbundes weltweit eine Petition lancierte. In der Schweiz wurden in der Folge 311 000 Unterschriften gesammelt, was bei einer Gesamtbevölkerung von damals vier Millionen als grosser Erfolg zu werten ist.[17]

| ABB. 85 Das Rassemblement universel pour la paix (R.U.P.) wird im Herbst 1935 in Genf gegründet. Im Jahr darauf entsteht eine Schweizer Sektion, der sich 35 Organisationen aus Kreisen des radikalen und des gemässigten Pazifismus anschliessen, unter ihnen auch die Frauenzentrale. Diese Mitgliedschaft gibt sowohl im Vorstand als auch bei den Mitgliedern mehrmals Anlass zu Diskussionen. Einige zweifeln an der politischen Neutralität des R.U.P. Kritisiert wird, dass die Organisation mit Kommunistinnen und Kommunisten zusammenarbeite wie etwa mit Dora Staudinger.

| ABB. 86 Diese Broschüre erscheint 1939. Ihre Verfasserin, **Anna Siemsen** (1882 Mark – 1951 Hamburg), gehört zu den deutschen Flüchtlingen, die nach der Machtübernahme Hitlers in der Schweiz Schutz suchen. Die Reformpädagogin war bis 1932 an der Universität Jena tätig gewesen und hat von 1928 bis 1930 die SPD im Reichstag vertreten. Durch Heirat wird sie 1934 Schweizerin und darf deshalb hier arbeiten und sich politisch betätigen. Unter anderem schreibt sie für die SP-Frauenzeitschrift «Die Frau in Leben und Arbeit». Nach dem Krieg kehrt sie nach Deutschland zurück und wird an der Universität Hamburg Professorin für Literaturgeschichte.

Der Vorstand setzte grosse Hoffnungen auf die Abrüstungskonferenz und liess keine Möglichkeit aus, diese zu thematisieren. Im Jahresbericht schrieb er: «Noch eine Frage ist es, die uns besonders tief ergriffen hat, die Frage: Krieg und Frieden, die Frage der Abrüstung. Wie könnte es auch anders sein?» Das Rüstungsfieber habe die ganze Welt ergriffen und es stelle sich die Frage, ob das Pulverfass nicht jeden Augenblick explodieren könne. «Und wir alle wissen, was dann folgt – eine Katastrophe, wie die Menschheit sie wohl kaum je erlebt hat. [...] Wie sollten wir nicht auch mit banger Sorge den Verhandlungen der Abrüstungskonferenz in Genf folgen?»[18] Im Februar 1932 schickte die Frauenzentrale zum Auftakt der Abrüstungskonferenz – im Namen von «2000 Zürcher Frauen verschiedener Stände und Weltanschauungen» – einen Brief an den Bundesrat und Aussenminister Motta, mit der Aufforderung, sich mit «zäher Ausdauer» für die Abrüstung einzusetzen.[19] Der Vorstand organisierte in diesem Jahr weiter zwei Vortragsabende zur Abrüstungsfrage. Als besonders eindrucksvoll schilderte er den Anlass in der überfüllten Peterskirche, bei dem Referentinnen aus Deutschland, Frankreich und England zu Wort gekommen waren. Auch der Kantonale Frauentag im Herbst 1932 wurde zum Thema Abrüstung und Waffenhandel durchgeführt.

EINE «RÉUNION TOUTE PRIVÉE» MIT FOLGEN

Wie die Abrüstungsfrage und der Waffenhandel sorgten im Vorstand der Frauenzentrale auch die aktuellen politischen Entwicklungen im In- und Ausland für Gesprächsstoff. Nachdem die Faschisten in Italien bereits 1922 an die Macht gekommen waren, wurde Hitler Ende Januar 1933 deutscher Reichskanzler und im März darauf begründete Dollfuss in Österreich den faschistisch geprägten Ständestaat. Die Schweiz war nun von drei autoritär regierten Staaten umgeben. Diese Entwicklung gab den auf ein autoritäres System setzenden frontistischen Bewegungen in der Schweiz Auftrieb. An der Vorstandssitzung vom 19. Mai 1933 äusserte Klara Honegger das Bedürfnis, die politische Lage mit ausgewählten Vertreterinnen der schweizerischen Frauenverbände zu erörtern. Nach längerer Diskussion wurde beschlossen, eine solche Versammlung auf den 18. Juni einzuberufen. Die Einladung – eine «réunion toute privée» – sollte im informellen Rahmen stattfinden und von denjenigen schweizerischen Frauenorganisationen unterschrieben werden, deren Präsidium damals in Zürich war.

Die geplante Zusammenkunft beschäftigte den Vorstand auch in den beiden folgenden Sitzungen. Unter anderem wurde beschlossen, den *Israelitischen Frauenverein* nicht einzuladen, «um eine ev. Aussprache über die Judenfrage nicht zu behindern».[20] Eine Auseinandersetzung entzündete sich zum Stichwort Resolution. Gertrud Haemmerli-Schindler äusserte «lebhafte Bedenken, dass in der Versammlung eine Resolution gefasst oder Richtlinien festgelegt werden könnten. Sie sehe

Den Schweizerfrauen zum 1. August 1933.

Unser Land ist in Gefahr. Den Bedrohungen von außen kann nur ein Volk Widerstand leisten, das trotz aller Verschiedenheit der Sprache, der Konfession und der Rasse das Bewußtsein der nationalen Zusammengehörigkeit besitzt. Neben dem heute zutage tretenden Willen, dieses Gefühl zu mehren, sind aber auch Kräfte am Werk, die anstelle einer gemeinsamen Verantwortlichkeit im öffentlichen Leben die Verkürzung der Rechte einzelner Volksgenossen anstreben. Angesichts dieser Lage bekennen sich die unterzeichneten Frauenverbände zu folgenden

Leitsätzen:

Unser nach Sprache, Rasse und Konfession gemischtes Volk kann nur bei verantwortlicher Mitarbeit aller wahrhaft gedeihen. Es sind deshalb alle Bestrebungen abzulehnen, die bei uns an Stelle der Demokratie die Diktatur setzen wollen.

Unsere Demokratie ist ein lebendiges Prinzip, dessen Ausbau notwendig ist, dessen Auswüchse beseitigt werden sollen.

Nur die Beibehaltung der in der Verfassung jedem Einzelnen zugesicherten Rechte ermöglicht ein geordnetes und ersprießliches Zusammenleben der Volksgenossen, trotz ihrer Verschiedenheiten.

An der Wahrung und Förderung geordneter und gedeihlicher Zustände sind alle Volksgenossen in gleichem Maße interessiert. Daher ist die vermehrte Heranziehung der Frauen zur Mitarbeit und Mitverantwortung im öffentlichen Leben erforderlich.

Bei der Verflochtenheit aller Völker ist die Ueberwindung der gegenwärtigen wirtschaftlichen und geistigen Not in jedem einzelnen Lande nur dann möglich, wenn alle Nationen untereinander im Frieden leben. So wenig innere Schwierigkeiten durch Diktatur, so wenig können äußere Schwierigkeiten durch Krieg wirklich behoben werden. Wir unterstützen deshalb die Mitarbeit der Schweiz an dem Werke zwischenstaatlicher Zusammenarbeit und Verständigung, das der Völkerbund anstrebt.

Auf Grund dieser Erkenntnis rufen wir alle Schweizerfrauen auf,

sich zum Gedanken der Demokratie zu bekennen und allen gegenteiligen Strömungen Widerstand zu leisten, aber auch für Reformen und Erneuerungsbestrebungen einen offenen Sinn zu haben und sie gewissenhaft zu prüfen,

sich für den Schutz der Rechte aller Volksgenossen nach den Grundsätzen der Gerechtigkeit und der Freiheit einzusetzen,

für die vermehrte Mitarbeit der Frauen und Mütter unseres Volkes im öffentlichen Leben einzutreten,

den Frieden unter den Volksgenossen und den Völkern nach Kräften zu fördern.

A. de Montet, Präsidentin des Bundes Schweizerischer Frauenvereine.
M. Schmidt-Stamm, Präsidentin des Schweizerischen Gemeinnützigen Frauenvereins.
M. Sarist, Präsidentin des Schweizerischen katholischen Frauenbundes.
S. Abraham, Präsidentin des Bundes der Israelitischen Frauenvereine der Schweiz.
Dr. A. Leuch, Präsidentin des Schweizerischen Verbandes für Frauenstimmrecht.
C. Ragaz, Präsidentin des Schweiz. Zweiges der Internat. Frauenliga für Frieden und Freiheit.
Dr. E. Bässler-Tobler, Präsidentin des Schweiz. Verbandes von Vereinen weiblicher Angestellter.
M. Maxer, Präsidentin des Schweizerischen Kindergartenvereins.
L. Probst, Präsidentin des Schweiz. Krankenpflegebundes.
H. Kißling, Präsidentin des Schweiz. Wochen- und Säuglingspflegerinnenbundes.
E. Bloch, Präsidentin des Schweiz. Zusammenschlusses der Vereine der Sozialarbeiterinnen.
A. Müriet, Präsidentin des Vereins ehemaliger Schülerinnen der Sozialen Frauenschule Zürich.
Dr. H. Dünner, Präsidentin der Frauenzentrale Aarau.
C. Nef, Präsidentin der Frauenzentrale Appenzell A.-Rh.
J. Burckhardt-Matzinger, Präsidentin der Frauenzentrale beider Basel.
R. Neuenschwander, Präsidentin des Bernischen Frauenbundes.
H. Breiter, Präsidentin der Frauenzentrale Schaffhausen.
J. Staehelin, Präsidentin des Bundes thurgauischer Frauenvereine.
F. Fonjallaz, Präsidentin der Fédération des Unions des Femmes du Ct. de Vaud.
M. Fierz, Präsidentin der Zürcher Frauenzentrale

---

aus den Diskussionen in ihrer Umgebung, wie kompliziert die ganzen Fragen seien. Sie selbst wäre nicht in der Lage, im jetzigen Zeitpunkt bestimmte Vorschläge zu machen.» Klara Honegger erwiderte, eine solche Resolution sei nicht geplant. Man dürfe jedoch «nicht ängstlich sein, man müsse Vertrauen haben und etwas wagen». Maria Fierz versuchte zu vermitteln: Wegen der Beteiligung der Sozialistinnen und Katholikinnen würden sowieso «nur Beschlüsse ganz allgemeiner Natur gefasst werden, die sich speziell auf den Frauenstandpunkt beziehen».[21] Annie Leuch-Reineck, damals Präsidentin des *Schweizerischen Verbands für Frauenstimmrecht*, unterstützte die Pläne der Zürcherinnen. Sowohl im *Jahrbuch der Schweizerfrauen* wie auch im *Schweizer Frauenblatt* setzte sie sich mit dem Faschismus auseinander und mit der Gefahr, welche er für die Demokratie und für die Frauen bedeute.[22] Für sie war klar, dass Frauenrechte nur in einem demokratischen System realisiert werden können und die Frauenbewegung deshalb für dieses einstehen müsse.

| ABB. 87 Aufruf der Arbeitsgemeinschaft Frau und Demokratie zum 1. August 1933. Die Zürcher Frauenzentrale gehört zu den Mitunterzeichnerinnen. Treibende Kräfte sind Klara Honegger und Maria Fierz, die erste Präsidentin der Arbeitsgemeinschaft wird.

AUFRUF ZUM 1. AUGUST 1933

Annie Leuch-Reineck war auch bei der erwähnten Zürcher «réunion toute privée» vom 18. Juni 1933 dabei.[23] An dieser Zusammenkunft kam es zu heftigen Auseinandersetzungen.[24] Schliesslich wurde aber doch beschlossen, eine Arbeitsgruppe einzusetzen, in der neben anderen Maria Fierz und Klara Honegger Einsitz hatten.[25] Das Resultat ihrer Arbeit war der Aufruf an die Schweizerfrauen zum 1. August 1933. | ABB. 87 Er begann mit den Worten: «Unser Land ist in Gefahr. Der Bedrohung von aussen kann nur ein Volk Widerstand leisten, das trotz aller Verschiedenheit der Sprache, der Konfession und der Rasse das Bewusstsein der nationalen Zusammengehörigkeit besitzt.» Nach der ganz im Stil der Geistigen Landesverteidigung gehaltenen Einleitung wurden die Leitsätze vorgestellt. Im Wesentlichen forderten die Verfasserinnen den Erhalt beziehungsweise den Ausbau der demokratischen Staatsform, die Förderung des Friedens und die «vermehrte Mitarbeit der Frauen und Mütter unseres Volkes im öffentlichen Leben». Unterzeichnet war der Aufruf von zwanzig Frauenorganisationen, unter ihnen auch die Zürcher Frauenzentrale.[26]

FRONTENHERBST IN ZÜRICH

Den Initiantinnen kann es mit ihrer Stellungnahme nicht nur um die faschistische Bedrohung von aussen gegangen sein, vielmehr muss der Aufruf auch vor dem Hintergrund des sogenannten Frontenfrühlings in der Schweiz gesehen werden. Spezielle Aufmerksamkeit verdient die Situation in der Stadt Zürich. Hier besetzten die Sozialdemokraten seit 1928 fünf der neun Exekutivämter und im Parlament waren sie seit 1931 mit einem Sitz in der Mehrheit. Um diese zu brechen, bildete sich für die Wahlen im September 1933 eine breite bürgerliche Koalition in Listenverbindung mit der Nationalen Front. Obschon sich die demokratische Partei mehrheitlich dagegen aussprach, konnte sie nicht verhindern, dass ausgerechnet ihr Spitzenkandidat Robert Briner seine Wahlkampagne gemeinsam mit dem Frontenführer Robert Tobler führte.[27] | ABB. 88 Briner war seit 1919 Sekretär des kantonalen Jugendamtes und wurde zwei Jahre später in die Kantonsregierung gewählt. Zudem war er über Jahrzehnte Dozent an der *Sozialen Frauenschule* und zwischen 1930 und 1958 deren Präsident. Trotz des breiten Bündnisses gelang es den bürgerlichen Parteien nicht, eine Mehrheit in der Exekutive zu erreichen. Doch die Nationale Front konnte auf Anhieb zehn Parlamentssitze erobern, vor allem auf Kosten der bürgerlichen Parteien. Bei den darauffolgenden Kantonsratswahlen im Jahr 1935 verzichteten die bürgerlichen Parteien auf eine solche Verbindung und die Nationale Front verlor gegen Ende der 1930er Jahre zusehends an Einfluss.

Mitbürger!

Die unterzeichneten vaterländischen Parteien und Organisationen haben gemeinsam den Kampf gegen das rote Zürich aufgenommen. In Zeiten der Not gilt es unsere Stadt einem klassenkämpferischen und nur auf das eigene Wohl bedachten sozialdemokratischen Klüngel zu entreissen.

Am Samstag, den 16. September, abends 8 Uhr, in der Autohalle, Stadtgrenze Badenerstr.-Altstetten

öffentliche vaterländische
Kundgebung

„Der Kampf um ein vaterländisches Zürich!"

Referenten: Robert Briner (dem.)   **Robert Tobler** (N. F.)
Elvetio Bruni (italienische Sprache)   **Niklaus Rappold** (freis.)

Die Veranstalter erwarten einen geschlossenen Aufmarsch aller Gegner des roten Regimentes.

Freisinnige Partei   Bund für Volk und Heimat
Christlichsoziale Partei Eidgenössische Front
Evangelische Volkspartei Jungradikale Bewegung
Bauern- und Bürgerpartei Neue Schweiz
Nationale Front   Union Civique Romande

PROGRAMM DER SCHWEIZER FRAUEN

Nach dem Aufruf zum 1. August 1933 befasste sich die im Juni eingesetzte Arbeitsgruppe mit der für Ende Oktober vorgesehenen Gründung einer gesamtschweizerischen *Arbeitsgemeinschaft Frau und Demokratie*, und der Vorstand musste entscheiden, wie die Delegierten der Frauenzentrale zu mandatieren seien. Anlass zu Diskussionen gab insbesondere der Entwurf zum *Programm der Schweizer Frauen*, der an der Gründungssitzung verabschiedet werden sollte. Dem Vorstand der Frauenzentrale ging er zu weit. Er war mehrheitlich der Ansicht, «dass die starke Betonung des feministischen Standpunktes und die Anfügung des politischen Programms des Frauenstimmrechtsverbandes der Gewinnung weiter Frauenkreise hinderlich sei und nicht der ursprünglichen Idee entspreche».[28] Noch drei Tage vor dem Gründungsanlass war der Vorstand der Frauenzentrale uneins, ob er sich bei der geplanten Arbeitsgemeinschaft überhaupt engagieren wolle. Sozusagen in letzter Minute wurde schliesslich Anny Vollenweider als Delegierte bestimmt. Sie sei dabei «an keine Instruktion gebunden, soll aber die ZF nicht binden».[29] Die Vorstandsfrauen wollten sich offensichtlich alle Optionen offenhalten. Nach der Gründungsversammlung in Bern berichtete Anny Vollenweider dem Vorstand, sie sei mit der Kritik der Frauenzentrale nicht durchgedrungen. Die internationalen Fragen und die Betonung feministischer Anliegen würden im *Programm der Schweizer Frauen* beibehalten, nicht zuletzt auf Wunsch der Westschweizerinnen.[30]

Der zur Diskussion stehende Programmentwurf enthielt eine breite Palette von Forderungen, die sprachlich aber sehr gemässigt daherkamen.[31] Die Verfasserinnen betonten, «für die Demokratie als allein tragfähige Grundlage des schweizerischen Staates» einzustehen. Unter Demokratie verstanden sie «die Ausübung der obersten Staatsgewalt durch die Gesamtheit der unter sich gleichberechtigten Schweizerbürger und Schweizerbürgerinnen». Wer wollte, konnte daraus die For-

| ABB. 88 Bei den Wahlen in der Stadt Zürich im Herbst 1933 erringt die Nationale Front auf Anhieb zehn Sitze, dies auf Kosten der freisinnigen und der kommunistischen Partei.

derung nach dem Stimmrecht ableiten, das aber im ganzen Dokument nirgends explizit erwähnt war. Nach diesem Grundsatz folgten in fünf Punkten die Anliegen, welche die Verfasserinnen für die «Erhaltung und Vertiefung der Demokratie» als wichtig erachteten. Dabei ging es um politische, wirtschaftliche und soziale Fragen, um Bildung und die Völkerverständigung. Weitere Postulate waren die Beachtung der Persönlichkeits- und Freiheitsrechte, die gleiche Behandlung aller, «ohne Unterschied des Geschlechts-, des Standes, der Sprache, Religion und Rasse» sowie eine «weitherzige» Auslegung des Asylrechts. Damit bezog die *Arbeitsgemeinschaft Frau und Demokratie* Stellung in einer Frage, die seit der Machtübernahme der Nationalsozialisten wegen der Flüchtlinge aus Deutschland virulent geworden war. Bei den wirtschaftlichen Anliegen ging das Programm ziemlich weit. Es verlangte unter anderem die Verhinderung jeglicher Ausbeutung, die Bekämpfung der Arbeitslosigkeit und existenzsichernde Löhne, unabhängig davon, ob ein Mann oder eine Frau die Arbeit verrichtet. Unterschrieben hatten das Programm mehrheitlich die gleichen Frauenorganisationen, die auch den 1.-August-Aufruf unterzeichnet hatten.

SCHWIERIGE NACHFOLGE

Neben politischen Fragen hatte sich der Vorstand auch mit internen Problemen zu befassen. Ende Oktober 1933 hatte Maria Fierz nämlich dem Vorstand der Frauenzentrale mitgeteilt, dass sie das Amt als Präsidentin niederlegen wolle.[32] Was sie zu diesem Entschluss bewogen hat, ist nicht bekannt. Waren es Ermüdungserscheinungen nach sechzehn Jahren Präsidium? Waren es die Auseinandersetzungen im Vorstand? Musste sie sich zwischen dem Engagement für die *Arbeitsgemeinschaft Frau und Demokratie* und demjenigen für die Frauenzentrale entscheiden? Der Vorstand wollte sie nicht ziehen lassen. Doch Maria Fierz liess sich nicht umstimmen, arbeitete aber weiterhin im Vorstand mit. Akut wurde die Frage der Nachfolge im Frühjahr 1934 vor der Jahresversammlung der Frauenzentrale. Da sich kein Vorstandsmitglied als Präsidentin zur Verfügung stellen wollte, beschloss man, eine interimistische Geschäftsleitung einzusetzen, bestehend aus Gertrud Mousson, Gertrud Haemmerli-Schindler und Anny Vollenweider.[33] Die beiden Letzteren repräsentierten eine jüngere Generation, sie waren damals um die vierzig.

Die Tatsache, dass die Frage des Präsidiums auch ein Jahr später noch nicht gelöst war, veranlasste den Vorstand im Jahresbericht 1934/35 zu grundsätzlichen Reflexionen über die Aufgaben der Frauenzentrale und über seine Arbeit: «Wir sind im verflossenen Berichtsjahr speziell bei unsern bisher leider vergeblichen Bemühungen um die Neubesetzung des Präsidiums oft gefragt worden: was will eigentlich die Frauenzentrale? Was ist ihre Aufgabe? Was die des Vorstandes, die der Präsidentin? Die Antwort wurde uns nicht leicht. […] Neben ihren wenigen ganz konkreten praktischen Aufgaben, für die sie ja immer hilfsbereite Hände findet, ist so vieles mehr nur theoretischer, organisatorischer oder praktischer Art: es ist ein Bereitsein für alles, was von aussen kommt und verlangt wird, ein Aufgreifen von Ideen, ein Studieren von Problemen, ein Vor- und Fürsorgen verschiedenster Art, viel Vermitteln, Beraten, Besprechen, Prüfen von Vorlagen und Gesetzen, Verfolgen öffentlichen Geschehens. Abordnungen in Kommissionen, zu Konferenzen und Tagungen sollten sehr oft gemacht werden, und immer fehlt es an willigen Persönlichkeiten dafür. […] Damit aber die Zürcher Frauenzentrale diese uns doch wichtig scheinenden Aufgaben erfüllen kann, brauchen wir einen frischen Nachwuchs, der nicht schon wie die meisten unserer Vorstandsmitglieder mit Arbeit überlastet ist.»34

In diesem und den folgenden Jahresberichten wurde das Präsidium als vakant bezeichnet. Danach wurde der Vorstand für einige Jahre ohne Funktionsbezeichnungen aufgeführt. Erst im Jahresbericht 1940/41 wird wieder eine Präsidentin erwähnt, nämlich erneut Maria Fierz. Sie machte aber verschiedentlich deutlich, dass dies nur eine provisorische Lösung sei. Im Frühjahr 1944 wurde sie durch Hedwig Binder-Scheller abgelöst, die dem Vorstand schon seit 1927 angehörte und mittlerweile auch anfangs sechzig war. | ABB. 89 Wahrscheinlich verstand auch sie sich nur als Zwischenlösung. Erst nach rund dreizehn Jahren konnte die Stabsübergabe der Pionierinnen an die nächste Generation definitiv vollzogen werden. 1947 übernahm Gertrud Haemmerli-Schindler das Amt und die Zeit der Vakanzen und der provisorischen Präsidentinnen fand ein Ende.

WIE VIEL POLITIK DARF SEIN?

Die schwierige Nachfolgeregelung mochte auch damit zusammenhängen, dass die Spannungen im Vorstand immer wieder neue Nahrung fanden. Die Differenzen entzündeten sich zwar jeweils an unterschiedlichen Inhalten. Gemeinsam war ihnen die Frage, wie es die Frauenzentrale mit der Politik halten solle. Da der Vorstand sich auf keine Linie einigen konnte, gelangte er im Verlauf der 1930er Jahre an die Präsidentinnen der angeschlossenen Vereine und lud sie zu einer Aussprache ein. Diese fand im Februar 1934 statt. Gegenstand waren die *Arbeitsgemeinschaft Frau und Demokratie* und das *Programm der Schweizer Frauen*. Maria Fierz nahm die Gelegenheit wahr, ihre Sicht der Dinge darzulegen: «Sie werden vielleicht sagen: Wir sind Frauenvereine und mischen uns nicht in die Politik. Es handelt sich

| ABB. 89 **Hedwig Binder-Scheller** (1883–1947) wird 1917 als Vertreterin der bürgerlichen Frauen in den Genossenschaftsrat des Lebensmittelvereins Zürich gewählt. Zwei Jahre später tritt sie der Frauenzentrale bei und im Winter 1927/28 wird sie in den Vorstand gewählt. Nach dem Rücktritt von Maria Fierz übernimmt sie zwischen 1944 und 1947 das Präsidium. Parallel zu ihrem Engagement in der Frauenzentrale ist sie seit den frühen 1920er Jahren in den Aufsichtsgremien der Pflegerinnenschule aktiv.

auch nicht um Parteipolitik. Wir wissen auch, dass die Demokratie, die wir haben, nichts Vollkommenes ist, aber wir wollen keine Diktatur.»[35] Eine Teilnehmerin äusserte im weiteren Verlauf der Diskussion ihre Bedenken, ob man mit solchen Aktivitäten, wie sie die *Arbeitsgemeinschaft Frau und Demokratie* bezwecke, nicht Gefahr laufe, die gemeinnützigen Aufgaben zu vernachlässigen.

Die Frage der politischen Positionierung war nach dieser Konferenz weder entschieden noch vom Tisch. Thematisiert wurde sie auch im Jahresbericht 1935/36 und damit nach den Vereinspräsidentinnen auch den weiteren Mitgliedern der Frauenzentrale unterbreitet. Der Vorstand schrieb, ihm sei zugetragen worden, die Frauenzentrale «sei zu politisch, zu frauenrechtlerisch; sie sei zu konservativ, zu sozialistisch, zu wenig oder zu pazifistisch, sie mische sich zu sehr in die Arbeit der angeschlossenen Vereine oder aber sie habe zu wenig Interesse für deren Arbeit usw.». Diese widersprüchlichen Rückmeldungen machten dem Vorstand die Arbeit nicht leicht, umso mehr als er sich selbst aus Mitgliedern zusammensetzte, «die politisch und weltanschaulich so verschieden eingestellt sind, dass es oft schwer hält, eine gemeinsame Linie zu finden».[36] Bisher hatte der Vorstand noch nie einen Blick hinter die Kulissen gewährt. Offensichtlich fühlte er sich unter Druck, da er sich mit einer Welle von Austritten konfrontiert sah. Gemäss Jahresbericht 1935/36 gaben 34 Einzelmitglieder den Austritt, im Jahr darauf waren es 19 und im Berichtsjahr 1937/38 waren unter den Austritten auch drei Vereine. Der Frauenverein Küsnacht begründete seinen Austritt explizit mit den «politischen Bestrebungen» der Frauenzentrale.[37]

LUFTSCHUTZ UND WEHRANLEIHE

Ein Rückzug auf sogenannt unpolitische Themen war nicht mehr denkbar, zumindest nicht für Klara Honegger und Maria Fierz. Der Wille, sich für den Frieden und demokratische Strukturen einzusetzen, forderte im Gegenteil immer wieder dazu auf, Position zu beziehen. Ein solches Beispiel war die Luftschutzfrage. Der Einsatz von Flugzeugen während des Ersten Weltkriegs hatte deutlich gemacht, dass neben der Verteidigung des Bodens auch diejenige des Luftraumes zu planen war.[38] Dies hatte zur Folge, dass für den Schutz und die Versorgung der Bevölkerung neue Strukturen geschaffen werden mussten. Obschon es noch keine konkreten Vorstellungen über den Einbezug der Frauen gab, wünschten einige Vorstandsmitglieder, das Thema zu besprechen. Es zeichneten sich in der Folge zwei Meinungen ab: Die einen, unter ihnen Klara Honegger, lehnten «die Beteiligung an den Luftschutzbestrebungen ab, in denen sie militärische Rüstungsmassnahmen sehen und einen Versuch, die Bevölkerung über die Schrecken eines künftigen Krieges hinwegzutäuschen».[39] Die anderen waren dagegen der Ansicht, die Frauen könnten sich der Verpflichtung, Hilfe zu leisten, nicht entziehen.

Im Jahr darauf, 1937, war der Luftschutz erneut auf der Traktandenliste. Wieder stand der Vorstand vor der Frage, «ob es Pflicht der Frauen sei, der Aufforderung zur Mitarbeit Folge zu leisten, oder ob dies zu der Kategorie der Kriegsmassnahmen gehöre, für die wir den Männern allein die Verantwortung überbinden wollen».[40] Da sich der Vorstand weiterhin nicht auf eine gemeinsame Linie einigen konnte, wurde auf den Januar 1938 erneut eine Präsidentinnenkonferenz einberufen. Klara Honeggers Meinung war klar: Beim Luftschutz mitzumachen, «ist der kleine Finger, den man dem Teufel gibt. Wir werden militarisiert und ins Militär gehört die Frau nicht. Sie sollen uns zuerst das Stimmrecht geben.»[41] Ob für oder gegen ein Engagement in Sachen Luftschutz, die Frage des Stimmrechts wurde in der Folge auch von anderen Votantinnen aufgenommen. So zum Beispiel von Sophie Glättli-Graf, die das Mitmachen beim Luftschutz als möglichen Weg zum Stimmrecht sah. Maria Fierz meinte dagegen, sie würde auf das Stimmrecht verzichten, wenn dies der Weg dazu wäre. Sie konnte durchsetzen, dass jeder der Frauenzentrale angeschlossene Verein selbst entscheiden solle, wie er sich zu dieser Frage stelle. Die Frauenzentrale selbst hat sich von einer direkten Mitarbeit beim Zürcher Luftschutzverband distanziert. | ABB. 90

Im Verlauf des Sommers 1936 stand mit der Wehranleihe ein weiteres Militärthema zur Diskussion. Diese war von der Bundesversammlung bewilligt worden, um das ausserordentliche Rüstungsprogramm zu finanzieren.[42] An seiner Sitzung vom 4. September befasste sich der Vorstand der Frauenzentrale ausführlich mit diesem Thema. Wiederum war es Klara Honegger, die sich dagegen stellte. Sie beurteilte die 235 Millionen Franken Wehrkredite als «ein unnützes Opfer, da sie Armee und Land nicht zu schützen vermöchten».[43] Andere befürworteten ein Engagement der Frauenzentrale. Wie so oft gab es zwei Lager, aber schliesslich fand man eine diplomatische Lösung: Per Abstimmung wurde beschlossen, sich auf die «Vermittlungstätigkeit» zu beschränken. Der Vorstand informierte die Mitglieder der Frauenzentrale schriftlich über die Wehranleihe und distanzierte sich gleichzeitig davon: «Die Werbetätigkeit für die Wehranleihe will uns nicht eine spezielle Aufgabe der Frauen scheinen.» [44]

FLÜCHTLINGSHILFE

Nach der Machtübernahme der Nationalsozialisten im Januar 1933 sahen sich viele Menschen gezwungen, Deutschland zu verlassen. Dies betraf zum einen die Mitglieder der sozialdemokratischen und der kommunistischen Partei, zum an-

| ABB. 90 Diese Broschüre zur Luftschutzfrage geben 1936 Clara Ragaz und Marta Schüepp im Namen des schweizerischen Zweigs der Internationalen Frauenliga für Frieden und Freiheit heraus. Die Zürcher Sektion der IFFF gehört zu den Kollektivmitgliedern der Zürcher Frauenzentrale. Clara Ragaz ist eine dezidierte Gegnerin der Luftschutzbewegung.

> **SCHWURGERICHTSSAAL**
> Mittwoch, den 6. Februar 1935, abends 8.15 Uhr
> **Oeffentliche Versammlung**
> **„Antisemitismus in der Schweiz?"**
> Referenten: Prof. Dr. H. Nabholz
> Dr. K. Fleischmann
> Maria Fierz
>
> Eintritt frei! — Zur Deckung der Unkosten werden freiwillige Beiträge gern entgegen genommen.
>
> **Internationale Frauenliga für Frieden und Freiheit, Gruppe Zürich**
> Bezirksvereinigung Zürich für den Völkerbund
> Pfarrkapitel des Bezirkes Zürich
> „Pro Pace" katholische Friedensgruppe, Zürich
> Sektion Zürich des schweiz. Lehrerinnenvereins
> Zürcher Frauenzentrale

dern Personen mit einem jüdischen Hintergrund. Bereits im Frühjahr 1933 legte der Bundesrat fest, dass zwischen politischen und anderen Flüchtlingen zu unterscheiden sei. Diese Politik wurde bis 1944 verfolgt. Die Gewährung von Asyl wurde in der Folge äusserst restriktiv gehandhabt: Nur gerade 644 Personen erhielten zwischen 1933 und 1945 politisches Asyl in der Schweiz. Da Jüdinnen und Juden nicht als politische Flüchtlinge galten, hatten sie kein Recht, Asyl zu beantragen. Die Schweiz sah sich lediglich als Zwischenstation, von wo aus die Flüchtlinge ihre weitere Emigration organisieren sollten.[45]

Das *Programm der Schweizer Frauen* hatte – ebenfalls bereits 1933 – eine «weitherzige» Asylpolitik gefordert. In den Protokollen der frühen 1930er Jahre finden sich jedoch keine Hinweise darauf, dass sich der Vorstand mit Flüchtlingsfragen auseinandergesetzt hätte. Eine Ausnahme war die Teilnahme der Frauenzentrale an einer Veranstaltung zu *Antisemitismus in der Schweiz*, welche am 6. Februar 1935 im Schwurgerichtssaal stattfand und an welcher Maria Fierz als Rednerin auftrat. | ABB. 91

Breiteren Raum nahm die Flüchtlingsfrage erst ab Frühjahr 1937 ein. Es ging um die Hilfe für die Opfer des Spanischen Bürgerkriegs, der in den Jahren 1936 bis 1939 zwischen der demokratisch gewählten Volksfrontregierung und den rechtsgerichteten Putschisten unter General Franco ausgetragen wurde. Im Februar 1937 gründeten verschiedene Hilfswerke die *Schweizerische Arbeitsgemeinschaft für Spanienkinder*.[46] Auch die Frauenzentrale beteiligte sich daran. Mitte April wurde eine Sammelaktion gestartet, zu der neben der Frauenzentrale auch die *Caritas*, die *Freunde Spaniens*, der *Gemeinnützige Frauenverein*, die *Arbeiterkinderhilfe* und der *Hilfsverein für Emigrantenkinder* eingeladen wurden.[47] Konkret ging es darum, Transporte mit Hilfsgütern zu finanzieren und nach Madrid zu schicken sowie Patenschaften für Kinder zu übernehmen. Die Sammelaktion war erfolgreich; die Spanienhilfe blieb in der Frauenzentrale bis im Herbst 1938 ein Thema.

| ABB. 91 Das Inserat aus dem Tagblatt der Stadt Zürich verweist auf eine Veranstaltung zum Thema Antisemitismus. Die Zürcher Frauenzentrale gehört zu den Veranstaltenden. Am 9. Februar 1935 erscheint in der Morgenausgabe der NZZ ein ausführlicher Bericht: «Fräulein Maria Fierz, die verdienstvolle Leiterin der Zürcher Frauenzentrale und langjährige Vorkämpferin der Frauenbestrebungen, wehrte sich als Frau, als Schweizerin und Christin gegen die Vergiftung des Verhältnisses zu unseren jüdischen Volksgenossen. […] Die warmen, echt fraulichen Worte von Maria Fierz machten einen tiefen Eindruck auf die Versammlung.» Ihr Vorredner, der Historiker Hans Nabholz, ist bei der Frauenzentrale ein gern gesehener Referent.

Die Frage der politischen Neutralität stellte sich auch hier, da die Spanienhilfe fast ausschliesslich für das Lager der linksgerichteten Volksfront bestimmt war. Die Historikerin Antonia Schmidlin, welche die Aktivitäten der Kinderhilfe untersucht hat, führt dies darauf zurück, dass sich alle politischen und konfessionellen Lager einig gewesen seien über die Notwendigkeit der Hilfe für Kinder: «Kinder waren Opfer, die den Beweis ihrer Unschuld nicht erst noch liefern mussten.»[48] Dies dürfte es dem Vorstand ermöglicht haben darüber hinwegzusehen, dass die Spanienhilfe vor allem der republikanischen Seite zugute kam.

Im Januar 1940 kam die Gründung einer neuen Dachorganisation der Kinderhilfe zustande: die *Schweizerische Arbeitsgemeinschaft für kriegsgeschädigte Kinder*. Im Unterschied zur Spanienhilfe waren die Gründungsorganisationen eher bürgerlich orientiert. Zu ihnen gehörten von Frauenseite der *Bund Schweizerischer Frauenvereine (BSF)*, der *Schweizerische Gemeinnützige Frauenverein* und der *Schweizerische Lehrerinnenverein*.[49] In der Frauenzentrale wurde die Arbeitsgemeinschaft erstmals an einer Vorstandssitzung von Ende März 1940 erwähnt. Die Zürcher Sektion wurde zwar im Mai 1940 gegründet, trat aber erst im Januar 1941 zusammen, nachdem bereits rund 100 000 Franken gesammelt worden waren. Sie waren primär für die Hilfe in Südfrankreich bestimmt. Welchen Anteil die Frauenzentrale an diesen Aktivitäten hatte, wird nicht ersichtlich. Wahrscheinlich hat sie sich jeweils an Sammlungen oder an der Suche nach Ferienplätzen für Kinder aus Kriegsgebieten beteiligt. Unter dem Druck des Bundesrates fusionierte die Arbeitsgemeinschaft 1942 mit dem Roten Kreuz; die Kinderhilfe wurde der direkten Kontrolle des Bundesrates unterstellt und somit Teil der offiziellen Flüchtlingspolitik.[50] In diesem Rahmen übernahm die Frauenzentrale auf Anfrage des Roten Kreuzes im Herbst 1943 eine Sammelstelle.[51]

Es ist schwierig abzuschätzen, ob die Vorstandsprotokolle das gesamte Engagement der Frauenzentrale für die Flüchtlinge abbilden. Zwei andere Quellen lassen vermuten, dass die Frauenzentrale – oder zumindest einige ihrer Exponentinnen – mehr geleistet hat, als in den vorhandenen Akten vermerkt ist. So schrieb Trudy Heim in den 1950er Jahren in der *Festschrift zum 75jährigen Bestehen des Israelitischen Frauenvereins Zürich:* «Wohltuende Unterstützung erhielten wir in dieser schweren Zeit von der Zürcher Frauenzentrale, der wir als Mitglied angehören. Sie half uns in der Versorgung der Flüchtlinge mit Naturalien sowie auch im Abwehrkampf gegen den Antisemitismus.»[52] Die andere Quelle ist ebenfalls eine Festschrift, nämlich diejenige zum hundertjährigen Jubiläum des BSF. Silke Redolfi erwähnt hier eine Auseinandersetzung zwischen der Präsidentin Clara Nef und Maria Fierz, die damals dem BSF-Vorstand angehörte. Während Nef sich auf den Standpunkt stellte, der BSF habe seine Pflicht mit der Hilfeleistung an Flüchtlinge erfüllt, verlangte Fierz, er solle auf die Behörden Druck ausüben wegen deren restriktiver Flüchtlingspolitik. Um sich Nachdruck zu verschaffen, schilderte sie an einer BSF-Vorstandssitzung im August 1938 die erschütternden Szenen, die sich an der Grenze zu Österreich abspielten und kritisierte die erbarmungslose Zurückweisung der Schutzsuchenden, insbesondere der jüdischen Flüchtlinge. Sie forderte Nef auf, einen Aufruf zu verfassen, der die Öffentlichkeit und die Behörden aufrütteln würde. Es sollte allerdings noch einige Monate dauern, bis die BSF-Präsidentin ein Einsehen hatte und aktiv wurde.[53]

IM ZWEITEN WELTKRIEG

Obschon die Frauenzentrale lange versucht hatte, sich aus den Kriegsvorbereitungen herauszuhalten, bekannte sie sich spätestens ab 1938 uneingeschränkt zur Landesverteidigung. Zur Generalmobilmachung der Armee kam es am 2. September 1939 als Reaktion auf den deutschen Überfall Polens. Der Vorstand der Frauenzentrale traf sich am 5. September und orientierte sich über die verschiedenen kriegsbedingten Massnahmen, die auf der Ebene von Bund, Kanton und Gemeinden getroffen worden waren. Es waren Kriegswirtschaftsämter eingerichtet und verschiedene Kommissionen gebildet worden. Die Frauenzentrale war eingeladen, in die verschiedenen Kommissionen Delegierte zu schicken. Diese neuen Aufgaben, wie auch die verschiedenen Sammelaktionen, wurden in die übrigen Aktivitäten integriert. Daneben versuchte der Vorstand den courant normal aufrechtzuerhalten. Anders als während des Ersten Weltkriegs musste die Frauenzentrale ihre Existenzberechtigung nicht mehr über den Krieg legitimieren. Sie feierte im Herbst 1939 mit einer Festschrift bereits ihr 25-jähriges Jubiläum. Im Jahresbericht 1940/41 stellte Maria Fierz fest, der *Zivile Frauenhilfsdienst* habe viele Aufgaben übernommen, die während des Ersten Weltkriegs von der Zentralstelle Frauenhilfe ausgeführt worden seien. Sie fragte sich: «Sollten wir dies bedauern?» und gab auch gleich eine Antwort: «Ich glaube, nein. Neue Aufgaben erfordern immer wieder neue, unverbrauchte Menschen. Wichtig ist die richtige Eingliederung der alten und der neuen Organisationen in das grosse Werk der Frauenhilfe.»[54] | ABB. 92

DIE FRAUENZENTRALE ALS POLITISCHE AKTEURIN

In den beiden vorangehenden Kapiteln wurden zwei Aspekte beleuchtet, welche die Arbeit der bürgerlichen Frauenbewegung inhaltlich über Jahrzehnte stark geprägt haben: die karitativen Tätigkeiten und der Kampf für die Verbesserung der hauswirtschaftlichen Ausbildung. Hier nun befassen wir uns in erster Linie mit dem Engagement der Frauenzentrale für den Frieden. Während die karitativen Tätigkeiten und die Hauswirtschaft mehr oder weniger unbestrittene Themen waren, wurde die Frauenzentrale mit der Friedensarbeit zu einer politischen Akteurin. Immer wieder sah sie sich veranlasst, Position zu beziehen. Dies fiel dem

Vorstand nicht leicht. Das grundsätzlich bürgerlich zusammengesetzte Gremium war keineswegs eine homogene Gruppe. Neben denjenigen Vorstandsmitgliedern, die darauf beharrten, sich aus der Politik herauszuhalten, gab es andere, die bereit waren, im Dienst an der Sache Koalitionen einzugehen und Konflikte auszutragen. Ein Beispiel dafür ist die *Arbeitsgemeinschaft Frau und Demokratie* und deren *Programm der Schweizer Frauen*.

Die mehrere Jahre dauernde Vakanz des Präsidiums zeigt, wie schwierig es war, einen Generationenwechsel im Vorstand herbeizuführen. Nicht zu übersehen ist die Enttäuschung über die jungen Frauen, wie sie uns aus dem Jahresbericht 1937/38 entgegenkommt. Dora Escher-Farner schrieb: «Zu selbstverständlich wird in grossen Kreisen der jungen Frauengeneration einfach hingenommen, was vor 20 und mehr Jahren erkämpft werden musste: Mittelschule, Hochschulstudium, freies Berufsleben und vor allem viel freiere persönliche Lebensgestaltung. Daraus entspringt wohl auch der Mangel an Interesse für die heutigen Frauenfragen.»[55] Doch die Pionierinnen gaben nicht auf, sondern versuchten immer wieder, sich zusammenzuraufen.

Innerhalb der Frauenzentrale gab der Vorstand den Takt vor. Er setzte die Themen für die Delegiertenversammlungen, die Präsidentinnenkonferenzen und die Kantonalen Frauentage, er wählte die Referentinnen und Referenten aus. Er hatte gleichzeitig auch eine starke Position unter den Frauenzentralen, mit

| ABB. 92 Während des Zweiten Weltkriegs leitet Gertrud Haemmerli-Schindler – Vorstandsmitglied der Frauenzentrale – den Zürcher und den Schweizerischen Zivilen Frauenhilfsdienst. Der Besuch des Generals verursacht einige Aufregungen. Ihre Tochter Meyeli Bernet-Haemmerli schreibt später darüber: «Mama hatte natürlich keine Uniform und somit Kleidersorgen. Kurzerhand suchte sie ihren ‹Schagettkleid›-Schneider bei Grieder auf, der ihr ein angemessen-seriöses Kostüm aus feldgrauem Gabardine-Stoff anmass.» Nach dem offiziellen Teil gibt es bei Haemmerlis einen privaten Empfang: «Der altbewährte Traiteur Seiler und die Confiserie Sprüngli wurden aufgeboten. [...] Es wurde ein strahlendes Fest! Die hohen Herren aus Militär und Zivilbehörden, ihre Gattinnen und die übrigen Gäste wurden sichtlich vergnügt. Mama hatte ihre Phantasie-Uniform mit einem eleganten schwarzen Samtkleid vertauscht.»

denen er sich an den sogenannten Zentralentagungen regelmässig austauschte. Er stand aber auch in einem engen Kontakt zum BSF sowie zu anderen (Frauen)Organisationen. Bei seiner Arbeit orientierte er sich an den Themen, welche die städtische, die kantonale und die eidgenössische Politik vorgaben. Aber auch die Agenda des Völkerbundes war ihm Richtschnur. Die Vorstandsmitglieder erwiesen sich dabei als bestens orientierte Zeitgenossinnen. Das zeigte sich nicht zuletzt in der Wahl der Referentinnen und Referenten für die vielen Veranstaltungen, welche sie (mit)organisierten. Die Liste der Referentinnen und Referenten liest sich wie ein Who is Who jener bewegten Jahre. Dabei konnten sich die Vorstandsmitglieder jeweils auf ihre guten Kontakte innerhalb der Frauenbewegung, zur Universität, zur städtischen und kantonalen Regierung, Parlamentariern und Verwaltungsstellen sowie zur Völkerbunds- und Friedensbewegung verlassen. | ABB. 93

| ABB. 93 Geht es um Friedensfragen, ist **Ida Somazzi** (1882 Bern – 1963 Bern) eine beliebte Rednerin bei der Frauenzentrale. Die Dozentin am Lehrerinnenseminar der Stadt Bern setzt sich ein für gleichen Lohn für gleiche Arbeit, für die Bildung von jungen Frauen und für das Frauenstimmrecht. 1921 wird sie Mitglied des Exekutivausschusses der Schweizerischen Völkerbundsvereinigung. Sie gehört 1933 zu den Gründungsmitgliedern der Arbeitsgemeinschaft Frau und Demokratie und wird 1949 deren Präsidentin. Nach dem Zweiten Weltkrieg engagiert sie sich zu Frauenfragen in UNO- und UNESCO-Gremien.

9_ ERWERBSARBEIT DER FRAUEN

Im Frühling 1959 erscheinen in Zürich Inserate in den Tageszeitungen, die für einen Sonderkurs zur Ausbildung von Primarlehrern werben. Es ist eine Massnahme gegen den bestehenden Lehrkräftemangel. Angesprochen sind ausschliesslich Männer: «Bewerberinnen können nur ausnahmsweise berücksichtigt werden», steht im Inserat. | ABB. 94 Dieser Ausschluss der Frauen veranlasst den Vorstand der Frauenzentrale zu einem Brief an die kantonale Erziehungsdirektion: «Mit Befremden haben wir von der Ausschreibung des Sonderkurses zur Ausbildung von Primarlehrern Kenntnis genommen. [...] Wir verstehen nicht, dass nicht auch Frauen, die sich über eine erfolgreiche berufliche Tätigkeit ausweisen können, Gelegenheit geboten werden soll, sich auf den Lehrberuf umzustellen. [...] Nachdem sich die weiblichen Lehrkräfte unserer Schulen allgemein in ihrem Beruf sehr bewähren, hoffen wir, dass die Erziehungsdirektion auf ihren die Frauen desavouierenden Standpunkt zurückkommt.»[1] Eine schriftliche Antwort der Erziehungsdirektion gibt es nicht. Telefonisch teilt sie mit, dass die Landgemeinden Männer bevorzugen, da Frauen wegen Verheiratung meist nur einige Jahre im Dienst bleiben.[2]

Die Erwerbsarbeit von Frauen gehörte zu den gesellschaftlichen Themen, die die Frauenzentrale verfolgte und beobachtete und sich dann einmischte, wenn sie es für angezeigt hielt. Wir zeigen, wie sich die Zürcher Frauenzentrale gegen Diskriminierungen wehrte, wie sie die Doppelrolle der Frau in Familie und Beruf thematisierte und schliesslich, wie sie sich seit den 1970er Jahren für die berufliche Laufbahn von Frauen engagierte.

FRAUENERWERBSARBEIT IM 20. JAHRHUNDERT

Anfang des 20. Jahrhunderts, zur Zeit der Gründung der Frauenzentrale, war es eine Selbstverständlichkeit, dass Arbeiterfrauen aus ökonomischen Gründen vor und nach der Heirat arbeiten mussten. Bürgerliche Frauen hingegen absolvierten im besten Fall vor der Heirat eine ihrem Stand entsprechende Ausbildung oder widmeten sich einer gemeinnützigen Arbeit, um nach der Heirat ihre eigentliche

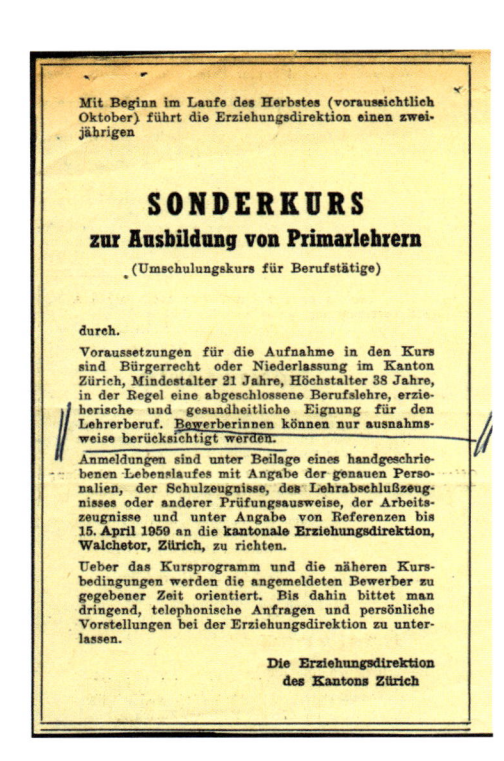

Bestimmung als Ehegattin und Mutter zu leben. Die Berufsarbeit der Frauen war bestimmt von der Klassenzugehörigkeit und der Geschlechternorm. So stand sie im Laufe des 20. Jahrhunderts je nach gesellschaftlicher und wirtschaftlicher Situation mehrmals unter Legitimationsdruck, insbesondere wenn die Arbeitsstellen knapp waren.[3]

Die Soziologin A. Doris Baumgartner beschreibt für die Frauenerwerbsarbeit im 20. Jahrhundert drei Phasen: die von der Industrie geprägte Zeit bis zum Zweiten Weltkrieg, in der weibliche Erwerbsarbeit verbreitet, jedoch wenig sichtbar war; die Zeit nach dem Zweiten Weltkrieg, das goldene Zeitalter der Familie, in der Erwerbsarbeit die Ausnahme bildete; und die jüngste Phase seit den 1980er Jahren, in der die Berufsarbeit für Frauen sich zu einer gesellschaftlichen Selbstverständlichkeit entwickelt hat.[4]

Bis in die 1930er Jahre war Erwerbsarbeit für viele Frauen, auch für verheiratete, üblich. Die Frauen aus der Arbeiterschicht waren aus ökonomischen Gründen gezwungen zu arbeiten, sei es in der Fabrik, als Dienstbotin oder als Heimarbeiterin. Viele Frauen aus Handwerker- oder Kleinunternehmerfamilien arbeiteten – unbezahlt und vertraglich nicht abgesichert – in den Familienbetrieben mit. Nur bürgerliche Frauen konnten es sich leisten, eine ihrem Stand angemessene Ausbildung als Lehrerin, Krankenschwester, Sekretärin oder in Sozialer Arbeit zu absolvieren. In der Zwischenkriegszeit setzte sich das bürgerliche Leitbild der Hausfrau und Mutter immer mehr durch. Der Mann übernahm die Rolle des Familienernährers. Nach diesen Leitbildern, auch von Sozialdemokraten und Gewerkschaften unterstützt, richteten sich sowohl die Sozialversicherungen als auch die Löhne.

In der zweiten Phase, in den 1950er und 1960er Jahren, setzte sich das Ernährer-Hausfrau-Modell als normativer Orientierungsrahmen durch. Die lang anhaltende Hochkonjunktur der Nachkriegszeit sicherte einer breiten Bevölkerung die ökonomische Lebensgrundlage, die es Frauen ermöglichte, sich nach der Heirat ausschliesslich der Familie zu widmen. Gleichzeitig mit der Hochkonjunktur wuchs auch der Bedarf an Arbeitskräften, der vorerst mit Ausländerinnen und Ausländern gedeckt wurde. Das Interesse der Schweizerinnen an der Erwerbsarbeit nahm, trotz abnehmender Belastung im Haushalt durch eine geringere Kinderzahl, technische Erneuerungen wie Waschmaschine und Staubsauger und veränderte Ernährungs- und Konsumgewohnheiten, nur langsam zu. Erst gegen Ende der 1950er Jahre begann sich ein neues Muster, bekannt als Dreiphasenmodell, abzuzeichnen: Berufstätigkeit bis zur Heirat, dann Familienphase, nach dieser Wie-

| ABB. 94 Dieses Inserat, das für einen Sonderkurs zur Ausbildung von Primarlehrern wirbt und die Frauen davon ausschliesst, veranlasst einen Protestbrief der Frauenzentrale an die Erziehungsdirektion. Darin fordert sie, dass auch Frauen zu diesen Kursen zugelassen werden.

Die Berufsberatungsstelle
der Zürcher Frauenzentrale
Talstrasse 18
erteilt unentgeltlich Rat und Auskunft über
alle Frauenberufe
(Ausbildungsgelegenheiten, Ausbildungsdauer, Kosten, Berufsaussichten etc.)
Sprechstunden: Mittwoch 2—4 Uhr, Donnerstag vorm. 9—10 Uhr oder nach Uebereinkunft. — Schriftliche Auskünfte gegen Portovergütung.

dereinstieg ins Berufsleben.[5] Mit dem Aufbruch der Jugend von 1968 und der neuen Frauenbewegung entstand ein neues Leitbild: Die ökonomisch unabhängige und dem Mann in allen Bereichen gleichgestellte Frau. Gefordert wurden gleiche Zugangschancen zu allen Ausbildungen und Berufen. Alte Postulate wie gleicher Lohn für gleichwertige Arbeit oder die Mutterschaftsversicherung wurden neu mit grosser Vehemenz vertreten. Konkrete Veränderungen kamen vorerst nur zögerlich voran. Mit dem Konjunktureinbruch Mitte der 1970er Jahre ertönte erneut der Ruf «Zurück an den Herd», ein Zurückdrängen der Frauen aus dem Berufsleben gelang jedoch nicht mehr nachhaltig.[6]

In der dritten Phase ab den 1980er Jahren wurde der Wandel deutlich sichtbar. Im Bundesverfassungsartikel Gleiche Rechte für Mann und Frau von 1981 konnte die Lohngleichheit verankert werden. 1996 folgte das Gleichstellungsgesetz, das ein allgemeines Diskriminierungsverbot für den Arbeitsbereich enthält. Die Frauenerwerbsquote nahm stetig zu. Eine Vielfalt von Mustern der Erwerbsarbeit entwickelte sich – Teilzeitarbeit, mehrmaliger Ein- und Ausstieg –, um Beruf und Familie vereinbaren zu können.[7] Familienarbeit war nun nicht mehr allein den Frauen zugeordnet, sondern sollte partnerschaftlich geteilt werden. Diese neuen Lebensformen erforderten gesellschaftliche Rahmenbedingungen wie Teilzeitstellen, Kindertagesstätten, Horte, Tagesschulen – Bedingungen, die bis heute noch nicht vollständig erfüllt sind.

Wie drückt sich diese Entwicklung in Zahlen aus? Aufgrund der vorhandenen Daten, die im vorliegenden Zeitraum nicht einheitlich erfasst wurden, lässt sich sagen, dass die Erwerbsquote nach 1910 zurückging und bis 1960 relativ niedrig blieb. Der Tiefststand wurde 1941 mit 36 Prozent erreicht. Zwischen 1930 und 1960, in der Hochphase des Ernährer-Hausfrau-Modells, machten die 20- bis 24-jährigen den Hauptanteil der erwerbstätigen Frauen aus.[8] Ab 1970 nahm die Erwerbstätigkeit der Frauen kontinuierlich zu und um 2010 lag der Anteil bei rund 60 Prozent. Allerdings arbeiten fast 60 Prozent Teilzeit.

PIONIERARBEIT

Im August 1916 übertrug der Vorsteher des städtischen Kinderfürsorgeamtes dem Vorstand der Frauenzentrale die Berufsberatung und Lehrstellenvermittlung für Frauen.[9] Es lag ganz im Interesse der Frauenbewegung, dieses Angebot zu etablieren und damit die Ausbildung und Berufstätigkeit der Frauen zu fördern. | ABB. 95 Zu Beginn der 1920er Jahre wurde die weibliche Berufsberatung stark ausgebaut. Bei der Organisation und dem Aufbau dieser Beratungsstelle half die Frauenzent-

| ABB. 95 Die Frauenzentrale ist die erste Organisation in Zürich, die Berufsberatung für Frauen anbietet.

rale tatkräftig mit.[10] Emmi Bloch, die erste Sekretärin der Frauenzentrale, prägte die Diskussion um die Berufsberatung nicht nur in Zürich, sondern schweizweit, insbesondere im *Bund Schweizerischer Frauenvereine (BSF)*. Schon früh forderte sie ein schweizerisches Frauenberufsamt. 1921 begründete sie in den *Frauenbestrebungen*, warum sie eine solche Stelle als notwendig erachtete: «Bei der grossen Ausdehnung der Frauenberufsarbeit, bei der zunehmenden Einsicht in die Notwendigkeit, jedem Mädchen die Fähigkeit zur Berufsausübung zu vermitteln, ist es heute selbstverständlich, dass der Berufsberatung für Frauen grösste Aufmerksamkeit geschenkt werden muss. Ausserdem hätte [ein Frauenberufsamt] die Interessen der berufstätigen Frauen zu fördern und seine Kraft in den Dienst der Hebung der Frauenarbeit zu stellen.»[11] Emmi Bloch lag viel daran zeigen zu können, dass die Frauen für Pionierarbeit vieles zu leisten fähig sind.[12]

1923 kam eine solche Stelle tatsächlich zustande. Die *Schweizerische Zentralstelle für Frauenberufe* vertrat die Interessen von Berufsverbänden und der berufstätigen Frauen gegenüber Behörden und dem *Bundesamt für Industrie, Gewerbe und Arbeit (BIGA)* und übernahm damit eine Pionierrolle. Eröffnet wurde die Stelle am 1. Mai 1923 in den Räumlichkeiten der Zürcher Frauenzentrale. Das Präsidium der Betriebskommission übernahm Sophie Glättli-Graf, Vorstandsmitglied und ehemalige Präsidentin der Frauenzentrale. Die an der *Sozialen Frauenschule* ausgebildete Anna Mürset, ebenfalls Mitglied der Frauenzentrale, leitete die Zentralstelle dreissig Jahre lang. | ABB. 96

In diesen frühen Jahren waren die Berufsarbeit und die Berufsberatung für die bürgerlichen Frauen ein zentrales Anliegen der Frauenzentrale. Im Zentrum standen dabei die unverheirateten berufstätigen Frauen, die sich ihren Lebensunterhalt selbst verdienen mussten. In der weiteren Tätigkeit der Frauenzentrale werden sie jedoch während Jahrzehnten weitestgehend ausgeblendet.

DOPPELVERDIENERINNEN

Die Weltwirtschaftskrise hatte in der ersten Hälfte der 1930er Jahre auch die Schweiz erreicht. Arbeitslosenzahlen und Armut nahmen stark zu. Im Zusammenhang mit der hohen Arbeitslosigkeit wurden unter dem Schlagwort «Doppelverdiener» erwerbstätige, verheiratete Frauen in höheren Berufen und öffentlichen Stellen stark angegriffen. Mit «Doppelverdienern» waren Frauen gemeint, die neben dem Verdienst des Mannes ein eigenes Einkommen bezogen, auf das die Familie, entsprechend der Logik des Familienernährers, nicht angewiesen war.

Die Frauenzentrale war als Arbeitgeberin direkt betroffen. Die kantonale Volkswirtschaftsdirektion forderte sie auf, die Leiterin der Flickstube, Madeleine Meyer-Zuppinger, zu entlassen.[13] Die Flickstube war, wie beschrieben, eine Arbeitsbeschaffungsmassnahme für arbeitslose Frauen. Begründet wurde dieser

Schritt damit, «dass die Leiterin sowohl von Haus aus als im Hinblick auf das Einkommen ihres Ehemannes als Ingenieur nicht auf Doppelverdienst angewiesen» sei.[14] Der Vorstand sah sich mit zwei Fragen konfrontiert. Die erste betraf die Einmischung der Volkswirtschaftsdirektion in die Geschäfte der Frauenzentrale und die zweite die grundsätzliche Position der Frauenzentrale zur Frage des Doppelverdienstes. Bezüglich der ersten Frage traf zu, dass die Flickstube zwar ein Werk der Frauenzentrale war, sie aber vom Kanton Subventionen erhielt. Stellten sich die Frauen auf den Standpunkt, dass sie eine Einmischung grundsätzlich ablehnten, so liefen sie Gefahr, dass ihnen die Subventionen gestrichen würden und sie die Flickstube aufgeben müssten. In der Diskussion überwog deshalb die Meinung, das «Werk» behalten zu wollen, notfalls auch mit dem Verzicht auf Madeleine Meyer-Zuppinger.

Intensiv diskutiert wurde die zweite Frage, ob es gerechtfertigt sei, verheiratete Frauen unter den gegenwärtigen Bedingungen aus der Erwerbsarbeit zu drängen. Hier gingen die Meinungen stark auseinander, und es bildeten sich zwei Positionen. Ein Teil des Vorstandes schätzte die gegenwärtige Krise als so gross ein, dass er ein freiwilliges Zurücktreten der Frauen, die den Lohn nicht benötigten, zugunsten von Frauen, die ihn benötigten, als legitim erachtete. Die anderen vertraten die Ansicht, dass jede Frau das Recht auf eine Erwerbsarbeit habe. In der Diskussion überwog die erste Position, und der Vorstand entschied, Madeleine Meyer-Zuppinger mit Einhaltung der Kündigungsfrist zu entlassen. Im Antwortschreiben an die Volkswirtschaftsdirektion brachte der Vorstand zum Ausdruck, dass er deren Ansicht nicht teile, sich aber mit Rücksicht auf die Krise nach einer neuen Leiterin umsehen werde.[15] Die Volkswirtschaftsdirektion gab sich mit der Antwort nicht zufrieden, sondern verlangte die sofortige Entlassung der Leiterin der Flickstube. Der Vorstand zögerte noch mit der Umsetzung, informierte aber Madeleine Meyer-Zuppinger und legte ihr die Kündigung nahe. Das Problem löste sich schliesslich auf echt weibliche Art: Im Januar 1933 trat Madeleine Meyer-Zuppinger wegen Schwangerschaft zurück.[16]

| ABB. 96 **Anna Mürset** (1887 Kappel – 1975 Bern) absolviert nach der Ausbildung als Buchhalterin die Soziale Frauenschule in Zürich. Ab 1923 führt sie das Sekretariat der Zentralstelle für Frauenberufe. Ihr Büro befindet sich in den Räumen der Frauenzentrale. Als dieses später zum Schweizer Frauensekretariat umfunktioniert wird, leitet Anna Mürset bis 1953 dessen Abteilung für Frauenberufe. Als Expertin für Berufsbildungsfragen arbeitet sie in diversen Kommissionen des Bundes Schweizerischer Frauenorganisationen mit. 1947 bis 1951 ist sie Präsidentin der Kommission für Frauenberufsfragen des Internationalen Frauenrates. Neben der weiblichen Berufsbildung kämpft sie für die Gleichberechtigung der Frauen im Erwerbsleben.

Der Vorstand tat sich schwer mit dem Thema Doppelverdienerinnen und beschloss in bewährter Manier, eine Veranstaltung zu organisieren. Er war nämlich auch von Organisationen und einzelnen Frauen um Unterstützung gebeten worden. Eine Bankangestellte beispielsweise informierte den Vorstand, dass die *Schweizerische Bankgesellschaft* allen angestellten Frauen nahegelegt habe, freiwillig zurückzutreten, falls sie nicht auf einen Erwerb angewiesen seien. Die Veranstaltung wurde jedoch von einer Sitzung zur nächsten verschoben. Schliesslich wurde entschieden, das Thema an den *Bund Schweizerischer Frauenvereine (BSF)* weiterzuleiten.[17]

POLITISCHE VORSTÖSSE

Auf städtischer wie auf kantonaler Ebene wurden einige politische Vorstösse gegen das «Doppelverdienertum» eingereicht. In einer Motion vom 17. Oktober 1933 verlangte Eduard Bosshart von der demokratischen Partei im Zürcher Kantonsrat, Massnahmen zu ergreifen, sodass «im Kanton Zürich nicht beide Ehegatten derselben Familie zugleich im öffentlichen Dienst stehen können. Damit soll auch das Amten verheirateter Lehrerinnen ausgeschlossen sein.»[18] Die Motion wurde überwiesen. Dagegen reichte die Frauenzentrale zusammen mit vierzehn anderen Frauenorganisationen eine umfassende, gut begründete Eingabe an den Kantonsrat ein. Die Organisationen äusserten dezidiert, dass sie den Kampf gegen die «Doppelverdiener» als ungeeignetes Mittel gegen Arbeitslosigkeit hielten und wiesen auf die erwiesenermassen insgesamt kleine Anzahl von «Doppelverdienern» hin. | ABB. 97 Zudem würden solche Massahmen «gegen den Grundsatz der Rechtsgleichheit sowie der Berufs- und Arbeitsfreiheit» verstossen.[19]

Zwei Jahre später stand der Doppelverdienst auf Kantonsebene erneut zur Diskussion. Im Rahmen eines Gesetzesentwurfes von 1935 zur Sanierung des Staatshaushaltes sah der Zürcher Regierungsrat eine Sonderbesteuerung der «Doppelverdiener» vor. Als Begründung schrieb er am 22. November in der Vorlage an den Kantonsrat: «Das in Zeiten von Arbeitslosigkeit unerfreuliche Doppelverdienertum, das der Staat anderweitig rechtlich nicht umfassend verhindern kann, soll wenigstens durch eine besondere Besteuerung indirekt bekämpft oder dem Fiskus dienstbar gemacht werden.»[20] Zur Eintretensdebatte im Januar 1936 machten wiederum vierzehn Frauenorganisationen von Stadt und Kanton, darunter auch die Frauenzentrale, eine Eingabe, in der sie die vorgeschlagene Sondersteuer für «Doppelverdiener» klar ablehnten: «Als ungerecht und unmoralisch muss insbesondere eine Steuer empfunden werden, die wie die vorgesehene Doppelverdienersteuer einseitig das aus Arbeit herrührende Einkommen zweier Ehegatten […] trifft, während ein ebenso hohes Einkommen eines Einzelnen nicht stärker erfasst wird und Einkommen aus Nebenverdienst, Mitarbeit der Ehefrau im eigenen Betrieb, Ämterkumulation, zusätzliches Einkommen aus Vermögensbesitz usw. nicht unter den

An den Kantonsrat des Kantons Zürich

Sehr geehrter Herr Präsident,
Sehr geehrte Herren Kantonsräte,

Motion Boßhart	Herr Dr. E. Boßhart hat mit drei Mitunterzeichnern dem Kantonsrat folgende **Motion** eingereicht: „Der Regierungsrat wird eingeladen, dafür zu sorgen, und dem Kantonsrat die nötigen Maßnahmen vorzuschlagen, daß im Kanton Zürich nicht beide Ehegatten derselben Familie zugleich im öffentlichen Dienst stehen können. Damit soll auch das Amten verheirateter Lehrerinnen ausgeschlossen sein."
Erste Eingabe	Eine Anzahl der unterzeichneten Organisationen sind bereits mit einer Eingabe vom 4. November 1933 an den Kantonsrat gelangt mit der Bitte, die Motion nicht erheblich zu erklären. Wir gestatten uns, Ihnen im Folgenden unsere Bedenken gegen die Motion näher zu begründen.
Verständnis für die Bestrebungen zur Bekämpfung der Arbeitslosigkeit	**Wir begrüßen in dieser Zeit der schweren Krise jede Maßnahme, die geeignet ist, die Arbeitslosigkeit wirksam zu bekämpfen.** Wir sind uns bewußt, daß die Schaffung neuer Arbeitsmöglichkeiten auf große Schwierigkeiten stößt und daher auch die Frage aufzuwerfen ist, ob die vorhandenen Arbeitsplätze und Arbeitseinkommen besser verteilt werden können. Das Verantwortungsgefühl wird die Erwerbstätigen und Arbeitsuchenden dazu führen, sich ernstlich zu überlegen, ob sie in dieser Krisenzeit auf entbehrliche Erwerbsarbeit zugunsten Erwerbsloser verzichten können.
Bedenken gegen die Motion	**Gegen die Forderungen der Motionäre aber erheben sich ernste Bedenken.**
1. Maßnahmen sind zur Milderung der Arbeitslosigkeit ungeeignet	**Wir halten die geforderten Maßnahmen für ungeeignet, eine Milderung der Arbeitslosigkeit oder eine bessere Verteilung der Einkommen herbeizuführen,** da sie entweder nur eine kleine Zahl von Personen des kantonalen Dienstes betreffen oder dann Berufskategorien, in denen keine Arbeitslosigkeit vorliegt. Außerdem würden die Ausgeschlossenen in den meisten Fällen den privaten Arbeitsmarkt belasten oder Personen anderer Berufskategorien aus ihrer Arbeit verdrängen.
a) Personal der Verwaltungen und Betriebe	**Die Zahl der in kantonalen Verwaltungen und Betrieben tätigen Personen, deren Ehegatte ebenfalls in öffentlichen Diensten steht, dürfte sehr klein sein,** wie dies für die Verwaltungen der Städte Zürich, Winterthur und Bern, sowie des Kantons Bern bereits festgestellt wurde. Ein Einfluß auf den Arbeitsmarkt ist daher vom Ausschluß des einen Ehegatten in keiner Weise zu erwarten.

1

Begriff ‹unerfreuliches Doppelverdienertum› fallen.»[21] Die Frauenverbände kritisierten auch die im gleichen Gesetz vorgesehene «Aufhebung der Gleichstellung im Grundgehalt der Lehrer und Lehrerinnen» und wiesen darauf hin, dass bei gleicher Ausbildungszeit und gleichen Arbeitspflichten wohl auch die gleiche Besoldung gerechtfertigt sei.[22] Mit 82 gegen 76 Stimmen lehnte der Zürcher Kantonsrat an der Sitzung vom 10. Februar 1936 das Eintreten auf die Vorlage ab.[23]

| ABB. 97 Die Eingabe vom November 1933 an den Kantonsrat bezieht sich auf die Motion von Eduard Bosshart (BGB). Zu den 14 unterzeichnenden Organisationen gehören neben der Frauenzentrale unter anderem der Schweizerische Verband der Vereine Weiblicher Angestellter, der Schweizerische Verband des Personals öffentlicher Dienste, die Sektion Zurich des Schweizer Lehrerinnenvereins, die Schweizerische Zentralstelle für Frauenberufe und die Sozialdemokratische Frauengruppe der Stadt Zürich.

Daraufhin reichte die Nationale Front eine Initiative ein mit fast identischem Wortlaut wie die abgelehnte Vorlage. Am 30. März 1936 beschloss der Kantonsrat, die Initiative den Stimmberechtigten zur Ablehnung zu empfehlen. In der hitzigen Debatte stützte sich ein freisinniger Parlamentarier auch auf die Eingabe der Frauen: «Wer die Eingabe der Frauenvereine gelesen hat, muss sich schämen, einer solchen Initiative zuzustimmen.»[24] Die Stimmberechtigten des Kantons Zürich lehnten die Initiative am 14. Juni 1936 mit 51 004 gegen 48 221 Stimmen ab.[25]

Nicht alle Massnahmen konnten abgewehrt werden. Am 13. Februar 1936 beispielsweise hat die Zentralschulpflege der Stadt Zürich zur «Verhütung der Bildung neuer Doppelverdienerverhältnisse» im Personalrecht den Grundsatz festgehalten, dass künftig «die Anstellung von Beamten, Angestellten und Arbeitern, deren Ehegatte bereits im städtischen Dienste» stehe, nicht erlaubt sei.[26]

DAS ERNÄHRER-HAUSFRAU-MODELL

Auch wenn einige politische Vorstösse gegen das Doppelverdienertum abgewendet werden konnten, so verfestigten die Diskussionen doch die Norm, dass ein Arbeitsplatz in erster Linie dem Mann als Ernährer der Familie zustehe. Die Formel, Mann als Alleinernährer der Familie und Frau zuständig für das Haus, setzte sich mit der Hochkonjunktur nach dem Zweiten Weltkrieg immer mehr durch. Für den Mann war es nun Ehrensache, dass die Mutter zu Hause bei den Kindern blieb und sich um das Wohl der Familie sorgte. Frühes Heiraten wurde nach dem Zweiten Weltkrieg üblich. Die Heiratsquote stieg steil an.[27] Im Zentrum der ge-

| ABB. 98 Die Kantonalen Frauentage sind öffentliche Veranstaltungen zu spezifischen Themen, die von der Zürcher und der Winterthurer Frauenzentrale ab 1923 bis 1962 durchgeführt werden. Die Frauentage sind jeweils gut besucht. Je nach politischer Aktualität wird am Ende der Tagung eine Resolution verfasst und an die entsprechenden Stellen weitergeleitet. Das Foto zeigt den 21. Frauentag von 1950 zum Thema «Gute Ehen – frohe Kinder».

sellschaftspolitischen Diskussionen standen Familie und Familienschutz. Die Familie und nicht das Individuum war die Grundlage des Staates. Danach richtete sich sowohl die Sozialpolitik als auch die geschlechtsspezifische Arbeitsteilung. Das damalige Eherecht, das den Mann als Oberhaupt der Familie festschrieb, stützte diese Situation. Wollte eine Frau einer Erwerbstätigkeit nachgehen, brauchte sie die Einwilligung des Ehemannes.

Auch die Aktivitäten der Zürcher Frauenzentrale drehten sich in den 1950er Jahren um die Familie. Ein grosser Teil der Veranstaltungen, Kurse, Delegiertenversammlungen und Frauentage beschäftigte sich mit dieser Thematik. | ABB. 98 Wie sehr die Familienorientierung internalisiert war, bringt Margrit Bosch-Peter, die damalige Co-Präsidentin der Frauenzentrale, am Kantonalen Frauentag 1954 zum Ausdruck. Sie nannte die Familie eine «naturbedingte, menschenwürdige Gemeinschaft», die Anpassungsleistungen von der Frau verlange.[28] Die Erwerbsarbeit vieler verheirateter Frauen sei aus einem Bedürfnis nach mehr Luxus motiviert: «Ich weiss genau, dass es viele Frauen und Mütter gibt, die nur dem Verdienst nachgehen, weil es sonst einfach nicht reicht. Aber es gibt noch sehr viele Frauen, die nicht etwa nur aus Berufsfreude weiter im Beruf bleiben, sondern weil man sich etwas mehr leisten kann.»[29] Selbständigkeit und Unabhängigkeit waren kein Thema. So blieb auch die Erwerbsarbeit von nicht verheirateten Frauen weiterhin wenig beachtet. Die Familie war die Grösse, nach der sich die Frauen auszurichten hatten, ob verheiratet oder nicht verheiratet. Die Frauenzentrale bestärkte diesen gesellschaftlichen Konsens.

DIE SAFFA UND DAS DREIPHASENMODELL

Im Sommer 1958 fand in Zürich die vom BSF initiierte zweite Frauenausstellung – die SAFFA – statt. Ihr Motto war: «Die Schweizer Frau, ihr Leben, ihre Arbeit». Die Zürcher Frauenzentrale war daran stark beteiligt und bezeichnete sie als «das grosse Gemeinschaftswerk der Frauen».[30] Die Frauenzentrale führte das Sekretariat des kantonalen Komitees, in dem sie mit drei Vorstandsmitgliedern vertreten war: Hedwig Liechti-Rebstein in der Finanzkommission, Hulda Autenrieth-Gander als Vizepräsidentin und Olga Schalch-Räber in der Filmkommission.[31] Sie übernahm im Auftrag der Schweizerischen Frauenzentralen die Verantwortung für den Pavillon *Die Frau im Dienste des Volkes*, für den sich Hulda Autenrieth-Gander

| ABB. 99 **Margrit Bosch-Peter** (1898 Zürich – 1962 Zollikon) studiert in Heidelberg und Zürich Medizin. Während des Zweiten Weltkriegs engagiert sie sich im Zivilen Frauenhilfsdienst. Daneben ist sie im Zürcher Hausfrauenverein sowie in der schweizerischen Dachorganisation der Hausfrauenvereine aktiv. 1948 gehört sie zu den Gründerinnen des Schweizerischen Instituts für Hauswirtschaft. 1952 wird sie Mitglied des Vorstandes der Zürcher Frauenzentrale und von 1954 bis 1962 übernimmt sie das Co-Präsidium. Sie leitet über einige Jahre die Hauskommission der Mütter–Elternschule und spielt eine wichtige Rolle bei der Planung und Durchführung der SAFFA 1958. Sie vertritt den Bund Schweizerischer Frauenorganisationen in der Kommission für Hauswirtschaft des Internationalen Frauenrates.

stark einsetzte. Im nationalen Organisationskomitee war die Frauenzentrale mit Margrit Bosch-Peter vertreten. | ABB. 99 Sie gehörte zu den Initiantinnen der SAFFA.[32]

Die SAFFA hatte den Anspruch, die «Leistungen der Schweizer Frau» zu zeigen, ihr Wirken in Familie und Beruf und die «vielseitigen Aufgaben, die sie im engeren Kreis ihres Heimes und im weiteren der Heimat zu erfüllen» hatte.[33] Entsprechend breit präsentierten sich die Themen. Waren die Frauen auf der einen Seite offen gegenüber Neuerungen, ganz im Sinne des Wirtschaftswunders, so verharrten sie auf der anderen in alten Leitbildern.[34] Frauen, wie die Historikerin Susanna Woodtli, vermissten das Innovative, Aufmüpfige, das die SAFFA von 1928 ausgestrahlt hatte. Sie beschreibt die SAFFA von 1958 als «hübsche, bunte Schau mit viel traulich-fraulichem Drum und Dran». Heikle Themen und «emanzipatorische Töne» seien ausgeklammert worden, weil man niemanden erschrecken wollte, schon gar nicht im Hinblick auf die erste nationale Abstimmung über das Frauenstimmrecht vom 1. Februar 1959.[35] | ABB. 100

Die Abteilung *Lob der Arbeit* beleuchtete Licht und Schatten der Erwerbsarbeit. Als Schattenseiten der Erwerbsarbeit wurden die ungleiche Entlöhnung, die Zulassungsbeschränkungen zu bestimmten Berufen oder der Konflikt der Frau zwischen Beruf und Familie thematisiert. Gerade die Erwerbsarbeit von Müttern war bis Ende der 1960er Jahre immer wieder heftigen Angriffen ausgesetzt. | ABB. 101 Die Ausstellung vertrat dazu eine klare Position: Die Mutter sei für das Kind unentbehrlich, da sonst die «fehlende Nestwärme das ganze spätere Schicksal verdunkeln» könne. Bei Kinder mittleren Alters sollte die Erwerbsarbeit da, «wo sie die Kräfte der Mutter» übersteige oder «die gesunde Entwicklung ihrer Kinder» gefährde, nach Möglichkeit eingeschränkt oder vermieden werden.[36] Bei grösseren Kindern hingegen wurde zugestanden, dass der moderne Haushalt für die Frau kaum mehr die notwendige Erfüllung bringe und sie sich in dieser Lebensphase «noch einer anderen ihr angepassten Tätigkeit» widmen sollte. Damit übernahm die SAFFA das von Alva Myrdal und Viola Klein 1956 entwickelte und international breit rezipierte Dreiphasenmodell.[37]

| ABB. 100 Die Zürcher Frauenzentrale übernimmt die Aufgabe, für die SAFFA 1958 den Pavillon «Die Frau im Dienste des Volkes» zu gestalten. Die Schiffe auf dem Bild repräsentieren die Frauenzentralen. Ihre aktuellen Aktivitäten werden als «Ladung» bezeichnet, die abgeschlossenen Werke «als an Land gebrachtes Gut am Ufer».

DIE FRAU IN ZWEI WELTEN

Das Dreiphasenmodell wurde zwar an der SAFFA als ideales Modell propagiert, aber die dritte Phase wurde in der Schweiz noch kaum gelebt.[38] Erst in den 1960er Jahren kam die Debatte um den Wiedereinstieg in Gang. 1964 erschien das Buch von Emma Steiger *Geschichte der Frauenarbeit in Zürich*. Im Kapitel *Die Frau in zwei Welten* beschreibt sie das neue Leitbild für die Frauen: Beide Aufgaben, Beruf und Familie, seien in die Lebensplanung einzubeziehen und «je nach Lebensstufe die eine oder die andere in den Mittelpunkt» zu stellen.[39] Auch in der Frauenzentrale war die Frau in zwei Welten ein Thema. 1964 fand eine Präsidentinnenkonferenz genau mit diesem Titel statt. Als Referent war Edmond Tondeur, Abteilungsleiter bei *Pro Juventute*, eingeladen. Er hinterfragte die Rolle der Frau als ausschliessliche Hausfrau und bezeichnete es als schlichte Lüge, die Familie noch als Lebensaufgabe zu bezeichnen. Wenn die Kinder aus dem Hause seien, würden der Frau noch viele Jahre Ehe ohne Familie bleiben. Er vertrat die Position, dass die Frau von heute zwei Leben habe und dass sie diese «nacheinander oder nebeneinander» leben sollte. Beruf *oder* Ehe sei eine überholte Alternative.[40]

In Erwartung einer kontroversen Diskussion wurde diese Präsidentinnenkonferenz von einer Arbeitsgruppe sorgfältig vorbereitet, damit dieses Thema passend an die «so gänzlich voneinander verschiedenen Präsidentinnen herangetragen» werde und diese nicht «kopfscheu» würden.[41] In der anschliessenden Diskussion am runden Tisch prallten die unterschiedlichen Positionen dann auch prompt aufeinander. Fortschrittliche Stimmen vertraten das Recht der Frau auf ein persönliches Leben und die Berufsarbeit unabhängig vom Zivilstand. Sie forderten Weiterbildung und Teilzeitstellen.[42] Die kritischen Stimmen, die sich stärker an der Familie orientierten, gestanden Frauen Berufsarbeit nur zu, wenn sie «eine Bereicherung für die Familie» sei. Sie vertraten zudem die Position, dass sich die Frauen nach der Erziehungsphase auch sozial engagieren könnten.[43] Die in den Frauenzentralen organisierten Frauen vertraten also gleichzeitig zwei unterschiedliche Leitbilder. Möglicherweise widerspiegeln sich darin unterschiedliche Generationen oder städtische und ländliche Regionen.

| ABB. 101 **Käthe Johannes-Biske** (1900 Cherigow, Ukraine – 1982 Zürich) doktoriert in Nationalökonomie. Als Frau hat sie nach dem Studium in den 1930er Jahren Mühe, eine passende Stelle zu finden. Zu Beginn des Zweiten Weltkriegs arbeitet sie bei der Zürcher Zentralstelle für Kriegswirtschaft und ab 1949 im Statistischen Amt der Stadt Zürich. Dort führt sie 1955 die Zürcher Frauenbefragung zum Frauenstimmrecht und 1957/58 die Mütterbefragung durch. Käthe Johannes-Biske wird nachgesagt, dass sie «trockene Statistiken mit Leben füllen» könne. Wichtigstes Anliegen ist ihr, dass Frauen die Erwerbsarbeit als integrierten Teil ihrer Biografie betrachten. Für ihre Verdienste um Frauenfragen macht sie die Zürcher Frauenzentrale 1964 zum Ehrenmitglied.

SICHTBARER WANDEL

Anfang der 1970er Jahre gaben das Frauenstimmrecht und die neue Frauenbewegung der Diskussion neue Impulse. Mit dem Einbruch des Wirtschaftsbooms geriet die Erwerbsarbeit von Frauen zwar erneut unter Druck. Frauen waren besonders von Entlassungen bedroht. Der Wandel zur Einstellung gegenüber der weiblichen Erwerbsarbeit war jedoch nicht mehr aufzuhalten. Zwar vertraten immer noch mehr als die Hälfte der Frauen, dass eine Ehe und Kinder das Wichtigste für die Frau seien, aber nur noch ein Viertel, dass eine verheiratete Frau nicht erwerbstätig sein dürfe.[44] Erwerbsarbeit von verheirateten Frauen wurde zunehmend akzeptiert, war aber noch keine Selbstverständlichkeit.

Ein Wandel, zumindest im Denken, ist auch an der Delegiertenversammlung der Frauenzentrale von 1975 spürbar. Unter dem Titel *Die aufgeschlossene Frau plant ihr Leben – Bildungsbausteine als neue Chance* vertrat die Psychologin Marie-Louise Ries die Position, Berufsfindung und Laufbahngestaltung gehörten für Frauen zu einem lebenslangen und selbstverständlichen Prozess. Sie verwies aber auch darauf, dass sich das gängige Rollenverständnis, das Dreiphasenmodell, hartnäckig in den Köpfen halte. Sie kritisierte das Modell als «Dreiphasen-Irreführung», da es die Gleichstellung der Frauen im Beruf mit dem Unterbruch der Erwerbstätigkeit verunmögliche.[45]

Die Gleichzeitigkeit von Familie und Erwerbsarbeit verlangte Rahmenbedingungen, die erst noch geschaffen werden mussten: Teilzeitarbeitsplätze, flexible Arbeitszeiten, Weiterbildungsangebote, Kindergärten, Tagesschulen und vieles mehr. Im Anschluss daran setzte sich die Frauenzentrale vermehrt für ausserfamiliäre Kinderbetreuung ein.[46]

Ende der 1980er Jahre stellten die Soziologinnen Anna Borkowsky und Ursula Streckeisen fest: «Mehr als bis anhin leben Frauen beides, Familie und Beruf, obgleich es gesellschaftlich nicht vorgesehen ist.» Gesellschaftlich nicht vorgesehen hiess, dass die Rahmenbedingungen kaum vorhanden waren und somit die Erwerbsarbeit neben Familie, insbesondere auch für Alleinerziehende, zu einer zusätzlichen und meist grösseren Belastung wurde.

| ABB. 102 **Evi Rigg-Hunkeler** (*1946 Luzern) wird 1994 in den Vorstand der Zürcher Frauenzentrale gewählt. Ein Jahr später übernimmt sie das Präsidium bis 2003. Gleichzeitig ist sie in Mönchaltdorf als FDP-Vertreterin im Gemeinderat. In ihrer Präsidialzeit liegt der Fokus auf der Einführung der Mutterschaftsversicherung, die vom Volk 1999 ein weiteres Mal abgelehnt wird. Ein zweiter Schwerpunkt ist die Regelung der Fristenlösung, wofür sich die Frauenzentrale stark engagiert. Mit der Vorlage von 2002 gibt es endlich eine Lösung auf Bundesebene. Von 2004 bis 2012 ist Evi Rigg-Hunkeler Präsidentin der Radio- und Fernsehgenossenschaft Zürich-Schaffhausen. Aktuell ist sie Vizepräsidentin der Lungenliga Zürich. Sie ist Mitinhaberin einer Unternehmensberatungsfirma in Zürich.

«KICKOFF» LAUFBAHNBERATUNG

Eine neue Ära war angebrochen, eine, die auf Gleichstellung in allen Bereichen von Mann und Frau setzte und die Beruf und Familie nicht als hintereinander vollzogene Phasen, sondern als zwei vereinbare Bereiche realisieren wollte. Die Vereinbarkeit von Beruf und Familie hat bis heute ihre Aktualität nicht eingebüsst. Eine andere Sicht auf dasselbe Problem ist die Laufbahngestaltung und -planung. Die Frauenzentrale hat beide Themen in ihre Agenda aufgenommen und engagiert sich bis heute dafür.

Ende der 1990er Jahre wollte sich der Vorstand der Frauenzentrale unter Präsidentin Evi Rigg verstärkt für die Selbstbestimmung der Frau in der beruflichen Weiterentwicklung engagieren. [ABB. 102] In diesem Zusammenhang wurde das Projekt für eine Beratungsstelle mit dem Namen *KickOff* realisiert. Oft würde Frauen ein kleiner Anstoss – ein Kick – fehlen, damit sie den nächsten Schritt in ihrer Laufbahn realisierten. Die Beratungsstelle sollte genau für diesen Anstoss, für diesen Kick sorgen. Kathrin Zehnder-Hatt nahm die Realisierung des Projekts in die Hand, und am 4. Oktober 2000 fand in der Frauenzentrale die erste Laufbahnberatung statt.[47]

Bereits in den 1960er Jahren hatte sich die Frauenzentrale zusammen mit dem Evangelischen Frauenbund für eine Laufbahnberatung engagiert. Damals sollten vor allem Mütter mit erwachsenen Kindern unterstützt werden, die den Wiedereinstieg in die Berufsarbeit suchten.[48] 1968 machte sie eine Eingabe an den Stadtrat mit dem Anliegen, eine solche Stelle einzurichten, die dann tatsächlich zustande kam.[49] Auf dem Platz Zürich war das Angebot für Beratungen in den 1990er Jahren schon sehr gross. Die Frauenzentrale etablierte diese neue *KickOff*-Stelle, weil sie überzeugt war von der Wichtigkeit, «eine vom Markt unabhängige, neutrale» Einrichtung zu schaffen.[50] Marlies Senn-Kaufmann, die die Stelle mit aufgebaut hatte, schilderte in einem Interview zum zehnjährigen Jubiläum ihre erste Beratung: «Ich erinnere mich noch gut, wie ich – sorgfältig vorbereitet – gespannt und freudig auf meine erste Kundin wartete. Eine junge Frau, Migrantin und von Beruf Coiffeuse, wollte hier in der Schweiz in ihrem Beruf Fuss fassen. Gemeinsam erarbeiteten wir Lösungsansätze für die nächsten Schritte.»[51] Marlies Senn-Kaufmann sieht die mangelnde Vereinbarkeit von Beruf und Familie als zentrales Hindernis für die Frauen im Berufsleben. [ABB. 103] Es fehle nach wie vor an Teilzeitstellen für Frauen, die nach dem Mutterschaftsurlaub wieder in die Erwerbsarbeit einsteigen wollen. Zudem würden Frauen immer noch um einiges weniger verdienen als Männer.[52]

| ABB. 103 Die «KickOff» Laufbahnberatungsstelle ist bis heute ein gefragtes Angebot der Frauenzentrale.

GLEICHER LOHN FÜR GLEICHWERTIGE ARBEIT

2008 lancierte die Zürcher Frauenzentrale eine Kampagne zum Thema *Gleicher Lohn für gleiche Arbeit! Wehren Sie sich!* | ABB. 104 Mit dem «gleichstellungspolitischen Evergreen», wie sie es selbst nannte, machte sie darauf aufmerksam, dass Frauen immer noch 23 Prozent weniger verdienen als Männer, und rief die Frauen auf, sich gegen Diskriminierung zu wehren. Das Thema ist tatsächlich ein «Evergreen», wenn man bedenkt, dass die Lohngleichheit bereits 1873 am ersten schweizerischen Arbeiterkongress thematisiert worden war.

Auf nationaler Ebene war die Politik seit den 1950er Jahren aufgrund internationaler Übereinkommen aufgefordert, sich mit dem Grundsatz der gleichen Entlöhnung für beide Geschlechter auseinanderzusetzen. 1953 und erneut 1960/61 diskutierten die Eidgenössischen Räte über die Ratifizierung des Übereinkommens Nr. 100 der *Internationalen Arbeitsorganisation (IAO)*. Weder 1953 noch 1961 wurde das Übereinkommen ratifiziert.[53] Parlamentarier rechtfertigten damals den ungleichen Lohn mit der «Andersartigkeit» der weiblichen Arbeitskraft. Die stärkeren physischen Kräfte des Mannes wurden gleichgesetzt mit einer generell grösseren Leistungsfähigkeit. Aber auch der Ernährerlohn, die kürzere Berufserfahrung der Frauen, bedingt durch den Ausstieg bei der Geburt der Kinder, sowie die Sondermassnahmen zum Schutz der Frauen im Arbeitsrecht, die die Kosten für die Arbeitgeber erhöhe, wurden als Gründe zur Rechtfertigung der Lohnunterschiede von Frau und Mann ins Feld geführt.[54] Erst im Sommer 1971, kurz nach Einführung des Frauenstimmrechts, wurde das Übereinkommen schliesslich ratifiziert.[55] Das war insofern bedeutsam, da nun zumindest Angestellte im öffentlichen Dienst sich bei Beschwerden gegen Lohnungleichheit auf dieses Übereinkommen stützen konnten.

Aufgenommen und in der Folge stark und kontinuierlich vertreten hat die Frauenzentrale die Forderung «gleicher Lohn für gleichwertige Arbeit». Nach dem Frauenkongress vom Januar 1975 betonte der Vorstand: «Wichtig ist vor allem, im Einzelfall wenn nötig gegen Missbräuche auftreten! Im Zusammenhang mit der Rezession gut aufpassen! Die Gewerkschaften haben Frauen in den Vorständen. Wir wollen die Frauen ermuntern, den Gewerkschaften beizutreten. Es hilft nichts, immer das alte Lied zu leiern, die Frauen sind halt nicht organisiert!»[56] | ABB. 105

| ABB. 104 Mit der Lohngleichheit-Kampagne will die Frauenzentrale 2008 auf die immer noch ungleichen Löhne von Frauen und Männern für gleichwertige Arbeit aufmerksam machen und Frauen motivieren, sich dagegen zu wehren.

NOCH SIND NICHT ALLE FORDERUNGEN ERFÜLLT

Mit der Wirtschaftskrise und der Arbeitslosigkeit der 1930er Jahre wurde die Frage virulent, wer ein Recht auf einen Arbeitsplatz hat. Auch wenn gesetzliche Massnahmen nur schwer durchsetzbar waren, so verfestigte die Debatte die Norm, dass ein Arbeitsplatz in erster Linie dem Mann als Ernährer der Familie zustand und die Frau unter den gegebenen Umständen zurückzutreten hatte. Selbst in den Frauenorganisationen gingen die Positionen dazu auseinander, wie die Diskussion innerhalb der Frauenzentrale zeigte.[57]

Als sich in den 1950er Jahren und mit der Hochkonjunktur das Hausfrau-Ernährer-Modell durchsetzte, war es für viele Frauen – aus allen Schichten – möglich, sich für eine gewisse Zeit ausschliesslich der Mutterrolle zu widmen. Sie verloren damit aber ökonomische Selbständigkeit und verengten ihren Spielraum. Auch die SAFFA von 1958 hatte weitgehend die Sicht der bürgerlichen Mittelschicht übernommen. Die Frauenzentrale, die in dem vorhandenen Normengefüge verankert war, setzte dem kaum etwas entgegen.

Die Erwerbsarbeit von Frauen war bis in die 1970er Jahre überschattet vom dualen Geschlechtermodell, welches für die Frau hauptsächlich die Rolle als Hausfrau und Mutter vorsah. Das heisst: Solange Erwerbsarbeit von Frauen keine gesellschaftlich akzeptierte Selbstverständlichkeit war, mussten sie diese immer wieder verteidigen. Obschon für einen Grossteil der Frauen aus der Unterschicht und aus gewerblichen Kreisen die Erwerbsarbeit bzw. die Mitarbeit im Betrieb eine Notwendigkeit war, hatte die bürgerliche Rollennorm zur Folge, dass Erwerbsarbeit von Frauen entweder unsichtbar, unterbezahlt oder unterbewertet blieb. Gänzlich unsichtbar blieben die unverheirateten Frauen, auch die bürgerlichen, die sich ihren Lebensunterhalt selber verdienen mussten oder wollten. Es gab sie, aber in den Auseinandersetzungen über die weibliche Erwerbsarbeit der Frauenzentrale bilden sie eine seltsame Leerstelle.

Erst die neue Frauenbewegung brach mit den geschlechtsspezifisch normierten Vorstellungen. Für immer mehr Frauen wurde Erwerbsarbeit selbstverständ-

| ABB. 105 Der Anspruch der Frauen auf gleichen Lohn für gleichwertige Arbeit wird 1981 in die Bundesverfassung aufgenommen. Eine vom Eidgenössischen Justiz- und Polizeidepartement eingesetzte Arbeitsgruppe stellt in ihrem Abschlussbericht 1988 fest, dass trotz bestehender Lohnungleichheit bisher kaum Klagen eingegangen seien. Sie macht dafür die langen gerichtlichen Verfahren, das Beweisverfahren und die unberechenbaren Kosten verantwortlich. Um diese Hindernisse zu beseitigen, wird 1995 das Gleichstellungsgesetz verabschiedet.

lich. Die dazu notwendigen Rahmenbedingungen sind aber auch heute noch mangelhaft. Ungleiche Löhne und beschränkte Aufstiegsmöglichkeiten sind nicht aus der Welt geschafft. Der damit zusammenhängende umfassende politische und soziokulturelle Wandel ist noch im Gange. Nach wie vor übernehmen die Väter und Partner zu wenig Verantwortung in der Haus-, Erziehungs- und Betreuungsarbeit. Für die bürgerlichen Frauenorganisationen war dies bis weit in die 1990er Jahre kein Thema.

10_ DER LANGE WEG ZUM FRAUENSTIMMRECHT

Ein Marsch nach Bern steht an. Am 1. März 1969 werden Frauen vor dem Bundeshaus für das Frauenstimmrecht demonstrieren, denn sie wollen die Hinhaltetaktik des Bundesrates nicht länger hinnehmen. Kurz vor dem Anlass schreibt die Zürcher Frauenzentrale den anderen Frauenzentralen einen Brief. Sie rät ihnen ab, am Marsch teilzunehmen. Ihre Begründung: Sie habe schlechte Erfahrungen gemacht mit den jungen linken Frauen. Ein Versuch, sich in einer öffentlichen Diskussion mit ihnen zu verständigen, sei «gründlich gescheitert» und habe «den eindeutigen Beweis erbracht, dass es den Jugendlichen in erster Linie um die Propagierung ihrer Umsturzideen und nicht ernsthaft um das Frauenstimmrecht und die Frauenemanzipation» gehe. Unterschrieben ist der Brief von Hulda Autenrieth-Gander, seit 1944 im Vorstand und seit 1954 Präsidentin der Zürcher Frauenzentrale.[1]

Im Folgenden zeichnen wir den jahrzehntelangen Kampf der Schweizerinnen für die politische Gleichstellung nach sowie die Vorlagen zum Frauenstimmrecht im Kanton Zürich und die Standpunkte und die Rolle der Frauenzentrale in diesen Diskussionen. Und wir werden sehen, was es mit den «Umsturzideen» der neuen Generation auf sich hat.

DER MARSCH NACH BERN

Die Zürcher Frauenzentrale war nicht die einzige Frauenorganisation, welche die Unterstützung für den Marsch nach Bern verweigerte, im Gegenteil: Ihr war der *Bund Schweizerischer Frauenorganisationen (BSF)* vorausgegangen, und auch der Zentralvorstand des *Schweizerischen Verbandes für Frauenstimmrecht (SVF)* distanzierte sich. Sie alle empfahlen ihren Mitgliedern, den von der *Arbeitsgemeinschaft der schweizerischen Frauenverbände für die politischen Rechte der Frau* gleichfalls auf den 1. März 1969 angesetzten Kongress im Berner Kursaal zu besuchen, um gegen die Politik des Bundesrates zu protestieren. Trotzdem waren rund 5000 Frauen und Männer auf den Bundesplatz gekommen, um den Bundesrat und das Parlament wegen ihrer Haltung gegenüber dem Frauenstimmrecht mit Trillerpfeifen buch-

Marsch der Frauen nach Bern
1. März 1969: **Die Kluge reist im Zuge**

stäblich auszupfeifen. | ABB. 106, 107 Auf dem Bundesplatz hielt Emilie Lieberherr, die spätere Zürcher Stadträtin, das Hauptreferat. Anschliessend wurde in allen vier Landessprachen eine Resolution verlesen, die das volle politische Stimm- und Wahlrecht für die Frauen forderte und sich gegen eine vorgängige Unterzeichnung der *Europäischen Menschenrechtskonvention* stellte: «Die Konvention zum Schutz der Menschenrechte und Grundfreiheiten des Europarates» – so die Resolution – «darf erst dann unterzeichnet werden, wenn dieser Vorbehalt nicht mehr nötig ist.»[2]

Was war geschehen? Die Schweiz war bereits seit Mai 1963 Mitglied des Europarates, der Beitritt zur *Europäischen Menschenrechtskonvention* wurde aber immer wieder hinausgeschoben, weil die Schweiz verschiedene Anforderungen – wie zum Beispiel die politische Gleichstellung der Frauen – nicht erfüllte. Der Bundesrat war nun zum Schluss gekommen, die Konvention mit Vorbehalten zu ratifizie-

| ABB. 106 «Der Kluge reist im Zuge» dürfte in der Schweiz einer der erfolgreichsten Werbesprüche gewesen sein. Die SBB nimmt den Marsch der Frauen 1969 nach Bern zum Anlass, um im Nebelspalter zu werben.

ren. An die Adresse der Stimmrechtskreise hielt der Bundesrat in seinem Bericht fest, die Ratifikation mit Vorbehalten dürfe nicht als Verzicht verstanden werden, vielmehr sei sie «Ausdruck des Willens zum Handeln und zur Ausmerzung der faktischen oder rechtlichen Situation, die den Vorbehalten zugrundeliegt».³

Das liessen die Frauen nicht gelten. Der Protest der Demonstrierenden richtete sich explizit gegen das Vorhaben des Bundesrates, die *Europäische Menschenrechtskonvention* mit diesem Vorbehalt zu unterzeichnen. Dazu Emilie Lieberherr auf dem Bundesplatz: «Die Gleichstellung der Geschlechter ist eine wichtige Voraussetzung für die Verwirklichung der Menschenrechte. Sämtliche vorgeschlagenen Vorbehalte stellen die Glaubwürdigkeit unseres Landes als Rechtsstaat und Demokratie in Frage. Wir fordern deshalb alle gutgesinnten Politiker und Bürger auf, das Frauenstimmrecht im Bund, den Kantonen und den Gemeinden so rasch als möglich zu verwirklichen.»⁴ | ABB. 108 Dass die Ausflüchte des Bundesrates nicht zu beruhigen vermochten, hatte er sich selbst zuzuschreiben. Zu oft waren die Frauen vertröstet und die parlamentarischen Eingaben zum Frauenstimmrecht auf die lange Bank geschoben worden.

DER BUNDESRAT SCHUBLADISIERT VORSTÖSSE

Im Bundesparlament war die Diskussion um das Frauenstimmrecht mit den Vorstössen der Nationalräte Greulich (SPS) aus Zürich und Göttisheim (FDP) aus Basel mehr als 50 Jahre zuvor im Dezember 1918 eröffnet worden. Sie forderten den Bundesrat auf zu klären, wie das Stimm- und Wahlrecht auf die Frauen ausgedehnt werden könne. Im darauffolgenden Juni waren die beiden Motionen von den Räten als Postulate erheblich erklärt worden. Doch der Bundesrat sah sich nicht veranlasst, zu handeln. Neun Jahre später – wir befinden uns nun im Jahr 1928 – erinnerte der Genfer Jurist Léonard Jenni Bundesrat und Parlament daran, dass die Postulate Greulich und Göttisheim immer noch hängig seien. Mittlerweile waren auch die Frauen aktiv geworden: Im Juni 1929 reichte der *Schweizerische Verband für Frauenstimmrecht* zusammen mit den Frauen der sozialdemokratischen Partei sowie 22 weiteren Verbänden eine Petition für die politische Gleichberechtigung der Frauen ein. Sie hatten fast eine Viertelmillion Unterschriften gesammelt – gut zwei Drittel von Frauen. Nach weiteren sechs Jahren – mittlerweile schreiben wir das Jahr 1935 – erkundigte sich der Zürcher SP-Nationalrat Oprecht in einer Kleinen Anfrage, wann der Bundesrat gedenke, auf die Postulate Greulich und

| ABB. 107 Am Marsch nach Bern am 1. März 1969 nehmen rund 5000 Personen, vorwiegend Frauen, teil. Einige haben zu diesem Anlass eine Trillerpfeife mitgebracht, andere benützen zum Pfeifen die Finger.

Göttisheim sowie auf die Petition zum Frauenstimmrecht zu reagieren. | ABB. 109 Ende 1938 doppelte der *Schweizerische Verband für Frauenstimmrecht* mit einer zweiten Petition nach. Gegen Ende des Zweiten Weltkriegs folgte ein Postulat des Sozialdemokraten Oprecht und 1949 ein weiteres des Walliser CVP-Nationalrates Peter von Roten. Er schlug vor, von einer Verfassungsrevision abzusehen und zu prüfen, ob das Frauenstimmrecht auch per Neuinterpretation der einschlägigen Rechtsgrundlagen eingeführt werden könne. 1957 schliesslich legte der Bundesrat dem Parlament eine Botschaft vor, mit der er eine Teilrevision der Bundesverfassung zur Einführung des Frauenstimm- und -wahlrechts beantragte. Im Februar 1959 folgte die erste eidgenössische Abstimmung. 66 Prozent der Stimmenden sagten Nein. Einzig in den Westschweizer Kantonen Genf, Neuenburg und Waadt überwogen die Ja-Stimmen.

ERSTE KANTONALE VORLAGEN IN ZÜRICH

Der Kampf um die Mitsprache der Frauen hatte im Kanton Zürich bereits in den Jahren vor dem Ersten Weltkrieg eingesetzt. Zunächst ging es vor allem um das Stimm- und Wahlrecht im Schul- und Armenwesen sowie in kirchlichen Angelegenheiten – Bereiche, in denen eine aktive Rolle der Frauen nicht von vornherein als unvereinbar mit dem dualen Geschlechtermodell gesehen wurde. Doch sämtliche Vorlagen, die solche Regelungen vorsahen, scheiterten.

Im Kantonsrat hatte Herman Greulich das politische Stimm- und Wahlrecht für Frauen bereits 1917 verlangt. Er forderte den Regierungsrat auf, «Bericht und Antrag einzubringen über eine Revision der Kantonsverfassung im Sinne des gleichen Stimmrechts und der gleichen Wählbarkeit für Schweizerbürgerinnen wie für Schweizerbürger in allen Angelegenheiten und für alle Ämter des Kantons, der Bezirke und der Gemeinden».[5] Die Motion fiel in die kurze Zeit vor und nach Ende des Ersten Weltkriegs, als Reformideen auch in der Schweiz einen breiten Boden fanden. Die Hoffnung auf die Einführung des Frauenstimm- und -wahlrechts erhielt zudem Nahrung aus dem Ausland: In Deutschland und Österreich erhielten die Frauen das Wahlrecht gleich unmittelbar nach Kriegsende. Der Zürcher Regierungsrat liess sich durch diese Beispiele jedoch nicht beeindrucken und lehnte die Motion Greulich ab. Im Januar 1919 reichte der SP-Kantonsrat Otto Lang

| ABB. 108 **Emilie Lieberherr** (1924 Erstfeld – 2011 Zollikerberg) arbeitet nach dem Handelsdiplom als Sekretärin bei der Schweizerischen Bankgesellschaft in Zürich. Sie holt die Maturität nach und studiert in Bern Nationalökonomie. Von 1960 bis 1970 ist sie als Berufsschullehrerin für das Verkaufspersonal tätig. 1961 gehört sie zu den Initiantinnen des Konsumentinnenforums Schweiz, das sie von 1965 bis 1978 präsidiert. 1970 wird sie als Kandidatin der SP als erste Frau in den Zürcher Stadtrat gewählt. Sie bleibt bis 1994 Sozialvorsteherin. 1976 wird sie die erste Präsidentin der Eidgenössischen Kommission für Frauenfragen und zwei Jahre später als erste Zürcherin in den Ständerat gewählt. Sie prägt die Gleichstellungs-, Alters- und Drogenpolitik Zürichs, regt die Heroinabgabe für Schwerstsüchtige an und beteiligt sich am Aufbau der schweizerischen Drogenpolitik. Unter ihrer Leitung wird in Zürich die Alimentenbevorschussung eingeführt. Sie richtet in den Quartieren Jugendtreffpunkte ein und lässt 15 Altersheime planen. Die Aufnahme stammt vom November 1980.

Dank an die Schweizerfrauen bei Anlass der Wehranleihe

Bundespräsident: ‹Da Ihr so wacker für die Wehranleihe gezeichnet habt, werden wir Eure grosse schöne *Eingabe für das Frauenstimmrecht* nun noch *sorgfältiger* in der Schublade aufbewahren!›

eine Behördeninitiative ein, begleitet von einer Resolution der Frauen seiner Partei. Nun musste auch die *Union für Frauenbestrebungen* nachziehen, wenn sie nicht hinter den Forderungen der SP zurückbleiben wollte. Zusammen mit dem *Frauenstimmrechtsverein Winterthur* und dem Vorstand der Zürcher Frauenzentrale machte die Union eine Eingabe, welche den Vorstoss von Otto Lang unterstützte. Nachdem das kantonale Parlament im Juni 1919 beschlossen hatte, über die Einführung des Frauenstimm- und -wahlrechts abstimmen zu lassen, taten sich die Frauenorganisationen zusammen und setzten ein zehnköpfiges Aktionskomitee ein. Die Frauenzentrale war durch ihre geschäftsführende Sekretärin Emmi Bloch sowie durch die Vorstandsmitglieder Klara Honegger und Hedwig Bleuler-Waser vertreten. Sie waren alle gleichzeitig auch Mitglieder der *Union für Frauenbestrebungen*.[6]

NIEDERLAGEN IN DER ZWISCHENKRIEGSZEIT

Die ehemalige Präsidentin Sophie Glättli-Graf informierte erstmals an der Delegiertenkonferenz der Frauenzentrale im April 1918 über die Vorstösse zum Frauenstimmrecht. Sie forderte die Anwesenden auf, «zu Stadt und Land durch Vorträge und Referate das Interesse für das Frauenstimmrecht in weiteren Kreisen» zu wecken.[7] Im darauffolgenden Jahr gab es an jeder der vier Delegiertenkonferenzen Beiträge zur Stimmrechtsvorlage – immer im befürwortenden Sinn. Das Aktionskomitee versuchte, vor allem in den Landgemeinden Unterstützung zu organisieren. Neben Vorträgen setzte es auch auf das damals noch relativ neue Medium der Plakate. Trotz aller Anstrengungen wurde die Vorlage am 8. Februar 1920 mit einem wuchtigen Nein von 80 Prozent abgelehnt.[8] Gleich erging es den Vorlagen zum Frauenstimm- und -wahlrecht in den Kantonen Basel-Stadt, Genf, Neuenburg und Waadt.

Die Gegner des Frauenstimmrechts im Kanton Zürich hatten ihre Haltung unterschiedlich begründet. In der freisinnigen Partei gewann das Argument starken Einfluss, wonach das Frauenstimmrecht lediglich die Linke stärken würde. In einem Beitrag in der *Neuen Zürcher Zeitung* kurz vor der Abstimmung stand bei-

| ABB. 109 Die Karikatur im Nebelspalter bezieht sich auf einen Brief des scheidenden Bundesrates Heinrich Häberlin an seinen Nachfolger Johannes Baumann. Im Rahmen der Geschäftsübergabe schreibt er am 12. Mai 1934: «Wie ich Dir seinerzeit mündlich mitgeteilt, hätte ich gern dem Bundesrate noch den unserem Departemente übertragenen Bericht zur Petition für das Frauenstimmrecht vorgelegt, schon um mich nicht dem Vorwurfe der absichtlichen Verschleppung auszusetzen. Wir hatten aber namentlich in den letzten zwei Jahren so viel andere dringliche Arbeit zu bewältigen, dass ich gar nicht dazu kam [...] Das Material für das Frauenstimmrecht liegt im übrigen, wie ich dir glaube gezeigt zu haben, in der mittleren Schublade rechts Deines Schreibtisches.» Die Karikatur nimmt Bezug auf die Wehranleihen, die in der Frauenzentrale im Herbst 1936 heftige Diskussionen veranlassten.

spielsweise zu lesen: «Die sozialdemokratischen Stimmen würden durch die organisierten Frauen sofort starken Zuwachs erhalten, während die bürgerlichen Frauen sich erst organisieren müssten, was in der Tat schwer, auf dem Lande unmöglich wäre.»[9] Verbreitet war aber auch die Argumentation mit den Geschlechterrollen: «Im häuslichen Leben leistet die Frau das Beste und Schönste. Wir danken es ihr. Wer die Frau ehrt, wird sie nicht aus ihrem natürlichen Wirkungskreis in den politischen Zank und Hader einbeziehen wollen. Das hiesse den politischen Kampf in die Familie zu tragen zu ihrem eigenen und der Gesamtheit Schaden. Gerade die Besten – und wohl auch die Mehrzahl – der Frauen wollen das Frauenstimmrecht selber nicht. Darum: Nein! Nein! Nein! Nein! Nein! Nein!»[10] Die Sozialdemokraten hatten als einzige Partei die Vorlage unterstützt. Doch die Abstimmungsergebnisse zeigten, dass auch sie nicht geschlossen Ja gestimmt hatten.[11]

Im September 1922 machte die Zürcher Frauenzentrale zusammen mit 67 weiteren Frauenorganisationen einen nächsten Anlauf und verfasste erneut eine Eingabe an den Kantonsrat. Diesmal ging es um ein eingeschränktes Stimm- und Wahlrecht in Kirchen- und Schulsachen sowie im Vormundschaftswesen. Doch auch diesmal zeigten die Stimmbürger kein Einsehen und verweigerten den Frauen sogar diese partiellen Rechte mit einem Nein-Stimmen-Anteil von 73 Prozent.[12] Spätestens dann rutschte die Stimmrechtsbewegung in eine tiefe Krise und erst gegen Ende der 1920er Jahre kam mit der bereits erwähnten gesamtschweizerischen Petition wieder Schwung in die Sache. Um ihre Mitglieder darauf einzustimmen, lud der Vorstand der Frauenzentrale im Januar 1929 Annie Leuch-Reineck, die Präsidentin des *Schweizerischen Verbandes für Frauenstimmrecht*, zu einem Referat an eine Delegiertenkonferenz ein. Maria Fierz wurde am Schluss der Versammlung ermächtigt, die Petition im Namen der Frauenzentrale zu unterstützen.[13] Eine rege Vortragstätigkeit setzte ein. An der nächsten Delegiertenkonferenz wurde festgestellt, dass mittlerweile bei beinahe allen Mitgliedervereinen im Kanton Zürich Vorträge gehalten worden seien. Als schwieriger erwies sich die Unterschriftensammlung. Von den 2430 im Kanton zirkulierenden Unterschriftenbogen waren erst 200 ausgefüllt zurückgekommen.[14] Obschon die als linke Strategie bekannte Haussammlung bei vielen bürgerlichen Frauen auf Widerstand stiess, sollte sie fortgesetzt werden. Schliesslich wurden arbeitslose Frauen eingestellt, um Unterschriften zu sammeln.[15] Ob diese Probleme spezifisch zürcherisch waren? Gesamtschweizerisch kamen jedenfalls sehr viele Unterschriften zusammen und die Aktion wurde zum medialen Erfolg. Doch die Adressaten der Petition, der Bundesrat und das Parlament, zeigten sich wenig beeindruckt, und die Petition landete in den unergründlichen Schubladen des Bundesrates.

> **ZÜRCHER FRAUENZENTRALE**
>
> ZÜRICH, im November 1944
> am Schanzengraben 29
>
> An den hohen Bundesrat
> an die Mitglieder des National- und Ständerates
> an den Regierungsrat des Kantons Zürich
> an die Mitglieder des Kantonsrates des Kantons Zürich
> an den Stadtrat von Zürich
> an den Gemeinderat von Zürich.
>
> Sehr geehrte Herren!
>
> Wir erlauben uns, Ihnen von einer Resolution Kenntnis zu geben, welche die Teilnehmerinnen des 19. kantonal-zürcherischen Frauentages am Sonntag, den 19. November, in Zürich
>
> **zur Frage des Mitspracherechtes der Frauen im Staat**
>
> fassten. Wir sind dankbar, wenn Sie den darin geäusserten Wünschen Ihr Interesse und Ihre Unterstützung schenken.
>
> Mit dem Ausdruck unserer ausgezeichneten Hochschätzung:
>
> ZÜRCHER FRAUENZENTRALE
> Die Präsidentin: H. Binder-Scheller
> Die Aktuarin: A. Vollenweider
>
> ---
>
> **RESOLUTION**
>
> Die am 19. kantonal-zürcherischen Frauentag versammelten Frauen stimmen folgender Resolution zu:
> Die kommende Zeit wird unser Land vor nicht absehbare neue und schwere Aufgaben stellen. Zu ihrer Bewältigung bedarf es der besten Kräfte seiner Bürger, auch der Frauen. Den Willen und die Befähigung zu zielbewusster Tätigkeit in Heim und Beruf, beim Anbau, in freiwilligen und obligatorischen Hilfsdiensten, in sozialen Werken verschiedenster Art haben die Frauen während des Krieges unermüdlich bewiesen. Die Teilnehmerinnen des Frauentages sind überzeugt, dass jedoch erst durch die
>
> **Verleihung des Mitspracherechtes in Staat und Gemeinden**
>
> die Fähigkeiten der Frau zur vollen Entfaltung kommen und wertvolle, heute noch brachliegende Kräfte dem Lande dienstbar gemacht würden. Sie unterstützen daher jede Bestrebung, die ihrem ernsten Wunsche nach voller Mitverantwortung entgegenkommt, besonders auch die in kantonalen und eidgenössischen Räten in dieser Richtung unternommenen Schritte.

Die Petition war in Zusammenarbeit von bürgerlichen Stimmrechtlerinnen und sozialdemokratischen Kreisen zustande gekommen. Das Frauenstimmrecht war aber auch in Frauenkreisen nicht unumstritten. Katholische Kreise, organisiert im *Schweizerischen Katholischen Frauenbund (SKF)*, verweigerten die Zusammenarbeit. Die ambivalente Stellungnahme des SKF, der sich zwar gegen das Stimm- und Wahlrecht der Frauen aussprach, gleichzeitig aber die Mitsprache der Frauen in den Bereichen Erziehung und Vormundschaftswesen forderte, provozierte Widerspruch. So zum Beispiel bei der Luzernerin Jeanne Schwyzer-Vogel. Sie argumentierte: «Auf der einen Seite verwerfen sie das passive Wahlrecht, also die Möglichkeit für die Frau, gewählt zu werden, und auf der andern Seite verlangen sie, dass die Frauen in die Behörden und in die Kommissionen gewählt werden. Dies lässt sich kaum reimen [...]. Wie kommen wir Frauen in diese Kommissionen hinein, wenn wir nicht gewählt werden dürfen?»[16]

VERFASSUNGSÄNDERUNG ODER NEUINTERPRETATION DER VERFASSUNG?

Um das Frauenstimmrecht blieb es danach in der Frauenzentrale rund 15 Jahre ruhig. Erst der Kantonale Frauentag 1944 widmete sich erneut dem Thema. Die Teilnehmerinnen verabschiedeten eine Resolution an die Adresse der Exekutiven und Parlamente von Bund, Kanton und Stadt. | ABB. 110 Darin hob die Frauenzentrale die von den Frauen während des Kriegs geleistete Arbeit hervor und wies auf die kommende Zeit hin, die die Schweiz vor «nicht absehbare neue und schwere Aufgaben stellen» werde. Um diese zu bewältigen brauche es die Frauen. Die Teilnehmerinnen des Frauentags zeigten sich überzeugt, dass «erst durch die Verleihung des Mitspracherechtes in Staat und Gemeinden die Fähigkeit der Frau zur vollen Entfaltung kommen» werde.[17]

| ABB. 110 Noch vor Kriegsende nimmt die Frauenzentrale die Diskussion um das Frauenstimmrecht wieder auf. Im Auftrag des 19. Kantonalen Frauentags verschickt sie eine Resolution, die auf Bundes-, Kantons- und Gemeindeebene die politischen Rechte für Frauen fordert.

Kaum war die Resolution verschickt, wurde die Frauenzentrale aufgefordert, eine Eingabe des *Schweizerischen Verbandes für Frauenstimmrecht* zu unterzeichnen. Der Vorstand verweigerte die Unterschrift mit der Begründung, zum einen habe er eben eine eigene Resolution eingereicht, zum anderen sei die Formulierung der Eingabe «nicht glücklich». Sie gehe davon aus, dass für die Einführung des Frauenstimmrechts eine Verfassungsrevision nötig sei. «Demgegenüber werde in der Wissenschaft und Praxis aber auch die Meinung vertreten, dass die Einführung des Frauenstimmrechts eine reine Verfassungsauslegungsfrage sei.»[18] Die Frage, ob die Einführung des Frauenstimmrechts nur durch Verfassungsänderung – und damit an der Urne – entschieden werden könne oder ob es genüge, den Begriff Bürger auch auf Frauen auszudehnen, war zwar nicht neu. Aber erst in den 1940er Jahren wurde dieser zweite Weg wieder als eine gangbare Lösung diskutiert. Doch zeigten weder die Bundesversammlung noch die Kantone ein Interesse daran, ihn einzuschlagen.[19]

1947 kamen gleich zwei kantonale Vorlagen zur Abstimmung. Die eine forderte das integrale Wahl- und Stimmrecht, die andere das Wahlrecht für Bezirks- und Gemeindebehörden.[20] Doch obschon die Frauenzentrale für die kantonalen Vorlagen geworben hatte, gingen die Zürcherinnen auch bei dieser Abstimmung leer aus. Hulda Autenrieth-Gander – damals noch ein Vorstandsmitglied – zog Bilanz: «Das Abstimmungsresultat vom vergangenen Sonntag hat deutlich gezeigt, dass die Idee des Frauenstimmrechts noch sehr wenig fortgeschritten ist. Es müssen neue Wege gefunden werden, um die Frauen weitester Kreise dafür zu interessieren […]. Man sollte probieren, via Frauenvereine an die Frauen zu gelangen, sie aus ihrem engen Kreise herauszuführen, die Lethargie des seelischen und geistigen Schaffens muss bekämpft werden.»[21]

UNTERSTÜTZUNG VON FALSCHER SEITE

Einige Jahre später wurde das gute Einvernehmen der Frauenzentrale mit den Vertreterinnen der Stimmrechtsvereine auf eine harte Probe gestellt. Anlass dazu gab die Initiative der Partei der Arbeit (PdA), die das integrale Frauenstimm- und -wahlrecht im Kanton und in den Gemeinden verlangte. Obschon bereits 1946 eingereicht, war sie 1947 nicht zusammen mit den beiden anderen Vorlagen zur Abstimmung gekommen, sondern wurde den Stimmbürgern erst am 5. Dezember 1954 unterbreitet. In den Tagen zuvor hatten die Frauenzentralen Zürich und Winterthur, unterstützt von weiteren Frauenorganisationen aus Stadt und Land, in verschiedenen Zeitungen ein Inserat publiziert, in dem sie davon abrieten, die PdA-Initiative anzunehmen. | ABB. 111 Sie gaben dafür zwei Gründe an: Zum einen sei der Zeitpunkt der Abstimmung zu früh, zum andern entspreche es der Taktik der PdA, «Forderungen der Frauenbewegung aufzugreifen, um unter dieser Tarnung

Zürcher Frauen zur PdA-Initiative für das Frauenstimmrecht

Nach wie vor erstreben wir das Frauenstimmrecht aber die PdA-Initiative lehnen wir ab!

Unsere Gründe:

- Wir erachten den Zeitpunkt der Abstimmung für verfrüht.
- Es entspricht der Taktik der PdA, Forderungen der Frauenbewegung aufzugreifen, um unter dieser Tarnung für ihre unschweizerischen totalitären Ziele zu werben. Wir wollen die Frauenrechte, die wir ehrlich erstreben, nicht zu diesen Zwecken missbrauchen lassen.
- Wir werden auf dem **uns** gemäßen Wege am Ausbau der bürgerlichen Rechte der Frau weiterarbeiten.

Frauenzentrale Winterthur   **Zürcher Frauenzentrale**

Berufsverein Sozialarbeitender, Zürich; Frauengruppe der Demokratischen Partei der Stadt Zürich; Frauenvereine Hirslanden, Unterstraß, Langnau a. A., Hausfrauenverein Zürich; Lyzeumklub Zürich; Kantonalzürcherischer Hausgestelltenverband; Schweizerischer Gemeinnütziger Frauenverein: Sektionen Höngg, Oerlikon, Wiedikon, Zürich und Uster; Schweizerischer Verband der Akademikerinnen, Sektion Zürich; Staatsbürgerlicher Verband Katholischer Schweizerinnen (STAKA), Sektion Zürich; Zürcher Frauenbund und weitere 35 Frauenorganisationen von Stadt und Kanton Zürich.

---

für ihre unschweizerischen totalitären Ziele zu werben. Wir wollen die Frauenrechte, die wir ehrlich erstreben, nicht zu diesem Zweck missbrauchen lassen.»[22] Wie nicht anders zu erwarten, wurde die PdA-Initiative mit 71 Prozent Nein-Stimmen abgelehnt.

Einige Tage nach der Abstimmung meldeten sich die Stimmrechtsvereine der Städte Zürich und Winterthur bei der Frauenzentrale – beide erzürnt über deren Vorgehen. Die Winterthurerinnen schrieben unter anderem: «Niemals hätten wir die Bürger aufgefordert, nein zu stimmen. Eine solche Haltung der Stimmrechtlerinnen wäre paradox gewesen, denn sie hätte nicht nur dem Ziel unseres Verbandes widersprochen, sondern auch dem in unsern Statuten festgelegten Prinzip der politischen und konfessionellen Neutralität.» Die Zürcherinnen doppelten nach: «Sie haben das Frauenstimmrecht dazu missbraucht, Propaganda gegen die PdA zu machen und haben damit unserer Sache – von der wir glaubten, es wäre unsere gemeinsame – sehr geschadet.» Die Frauenzentrale beantwortete noch vor Weihnachten die beiden Briefe und regte eine gemeinsame Sitzung im neuen Jahr an.[23]

MITTEN IM KALTEN KRIEG

Ausgerechnet die Frauenzentrale, die sich seit ihren Anfängen für das Frauenstimmrecht engagiert hatte, ging nun plötzlich auf Distanz zu einer Stimmrechtsvorlage. Die Erklärung dafür ist leicht zu finden. Die Abstimmung von 1954 fand mitten im Kalten Krieg statt. Er teilte die Welt in zwei Lager, angeführt durch die USA und durch die UdSSR, getrennt durch den Eisernen Vorhang. Eingesetzt hatte der Kalte Krieg spätestens mit der Machtübernahme der kommunistischen Partei in der Tschechoslowakei im Februar 1948. Die einzige Gruppierung, welche diesen Akt in der Schweiz gefeiert hatte, war die PdA. Sie war als Nachfolgeorgan der 1940 verbotenen kommunistischen Partei 1944 gegründet worden und verstand sich damals als linientreues Organ unter sowjetischer Direktive. Der Höhepunkt des Kalten Kriegs wurde mit der Niederschlagung des Ungarnaufstandes 1956 erreicht. In der deutschsprachigen Schweiz, nicht zuletzt in Zürich, kam es in diesem Kontext zu eigentlichen Verfolgungen von PdA-Parteimitgliedern.

| ABB. 111 Das Inserat der beiden Frauenzentralen Winterthur und Zürich erscheint am 3. Dezember 1954 im Volksrecht. Es steht ganz im Zeichen des Kalten Kriegs und führt zu einer Auseinandersetzung mit den Frauenstimmrechtsvereinen der beiden Städte.

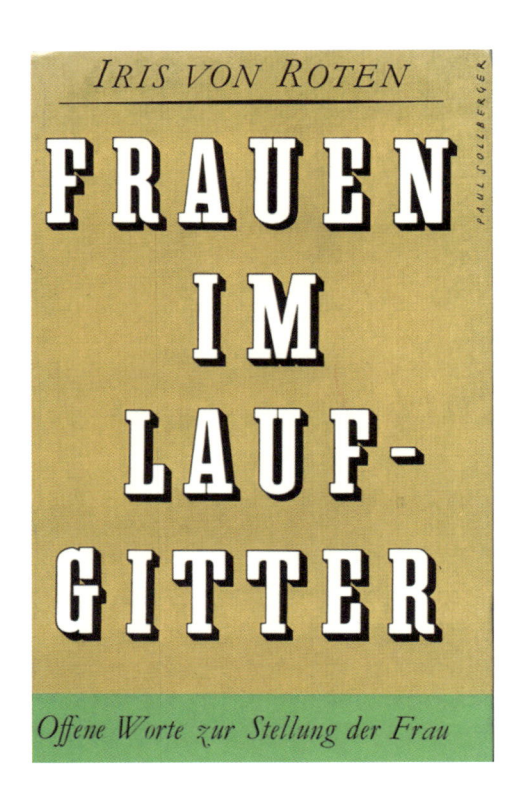

Die Frauenzentrale hatte sich schon vor dem Zweiten Weltkrieg geweigert, mit den Kommunistinnen zusammenzuarbeiten. Es wurde auch keine Ausnahme gemacht, wenn es um partei- und organisationsübergreifende Friedensarbeit ging. Nach dem Zweiten Weltkrieg machte der Vorstand den Kalten Krieg dreimal zum Thema von Delegiertenversammlungen. 1949 war das Thema *Bekenntnis und Taktik des Kommunismus*, 1957 ging es um den Ungarnaufstand und 1959 um die *Taktik des Kommunismus und unsere Abwehr*.[24] Mit dem Inserat gegen die PdA-Initiative zum Frauenstimmrecht hatte der Vorstand der Frauenzentrale 1954 seine antikommunistische Haltung öffentlich gemacht, auch wenn er dabei sein eigentliches Ziel, das Frauenstimmrecht, in den Hintergrund stellen musste. Mit seiner Stellungnahme reihte er sich in die breite Front gegen die weitgehend isolierte PdA ein. In der Frauenzentrale blieb der Kalte Krieg bis in die 1970er Jahre ein Thema.

| ABB. 112 Im Jahr 1958, ein Jahr vor der ersten eidgenössischen Abstimmung zum Frauenstimm- und -wahlrecht, erscheint das Buch «Frauen im Laufgitter». Autorin ist die Juristin und Publizistin Iris von Roten (1917 Basel – 1990 Basel). Schonungslos und sarkastisch analysiert sie die Stellung der Frauen in der Schweiz. Ein Teil der bürgerlichen Frauenbewegung macht sie im Jahr darauf verantwortlich für die Ablehnung des Frauenstimmrechts. Während kurzer Zeit hat Iris von Roten dem Vorstand der Zürcher Frauenzentrale angehört. Da sie offenbar den Sitzungen öfters unentschuldigt ferngeblieben ist, beschliesst der Vorstand im September 1945, sich direkt bei ihr zu erkundigen, ob sie weiterhin an der Vorstandsarbeit interessiert sei. Im darauffolgenden Frühjahr tritt sie zurück. Als Grund wird im Jahresbericht der Frauenzentrale ihr heiratsbedingter Umzug ins Wallis angegeben.

| ABB. 113 Um die Forderung nach dem Frauenstimmrecht aufrechtzuerhalten, veranstalten der Zürcher Stimmrechtsverein, die Frauenzentrale und die Frauenorganisationen der politischen Parteien alljährlich am 1. Februar einen Fackelzug durch die Stadt. Das Datum erinnert an die Ablehnung des Frauenstimmrechts bei der eidgenössischen Abstimmung vom 1. Februar 1959.

DIE ERSTE EIDGENÖSSISCHE VORLAGE

Am 1. Februar 1959 kam es endlich zur ersten eidgenössischen Abstimmung über das Stimm- und Wahlrecht. Kurz nachdem die bundesrätliche Botschaft erschienen war, rief der BSF dazu auf, eine *Arbeitsgemeinschaft der schweizerischen Frauenverbände für die politischen Rechte der Frau* zu gründen. | ABB. 112 Auf nationaler Ebene blieb der *Schweizerische Gemeinnützige Frauenverband* der Arbeitsgemeinschaft für das Frauenstimmrecht fern. Auch der *Schweizerische Landfrauenverband* machte nicht mit. Er gab damit der in bäuerlichen Kreisen verbreiteten ablehnenden Haltung gegen das

| ABB. 114 Der jährliche Fackelzug erreicht jeweils eine beträchtliche Länge. Das Bild ist am 1. Februar 1966 entstanden.

75 Jahre Frauenstimmrechtsverein Zürich
Gestörte Jubiläumsfeier

up Auch die Drohung, mit Hilfe der Polizei für Ruhe und Ordnung zu sorgen, nützte nichts, als am Sonntag vormittag während der *75-Jahr-Feier des Frauenstimmrechtsvereins Zürich* der Vortrag der Festrednerin, Frau *Prof. Dr. Hedi Fritz-Niggli*, von jungen Studentinnen unterbrochen wurde. Während des historischen Exkurses der Rednerin erschollen Rufe, die Vortragende solle endlich zur Gegenwart kommen, und nach Beendigung der Festrede ergriff eine Studentin das Wort. Erst mit rund *einstündiger Verspätung* konnte die Feier abgeschlossen werden, entspann sich doch im Anschluß an die «Intervention» der unzufriedenen jungen Frauen eine hitzige Diskussion. In deren Verlauf wurde auch die Forderung nach «einem Marsch auf Bern» erhoben, um den Bundesrat von der Unterzeichnung der Genfer Menschenrechtskonvention abzuhalten, da in der Schweiz das Frauenstimmrecht ja noch nicht verwirklicht worden sei. — Die «NZZ» wird in einer nächsten Ausgabe ausführlich über den Anlaß berichten.

Frauenstimmrecht Ausdruck.[25] Parallel zu der vom BSF initiierten Arbeitsgemeinschaft hatte sich im Sommer 1958 das *Schweizerische Komitee gegen das Frauenstimmrecht* formiert. Im Kanton Zürich organisierten sich die Gegnerinnen im *Überparteilichen Komitee gegen das Frauenstimmrecht*. Ihre Ablehnung der staatsbürgerlichen Rechte leiteten sie aus ihrem religiös begründeten konservativen Weltbild ab.[26] Sie verschickten allen Pfarrern einen Aufruf, sie möchten sich aus theologischen Gründen gegen das Frauenstimmrecht einsetzen.

Neben der nationalen Arbeitsgemeinschaft für das Frauenstimmrecht wurden auch kantonale Komitees gegründet. Das Präsidium des zürcherischen Gremiums übernahm der Stadtpräsident Emil Landolt, und die Frauenzentrale stellte mit Hulda Autenrieth-Gander eine der beiden Vizepräsidentinnen. Die verschiedenen Aktivitäten wurden am Dienstag vor der Abstimmung mit einer Veranstaltung gekrönt, zu der der *Frauenstimmrechtsverein Zürich* und die Frauenzentrale eingeladen hatten. Nach verschiedenen Ansprachen fanden sich rund 600 Frauen zu einem Fackelzug ein. Sie begründeten damit eine Tradition, die in Zürich bis zur Einführung des Frauenstimmrechts jeweils am 1. Februar Bestand haben sollte. | ABB. 113, 114 Trotz aller Anstrengungen lehnten die Stimmbürger die eidgenössische Vorlage ab – die Zürcher mit 64 Prozent Nein-Stimmen. Keine einzige Gemeinde des Kantons, kein einziges Quartier der Stadt hatte das Frauenstimmrecht angenommen. Die nächste kantonale Abstimmung im Jahr 1966 brachte ebenfalls keine Mehrheit. Immerhin hatten diesmal die Stadt Zürich und siebzehn weitere Gemeinden die Stimmrechtsvorlage angenommen.[27]

FORDERN STATT BITTEN

Für die altgedienten Kämpferinnen für das Frauenstimmrecht gab es gegen Ende der 1960er Jahre noch von einer neuen Seite Unterstützung und Widerstand. Die durch die 68er-Bewegung mobilisierten jungen Frauen waren zwar keineswegs gegen die politischen Rechte. Sie forderten aber weit mehr und setzten auf andere Formen. Die erste Konfrontation zwischen den Generationen fand in Zürich anlässlich der Feier zum 75-jährigen Bestehen des *Frauenstimmrechtsvereins Zürich* statt. Die jungen Frauen nahmen den feierlichen Anlass am 10. November 1968 im Schauspielhaus als Gelegenheit wahr, sich öffentlich Gehör zu verschaffen. | ABB. 115 Ausser Programm griff Andrée Valentin, schon bald Gründungsmitglied der *Frauenbefreiungsbewegung (FBB)*, zum Mikrofon. Sie erklärte der überrumpelten Festgemeinde, mit dem Frauenstimmrecht sei noch nichts gewonnen, es werde

| ABB. 115 Am 10. November 1968 feiert der Zürcher Frauenstimmrechtsverein – die frühere Union für Frauenbestrebungen – im Schauspielhaus sein 75-jähriges Bestehen. Junge Frauen stören den feierlichen Akt. Das wird am Tag darauf in der Tagespresse kommentiert.

| ABB. 116 Standaktion für die Zürcher Abstimmung zum Frauenstimmrecht im Herbst 1969. Die angenommene Vorlage macht den Weg frei für die Einführung des Frauenstimm- und -wahlrechts auf Gemeindeebene.

an der Benachteiligung der Frauen in allen Lebensbereichen nichts ändern. Sie forderte zu einer gemeinsamen Diskussion auf.[28] Ein Teil der anwesenden Frauen liess sich darauf ein und verhalf der Idee des Marsches nach Bern zum Durchbruch.

Wie wir gesehen haben, unterstützte der Vorstand der Zürcher Frauenzentrale den Marsch nach Bern nicht. Dass Hulda Autenrieth-Gander zunächst Probleme hatte, sich den Argumenten und der Taktik der jungen Generation anzuschliessen, darf ihr nicht verübelt werden, hatte sie sich doch schon seit 25 Jahren für das Frauenstimmrecht eingesetzt. Sie sah nach den über weite Strecken ausgesprochen mühsamen Debatten die kleinen Fortschritte durch die fordernd auftretenden jungen Frauen kurz vor dem Ziel gefährdet. Ihre Befürchtungen sollten sich jedoch nicht bewahrheiten. 1969 wurde im Kanton Zürich eine Vorlage angenommen, welche die Gemeinden ermächtigte, das Frauenstimmrecht auf Gemeindeebene einzuführen. | ABB. 116, 117 Innerhalb von nur neun Monaten waren 90 Prozent der Zürcherinnen auf Gemeindeebene stimmberechtigt.[29] Am 15. September 1970 erhielten die Zürcherinnen dann das kantonale und am 7. Februar 1971 das eidgenössische Stimm- und Wahlrecht.

ENDLICH AM ZIEL

Der Kampf um das Frauenstimm- und -wahlrecht hat in der Frauenbewegung bis zu Beginn der 1970er Jahre viele Kräfte gebunden. Involviert waren nicht nur die Stimmrechtsvereine, sondern auch viele weitere Frauenorganisationen. Zunächst ging es vor allem darum, die kantonalen Vorlagen zu unterstützen. Dabei erwies sich die Zürcher Frauenzentrale als eine verlässliche Partnerin. Von ihrer befürwortenden Haltung ist sie lediglich 1954 abgewichen, als sie sich zwischen einer Stellungnahme gegen die PdA oder für das Frauenstimmrecht entscheiden musste. Sie hat sich damals vor dem Hintergrund des Kalten Kriegs gegen die PdA-Vorlage ausgesprochen. Im Vorfeld der ersten eidgenössischen Abstimmung von 1959 hat sie sich der vom BSF initiierten *Arbeitsgemeinschaft der schweizerischen Frauenverbände für die politischen Rechte der Frau* angeschlossen. Nicht mitgemacht hat sie jedoch beim Marsch nach Bern im März 1969. Es war nicht ihre Sache, mit Trillerpfeifen vor dem Bundeshaus zu demonstrieren. Dem weitgehend bürgerlichen Hintergrund ihrer Mitglieder entsprachen Kundgebungen mit geordneten Abläufen und in geschlossenen Räumen weit mehr.

| ABB. 117 **Doris Gisler** (links im Bild) und die ehemalige Präsidentin **Liselotte Meyer-Fröhlich** anlässlich der Generalversammlung der Frauenzentrale am 15. Mai 2013. Doris Gisler hat das Abstimmungsplakat für die kantonalen Frauenstimmrechtsvorlagen von 1969 gestaltet: Ein Blumenstrauss in weiblicher Hand mit dem Slogan «Den Frauen zuliebe – 2x ein männliches JA.»

11_ DIE NEUE FRAUENBEWEGUNG

Anfang der 1970er Jahre bietet die *Frauenbefreiungsbewegung (FBB)* unentgeltliche Beratungen an. Der Vorstand der Frauenzentrale ist skeptisch: «Man sollte einmal nachsehen, was hinter der Beratungsstelle der FBB steht, ob an Ort und Stelle Ärzte und Juristen vorhanden sind, welcher Art die Auskünfte sind, die da gegeben werden, oder ob es sich um reine Vermittlung von Adressen handelt.»[1] Die Idee wird geboren, die eigenen Töchter «mit fingierten komplizierten Problemen» hinzuschicken. Zwei Monate später wird im Vorstand über die «Expedition FBB» berichtet: «Das Frauenzentrum der FBB hat nicht eigene Berater, sondern verweist die Ratsuchenden, wie die Frauenzentrale auch, an einschlägige Stellen; soweit die beiden Damen herausfinden konnten, wurden nicht nur ihre ‹Fälle›, sondern auch die Probleme anderer Wartender richtig beurteilt und ‹vor die rechte Schmiede› gewiesen.»[2]

Die Art, wie sich der Vorstand Informationen über die FBB verschafft hat, ist ganz und gar unüblich. Was hat die Frauen zu diesem Schritt bewogen? Hier wird das Aufeinanderprallen der «neuen» – insbesondere der FBB – und der «alten» Frauenbewegung beschrieben, die gegenseitige Abgrenzung, aber auch, wie sich, trotz grosser Unterschiede, punktuell Formen der Zusammenarbeit ergeben haben. Als «neu» bezeichnete sich die Frauenbewegung der 1970er und 1980er Jahre, um sich von der bestehenden, bürgerlichen abzugrenzen.

EINE NEUE GENERATION TRITT AUF

Am 1. Februar 1969 versammelten sich Frauen der bürgerlichen Frauenbewegung zu einer Kundgebung und zum anschliessenden Fackelzug – wie jedes Jahr gedachten sie an diesem Tag der Ablehnung des Frauenstimmrechts von 1959. Plötzlich tauchte eine Gruppe junger Frauen mit Transparenten und Fahnen auf, die lauthals auf sich aufmerksam machte. | ABB. 118 Die Frauen hatten sich vor kurzem den Namen FBB gegeben, der für Frauenbefreiungsbewegung stand. Empört über den Auftritt der jungen Frauen äusserte sich Hulda Autenrieth-Gander am darauffolgenden Tag in der Tageszeitung *Die Tat*: «Am Umzug wollten sich die Jungen nicht mit Fackeln, sondern mit Transparenten und Figuren beteiligen. Sie brachten indessen auch rote Fahnen mit und die Bilder der Transparente waren zum Teil so, dass wir uns kaum mit ihnen identifizieren konnten. Deshalb wurde am Besammlungsort ernstlich erwogen, den Fackelzug fallen zu lassen.»[3] Zum Glück fand sich aber rechtzeitig eine Lösung: Die «Jungen» marschierten durch die Bahnhofstrasse, die «Alten» auf der üblichen Route zum Lindenhof.

Die bürgerlichen Frauen waren konsterniert über das Auftreten der FBB. Bereits im November 1968 hatte es einen Zusammenstoss gegeben, als die jungen Frauen den Jubiläumsanlass *75 Jahre Zürcher Frauenstimmrechtsverein* im Zürcher Schauspielhaus störten. Nicht «jubilieren, sondern protestieren», war damals ihre Botschaft gewesen, denn mit dem Stimm- und Wahlrecht sei die Gleichberechtigung noch lange nicht erfüllt.[4] Die Frauen der FBB provozierten mit ihren ungewohnten Auftritten. Mit Fantasie, Ironie und Witz traten sie mal da, mal dort auf, um mit ungewöhnlichen Aktionen auf ihre Anliegen aufmerksam zu machen. Ein Beispiel war die Parodie auf Schönheitswahlen: 1969 beteiligte sich eine Zürcher FBB-Frau an einem Schönheitswettbewerb der Zeitschrift *Annabelle*. Die Kleider, die sie als Preisgeld erhalten hatte, wurden kurz darauf in einem Strassentheater mit grossem Spektakel versteigert. Der Erlös der versteigerten Kleider sollte in einen öffentlichen Pillenautomat investiert werden.[5] Wie bei den meisten Aktionen verteilten die Aktivistinnen auch hier Flugblätter: «Wenn ein Walfisch Miss Wal wird, findet eine Misswa(h)l statt. [...] Wir sind nämlich keine Kühe, die man für die Grösse des Euters prämiert. Wir lassen uns nicht

| ABB. 118 Vor dem Fackelzug am 1. Februar 1969 stossen im Börsensaal die Vertreterinnen der bürgerlichen und der neuen Frauenbewegung aufeinander. Im Bild Hulda Autenrieth-Gander (links) und Andrée Valentin (rechts).

durch Miss-Kronen, -Schärpen, -Orden über den Miss-Stand in dieser Gesellschaft täuschen! Das miss-lingt!»[6] | ABB. 119

Die Frauen der FBB traten unerschrocken und offensiv in der Öffentlichkeit auf und kümmerten sich weder um Konventionen noch um bestehende Normen. Sie konfrontierten die alten Kämpferinnen nicht nur mit aussergewöhnlichen Auftritten, sondern auch mit neuen Themen, Ansprüchen und Forderungen.

DIE FBB ORGANISIERT SICH

In unterschiedlichen Gruppierungen der 68er-Bewegung hatten die Frauen die Erfahrung gemacht, dass auch die linken Konzepte männlich geprägt waren. Sie begannen sich in autonomen Gruppen zu organisieren. Die These der Linken, dass die Frauenunterdrückung mit dem Überwinden des Kapitalismus automatisch aufgehoben werde, lehnten sie ab und betrachteten die Frauenfrage nicht länger als Nebenwiderspruch. Sie identifizierten die Grundprobleme in der patriarchalen Gesellschaftsstruktur, die alle Frauen aufgrund ihres Geschlechts diskriminierte.[7] Diese Diskriminierung, die sich überall zeige, gelte es «zu erkennen und zu bekämpfen». Die Patriarchatskritik bekräftigte die Autonomie, denn den Frauen war klar, dass ihnen der Kampf gegen die patriarchalen Normen, Werte und Strukturen «keine noch so linke gemischte oder gar reine Männergruppe» abnehmen konnte.[8] Autonomie hiess aber nicht nur, sich als Frauen in eigenen Organisationen zusammenzuschliessen. Es bedeutete auch, eigene soziale Räume zu schaffen, in denen Rollen neu und selbstbestimmt ausprobiert und gelebt werden konnten.[9]

| ABB. 119 Mit unkonventionellen Mitteln stellen die jungen Frauen das herrschende Frauenbild und die Konsumgesellschaft in Frage: Auf offener Strasse werden im Sommer 1969 Kleider aus einem Schönheitswettbewerb versteigert.

> Zürcher Frauenzentrale – Frauenzentrum
>
> durch telefonische und schriftliche Anfragen stellen wir immer wieder fest, dass unsere Frauenzentrale mit dem Frauenzentrum der progressiven Frauen und der Frauenbefreiungsbewegung (FBB) verwechselt wird. Dies ganz besonders bei Anfragen betr. Schwangerschaftsabbruch.
>
> Wir möchten daher ganz deutlich festhalten, dass wir keine Adressen von Aerzten und Kliniken, weder in der Schweiz noch im Ausland, vermitteln, die einen Schwangerschaftsabbruch vornehmen. Auskunftsuchende verweisen wir an die speziellen Beratungsstellen der Kantonalen Frauenklinik und der Schweizerischen Pflegerinnenschule.
>
> Wir bitten Sie, in Ihren Vereinen und in Ihrem Bekanntenkreise auf die Verwechslung der beiden Organisationen hinzuweisen und allfällige Bemerkungen und Aussagen richtigzustellen.
>
> Zürcher Frauenzentrale

Die Frauen, um die Mitte der 1940er Jahre geboren, hatten andere Voraussetzungen als ihre Mütter, die von den Entbehrungen der Kriegszeit geprägt worden waren. Ihnen boten sich mehr Möglichkeiten an Bildung, Konsum und Mobilität sowie bei der persönlichen und beruflichen Entwicklung; dementsprechend forderten sie mehr Gestaltungsfreiheit und Selbstbestimmung. Zu Beginn waren die Aktivistinnen denn auch vorwiegend junge gebildete Frauen aus der Mittelschicht.[10]

Die neue Frauenbewegung wollte bewegen und in Bewegung bleiben.[11] Ihre bevorzugten Organisationsmuster waren Arbeitsgruppen und Vollversammlungen. Die Zürcher FBB war landesweit die erste und gleichzeitig eine der grössten und aktivsten Gruppen der Schweiz.[12] In der Westschweiz bildete sich das Mouvement de libération des femmes (MLF) und im Tessin das Movimento Feminista Ticinese (MFT). 1977 gründeten Frauen aus der Progressiven Organisation der Schweiz (POCH) die Organisation für die Sache der Frau (OFRA).

DAS PRIVATE IST POLITISCH

Ausgangslage für den Aufbruch der Frauen waren die eigenen Erfahrungen im Alltag, im Beruf, in den Beziehungen, in der Sexualität. Diese Erfahrungen, die auch die privaten und intimen Räume einschlossen, verknüpften sie mit den gesellschaftlichen Geschlechter- und Machtverhältnissen. Sie betonten, die persönlichen, oft unbefriedigenden Erfahrungen seien nicht individueller Natur, sondern gesellschaftlich bedingt. Das hiess in der Konsequenz, dass die «persönlichen Probleme nicht von der politischen Arbeit» zu trennen waren.[13] Aus diesem Denken und Handeln ergab sich folgerichtig der Slogan: «Das Private ist politisch». Die Frauen der FBB plädierten für eine selbstbestimmte, freie und lustbetonte Sexualität, deckten aber auch Gewalt in den Beziehungen zwischen Mann und Frau auf. Sie stellten die geschlechtsspezifisch organisierte Erwerbsarbeit in Frage, wiesen auf die im Privaten unentgeltlich geleistete Hausarbeit und die oft alleinige Verantwortung der Mütter für ihre Kinder hin, die Frauen wiederum in der Erwerbsarbeit benachteiligte.[14] Die Frauen machten sich auf die Suche nach anderen

| ABB. 120 Als 1974 in Zürich das Frauenzentrum eröffnet wird und sich dort auch die Frauenberatungsstelle Infra einrichtet, kommt es in der Folge immer wieder zu Verwechslungen. Mit diesem Handzettel grenzt sich die Frauenzentrale vom Frauenzentrum klar ab.

Lebensformen und Lebensentwürfen, gründeten selbstverwaltete Kindergärten, Wohngemeinschaften, Selbsthilfegruppen, Arbeitsgruppen. Sie forderten von der Stadt eigene Räume, die nur ihnen zugänglich sein sollten. Mit Erfolg: 1974 wurde in Zürich das erste *Frauenzentrum* als Treffpunkt der autonomen Frauengruppen eröffnet.[15] In Arbeitsgruppen entwickelte die FBB eine grosse Zahl von Projekten. Eines der ersten war die *Infra* (Informationsstelle für Frauen), die Beratungsstelle, um die es in der Eingangsgeschichte ging. | ABB. 120 Später folgten das *FrauenAmbulatorium*, das *Frauenhaus für misshandelte Frauen*, das *Mädchenhaus* und eine Beratungsstelle für vergewaltigte Frauen. Aber auch kulturelle Projekte wie Musikgruppen, eine Bibliothek und eine Buchhandlung entstanden.[16]

AM AUFBAU DES STAATSWESENS MITHELFEN

Die neue Frauenbewegung ging in ihren Forderungen weit über die politische und rechtliche Gleichstellung hinaus. Wie sahen die bürgerlichen Frauen die junge Bewegung? Wie reagierte die Frauenzentrale darauf? Offen und direkt äusserte sich Hulda Autenrieth-Gander in der *Tat* kurz nach dem Auftritt der FBB am Stimmrechtstag: «Uns liegt daran, die Frauen endlich in unsere Demokratie zu integrieren; wir wollen am Aufbau unseres Staatswesens mithelfen, nicht an dessen Zerstörung.»[17] Als Vertreterin der bürgerlichen Frauenbewegung stützte die Frauenzentrale die Gesellschaftsordnung und deklarierte aus dieser Sicht die Forderungen der FBB als destruktiv. Sie unterstellte der FBB, dass es ihr «weniger um das Frauenstimmrecht» gehe, «als um die Gelegenheit, an irgendeiner Versammlung ihre Marcuse-Philosophie zu verkünden».[18] Hulda Autenrieth-Gander ordnete die Frauen der FBB somit eher der Linken als der Frauenbewegung zu.

KONGRESS UND ANTIKONGRESS

Auch wenn der Graben zwischen der neuen und der alten Frauenbewegung unüberwindbar schien, erwuchs aus den Konfrontationen doch auch Neues und führte zu punktueller Zusammenarbeit. Ein Beispiel ist der vierte schweizerische Frauenkongress, der vom 17. bis 19. Januar 1975 im Berner Kursaal stattfand. Ausgerechnet an diesem Kongress blieb die Abtreibungsfrage, die seit der Lancierung einer eidgenössischen Volksinitiative für einen straflosen Schwangerschaftsabbruch im Jahr 1971 für heftige und kontroverse Debatten gesorgt hatte und 1975 im Parlament diskutiert wurde, ausgeklammert. Da beim Kongress die unterschiedlichsten politischen Richtungen vertreten waren, mussten die Organisatorinnen, wie sie im Kongressbericht festhielten, «von Anfang bis zum Schluss der Vorbereitung Beschlüsse auf der Basis des helvetischen Kompromisses» fassen. So sei auch zu erklären, «dass in der Vorbereitungsphase das brennende Problem des Schwangerschaftsabbruches beiseite gelassen wurde».[19]

FRAUEN!

DAZU KOENNEN WIR NICHT SCHWEIGEN!

Vom 17.-19. Januar veranstaltet die Arbeitsgemeinschaft "Die Schweiz im Jahr der Frau" im Kursaal Bern einen Frauenkongress. Unter dem Patronat von Damen und Herren mit Rang und Namen (Vertretern aus Regierung und Parlament, der Schweizerischen Nationalbank, Professorinnen und Professoren u.a.) gedenkt man die heutige Lage der Frau unter dem Motto "Partnerschaft" zu diskutieren.
Es ist bekannt, dass dieser Kongress von Banken und Grossfirmen wie z.B. Nestlé finanziell stark unterstützt wird, mit Geldspenden von über 50'000 Franken.
Wer rechtzeitig über den Kongress informiert war und es sich leisten kann, den Eintrittspreis von 10 Franken pro Tag plus Hotelzimmer und Verpflegung zu bezahlen, darf mitmachen.

WARUM NEHMEN WIR AN DIESEM KONGRESS NICHT TEIL?

- Weil dies eine Veranstaltung von Privilegierten für **Privilegierte ist**. für jene Frauen, die von der Unterdrückung ihres Geschlechts zu Hause und am Arbeitsplatz am meisten betroffen sind (Arbeiterinnen der Nestlé zum Beispiel) ist hier sicher kein Platz.

- Weil wir der Meinung sind, dass mit schönem Gerede über "Partnerschaft" die wirklichen Probleme der meisten Frauen überhaupt nicht gelöst, sondern gerade verschleiert werden. Dieses Thema kann höchstens solche interessieren, die dank guten ökonomischen Voraussetzungen die Möglichkeit zu individueller Befreiung haben.

- WEIL DER KONGRESS AUSGERECHNET ZUM THEMA SCHWANGERSCHAFTSABBRUCH GANZ BEWUSST SCHWEIGT!

DESHALB VERANSTALTEN WIR EINEN ANTIKONGRESS

In Diskussionen zu Filmen, Ausstellungen und kurzen Referaten, in Cabarets und Liedern wollen wir uns zu unseren Problemen äussern und an einem Fest am Samstagabend zusammen den Plausch haben.
Wir sind uns bewusst: die Emanzipation <u>aller</u> Frauen ist nicht möglich ohne eine grundlegende Aenderung der ganzen Gesellschaft. In diesem Zusammenhang stellen wir alle Fragen, die uns Frauen betreffen, also auch den Schwangerschaftsabbruch.

Unser Kongress steht unter dem Motto:

FRAUEN GEMEINSAM SIND STARK!
DARUM KOMMT ALLE AM 18./19. JANUAR
INS FREIZEITZENTRUM GÄBELBACH
beginn: samstagnachmittag 15.uhr [Eintritt frei]

Kinderhütedienst im Gäbelbach. Auswärtige Frauen finden privat Unterkunft.

Autonome Frauengruppe Bern　　　Mouvement de femmes en lutte
Frauenbefreiungsbewegung CH　　Mouvement de liberation de la femme
Frauen kämpfen mit, Basel　　　　POCH-Frauengruppe

Eigendruck

Das Gäbelbachzentrum ist erreichbar mit dem Bus Nr. 14, Endstation Gäbelbach, Abfahrt ab Bahnhof vor der Schweizerischen Bankgesellschaft.

| ABB. 121 Die neue Frauenbewegung organisiert 1975 unter dem Motto «Frauen gemeinsam sind stark!» in Bern einen Antikongress zum Thema Schwangerschaftsabbruch. Die jungen Frauen wollen eine Veranstaltung «ohne Tabus» und ohne Einschränkungen «von oben». Sie grenzen sich damit vom gleichzeitig stattfindenden Kongress zum UNO-Jahr der Frau ab.

Die neue Frauenbewegung, die sich für einen straflosen Schwangerschaftsabbruch engagierte, war über diesen Entscheid konsterniert und veranstaltete aus Protest einen Antikongress, an dem die Abtreibung das Hauptthema war. Dieser fand im Gemeinschaftszentrum Gäbelbach statt, in einem Aussenquartier von Bern. | ABB. 121 Die Organisatorinnen des Antikongresses[20] kritisierten den offiziellen Kongress als «kostspieligen Monsterkongress». Es sei ein «aufgeblähter, desorientierter Renommierkongress», der unter dem «alles- und nichts-sagenden Motto Partnerschaft» stehe.[21] Sie bemängelten die fehlende offene Auseinandersetzung und aktive Beteiligung der Frauen am Anlass. Statt «ermüdende[r] Hauptreferate von Professoren und Doktoren» und Resolutionen, die «vor Monaten im intimen Kreis ausgeknobelt» worden waren, wollten sie ein Treffen «ohne Tabus und Einschränkungen ‹von oben› nach eigenen Vorstellungen» organisieren. An Stelle «einer schwammigen, verschleiernden und zum Schlagwort degradierten ‹Partnerschaft›», setzten sie den Slogan «Frauen gemeinsam sind stark». Trotz aller Kritik sollte der Antikongress jedoch keine Veranstaltung «gegen die Teilnehmerinnen» am offiziellen Kongress sein, sondern «gegen die verfehlte Konzeption».[22] Der Antikongress, an dem zwischen 500 und 600 Frauen teilnahmen, war denn auch als Happening gestaltet. Nebst Film, Theater, Spielen setzten die Veranstalterinnen auf Diskussionen anstatt auf Referate.[23] | ABB. 122 Einige Vertreterinnen der neuen Frauenbewegung mischten sich unter die offiziellen Kongressteilnehmerinnen, um sich dem Vorwurf der «Eigenbrötelei» zu entziehen. Auch hier brachten sie mit Diskussionsbeiträgen die Thematik des Schwangerschaftsabbruchs ein. Mit gezielten Aktionen verschafften sie sich zudem hohe Aufmerksamkeit. Während des Vortrags der Philosophin Jeanne Hersch traten FBB-Frauen mit Transparenten

| ABB. 122 Der Antikongress soll Platz schaffen für Gespräche und Emotionen. Deshalb werden für die Diskussionen neue Formen ausprobiert.

in den Saal und skandierten laut die Slogans: «Unser Bauch gehört uns» oder «Kinder oder keine, entscheiden wir alleine».[24]

Diese Aktionen erzeugten Druck auf die Organisatorinnen des Kongresses und blieben nicht ohne Wirkung. Anlässlich einer offenen Diskussionsrunde brachten die Teilnehmerinnen eine zusätzliche Resolution *Schutz der Schwangerschaft* ein.[25] Diese forderte: «Im Kampf gegen die Flut von Abtreibungen müssen die Anstrengungen auf Vorsorge (Verhütung) und soziale Hilfeleistungen für verantwortungsbewusste Mutterschaft ausgerichtet werden. Der Kongress erinnert daran, dass die Mehrheit der schweizerischen Frauenverbände sich für die Fristenlösung mit freier Arztwahl, obligatorischer Beratung sowie Bedenkfrist für die Frau ausgesprochen hat.»[26] Diese Resolution wurde überraschend und ohne grosse Diskussion angenommen. Jedoch waren gegensätzliche Meinungen vorhanden, insbesondere die katholischen Frauenverbände und die Politikerinnen der CVP sprachen sich nach dem Kongress gegen die Resolution aus.[27]

Der Kongress und der Antikongress machten die Auseinandersetzungen zwischen der neuen und der alten Frauenbewegung sichtbar und zeigten die Spannungsfelder auf, in denen sie sich bewegten. Sie lösten ein grosses Medienecho aus, von dem auch der offizielle Kongress profitierte. Das *Tages-Anzeiger Magazin* schrieb: «Zum Glück sind sie gekommen, die ‹verrückten Frauen›, die in den Kursaal eindrangen und auf der Strasse demonstrierten. Erst durch sie begann man überhaupt von diesem Kongress die ihm gebührende Notiz zu nehmen.»[28] Auch den Kongressveranstalterinnen entging dies nicht. Im Schlussbericht erwähnen sie, dass der Kongress «plötzlich zu einem Ereignis» wurde, das «in aller Munde war».[29]

DER SCHWANGERSCHAFTSABBRUCH WIRD THEMA

Die Zürcher Frauenzentrale hatte sich seit den 1960er Jahren mit dem Thema Familienplanung beschäftigt. Sie war überzeugt, dass es mit den sich verändernden Vorstellungen über Sexualität und der ab Mitte der 1960er Jahre breit verfügbaren Pille dringend Familienplanungsstellen brauchte. Sie führte Gespräche mit Behörden und Institutionen, die für solche Stellen in Frage kamen wie die Frauenklinik, die Pflegerinnenschule und die Maternité Inselhof.[30] Im Jahr 1974 haben sowohl die Maternité Inselhof als auch die Pflegerinnenschule eine Familienplanungsstelle eröffnet.[31]

Nun, mit der Verabschiedung der Resolution *Schutz der Schwangerschaft* am Frauenkongress von 1975, war ein starkes Signal gesetzt, um die Diskussion weiterzuführen. Der Schwangerschaftsabbruch war seit dem Inkrafttreten des eidgenössischen Strafgesetzbuches von 1942 strafbar, ausgenommen bei einer medizinischen Indikation. In den 1960er Jahren führte ein zunehmend unterschiedlich genutzter Interpretationsspielraum der Paragrafen 118 bis 121 zu einer zwischen den Kantonen immer stärker auseinanderklaffenden Praxis.[32]

Die öffentliche Debatte auch in der Schweiz angeheizt hatte 1971 eine Aufsehen erregende Aktion in Frankreich. Die Zeitschrift *Le Nouvel Observateur* publizierte das *Manifeste des 343 salopes*, in dem 343 Frauen öffentlich erklärten, abgetrieben zu haben. Wenig später veröffentlichte auch das deutsche Magazin *Stern* die Namen von 347 Frauen, die sich zu einer Abtreibung bekannten.[33] In der Schweiz hatte ein überparteiliches Komitee am 19. Juni 1971 eine *Volksinitiative für Straflosigkeit der Schwangerschaftsunterbrechung* lanciert, das die entsprechenden Gesetzesartikel im schweizerischen Strafgesetzbuch von 1942 aufheben wollte. Die FBB unterstützte diese Initiative und sammelte tatkräftig Unterschriften. Mit der Initiative konnte sie ihr Ziel, die Selbstbestimmung über den eigenen Körper, verbinden und Frauen mobilisieren.[34] Die Volksinitiative wurde im Dezember 1971 eingereicht. Sie gab dem Vorstand der Frauenzentrale Schub, sich mit dem «dringenden Problem», wie er die Abtreibungsfrage nannte, auseinanderzusetzen.[35] Die Initiative ging ihm aber klar zu weit. Er war gegen eine völlige Freigabe des Schwangerschaftsabbruchs, plädierte aber für eine Liberalisierung des Gesetzes und besonders für vorbeugende Massnahmen in Form von Beratung und Betreuung.

Im Sommer 1972 organisierte die Frauenzentrale eine Arbeitstagung, an der Referentinnen und Referenten ein breites Meinungsspektrum für und gegen die Initiative vertraten. Das Ergebnis der Tagung brachte die Haltung der Frauenzentrale klar zum Ausdruck. Die gegenwärtige gesetzliche Regelung beurteilte sie wegen der unterschiedlichen Anwendung als unbefriedigend. Sie sei unsozial, weil Frauen, die Abbrüche vornehmen wollten, sich in einen anderen Kanton oder im Ausland behandeln lassen müssten.[36] Eine totale Freigabe, wie sie die Initiative forderte, lehnte die Frauenzentrale strikt ab. Als realistische Reformvorschläge sah sie die Fristenlösung, die eine Freigabe der Unterbrechung bis zur zwölften Schwangerschaftswoche ermöglichte, oder eine Erweiterung der Indikation. Neben einer besseren gesetzlichen Grundlage waren für die Frauenzentrale vorbeugende Massnahmen jedoch absolut zentral, da der Schwangerschaftsabbruch auch bei einer Liberalisierung «immer nur als letzte Lösung» und nicht als «Mittel zur Geburtenregelung» zu betrachten sei.[37]

GEGENVORSCHLAG UND NEUE VOLKSINITIATIVE

Der Bundesrat, der die *Volksinitiative für Straflosigkeit der Schwangerschaftsunterbrechung* ablehnte, verabschiedete im September 1974 als Gegenvorschlag den Entwurf zu einem *Bundesgesetz über den Schutz der Schwangerschaft und die Neuordnung des Schwangerschaftsabbruchs*.[38] Darin empfahl er eine erweiterte Indikationenlösung, die die soziale Indikation einschloss. In der Folge gab es also zwei parallel verlaufende Diskussionen: eine über die Volksinitiative und eine über den Gesetzesentwurf des Bundesrates.

Die *Schweizerische Vereinigung für straflosen Schwangerschaftsabbruch (SVSS)*, die 1973 von Mitgliedern der ersten Volksinitiative gegründet worden war, lancierte im Juni 1975 eine zweite Initiative: die *Volksinitiative für die Fristenlösung*. | ABB. 123 Die Initiantinnen und Initianten sahen aufgrund der aktuellen Situation kaum eine Chance für den straflosen Schwangerschaftsabbruch. Die 1971 eingereichte Volksinitiative wurde zurückgezogen. Die FBB kritisierte die Fristenlösung, weil sie die Bestrafung nicht aufhob, unterstützte sie aber als Notlösung. Die Zürcher Frauenzentrale, die sich bereits für die Fristenlösung ausgesprochen hatte, trat in die Sektion Zürich der *Schweizerischen Vereinigung für straflosen Schwangerschaftsabbruch* ein. Liselotte Meyer-Fröhlich war dort im Vorstand.[39] Vor der Abstimmung über die Fristenlösung, Anfang 1977, organisierte der Vorstand eine Umfrage bei den Mitgliedern bezüglich des Beitritts der Frauenzentrale in das Aktionskomitee für die Fristenlösung. Die Mehrheit der antwortenden Mitglieder war dagegen. So beschloss der Vorstand, dass die Frauenzentrale «nicht in globo» dem Aktionskomitee beitreten werde, sondern die Entscheidung den einzelnen Mitgliedern überlasse.[40] Am 25. September 1977 wurde die *Volksinitiative für die Fristenlösung* vom Volk mit 51,5 zu 48,3 Prozent knapp verworfen.

Im Mai 1975 wurde der Gesetzesentwurf zum Schutz der Schwangerschaft und zur Neuordnung des Schwangerschaftsabbruchs im Nationalrat behandelt. Hedi Lang vertrat im Namen der Nationalratskommission im Eintrittsvotum die Fristenlösung. Im Anschluss folgte eine heftig geführte Debatte, die zu keinem Resultat führte.[41] Im Herbst 1975 kam die Gesetzesvorlage erneut in den Räten zur Diskussion. Als sich abzeichnete, dass die Fristenlösung, welche die Kommission des Nationalrates vorgeschlagen hatte, auf Ablehnung stossen würde, störten FBB-Frauen mit Trillerpfeifen die Debatte. Sie warfen nasse Windeln von den Tribünen und Flugblätter, auf denen stand: «Frauen – im Nationalrat stinkts».[42]

Die Räte einigten sich schliesslich auf das *Bundesgesetz über den Schutz der Schwangerschaft und die Strafbarkeit des Schwangerschaftsabbruchs* mit der erweiterten Indikationenlösung. Diese Lösung war aber politisch nicht konsensfähig. Den Befürwortenden ging sie zu wenig weit und den Gegnerinnen und Gegnern zu weit. Gegen dieses Gesetz wurde das Referendum ergriffen, und zwar vom gegnerischen als auch vom befürwortenden Lager.

| ABB. 123 Zum Internationalen Tag der Frauen organisiert die Frauenbefreiungsbewegung FBB am 15. März 1975 in Zürich eine nationale Demonstration zum Thema strafloser Schwangerschaftsabbruch. An der Spitze des Zuges tragen die Frauen ein Transparent mit dem Slogan «Kinder oder keine entscheiden wir alleine». Mit diesem Thema kann die FBB viele neue Mitglieder gewinnen.

DAS PROBLEM IST NICHT GELÖST

Die Volksinitiative war abgelehnt und das *Bundesgesetz über den Schutz der Schwangerschaft und die Strafbarkeit des Schwangerschaftsabbruchs* vom Parlament angenommen, aber von rechts und links angefochten. Das von zwei Seiten ergriffene Referendum löste einige Verwirrung aus. Auch die Frauenzentrale erhielt viele Anfragen, was zu tun sei. Deshalb entschied der Vorstand, die Mitglieder eingehend zu informieren. Im November 1977 sandte Liselotte Meyer-Fröhlich an alle Mitglieder einen ausführlichen Bericht, der die Ausgangslage und die Konsequenzen des Gesetzes und des Referendums schilderte.[43]

Die Frauenzentrale machte in dem Schreiben deutlich, dass sie gegen das Gesetz sei, weil es eine «eindeutige» Verschärfung der gegenwärtigen Praxis im Kanton Zürich bedeute: So müssten die Frauen bei einer sozialen Indikation, das heisst, «bei Vorliegen einer sozialen Notlage ausser dem Arzte neu auch noch einen Sozialarbeiter ihres Wohnsitzes aufsuchen. [...] Sie wären gezwungen, ihre Notlage zu erklären und vor dem fremden, amtlichen Sozialarbeiter ihre familiären und intimsten Schwierigkeiten in demütigender Art und Weise auszubreiten.» Neu würde auch das Wohnortsprinzip angewendet, wodurch die Frauen nicht mehr in andere Kantone ausweichen könnten. Das Gesetz würde die ungleiche Behandlung der Frauen in den Kantonen nicht beheben, sondern verschärfen. Fazit des Schreibens war: «Ob nun das Referendum zustande kommt oder nicht, und wie immer auch der Ausgang einer allfälligen Volksabstimmung sein wird, die Lage ist und bleibt unerfreulich. Das Problem ist nicht gelöst.»[44] | ABB. 124 Im Schreiben blieb die Enttäuschung verständlicherweise nicht verborgen, denn dieses Gesetz hätte für den Kanton Zürich tatsächlich einen grossen Rückschritt bedeutet.[45] Das Referendum kam zustande und das vorgeschlagene Gesetz wurde 1978 an einer Volksabstimmung mit einem Anteil von 68,8 Prozent Nein-Stimmen klar abgelehnt.[46]

EINE LÖSUNG WIRD GEFUNDEN

In den 1980er Jahren war die Diskussion blockiert: durch den Versuch, föderalistische Lösungsansätze im Parlament durchzubringen einerseits, und durch die von rechter Seite lancierte Initiative *Recht auf Leben* andrerseits. Diese Initiative wurde 1985, die parlamentarische Initiative für eine föderalistische Lösung des Schwangerschaftsabbruchs 1987 abgelehnt. Erst 1993 nahm der Nationalrat eine parlamentarische Gesetzesinitiative der sozialdemokratischen Partei an, die die Fristenlösung, das heisst eine straffreie Abtreibung in den ersten zwölf Wochen, vorsah und mit einer Änderung des Strafgesetzbuches erreicht werden sollte. Diese Lösung wurde von vielen Frauenorganisationen, auch vom BSF und von der Frauenzentrale, unterstützt.[47] Nach langem Ringen wurden die Änderungen des Strafgesetzbuches von der Bundesversammlung gutgeheissen. Dagegen ergriffen nun die CVP und rechtskonservative Kreise das Referendum. Am 2. Juni 2002 kam es erneut zu einer eidgenössischen Volksabstimmung. Diesmal wurde die Fristenlösung mit 72,2 Prozent Ja-Stimmen angenommen.[48] Nach fast dreissig Jahren hatte die Schweiz nun einen Konsens in der Abtreibungsfrage erreicht.

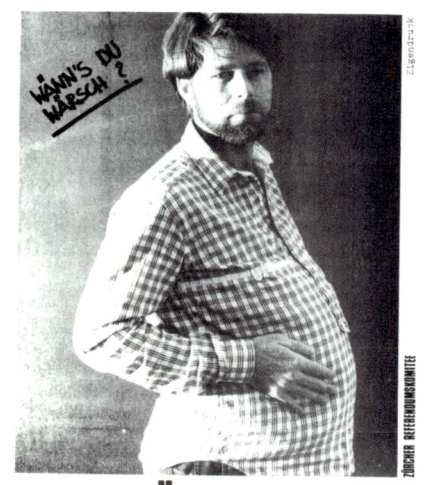

GEWALT GEGEN FRAUEN

Mit dem Aufdecken der patriarchalen Machtverhältnisse in allen gesellschaftlichen Bereichen machte die neue Frauenbewegung auch Gewalt gegenüber Frauen in privaten Beziehungen und in der Familie sichtbar. Häusliche Gewalt war bis anhin von der breiten Öffentlichkeit und den Medien nicht thematisiert worden. Wohl aber von der Frauenzentrale, die sich von Anfang an für diese Problematik interessierte und die FBB, die sich damit auseinandersetzte, unterstützte. An der nationalen Kundgebung der Frauen vom 8. März 1977 in Basel protestierten Vertreterinnen der FBB Zürich erstmals öffentlich gegen die Gewalt an Frauen. Danach blieb das Thema auf der Agenda der neuen Frauenbewegung, und die Öffentlichkeit wurde zunehmend damit konfrontiert.[49]

In Zürich bildete sich im Frühling 1975 in der FBB eine Arbeitsgruppe, die sich mit allen Formen der Gewalt gegen Frauen auseinanderzusetzen begann.[50] Mitglieder der Arbeitsgruppe hatten 1976 am *Internationalen Frauentribunal* in Brüssel, das diesem Thema gewidmet war, teilgenommen. Im März 1977 setzte sich die Arbeitsgruppe zum Ziel, die Theorie in die Praxis umzusetzen. Sie konzentrierte sich auf die physische Gewalt in der Ehe und gründete den *Verein zum Schutz misshandelter Frauen,* um mittelfristig ein Frauenhaus als Zufluchtsort für misshandelte Frauen und Kinder aufzubauen. In einem ersten Schritt eröffnete der Verein im Frauenzentrum eine Beratungsstelle; im Februar 1979 mietete er dann eine Wohnung, in der er erstmals von Gewalt betroffene Frauen mit ihren Kindern aufnahm. Der grosse Ansturm überraschte und bestärkte ihn in seinem Anliegen. Im Juli 1979 eröffnete der Verein in Zürich das erste Frauenhaus in der Schweiz.[51] In der Folge gründeten Frauen auch in anderen Städten Frauenhäuser und Mitte der 1980er Jahre wurden dann Nottelefone für vergewaltigte Frauen geschaffen. Die Projekte, die Gewalt gegen Frauen thematisierten, waren die öffentlichkeitswirksamsten der neuen Frauenbewegung.[52] | ABB. 125

| ABB. 124 In Zürich ist das Engagement für das Referendum gegen das neue Bundesgesetz über den Schwangerschaftsabbruch gross, da die Annahme des Gesetzes für die Zürcherinnen einen grossen Rückschritt bringen würde. Das Bild zeigt ein Flugblatt des Zürcher Referendumskomitees für ein Fest im Volkshaus gegen das neue Bundesgesetz.

Die Zürcher Frauenzentrale hatte schon früh Kontakt zum *Verein zum Schutz misshandelter Frauen* aufgenommen. Nach einer Fernsehsendung über Gewalt gegen Frauen am 21. Juni 1977[53] seien «ständig Anfragen und Notrufe von Frauen gewalttätiger Ehemänner» an sie gelangt.[54] Das war der Moment, um mit dem Verein in Kontakt zu treten, aber auch um im Vorstand ausgiebig über das Thema zu diskutieren. Es wurde sogar in Erwägung gezogen, dass die Frauenzentrale ein «neues Werk ins Leben rufen» könnte und dass sich das Haus der Mütterschule als «Zufluchtsort für misshandelte Frauen» dafür eignen würde. Geplant war, die Mütterschule in das kleinere Nebenhaus umzusiedeln, da das ihr angegliederte Säuglingsheim geschlossen wurde. Die Verhandlungen über die Möglichkeit, das Haus der Mütterschule als Frauenhaus zu nutzen, führten aus unterschiedlichen Gründen nicht zum Erfolg und man entschied sich gegen die Übernahme neuer Aufgaben.

| ABB. 125 Im Jahr 1978 findet die nationale Veranstaltung zum Internationalen Frauentag in Freiburg statt. Im Zentrum stehen der straffreie Schwangerschaftsabbruch und die besonders strenge Handhabung der Abtreibung im katholischen Kanton Freiburg. Aus Zürich ist die Gruppe des Vereins zum Schutz misshandelter Frauen präsent.

Auf Einladung der Frauenzentrale berichteten jedoch zwei Vertreterinnen des *Vereins zum Schutz misshandelter Frauen,* Jeanne Dubois und Nora Escher, im Vorstand über ihre Arbeit und den Plan, zunächst eine Beratungsstelle und später ein Frauenhaus zu realisieren. Die beiden Frauen wünschten von der Frauenzentrale Austausch von Erfahrungen und «moralische und ideelle» Unterstützung. Im Anschluss an das Gespräch beschloss der Vorstand der Frauenzentrale, das Thema an der Jahresversammlung aufzunehmen.[55] An dieser Jahresversammlung von 1978, an der über 200 Frauen teilnahmen, organisierte der Vorstand eine Podiumsdiskussion zum Thema Gewalt an Frauen. Es bestand Konsens, dass der *Verein zum Schutz misshandelter Frauen* tatkräftig unterstützt werden sollte.[56] Dass der Verein etwas später das Konzept für das künftige Frauenhaus an den Vorstand der Zürcher Frauenzentrale sandte, kann als Signal für eine wohlwollende Zusammenarbeit verstanden werden. Zu reden gab weiter die Form der Mitgliedschaft. Eine Aktivmitgliedschaft verlangte nicht nur finanzielle Unterstützung, sondern auch aktive Mitarbeit. Eine solche wollte die Frauenzentrale aber nur eingehen, wenn sie jemanden in den Vorstand des Vereins delegieren konnte.[57] Bald zeichnete sich dann eine andere Lösung ab. Die Frauenzentrale liess sich in den geplanten Stiftungsrat wählen, der die Aufgabe übernehmen sollte, sich für die finanzielle Unterstützung zu engagieren. Der Vorstand war einhellig der Meinung, dass Liselotte Meyer-Fröhlich die Frauenzentrale darin vertreten solle.[58] | ABB. 126

Das Frauenhaus beschäftigte die Frauenzentrale immer wieder, so auch an der letzten von Liselotte Meyer-Fröhlich als Präsidentin geleiteten Jahresversammlung 1981. Sie hatte sich während ihrer Präsidialzeit und darüber hinaus als Mitglied des Stiftungsrates stark für das Frauenhaus eingesetzt und dieses unterstützt. Von der Frauenzentrale erhielt das Frauenhaus zudem mehrmals finanzielle Beiträge. 1987 schrieb Liselotte Meyer-Fröhlich als Mitglied des Stiftungsrates, «dass das Frauenhaus, das bei seiner Eröffnung 1979 von vielen – auch von Frauen – als überflüssig und provozierend abgetan wurde, heute eine leider notwendige, stark benutzte Einrichtung» sei.[59]

| ABB. 126 **Liselotte Meyer-Fröhlich** (*1923 Bombay) ist promovierte Juristin. Wie viele Frauen ihrer Generation übt sie ihren Beruf nach der Heirat nicht aus. Sie wird als Mitglied der freisinnig-demokratischen Partei zunächst Schulpflegerin, dann Gemeinderätin in der Stadt Zürich und schliesslich Kantonsrätin. Sie setzt sich in diesen Gremien stets für Frauenanliegen und die rechtliche Gleichstellung der Frauen ein, manchmal auch gegen die Parteilinie. 1964 wird Liselotte Meyer-Fröhlich in den Vorstand der Zürcher Frauenzentrale gewählt und von 1974 bis 1982 übernimmt sie das Präsidium. Von 1985 bis 2004 ist sie Mitglied des Stiftungsrates des Zürcher Frauenhauses.

«WER SCHLAAT, GAAT!»

2004 wurde häusliche Gewalt erneut zu einem Schwerpunktthema in der Frauenzentrale.[60] Sie machte sich stark für das *Gewaltschutzgesetz (GSG)* im Kanton Zürich, das verbesserten Schutz gegen die häusliche Gewalt bot und die Schaffung von Beratungsstellen als flankierende Massnahme sicherte. Das Gesetz fusst auf dem Leitgedanken, dass, wer Gewalt ausübt, von der Polizei weggewiesen werden kann. Die Frauenzentrale lancierte eine breit angelegte Kampagne mit Kino-Spots, Plakaten und Inseraten. | ABB. 127 Im Mai 2006 veranstaltete sie eine Medienorientierung, die grosses Echo auslöste.[61] Andrea Gisler, damals Vorstandsmitglied und ab 2011 Präsidentin, hob hervor, dass nach wie vor die Meinung vorherrsche, dass Gewalt an Frauen schichtabhängig sei. Dem sei nicht so, stellte sie klar, Gewalt komme in allen sozialen Schichten vor, und gerade den sozial gut gestellten Opfern falle eine Thematisierung oft schwer. Sie vertrat, dass «Frauen unabhängig von ihrem kulturellen Hintergrund ein Recht darauf hätten, vor Misshandlungen geschützt zu werden. Ein kulturell begründeter Relativismus beim Thema häusliche Gewalt sei absolut fehl am Platz.» Gesetzliche Grundlagen zum Schutz vor häuslicher Gewalt seien wichtig, aber sie alleine würden nicht genügen. Es seien

| ABB. 127 Mit diesem Plakat «Stopp häusliche Gewalt» wirbt die Frauenzentrale auf dem Zürcher Hauptbahnhof für das neue Gewaltschutzgesetz des Kantons Zürich.

zusätzlich «Massnahmen im gesellschaftspolitischen Bereich, beispielsweise eine aktive Gleichstellungspolitik, notwendig».[62] Der Einsatz der Frauenzentrale lohnte sich. Der Kantonsrat nahm das *Gewaltschutzgesetz* am 19. Juni 2006 an. Der Kanton Zürich hat seither eines der fortschrittlichsten Gewaltschutzgesetze der Schweiz.

LANGSAM SICH VERÄNDERNDE FRONTEN

Auch wenn die neue Frauenbewegung mit ihren provokativen Auftritten und Aktionen Irritationen und Abgrenzungen auslöste und die unterschiedlichen Sichtweisen der neuen und der alten Frauenbewegung anfänglich unvereinbar schienen, entwickelte sich im Laufe der Zeit bei ausgewählten Themen eine Zusammenarbeit, die eine neue Dynamik in die Frauenanliegen brachte und zumindest einem Teil der alten Frauenbewegung zu neuem Auftrieb verhalf. Die bürgerliche Frauenbewegung, die in einem ganz anderen historischen Kontext entstanden war, hatte als zentrales Ziel, ins bestehende politische System integriert zu werden, und verfolgte vorrangig die rechtliche und politische Gleichstellung. Die Frauen agierten in der Logik der etablierten institutionellen Politik und der vorhandenen Kanäle und Prozesse, die einen hohen Organisationsgrad mit klaren Strukturen und Zuständigkeiten forderten.[63]

Die neue Frauenbewegung hingegen stellte das patriarchale Gesellschaftssystem grundsätzlich in Frage und deckte diskriminierende Aspekte in allen gesellschaftlichen Bereichen auf. Sie stellte die Machtfrage und strebte eine Veränderung des Systems an. Damit traten neue Themen wie strafloser Schwangerschaftsabbruch oder Gewalt in der Familie und in Beziehungen in den Vordergrund. Gerade bei diesen inhaltlichen Themen ergaben sich Schnittpunkte, die eine punktuelle Zusammenarbeit zwischen der neuen und der bürgerlichen Frauenbewegung möglich machten. Waren die gegenseitigen Vorbehalte und Abgrenzungen zu Beginn noch sehr stark, wich in der Zusammenarbeit das Misstrauen und machte immer mehr konstruktiven Auseinandersetzungen Platz.

Der neuen Frauenbewegung ist es zu verdanken, dass die beiden Themen Gewalt an Frauen und Schwangerschaftsunterbrechung auf die politische Agenda gesetzt wurden. Heute sind Frauenhäuser und Beratungsstellen in der Regel staatlich subventionierte Einrichtungen. Am Beispiel der Zürcher Frauenzentrale wird auch deutlich, dass etablierte Organisationen in der Regel weniger Aufbrüche auslösen, sondern um Kontinuität bemüht sind. Die neue Frauenbewegung, die sich als spontan agierende soziale Bewegung verstand, hat in der damaligen Situation sehr viel ausgelöst und bewirkt, hat sich aber nicht halten können. Ihre Anliegen wurden weitgehend von neuen Organisationen, wie etwa von den nach und nach entstehenden Gleichstellungsbüros, übernommen und weiterentwickelt.

12_ RECHTLICHE GLEICHSTELLUNG

Mit der Einführung des Frauenstimmrechts ist ein wichtiges Ziel der bürgerlichen Frauenbewegung erreicht. Rückblickend auf das Jahr 1971 macht sich die Präsidentin der Zürcher Frauenzentrale Hulda Autenrieth-Gander ihre Gedanken: «Haben wir damit das Ziel der Frauenbewegung erreicht? Diese Frage stellen heisst sie verneinen. Die Männer haben uns das Werkzeug in die Hand gelegt, mit dem wir, unserem demokratischen Staat gemäss, Hand anlegen können, um in unserem Land die Daueraufgabe der Frauenbewegung verwirklichen zu helfen: Die ebenbürtige Partnerschaft von Mann und Frau in Familie und Beruf, in Gesellschaft und Staat.»[1] Partnerschaft ist denn auch ein wichtiges Stichwort der auf die Abstimmung folgenden Jahre.

Im Zentrum stehen wichtige Stationen auf dem Weg zur rechtlichen Gleichstellung von Frauen und Männern. Dazu gehört der Verfassungsartikel *Gleiche Rechte für Frau und Mann*. Stark engagiert hat sich die Frauenzentrale auch bei der Revision des neuen Eherechts, welche die Zürcher Frauenzentrale anregte, eine Rechtsberatungsstelle ins Leben zu rufen – ein bis heute wichtiges Standbein ihrer Arbeit.

DIE KRISE DER BÜRGERLICHEN FRAUENBEWEGUNG NACH 1971

Das Frauenstimmrecht war über Jahrzehnte das gemeinsame Anliegen der bürgerlichen Frauenbewegung gewesen, wie die Historikerin Silke Redolfi am Beispiel des *Bundes Schweizerischer Frauenorganisationen (BSF)* zeigt. Nun, mit dessen Einführung, verlor der Dachverband nicht nur ein verbindendes Ziel, sondern auch seine Rolle als Vermittler zwischen dem Staat und der Frauenbewegung: Die ins Bundesparlament gewählten Frauen vertraten jetzt ihre Sache selbst. Konkurrenz bekam der BSF zudem durch die neue Frauenbewegung, die ihre Forderungen nach Selbstbestimmung und Gleichberechtigung ebenfalls selbst vertreten konnte und wollte.[2]

Diese Orientierungskrise ging auch an der Frauenzentrale nicht spurlos vorbei. Im Winter 1973/74 setzte sich der Vorstand gleich zweimal mit Zukunftsfragen auseinander. Zur Sprache kamen zum einen die künftigen Aufgaben der Frauenzentrale, zum anderen ihre Arbeitsweise. Als Brainstorming angelegt, war die Diskussion offen für unterschiedlichste Themen. Probleme von Alleinstehenden und Alleinerziehenden, von unvollständigen Familien also, aber auch der Kontakt zu jungen Frauen, insbesondere zu jungen Müttern, und wie sie vermehrt angesprochen und aktiviert werden könnten, standen im Vordergrund. Ein Mitglied verteidigte die sozialen Aufgaben; sie seien ebenso wichtig wie die politischen.[3] In der Tat dürfte das soziale Engagement die Frauenzentrale vor einer tiefer gehenden Krise verschont haben. Einrichtungen wie die Mütterschule oder die Wärmestuben gaben im Tagesgeschäft den Takt an. Anders als der BSF bezog die Frauenzentrale einen Teil ihrer Legitimation aus ihren karitativen Werken und aus dem Kurswesen.

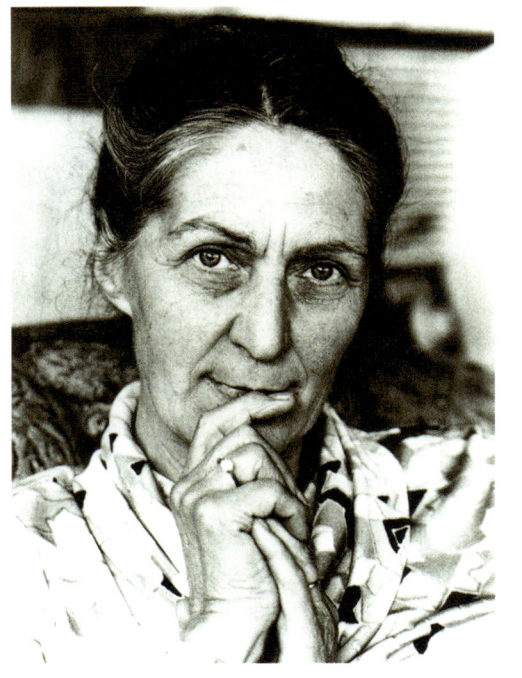

PARTNERSCHAFT ALS LOSUNG

Mit ihrem eingangs erwähnten Wunsch nach einer «ebenbürtigen Partnerschaft von Mann und Frau in Familie und Beruf, in Gesellschaft und Staat» war Hulda Autenrieth-Gander nicht allein. | ABB. 128 Partnerschaft war ein Begriff, der seit den 1960er Jahren von der bürgerlichen Frauenbewegung allgemein hochgehalten wurde. Nicht zufällig wurde er auch in der 1974 erschienenen soziologischen Studie von Thomas Held und René Levy über *Die Stellung der Frau in Familie und Gesellschaft* aufgegriffen. Kritisch merkten die beiden Autoren an: «Die Ideologie, die Frau sei gleichberechtigt, ist stärker als die Tatsache, dass Unterschiede fortbestehen. Am deutlichsten kommt das Bemühen, der unveränderten Diskriminationssituation eine beschönigende Gleichberechtigungsideologie aufzuzwingen, im Begriff der ‹Partnerschaft› zwischen Mann und Frau zum Ausdruck.»[4] Dieser Begriff täusche darüber hinweg, dass die meisten Frauen von ihren Ehemännern abhängig seien.

Die Vorgeschichte der Studie von Held und Levy reicht zurück in die 1960er Jahre. 1965 hatte die UNO beschlossen, ein umfassendes Frauenförderprogramm zu lancieren. Diese Idee wurde damals von Stimmrechtskämpferinnen und der UNESCO-Kommission aufgenommen, und sie regten an, die Situation der Frauen

| ABB. 128 **Hulda Autenrieth-Gander** (1913 Basel – 2006 Rüschlikon) studiert in Zürich und in Bern Jura. Ab 1944 ist sie im Vorstand der Zürcher Frauenzentrale und von 1954 bis 1974 deren Präsidentin, zunächst im Co-Präsidium mit Margrit Bosch-Peter. Ihre wichtigsten Anliegen sind die politische und rechtliche Gleichstellung der Frauen und der Konsumentenschutz, der während ihrer Präsidialzeit in der Frauenzentrale zu einem dominanten Thema wird. Sie ist Mitinitiantin des Konsumentinnenforums der deutschen Schweiz und erste Frau im Kirchenrat des Kantons Zürich. Sie ist wesentlich beteiligt am Zustandekommen des vierten schweizerischen Frauenkongresses 1975 und eine der Hauptorganisatorinnen.

in der Schweiz umfassend zu untersuchen. Allerdings mussten sie noch einige Jahre lobbyieren, bis der Bund die erforderlichen Mittel sprach. Die Publikation wurde nach ihrem Erscheinen breit rezipiert, auch in der Frauenzentrale: «Im Jahr 1974 hat wohl in allen Frauenorganisationen der UNESCO-Bericht über die *Stellung der Frau in der Schweiz* von Th. Held und R. Levy am meisten zu diskutieren gegeben.»[5] Die Frauenorganisationen setzten sich so intensiv mit dem Bericht auseinander, weil der Bundesrat sie zur Stellungnahme eingeladen hatte. Der Vorstand der Frauenzentrale bestellte für die Behandlung der Studie eigens eine Kommission. Sie kam zum Schluss, die Untersuchung sei eine «notwendige, nützliche und aufschlussreiche Analyse». Beanstandet wurde jedoch, dass die ledigen Mütter, die Witwen und geschiedenen Frauen nicht in die Untersuchung einbezogen worden seien. Weiter wurde kommentiert: «Auch das Bild der Familie und die Stellung der Frau in dieser ist nicht so schlecht, wie es im Bericht zum Ausdruck kommt. Sehr energisch wurde kritisiert, dass die Wertung der weitgehend von den Frauen geleisteten Erziehungsarbeit vollständig fehle. Nicht die Familie als solche ist veraltet, wohl aber die Wertung des Berufs der ‹Nur›-Hausfrau.»[6]

DER FRAUENKONGRESS VON 1975

Wessen Idee es ursprünglich gewesen war, einen vierten schweizerischen Frauenkongress zu planen, ist im Nachhinein nicht mehr eruierbar. Jedoch dürfte Hulda Autenrieth-Gander eine der treibenden Kräfte gewesen sein. Parallel zur Auseinandersetzung mit der Studie von Held und Levy liefen nun jedenfalls auch die Vorbereitungen zum Frauenkongress 1975. Ein weiterer Aufhänger für einen solchen Anlass war das für 1975 durch die UNO vorgesehene *Jahr der Frau*. Im BSF war der Frauenkongress ab 1972 Thema, und in der Frauenzentrale wird er ab Frühjahr 1973 zu einem ständigen Traktandum. Auf Einladung des BSF fand im Sommer des gleichen Jahres in Bern die konstituierende Sitzung der *Arbeitsgemeinschaft «Die Schweiz im Jahr der Frau» (ARGE)* statt. Zur Präsidentin und Geschäftsführerin wurde die junge Zürcher Juristin Lili Nabholz gewählt. | ABB. 129 Hulda Autenrieth-Gander

| ABB. 129 **Lili Nabholz-Haidegger** (*1944 Solothurn) ist als Präsidentin der Arbeitsgemeinschaft «Die Schweiz im Jahr der Frau» (ARGE) die Hauptverantwortliche für die Organisation des vierten schweizerischen Frauenkongresses 1975 in Bern. Von 1979 bis 1987 ist sie Präsidentin der Eidgenössischen Kommission für Frauenfragen, die vom Bundesrat auf Druck der Frauenorganisationen 1976 eingesetzt wird. Zwischen 1987 und 2003 vertritt sie die FDP Zürich im Nationalrat. Sie nimmt massgeblichen Einfluss auf die 10. AHV-Revision, welche das Splitting und die Erziehungsgutschriften bringt. Ab den 1990er Jahren bis zu ihrer Pensionierung ist die Rechtsanwältin als Ombudsfrau der Privatversicherungen und der SUVA tätig. Die Aufnahme entsteht anlässlich des Frauenkongresses 1975.

übernahm den Vorsitz der Themenkommission. Claire Baenninger, Vorstandsmitglied der Frauenzentrale, wurde Kassierin der ARGE. Der dreitägige Kongress fand im Januar 1975 im Berner Kursaal statt. Er wurde von über 2000 Teilnehmerinnen besucht.[7] Die Hauptreferate standen im Zeichen der Partnerschaft von Mann und Frau. Daneben gab es rund vierzig Parallelveranstaltungen zu unterschiedlichen Themen. Gleichzeitig hielt die neue Frauenbewegung im bernischen Gäbelbach-Quartier einen Gegenkongress ab. Gemeinsames, aber sehr kontrovers diskutiertes Thema war die Abtreibungsfrage. | ABB. 130, 131

Von Bedeutung waren die Resolutionen, zu welchen die Mitgliederorganisationen der ARGE schon im Vorfeld befragt worden waren. Sie befassten sich mit der rechtlichen Gleichstellung der Frauen, mit der Schaffung eines eidgenössischen Organs für Frauenfragen, mit der Abtreibungsfrage sowie mit der Unterstützung der Frauen in den Ländern der Dritten Welt. Sie wurden an der Schlussveranstaltung des Kongresses diskutiert und mit unterschiedlichen Mehrheiten verabschiedet. Abgelehnt wurde hingegen eine Resolution, die verlangte, künftig auf die Anrede «Fräulein» zu verzichten. Verärgert kommentierte eine der Initiantinnen: «Es wurde gesagt, dass das Anliegen nicht wichtig sei. Das hat man schon beim Frauenstimmrecht gesagt. Wir müssen konsequent werden in unserer Forderung nach Gleichheit. Man nenne mir einen Grund, warum man diese Unterscheidung zwischen Ledigen und Verheirateten beibehalten soll. Wenn ja, warum trifft das nicht auch auf den Mann zu?»[8]

Ungewöhnlich schnell, nämlich bereits 1976, nahm die *Eidgenössische Kommission für Frauenfragen (EKF)* unter dem Präsidium der Zürcher Stadträtin Emilie Lieberherr ihre Arbeit auf. Sie war das erste staatliche Gleichstellungsgremium in der Schweiz und sollte es für einige Jahre auch bleiben. Das eidgenössische, die kantonalen sowie die städtischen Gleichstellungsbüros wurden erst später eingerichtet. Den Anfang machte der Kanton Jura im Jahr 1979, die weiteren folgten erst ab Ende der 1980er Jahre. Die EKF erhielt den Auftrag, die Gesetzesentwürfe des Bundes gleichstellungspolitisch zu prüfen, den Bundesrat und die Bundesverwaltung zu beraten, die Situation der Frauen in der Schweiz zu analysieren und Verbesserungen vorzuschlagen sowie zusammen mit anderen staatlichen und nicht staatlichen Organisationen den Gleichstellungsprozess zu fördern.[9]

| ABB. 130 Der dreitägige Frauenkongress von 1975 findet im Berner Kursaal statt. Die UNO-Generalversammlung hat dieses Jahr zum Internationalen Jahr der Frau bestimmt. In der Schweiz stehen die etablierten Frauenorganisationen hinter dem Kongress. Über 2000 Frauen nehmen daran teil. Neben den Hauptreferaten werden zahlreiche Workshops durchgeführt. Im gleichen Jahr findet in Mexiko-City die erste UN-Weltfrauenkonferenz statt.

DIE INITIATIVE «GLEICHE RECHTE FÜR MANN UND FRAU»

Schwieriger gestaltete sich die Umsetzung der ersten von den Frauenorganisationen lancierten Initiative *Gleiche Rechte für Mann und Frau*. Ihr Ziel war es, die Gleichstellung von Frau und Mann vor dem Recht, in Familie, Ausbildung und Beruf in Artikel 4 der Bundesverfassung explizit zu verankern. Die Initiative hatte bereits am Frauenkongress einen schweren Stand gehabt. Hulda Autenrieth-Gander vertrat hier den Initiativtext mit dem Hinweis: «Es wurde wiederholt geltend gemacht, dass Art. 4 BV genüge und dass das, was wir in Art. 4bis beifügen wollen, überflüssig sei. Die Vergangenheit hat bewiesen, dass die Gleichheit, was die Frauen betrifft, sehr negativ ausgelegt wurde, und zwar mit der Begründung, man könne nicht Gleiches mit Ungleichem vergleichen.»[10] Auch weitere Votantinnen hatten sich dafür eingesetzt. Schliesslich wurde die Resolution im Plenum mit dem relativ bescheidenen Stimmenverhältnis von 682 zu 375 Stimmen angenommen. «Sonderbarerweise» – so Martine Chaponnière in ihrer Publikation zur Initiative – «wandten sich die Argumente der Gegner[innen] nicht gegen den Inhalt, sondern gegen die Form der Initiative. Frauen, die bis anhin immer den Instanzenweg befolgt hatten, um ihre Rechte durchzusetzen, fanden nun plötzlich, dass die Benützung der zur Verfügung stehenden Mittel unpassend sei. Nicht dass

| ABB. 131 Am Frauenkongress 1975 treten auch Vertreterinnen der neuen Frauenbewegung auf. Mit Transparenten machen sie auf das damals heiss diskutierte Thema Schwangerschaftsabbruch aufmerksam. Gleichzeitig werben sie für den Gegenkongress im Berner Quartierzentrum Gabelbach.

sie es vorgezogen hätten, auf die Strasse zu gehen – weit davon entfernt. Sie zeigten vielmehr den alten weiblichen Reflex, nämlich die Angst, dass die Männer den Frauen nichts mehr ‹schenken› würden, wenn diese fortführen, nach dem kleinen Finger den ganzen Arm zu verlangen.»[11]

Im März 1975 wurde das Initiativkomitee konstituiert. Es bestand aus fünfzehn Frauen, unter ihnen auch die Ehrenpräsidentin der Frauenzentrale, Hulda Autenrieth-Gander. Doch dann folgten zwei empfindliche Rückschläge: Bei den Delegierten des BSF fand die Initiative nicht die Zweidrittelmehrheit, die erforderlich gewesen wäre, damit der BSF sich an der Unterschriftensammlung beteiligt hätte.[12] Offenbar hatte die Präsidentin des BSF, Jacqueline Berenstein-Wavre, die zusammen mit drei weiteren Vorstandsmitgliedern dem Initiativkomitee angehörte, ihren Einfluss bei den Delegierten zu wenig geltend machen können. Auch der *Schweizerische Verband für Frauenrechte* distanzierte sich erstaunlicherweise von der Initiative. Er zeigte sich zwar einig mit ihren Zielen, war aber der Meinung, es sei besser, die Gleichstellung mit Gesetzesreformen voranzutreiben.[13]

Mehr Verlass war auf die Zürcher Frauenzentrale. Der Vorstand hatte dem Initiativprojekt bereits bei der Vernehmlassung im Vorfeld des Kongresses zugestimmt. Er machte das *Jahr der Frau* zum Thema der Jahresversammlung und warb so bei seinen Mitgliedern für die Umsetzung der verschiedenen Resolutionen. Als kompetente Referentin lud er dazu Hulda Autenrieth-Gander ein. Sie äusserte sich kurz danach auch im *Schweizer Frauenblatt* unerschrocken zur Initiative. Auf den Einwand, «man könnte die Männer vertäuben», gab sie zur Antwort: «Jede Freiheitsbewegung – und die Frauenbewegung gehört mit dazu – ist unbequem, muss unbequem sein. Sie stellt Fragen und Forderungen, verlangt Überdenken des Gewohnten und Verzicht auf Privilegien.»[14]

Ende 1975 waren gesamtschweizerisch erst etwa 30 000 der damals 50 000 erforderlichen Unterschriften zusammengekommen, und es brauchte nochmals ein ganzes Jahr, um die erforderliche Unterschriftenzahl zu erreichen. Dazu schrieb die Frauenzentrale: «Die Präsidentin des Initiativkomitees, Frau Dr. Lydia Benz-Burger, hat in einer Gewaltanstrengung und auf weite Strecken im Alleingang 57 296 gültige Unterschriften zusammengebracht. Nur wer selbst einmal Unterschriften gesammelt hat, kann ermessen, was für ein unerhörter Einsatz dahinter steckt.»[15] Kein Zweifel, Lydia Benz-Burger hatte sehr grosse Verdienste für das Zustandekommen der Initiative. Aber auch andere haben sich dafür eingesetzt. Beim Unterschriftensammeln hatten vor allem auch die Frauen der neuen Frauenbewegung einen wichtigen Beitrag geleistet.[16] Von der Frauenzentrale wissen wir lediglich, dass sie an ihrem ZÜSPA-Stand Unterschriftenbögen aufgelegt hatte. Am 15. Dezember 1976 wurde die Initiative eingereicht.

ofra
ORGANISATION FÜR DIE
SACHE DER FRAUEN
SEKRETARIAT: TEL. 031 25 25 92
LAUPENSTRASSE 5   3008 BERN

Frau
Dr. Hulda Autenrieth-Gander
In der Rüti 1
8803 Rüschlikon

Bern, 22. September 1980

Sehr geehrte Frau Dr. Autenrieth,

die Delegiertenversammlung der OFRA-Schweiz hat mich einstimmig und ohne Enthaltungen beauftragt, Sie dringend aufzufordern, die Volksinitiative "Gleiche Rechte für Mann und Frau" auf keinen Fall zurückzuziehen.

Die OFRA sieht es als absolut notwendig an, dass die Initiative bestehen bleibt, damit kein Zweifel an der Ernsthaftigkeit der Forderung nach gleichen Rechten aufkommen kann. Es ist wichtig, dass die Oeffentlichkeit sich von der Standfestigkeit der Initiantinnen überzeugen kann. Ein Gegenvorschlag – wie er auch immer formuliert sei – darf Sie auf keinen Fall unsicher werden lassen.

In diesem Sinne versichern wir Sie unserer uneingeschränkten Unterstützung und verbleiben

mit freundlichen Grüssen

für die OFRA-Schweiz

Zita Küng

Zwei Jahre später verfasste die Frauenzentrale im Rahmen des Vernehmlassungsverfahrens des Bundesrates eine ausführliche Stellungnahme. Sie hoffte auf eine breite Diskussion: «Wir sind uns wohl bewusst, dass die Frauenprobleme nicht ausschliesslich Rechtsprobleme sind, sondern ihre Wurzeln in gesellschaftlichen Konventionen und Leitbildern haben. Wir rechnen aber damit, dass die Diskussion über die Initiative [...] in der schweizerischen Öffentlichkeit bewusstseinsfördernd wirkt und auch im gesellschaftlichen Bereich mithilft, einer partnerschaftlichen Haltung der Frau gegenüber den Weg zu öffnen.»[17]

Um bestehende Ungleichheit zwischen den Geschlechtern zu illustrieren, griff sie zu einem damals verbreiteten Mittel. Sie untersuchte die Darstellung der Geschlechter in einem Zürcher Lehrmittel. Im Lesebuch für die 6. Klasse fand sie 118 Männer und 32 Frauen, 40 Buben und 10 Mädchen, die Männer dargestellt als Direktor, Lehrer, Polizeiwachtmeister, Bauer, Kapitän, Pilot, Richter, Kaufmann, Wirt, Lehrling, Kranführer, Ingenieur, Arzt, Schneider, Beamter, Gärtner, Wissenschaftler oder Sportler, die Frauen dagegen als Zeitungsausträgerin, Dienstmädchen, Küchenhilfe, Köchin, Bäuerin, Putzfrau, Serviertochter, Wirtin, Stewardess, Bürofräulein oder Ladentochter. Ein eindrückliches Beispiel dafür, dass die Schule noch stark von alten Rollenklischees geprägt sei.

Aufgrund der Vernehmlassungsantworten machte der Bundesrat im Herbst 1979 dem Parlament einen Gegenvorschlag zur Initiative: Die Übergangsbestimmungen sollten gestrichen werden. Diese verlangten nämlich, die Anliegen der Initiative müssten innerhalb von fünf Jahren umgesetzt werden. Das Parlament entschied sich 1980 für den bundesrätlichen Gegenvorschlag – trotz einer grossen

| ABB. 132 Diesen Brief erhält Hulda Autenrieth-Gander als Mitglied des Initiativkomitees «Gleiche Rechte für Mann und Frau». Zita Küng vertritt die Organisation für die Sache der Frau OFRA, die 1977 in der Roten Fabrik in Zürich gegründet worden ist. Die OFRA besteht bis 1997. Im Unterschied zu der schon früher gegründeten Frauenbefreiungsbewegung FBB gibt sie sich feste Strukturen und richtet ein nationales Sekretariat ein.

nationalen Demonstration auf dem Bundesplatz. Um am Schluss nicht mit leeren Händen dazustehen, sah sich das Initiativkomitee schliesslich veranlasst, die Initiative zugunsten des Gegenvorschlags zurückzuziehen. | ABB. 132

ERFOLGREICHER ABSTIMMUNGSKAMPF

Nun musste noch die Abstimmung gewonnen werden. Die Befürworterinnen und Befürworter fanden sich in der *Interessengemeinschaft (in)* zusammen. | ABB. 133 Präsidiert wurde die Interessengemeinschaft von der damaligen SP-Ständerätin Emilie Lieberherr und dem Genfer FDP-Nationalrat Gilles Petitpierre. Dem Vorstand gehörte unter anderen Lieselotte Meyer-Fröhlich an, seit 1974 Präsidentin der Zürcher Frauenzentrale und in dieser Funktion auch Vertreterin der anderen Frauenzentralen. Die Frauenzentrale übernahm die Geschäftsstelle des nationalen Aktionskomitees. Zu ihren Aufgaben gehörte es unter anderem, Schirme und Jutentaschen mit dem (in)-Logo zu vertreiben. Mit dem Erlös sollte die Kampagne finanziert werden. | ABB. 134

Der Abstimmungskampf war insofern schwierig, als sich die Gegnerinnen und Gegner mehrheitlich bedeckt hielten. Bis auf ein kleines *Komitee gegen Gleich-*

| ABB. 133 Der Verfassungsartikel «Gleiche Rechte für Mann und Frau» kommt am 14. Juni 1981 zur Abstimmung. Die Vorlage wird mit 60 Prozent Ja-Stimmen angenommen. Die Resultate sind nach Kantonen sehr unterschiedlich: In Genf stimmen 85 Prozent der Stimmbürgerinnen und Stimmbürger zu, in Appenzell Innerrhoden lediglich 32 Prozent. Zürich liegt mit einem Ja-Stimmen-Anteil von 63 Prozent leicht über dem schweizerischen Durchschnitt.

| ABB. 134 Für die Abstimmungskampagne zum Verfassungsartikel «Gleiche Rechte für Mann und Frau» wird die Interessengemeinschaft (in) gebildet. Geschäftsstelle des schweizerischen Aktionskomitees ist die Zürcher Frauenzentrale. Im Kassabuch wird festgehalten, wer welche Werbeartikel für den Abstimmungskampf bestellt.

macherei schienen alle die Gleichstellung zu befürworten. Zur Abstimmung kam es dann am 14. Juni 1981. Gesamtschweizerisch wurde der Gegenvorschlag mit 60 Prozent Ja-Stimmen angenommen. Im Kanton Zürich hatten sogar zwei Drittel der Stimmberechtigten zugestimmt. Neu stand nun in Artikel 4 Absatz 2 der Bundesverfassung: «Mann und Frau sind gleichberechtigt». Das Gesetz sorgt für ihre Gleichstellung, vor allem in Familie, Ausbildung und Arbeit. Mann und Frau haben Anspruch auf gleichen Lohn für gleichwertige Arbeit.»[18] Zehn Jahre später erinnerte der landesweite *Frauenstreik* daran, dass dieser Verfassungsauftrag in vielen Bereichen noch nicht umgesetzt war. | ABB. 135

DAS NEUE EHERECHT

Mit dem Verfassungsartikel zur Gleichstellung von Frauen und Männern war das Bundesparlament nun in der Pflicht, diesen rechtlich einzulösen und die bestehenden Gesetze anzupassen.[19] Besonders gross war der Reformbedarf im Bereich der Sozialversicherungen und des Familienrechts, geregelt im *Schweizerischen Zivilgesetzbuch (ZGB)*. Es war 1912 in Kraft gesetzt worden. Bis dahin war das Eherecht kantonal geregelt gewesen. Seine Entstehung wurde von den fortschrittlichen Frauenorganisationen scharf beobachtet, und sie versuchten, mit verschiedenen Eingaben Einfluss zu nehmen. Im Zentrum ihrer Kritik standen die rechtliche Unterordnung der Ehefrau, das Güterrecht, das dem Ehemann die Verwaltung und Nutzung des gemeinsamen Vermögens überliess, sowie das Erbrecht, welches der überlebenden Person eines Ehepaares nur stark eingeschränktes Eigentums- und Nutzungsrecht gewährte. Zudem war die Ehefrau gesetzlich verpflichtet, den Haushalt zu führen und die Kinder zu betreuen. Wollte sie einer Erwerbsarbeit

| ABB. 135 Veranstaltung im Volkshaus Zürich zum Frauenstreik am 14. Juni 1991. In der ganzen Schweiz finden Aktionen statt, die daran erinnern, dass der zehn Jahre zuvor angenommene Verfassungsartikel zur Gleichstellung noch nicht eingelöst ist.

nachgehen, war sie auf die stillschweigende oder sogar ausdrückliche Erlaubnis ihres Ehemannes angewiesen. Die Vorschläge der Frauenorganisationen fanden jedoch wenig Beachtung. | ABB. 136

Den Stein ins Rollen brachte schliesslich der *Schweizerische Juristenverein*, der 1957 forderte, das Eherecht zu revidieren. Noch im gleichen Jahr setzte das *Eidgenössische Justiz- und Polizeidepartement* eine Studienkommission ein, die Vorschläge für eine punktuelle Reform des Familienrechts vorlegte. Der Bundesrat entschloss sich für ein etappenweises Vorgehen. 1973 trat das neue Adoptionsrecht in Kraft und 1978 das neue Kindesrecht. Mehr Probleme verursachte hingegen das Eherecht. Der Bundesrat legte dem Parlament 1979 einen Entwurf vor, der sich – so seine Worte – an der Partnerschaftsehe orientierte.[20]

Nachdem das Parlament im September 1984 die Vorlage verabschiedet hatte, ergriff das rechtsbürgerliche *Komitee gegen ein verfehltes Eherecht* um den *Schweizerischen Gewerbeverband* und den Zürcher SVP-Nationalrat Christoph Blocher das Referendum. Das Komitee hatte viele Einwände, insbesondere gegen das Güterrecht. Zusammenfassend vertrat es die Meinung, die Zeit sei noch nicht reif für eine Totalrevision des Eherechts: «Falscherweise geht man von einer Ehe aus, bei der beide Ehegatten berufstätig sind und daher jeder die Möglichkeit haben sollte, über sein Eigentum selber zu verfügen.»[21] Angesichts der weiten Verbreitung der Hausfrauenehe sei es deshalb Recht für eine Minderheit.

Die Befürworterinnen und Befürworter blieben nicht untätig. Im Hinblick auf die Abstimmung hatten sie sich zum *Schweizerischen Aktionskomitee für ein neues Eherecht* formiert. | ABB. 137 Das Präsidium hatte Alt-Bundesrat Friedrich. Die Frauenzentrale führte das Sekretariat und stellte mit ihrer Präsidentin Mildred Bohren-Stiner die Vizepräsidentin des Aktionskomitees. Sie war gleichzeitig auch im kantonalzürcherischen Patronatskomitee. In der Abstimmung vom 22. September 1985 wurde die Revision des Eherechts mit 55 Prozent Ja-Stimmen angenommen. Unterstützung erhielt sie vor allem in der Westschweiz und im Tessin sowie in den Städten. Im Rückblick auf die Abstimmung und in Anspielung

| ABB. 136 Die Schriftstellerin Eveline Hasler setzt mit ihrem Buch «Die Wachsflügelfrau» **Emilie Kempin-Spyri** (1853 Zürich – 1901 Basel) ein Denkmal. Emilie Kempin-Spyri beginnt 32-jährig als erste Schweizerin ein Rechtsstudium an der Universität Zürich. Da sie als Frau das Aktivbürgerrecht nicht besitzt, wird ihr das Anwaltspatent verweigert. Ihre Beschwerde vor Bundesgericht bleibt ohne Erfolg. Als ihr aufgrund ihres Geschlechts auch eine Anstellung an der Universität Zürich verweigert wird, wandert sie mit ihrer Familie nach New York aus. Sie eröffnet dort eine Rechtsschule für Frauen und erreicht die Zulassung von Frauen zum Rechtsstudium und zur Anwaltstätigkeit. Da ihr Mann sich in den USA nicht einleben kann, kehrt sie drei Jahre später wieder in die Schweiz zurück. Der von ihr 1893 gegründete Frauenrechtsschutzverein erteilt Frauen unentgeltlich Auskünfte. Zudem erarbeitet der Verein Vorschläge zum damals entstehenden Zivilgesetzbuch. 1895 wandert sie erneut aus, diesmal nach Berlin. Die von ihr erkämpfte Zulassung der Zürcherinnen zur Advokatur im Jahr 1898 kommt für sie zu spät.

auf das Logo der Werbekampagne schrieb Mildred Bohren-Stiner: «1985 wird als ‹Jahr der zwei Herzen› in die Geschichte der Zürcher Frauenzentrale eingehen. Zwei rote Herzen leuchteten auf den Gross- und Kleinplakaten sowie auf den Flugblättern in der ganzen Schweiz. [...] Diese beiden Herzen, die für ein Ja zum neuen, partnerschaftlichen Eherecht warben, gewannen auch die Herzen der Stimmbürger und Stimmbürgerinnen. [...] Es zeigte sich jedoch deutlich, dass die weiblichen Herzen eifriger bei der Sache waren als die männlichen. Ohne den unermüdlichen Einsatz vieler Frauen in der ganzen Schweiz wäre dem neuen Eherecht wohl nicht zum Durchbruch verholfen worden.»[22] Tatsächlich hatten die Frauen die Vorlage zu 61 Prozent angenommen, während 52 Prozent der Männer sie verworfen hatte.[23]

DIE MÜNDIGE FRAU

Gehen wir noch einmal ein Jahr zurück. Die Präsidentin der Frauenzentrale hatte das Jahr 1984 als das Jahr der Veränderungen bezeichnet. Damit meinte sie zum Beispiel die Schliessung der defizitären Elternschule oder die Auflösung einer gemeinnützigen Stiftung, in die sie über ein Legat eingebunden gewesen war. Im Sekretariat kam es zu personellen Änderungen und im Vorstand gaben gleich sieben Mitglieder den Rücktritt.[24] All dies zusammen veranlasste den Vorstand, in einer Klausurtagung zu Beginn des Jahres 1985 wieder einmal grundsätzlich über die Tätigkeitsfelder der Frauenzentrale nachzudenken. Zu den Ergebnissen schrieb Mildred Bohren-Stiner: «Unsere ‹Zwei-Herzen-Theorie› hat sich wiederum bestätigt. Eindeutig wollen wir uns nach wie vor für soziale Aufgaben einsetzen, die einerseits durch unsere Werke schon vorgegeben sind, uns andererseits durch die Entwicklung unserer Gesellschaft immer wieder neu gestellt werden. Zudem hat die Zürcher Frauenzentrale die ‹mündige Frau› zu repräsentieren. Wenn wir von ‹mündig› sprechen, wollen wir den allzu negativ strapazierten Begriff ‹emanzipiert› umgehen. Wir sehen unsere Aufgabe darin, den Frauen ihre Mündigkeit bewusst zu machen und ihnen Möglichkeiten aufzuzeigen, wie man ein mündiges Leben führen kann.»[25]

Eine Möglichkeit, gleich beide Anliegen zu erfüllen, sah der Vorstand in der Schaffung einer Beratungsstelle zum neuen Eherecht. Sie wurde im März 1987 er-

| ABB. 137 Mit diesem Flugblatt wirbt das schweizerische Aktionskomitee für Zustimmung zum neuen Eherecht. Die Frauenzentrale führt das Sekretariat und stellt mit ihrer Präsidentin Mildred Bohren-Stiner die Vizepräsidentin des Aktionskomitees. Die Revision des Eherechts wird 1984 mit einem Ja-Stimmen-Anteil von 55 Prozent gutgeheissen.

öffnet, ein knappes Jahr bevor das neue Eherecht in Kraft trat. Die öffentlich subventionierte Beratungsstelle war ursprünglich bis Ende 1988 befristet. Da sie aber regen Zuspruch fand, beschloss der Vorstand, sie als allgemeine Rechtsberatungsstelle mit einer Gruppe von ehrenamtlich arbeitenden Juristinnen weiterzuführen. Anlässlich des zwanzigjährigen Jubiläums fand 2007 auf der Frauenzentrale ein Runder Tisch statt, an dem ehemalige und damals aktive Beraterinnen teilnahmen. Die Pionierinnen erzählten, zu Beginn seien vor allem gut situierte Frauen in die Beratung gekommen, oft heimlich. Gefragt waren damals Informationen zum Namensrecht, zum Bürgerrecht, zum Güterrecht und zu Eheverträgen. Mit der Zeit veränderte sich das Spektrum der Ratsuchenden. Mittlerweile sind alle sozialen Schichten vertreten, nicht zuletzt auch Frauen, die sich keine Anwältin leisten können. In Erinnerung an die Anfangszeiten stellte eine der Pionierinnen fest: «Mich erschütterte, wie unselbständig viele Frauen waren, wie wenig sie sich wehren konnten.»[26]

DIE RECHTSBERATUNG IST EIN ERFOLG
Die Rechtsberatungsstelle wird bis heute weitergeführt. Sie wird jährlich im Durchschnitt von rund 470 Frauen aufgesucht. Seit einigen Jahren schlüsselt die Statistik auf, mit welchen Anliegen die Ratsuchenden an die Juristinnen gelangen. Das Hauptthema der letzten Jahre war Trennung und Scheidung. Dies hat die Frauenzentrale veranlasst, sich mit dem elterlichen Sorgerecht auseinanderzusetzen. Der Schwyzer CVP-Nationalrat Reto Wehrli hatte 2004 eine Motion eingereicht, die forderte, Väter und Mütter seien bezüglich elterlicher Sorge gleichzustellen. Der Bundesrat schlug in der Folge vor, bei einer Scheidung oder bei unverheirateten Eltern sollten in der Regel beide Eltern das Sorgerecht erhalten. Die Vernehmlassung zum Revisionsvorschlag fand 2009 statt. Wie andere Frauenorganisationen auch war die Frauenzentrale von diesem Vorschlag wenig begeistert. In einer Medienmitteilung Anfang 2010 schrieb sie: «Der Revisionsentwurf ist nicht durchdacht, praxisfremd und lässt viele Fragen offen. Die komplexen, vielschichtigen Probleme, die sich in der Praxis stellen, werden völlig ausgeblendet.»[27] Die Tatsache, dass bisher die Kinder mehrheitlich unter die alleinige elterliche Sorge der Mutter gestellt worden seien, beruhe nicht auf einer Diskriminierung der Väter, sondern sei ein Abbild der sozialen Realität. Bisher würden die Kinder immer noch in erster Linie durch die Mütter betreut. Das Bundesparlament liess sich von diesen und ähnlichen Einwänden nicht beeindrucken. Im Juni 2013 hat es die Revision der entsprechenden Artikel im ZGB gutgeheissen.

**Bundesgesetz
über die Gleichstellung von Frau und Mann**
(Gleichstellungsgesetz, GlG)

151.1

vom 24. März 1995 (Stand am 22. Februar 2005)

Die Bundesversammlung der Schweizerischen Eidgenossenschaft,
gestützt auf die Artikel 4 Absatz 2, 34ter Absatz 1 Buchstabe a, 64 und 85 Ziffer 3 der Bundesverfassung[1],
nach Einsicht in die Botschaft des Bundesrates vom 24. Februar 1993[2],
beschliesst:

1. Abschnitt: Zweck

Art. 1

Dieses Gesetz bezweckt die Förderung der tatsächlichen Gleichstellung von Frau und Mann.

2. Abschnitt: Gleichstellung im Erwerbsleben

Art. 2 Grundsatz

Dieser Abschnitt gilt für Arbeitsverhältnisse nach Obligationenrecht[3] sowie für alle öffentlichrechtlichen Arbeitsverhältnisse in Bund, Kantonen und Gemeinden.

Art. 3 Diskriminierungsverbot

[1] Arbeitnehmerinnen und Arbeitnehmer dürfen aufgrund ihres Geschlechts weder direkt noch indirekt benachteiligt werden, namentlich nicht unter Berufung auf den Zivilstand, auf die familiäre Situation oder, bei Arbeitnehmerinnen, auf eine Schwangerschaft.

[2] Das Verbot gilt insbesondere für die Anstellung, Aufgabenzuteilung, Gestaltung der Arbeitsbedingungen, Entlöhnung, Aus- und Weiterbildung, Beförderung und Entlassung.

[3] Angemessene Massnahmen zur Verwirklichung der tatsächlichen Gleichstellung stellen keine Diskriminierung dar.

AS **1996** 1498
[1] [BS **1** 3; AS **1981** 1243]
[2] BBl **1993** I 1248
[3] SR **220**

FORMELLE UND TATSÄCHLICHE GLEICHSTELLUNG

Die formelle Gleichstellung von Frau und Mann ist heute in der Schweiz zum grössten Teil eingelöst. Am Anfang dieses Prozesses stand der 1981 angenommene Gleichstellungsartikel. Seither hat eine ganze Reihe von Gesetzesrevisionen dafür gesorgt, dass das Familienrecht und die Sozialversicherungen dem intendierten Ziel der Gleichstellung näher gekommen sind und Frauen diskriminierendes Recht angepasst wurde. | ABB. 138 Ein Beispiel dafür ist die Revision des Eherechts. Die Änderungen beim elterlichen Sorgerecht zeigen jedoch, dass auch Männer Anspruch auf Gleichstellung erheben.

Lücken bestehen weiterhin bezüglich der materiellen oder tatsächlichen Gleichstellung. Dafür ist gerade die elterliche Sorge ein gutes Beispiel. Die vorgesehene rechtliche Gleichbehandlung von Männern und Frauen in dieser Frage kann nicht darüber hinwegtäuschen, dass die Lebensrealitäten beider Geschlechter oft immer noch unterschiedlich sind. Nach wie vor sind es primär die Frauen, die sich um Kinder und Haushalt kümmern und gleichzeitig bei der Erwerbsarbeit zurückstecken. Das kann ihnen gerade bei einer Scheidung im Hinblick auf ihre soziale Sicherung grosse Nachteile bringen.

Die Rechtsetzung, von der in diesem Kapitel die Rede ist, betraf bzw. betrifft in erster Linie die Bundesebene. Das hat die Zürcher Frauenzentrale nicht abgehalten, sich aktiv einzumischen. Sowohl in der Abstimmung über die Initiative *Gleiche Rechte von Mann und Frau* wie auch beim neuen Eherecht waren ihre (Ehren)Präsidentinnen in den nationalen Komitees auf der befürwortenden Seite aktiv,

| ABB. 138 Das Gleichstellungsgesetz von 1995 ist das Ausführungsgesetz zum Verfassungsartikel «Gleiche Rechte für Mann und Frau». Es enthält ein umfassendes Diskriminierungsverbot in Bezug auf die Gleichstellung der Geschlechter im Erwerbsleben. Insbesondere soll es die gerichtliche Durchsetzung der Lohngleichheit erleichtern. Im Kanton Zurich ist es bis 2013 zu 260 Entscheiden nach Gleichstellungsgesetz gekommen.

und die Frauenzentrale führte das Sekretariat. Die Tatsache, dass eine kantonale Frauenorganisation sich den nationalen Komitees als Geschäftsstelle zur Verfügung stellte, dürfte mit den Aktivitäten ihrer (Ehren)Präsidentinnen zu erklären sein.

Hulda Autenrieth-Gander, Lieselotte Meyer-Fröhlich und Mildred Bohren-Stiner stellten ihr Engagement für die rechtliche Gleichstellung der Frauen unter den Begriff der Partnerschaft. Sie haben dieses Ziel in der Frauenzentrale zum Programm gemacht. Sie signalisierten damit Konzilianz gegenüber den Männern und grenzten sich gleichzeitig ab gegen die neue Frauenbewegung, die in ihren Analysen auch die Machtfrage stellte und nicht davor zurückschreckte, patriarchalisch geprägte Muster und Strukturen zu benennen und zu kritisieren. Den bürgerlichen Frauen ging dies zu weit, sie setzten darauf, ihre Gleichstellung mit der Unterstützung der Männer zu erreichen. Dieser Wunsch war so dominant, dass er 1972 sogar in die Statuten Eingang fand. Hulda Autenrieth-Gander schrieb dazu: «Männer können künftig auch als Einzelmitglieder mit Stimmrecht der ZF angehören [...]. Auch nach der Erreichung der politischen Rechte der Frau erachten wir die Existenz von Organisationen, welche in Staat und Gesellschaft die Anliegen der Frauenbewegung vertreten, für unbedingt notwendig. In der Vertretung dieser Anliegen haben wir aber, seit es überhaupt eine Frauenbewegung gibt, immer wieder die volle Unterstützung weitsichtiger Männer erfahren dürfen, die wir inskünftig gerne als Vollmitglieder in unseren Reihen aufnehmen möchten.»[28]

13_ DIE AKTIVE STAATSBÜRGERIN

Im Kanton Zürich finden 2010 kommunale Wahlen statt. Irène Meier, Präsidentin der Frauenzentrale, nimmt rückblickend in einer Kolumne in der *NZZ am Sonntag* dazu Stellung: «Es gehört zu meinen schönen Aufgaben», schreibt sie, «den neugewählten und wiedergewählten Stadt- und Gemeinderätinnen zur Wahl zu gratulieren. In diesem Frühling war die Freude etwas getrübt, denn die Zahl der Frauen in den kommunalen Exekutiven ist, über den ganzen Kanton gesehen, deutlich gesunken!» Sie diagnostiziert ein Wahlproblem bei den linken und ein Nominationsproblem bei den bürgerlichen Frauen. Im Hinblick auf das kommende Wahljahr 2011 fordert sie die Parteien auf, ihre Kandidatinnen tatkräftig zu unterstützen, damit sie auf Kantons- und Bundesebene nicht dasselbe Schicksal erleiden.[1] | ABB. 139

Seit ihrem Bestehen ist es der Frauenzentrale ein Anliegen, zur politischen Meinungsbildung beizutragen und Frauen für politische Fragen zu interessieren und auszubilden. Vom Moment an, als die Frauen gewählt werden können, sieht die Frauenzentrale es als eine ihrer Aufgaben an, den Kandidatinnen eine Plattform zu bieten und damit die Vertretung der Frauen in den politischen Behörden zu erhöhen. Im Folgenden geht es um die politischen Frauenförderungsmassnahmen, welche die Frauenzentrale seit den 1960er Jahren bis heute verfolgt.

DIE FRAUENVEREINE VERLIEREN FUNKTIONEN UND MITGLIEDER

Unter den Kollektivmitgliedern der Zürcher Frauenzentrale waren von jeher die gemeinnützig tätigen Frauenvereine die grösste Gruppe. Zunächst waren vor allem die städtischen Vereine der Frauenzentrale beigetreten, nach dem Zweiten Weltkrieg kamen nach und nach die Landvereine dazu. Viele dieser Vereine schafften es nicht, mit der sich seit dem Kriegsende rasch verändernden gesellschaftlichen Entwicklung Schritt zu halten, neue Tätigkeitsfelder zu erschliessen und die in vielen Gemeinden stark wachsende Bevölkerung zu integrieren. Eine ganze Reihe dieser bereits im 19. Jahrhundert gegründeten Vereine löste sich deshalb in den letzten Jahren und Jahrzehnten auf.

Die Krise der Frauenvereine wurde bei der Frauenzentrale in den frühen 1960er Jahren zu einem Thema: «Schon öfters hörten wir die Klage, dass der sozialen Tätigkeit der Frauenvereine durch die Übernahme früherer wichtiger Aufgaben durch die Gemeinde der Boden entzogen werde. Man ersuchte uns um Anregungen für neue Tätigkeitsgebiete.»[2] Im Mai 1962 fand ein Treffen statt, bei dem die Probleme erörtert werden sollten. Eingeladen waren mehrere Präsidentinnen von Frauenvereinen; seitens der Frauenzentrale nahmen die Präsidentin Hulda Autenrieth-Gander sowie die beiden Vertreterinnen der Geschäftsstelle – Else Fassbender und Edith Kuhn – teil. | ABB. 140 Die Vertreterinnen der Frauenvereine suchten nach Ideen, um ihre Vereine zu neuem Leben zu erwecken. Sie setzten auf Vorträge und darauf, innerhalb der Gemeinden weitere Frauen zum Mitmachen zu motivieren. Das sei aber nicht immer leicht, sagten sie, bestehe doch gegen die Neuzugezogenen «weit herum immer noch eine gewisse Abwehr, man möchte keine unerwünschten Elemente im Verein».[3] Bei den Vortragsthemen setzten diejenigen, die bereits Erfahrung hatten, auf Elternschulungskurse und Mütterabende oder empfahlen auf Frauen zugeschnittene Redeschulungskurse. Die Sitzung schloss mit dem Wunsch, die Frauenzentrale möge eine Liste mit Vortragsthemen und geeigneten Referentinnen und Referenten erarbeiten und eine Präsidentinnenkonferenz zum Thema Reaktivierung der Frauenvereine durchführen.

DIE BÜLACHERINNEN LANCIEREN EINE NEUE IDEE

In Bülach gingen die Frauen neue Wege: Im Hinblick auf die Wahlen in die Armenpflege wurden die Bülacherinnen im Frühjahr 1962 per Inserat zu einer Veranstaltung eingeladen mit dem Ziel, gemeinsam eine Kandidatin zu bestimmen. Ausschlaggebend sollte dabei ihre Eignung und nicht die Parteizugehörigkeit sein. Die Anwesenden beschlossen zudem, unter dem Namen *Frauenpodium für öffentliche Aufgaben* eine lose Struktur zu schaffen. Das Podium sollte allen Frauen der Gemeinde offenstehen und nach Bedarf zusammengerufen werden. Auf Statuten und verbindliche Mitgliedschaft wurde bewusst verzichtet. Man wollte sich mit

| ABB. 139 **Irène Meier** (links) (*1962) vertritt von 1987 bis 1995 die Grüne Partei im Zürcher Kantonsrat. Zwischen 2003 und 2011 ist die Geografin Präsidentin und Geschäftsführerin der Frauenzentrale. Sie ist die erste Präsidentin, die nicht aus dem Vorstand rekrutiert wird. Unter ihrer Führung erhält die politische Arbeit der Frauenzentrale ein schärferes Profil. Sie lanciert das Mentoringprojekt Duopoly und mischt sich ein in die Diskussion über aktuelle politische Vorlagen wie die Mutterschaftsversicherung oder das Zürcher Gewaltschutzgesetz. Das Beratungsangebot für Rechts-, Budget- und Laufbahnfragen wird weitergeführt. Während ihrer Präsidialzeit hat sich die Zahl der Einzelmitglieder mehr als verdoppelt. **Corine Mauch** (*1960) ist ab 1999 Mitglied der SP-Fraktion im Zürcher Gemeinderat. Im Frühjahr 2009 wählen die Zürcher Stimmberechtigten sie zur ersten Stadtpräsidentin.

aktuellen Gemeindeproblemen auseinandersetzen und den Kontakt zu den Frauen pflegen, die ein öffentliches Amt bekleideten.[4]

Im Jahr darauf taten es ihnen die Klotenerinnen gleich. Zur Gründungsversammlung luden sie auch Hulda Autenrieth-Gander ein.[5] Der Vorstand der Frauenzentrale verfolgte diese und weitere Gründungen mit grossem Interesse und machte dazu 1965 eine öffentliche Veranstaltung. Anhand verschiedener Referate wurde aufgezeigt, welche Mitwirkungsmöglichkeiten den Frauen in den Gemeinden offenstanden. Im Jahresbericht gab er dazu die folgenden Empfehlungen ab: «Organisatorisch wichtig an den Frauenpodien ist, dass sie *allen* Frauen der Gemeinde offenstehen sollen. Wir empfehlen deshalb, aus allen bestehenden Frauenorganisationen – gemeinnützigen, politischen, konfessionellen, kulturellen etc. – einen Ausschuss zu bilden, der jeweils ein Programm aufstellt. Das Frauenpodium soll kein neuer Verein und keine Konkurrenz zu den bestehenden sein; es soll lediglich den Frauen der Gemeinde oder des Bezirks Gelegenheit zu allgemeiner staatsbürgerlicher Schulung und gegenseitiger Kontaktnahme bieten. Mit der Zeit mag daraus – doch das ist noch Zukunftsmusik – ein Forum politisch geschulter und interessierter Frauen werden, aus dem Frauen für Ämter vorgeschlagen werden können.»[6]

In den 1960er Jahren beschränkten sich die Mitwirkungsmöglichkeiten der Frauen auf die Schul-, Kirchen- und Armenpflege. Die Frauenzentrale hoffte aber, mit der Abstimmung von 1966 würde auf Kantonsebene endlich das allgemeine Frauenstimm- und -wahlrecht eingeführt. Ihre Erwartungen wurden enttäuscht. Doch der Vorstand blieb zuversichtlich, dass es nun rasch vorangehen werde. Mittlerweile gab es bereits zehn Frauenpodien, und die Frauenzentrale richtete die *Staatsbürgerliche Kommission Frauenpodien* ein. Vorsitzende war Lydia Benz-Burger, die sich bereits seit einigen Jahren aktiv für das Frauenstimmrecht einsetzte.[7] Sie war auch eine beliebte Referentin an den Frauenpodien.

| ABB. 140 **Else Fassbender** (1900–1982 St. Gallen), Absolventin der Zürcher Sozialen Frauenschule, leitet von 1934 bis 1964 das Sekretariat der Zürcher Frauenzentrale und prägt deren Aktivitäten im Hintergrund stark mit. Bei ihrem Stellenantritt ist die Frauenzentrale «führungslos». Maria Fierz ist als Präsidentin zurückgetreten und kein anderes Vorstandsmitglied will ihre Nachfolge antreten. Das Bild wird 1938 aufgenommen. Die Frauenzentrale beschäftigt zu dieser Zeit insgesamt sechs Mitarbeiterinnen: Else Fassbender, Annie H. Eppler und Frida Jäggi sind für das Sekretariat verantwortlich, Lilly Fuchs-Bühler für die Bibliothek, Lotte Koebel für die Flickstube für arbeitslose Frauen und Frieda Tobler für die Ferienhilfe und Erholungsfürsorge für Frauen. Die Nachfolgerin von Else Fassbender ist Edith Kuhn. Sie bleibt bis zu ihrer Pensionierung Ende 1979 bei der Frauenzentrale.

Ein Frauenpodium für Schlieren

— Chance für offene Information
— Möglichkeit zur Aussprache
— Gelegenheit für Kontakt unter den Frauen

Liebe Mitbürgerin,

Wir möchten am 16. November 1972 das Frauenpodium Schlieren gründen. Wir Initiantinnen suchen den Kontakt mit allen jenen Frauen, denen das Geschehen in unserer Gemeinde nicht gleichgültig ist und möchten die Möglichkeit schaffen, sich mit staatsbürgerlichen, sozialen und anderen aktuellen Fragen auseinander zu setzen. Das Frauenpodium ist kein Verein, bedeutet keine Verpflichtung und bleibt politisch und konfessionell neutral.

Wir laden Sie hiermit herzlich ein, am Donnerstag, den 16. November 1972, um 20.00 Uhr zur ersten Versammlung in den Singsaal des Schulhauses Hofacker zu kommen. Wir möchten an diesem Abend die Idee des Frauenpodiums näher erläutern und mit Ihnen diskutieren. Aus Ihrer Reaktion und Teilnahme können wir schließen, ob und wie das Frauenpodium weiter arbeiten soll. Unsere Themen ergeben sich vor allem aus den Aufgaben der Gemeinde, z. B. Neue Gemeindeordnung, Pestalozzistiftung – Umwandlung in ein Rehabilitationszentrum, Jugendarbeit in Schlieren, Massenmedien, Budgetfragen im Gemeindehaushalt und im Privathaushalt usw.

Schon am ersten Abend möchten wir versuchen, aktuelle Information zu vermitteln. Im Hinblick auf die Neuwahl des Gemeindeammanns vom 2./3. Dezember 1972 wird Herr Otto Scherer zum Thema «Die Stellung des Gemeindeammanns und des Betreibungsbeamten» sprechen.

Wir hoffen, dass durch Ihre Anteilnahme unsere Initiative gerechtfertigt wird und Ihr Interesse uns Mut für eine Weiterführung macht.

Merken Sie sich bitte:

Erste Versammlung des Frauenpodiums Schlieren
Donnerstag, den 16. November 1972, 20.00 Uhr im Singsaal Hofacker
Erster Teil: Vorstellung und Gründung des Frauenpodiums
Pause mit Getränkebuffet
Zweiter Teil: Der Gemeindeammann orientiert

Schlieren, im Oktober 1972

Die Initiantinnen:
Frau B. Baumgartner
Frau R. Blocher
Frau R. Geistlich
Frau U. Gütlin
Frau A. Ritter

FRAUENPODIEN SIND EIN ERFOLG

Für die Kontakte untereinander wurde den Frauenpodien ab 1968 im *Schweizer Frauenblatt* auf der neu eingerichteten Seite der Frauenzentralen eine Spalte eingeräumt. Die Redaktorin dieser Seite schrieb dazu: «Besonders propagiert wurden die Frauenpodien, die der Reihe nach mit ihrer Entstehungsgeschichte vorgestellt wurden, in der Meinung, Anstoss zu neuen Gründungen zu geben. Ein erfreuliches Echo hat uns aus dem Kanton Solothurn erreicht, wo auf Grund unserer Berichte nun auch Podien entstehen.»[8] Ansonsten blieben die Frauenpodien jedoch eine zürcherische Angelegenheit. | ABB. 141

Nach der eidgenössischen Abstimmung über das Frauenstimmrecht 1971 setzten sich die Frauenpodien intensiv mit den anstehenden kantonalen und eidgenössischen Wahlen auseinander, an denen die Frauen erstmals teilnehmen

| ABB. 141 Aufruf zur Gründungsversammlung des Frauenpodiums Schlieren aus dem Jahr 1972. In Bülach ist zehn Jahre früher das erste Frauenpodium entstanden.

konnten. Danach wurde das Themenspektrum der Frauenpodien breiter. Es reichte von Kinderhütediensten über Schulthemen, Drogenprobleme bis hin zu Umweltfragen oder Religion. Auch Sprach- und Selbstverteidigungskurse oder Bildungsreisen erfreuten sich zunehmender Beliebtheit. Im Jahresbericht 1975 hielt die seit fünf Jahren amtierende Kommissionspräsidentin Liane Segesser-Methua fest: «Die Podien haben durch ihre staatsbürgerlichen Schulungsbestrebungen und ihren Beitrag zur Erwachsenenbildung ihre Position in den Gemeinden weiter ausgebaut und gefestigt. Sie sind zu einem festen Bestandteil der Zürcher Frauenzentrale geworden.»[9] Es dürfte das Verdienst von Liane Segesser-Methua gewesen sein, dass es 1980 bei ihrem Rücktritt aus dem Vorstand der Zürcher Frauenzentrale im Kanton mehr als dreissig Frauenpodien gab. Sie hatte es sich zur Aufgabe gemacht, bei der Gründung von Podien mitzuhelfen, deren Arbeit zu dokumentieren und den Kontakt der Podien untereinander zu fördern.[10]

Die Initiative für die Gründung eines Podiums ging von unterschiedlichen Personen und Kreisen aus: Häufig waren die örtlichen Frauenvereine die Impulsgeberinnen, in Dietikon war es der Gemeinnützige Frauenverein, in Kloten die Frau eines Pfarrers. Wichtig war die konfessionelle und politische Neutralität. Sie war Voraussetzung, um über Partei- und Vereinsgrenzen hinweg zusammenzuarbeiten und um Alteingesessene und Neuzuzügerinnen zusammenzubringen. Die Akzeptanz war unterschiedlich. In einigen Gemeinden wurden die Frauenpodien aus der Gemeindekasse unterstützt, andernorts hatten sie, zumindest anfänglich, mit Widerständen zu kämpfen. Liane Segesser-Methua – selbst ein Gründungsmitglied des Frauenpodiums Kloten – schrieb dazu im *Schweizer Frauenblatt*: «Unsere politischen Parteien der Gemeinde zeigten keine Begeisterung für die initiativen Frauen, ‹verschrien› diesen ‹Frauenclub› als Frauenstimmrechtlerinnen, und an der traditionellen Bassersdorfer Fasnacht marschierte denn auch eine überdimensional grosse Frau – umgeben von sieben kleinen Buben (ein Gemeinderat in corpore) – im Umzug mit. Verse und Kommentare zu dieser Gruppe waren grossartig! Wir Klotener Initiantinnen freuten uns über die Propaganda!»[11]

Auch wenn sich die Frauenpodien als niederschwellige Gremien verstanden, brauchten sie doch Geld, um ihre Arbeit zu finanzieren. Hauptausgabeposten waren die Vortragshonorare. Dazu kamen die Kosten für Einladungen und Inserate. Es gab ganz unterschiedliche Finanzierungsquellen. Nebst Beiträgen der Gemeinden oder des örtlichen Frauenvereins wurden Spendenaufrufe verschickt oder man verlangte bei den Anlässen ein Eintrittsgeld. Ein beliebtes Mittel, um zu Geld zu kommen, waren Kinderkleiderbörsen oder Brockenhäuser. Schliesslich blieben noch die sogenannten SAFFA-Kassen, die aus den Überschüssen der SAFFA 1958 gebildet worden waren. Die dem Kanton zustehenden Anteile wurden von der Frauenzentrale verwaltet. SAFFA-Gelder verteilte auch die 1960 gegründete und gesamtschweizerisch tätige *Stiftung für staatsbürgerliche Erziehung und Schulung.* Für das Klotener Frauenpodium war der Zugang zu den SAFFA-Kassen ein Grund gewesen, der Frauenzentrale beizutreten. Es war aber nicht einfach, an diese Gelder heranzukommen: «Das ganze Prozedere sei so umständlich, mühsam, dass man mancherorts lieber davon absehe.»[12]

Die Podienkommission bestand bis 1997. In den letzten Jahren war vor allem noch von Problemen die Rede, namentlich dem Mangel an Nachwuchs und von finanziellen Sorgen. 1991 kam es zu Spannungen zwischen den Frauenpodien und der Frauenzentrale. Die Kommission schlug dem Vorstand vor, am 14. Juni anlässlich des Frauenstreiktages ein Diskussionsforum mit dem Titel *Frauensolidarität* durchzuführen. Der Vorstand lehnte diesen Antrag ab mit der Begründung, Streik sei «kein angemessenes, kein demokratisches, politisches Instrument». Diese Antwort stiess bei den Frauenpodien auf Unverständnis, hatten sie doch mit einer solchen Veranstaltung «ein kreatives Gegengewicht» zum Streik bieten wollen. Die Wogen konnten an einer kurzfristig anberaumten Sitzung der Podienkommission nicht geglättet werden.[13] Die Präsidentin Iris Kräutli-Zimmermann rechtfertigte die Ablehnung des Frauenstreiks damit, dass die Frauenzentrale auf die Politik der kleinen Schritte setze.[14] | ABB. 142

Heute sind die Frauenpodien bis auf wenige Ausnahmen verschwunden. Obschon sie nur eine relativ kurze Blütezeit hatten, konnten sie über einige Jahre hinweg viele Frauen erreichen. Die Podienkommission zählte beispielsweise 1976 im ganzen Kanton 69 Podienveranstaltungen, die von 7600 Teilnehmerinnen besucht worden waren. Im Jahr darauf wurden 6800 Teilnehmerinnen an 102 Veranstaltungen registriert, nicht inbegriffen die ca. 920 Frauen, die an Sprachkursen oder an den beliebten Morgentreffs oder Stammtischen teilgenommen hatten.[15] Die Frauenpodien mobilisierten vor allem im ländlichen Raum und dürften in den stark wachsenden Gemeinden zur Integration neu zugezogener Frauen beigetragen haben.

DAS KURSWESEN WIRD AUSGEBAUT

Gleichzeitig mit den Frauenpodien baute die Frauenzentrale in den 1960er Jahren auch ihr Kursangebot aus.[16] Bisher hatte sie sich vor allem auf hauswirtschaftliche Themen, Gemüsebau, Säuglingspflege und Elternbildung konzentriert. Erfolgreich waren vor allem die Vereinsleitungskurse. Die ersten wurden 1961 durchgeführt und von gegen 400 Frauen besucht. Geleitet wurden die Kurse von Hulda Autenrieth-Gander, Edith Kuhn vom Sekretariat der Frauenzentrale und vom Vorstandsmitglied Ruth Hintermann-Sturzenegger. Die Kurse fanden in der Stadt Zürich, in Pfäffikon, Wetzikon, Uster und Rüti statt. Im Jahr darauf führten die gleichen Referentinnen nochmals rund 200 Frauen in das Thema Vereinsleitung ein. Diesmal waren die Kursorte Affoltern, Bülach und Dielsdorf.[17] Bald einmal wurde das Angebot erweitert mit Kursen zu Redeschulung und Berichterstattung.[18] Mit diesen drei Angeboten hatte die Frauenzentrale den Grundstock für staatsbürgerliche Kurse für Jahre gelegt. Finanziert wurden diese Kurse weitgehend mit SAFFA-Geldern. Das Angebot stiess von Anfang an auch bei anderen Frauenzentralen auf Interesse, und die Zürcher Referentinnen erhielten Anfragen aus andern Kantonen.

Ab 1979 kamen laufend neue Kursthemen hinzu. Zunächst ging es immer noch um Vereinsangelegenheiten und Vorstandsarbeit. Zunehmend wurden auch Angebote für Behördenmitglieder entwickelt. Sie richteten sich an bereits gewählte oder künftige Schulpflegerinnen, Mitglieder von Fürsorge- und Vormundschaftsbehörden sowie Parlamentarierinnen. Daneben hatten auch aktuelle politische Themen Platz wie etwa das Eherecht. Eingang fanden zudem Themen, die sich mit Arbeitsorganisation, Zeitmanagement oder Kommunikation befassten, aber auch Selbstverteidigungskurse standen auf dem Programm. Nach und nach wurden Texterfassung sowie der Umgang mit Computer und Internet oder die neue Rechtschreibung ins Kursprogramm aufgenommen.

Im Verlauf der 1990er Jahre mussten immer öfter Kurse mangels Anmeldungen gestrichen werden. Der Vorstand beschloss deshalb Ende der 1990er Jahre, sich ein auf «klares, kleines und gut strukturiertes Angebot» zu beschränken.[19] Trotz des Versuchs, das Angebot zu straffen, blieben die Teilnehmerinnen zunehmend aus. Als sich dann im Jahr 2004 finanzielle Engpässe abzeichneten, stellte die Frauenzentrale das Kurswesen kurzerhand ein. Irène Meier, seit dem Vorjahr Präsidentin und Geschäftsführerin,[20] schrieb dazu im *Bulletin*: «Dieser Beschluss ist uns nicht leicht gefallen, ist aber auf verschiedenen Ebenen gut begründet: Das bisherige Weiterbildungsprogramm verursachte während Jahren Defizite, die in der heutigen Zeit schwierig zu tragen geworden sind. Offensichtlich entspricht dieses Angebot nicht mehr der Nachfrage und es sind neue Anbieterinnen am Markt mit vergleichbaren Themen, weshalb die Berechtigung für eine Subventionierung dahinfällt. Wir wollen unsere Mittel möglichst wirkungsvoll einsetzen und nicht dort präsent sein, wo andere Vergleichbares gut oder gar besser erbringen.»[21]

| ABB. 142 **Iris Kräutli-Zimmermann** (1932 St. Gallen – 2009 Uetikon am See) ist Hauswirtschafts- und Handarbeitslehrerin. Über ihre Funktion als Delegierte des Frauenvereins Thalwil kommt sie mit der Frauenzentrale in Kontakt und wird Einzelmitglied. 1980 wird sie in den Vorstand gewählt. Sie leitet damals die vom Schweizerischen Gemeinnützigen Frauenverein geführte Haushaltungsschule am Zeltweg. Zwischen 1988 und 1995 übernimmt sie das Präsidium und die Geschäftsleitung der Frauenzentrale. Unter ihrem Präsidium wird die Rechtsberatung in eine feste Beratungsstelle überführt. Sie ist Mitglied der FDP. Das Bild zeigt sie 1989 als Rednerin anlässlich des 75-Jahr-Jubiläums der Frauenzentrale.

MENTORING-PROGRAMM FÜR DEN POLITISCHEN NACHWUCHS

Die Streichung des Kursprogramms wollte Irène Meier aber nicht als Absage an den Bildungsauftrag der Frauenzentrale verstanden haben. Künftig wollte sich die Organisation auf ein Angebot konzentrieren, bei dem sie ihre Kompetenzen und Beziehungen besonders gut einbringen konnte. Ein besonderes Anliegen war dem Vorstand die politische Nachwuchsförderung. Allerdings werde die Frauenzentrale «keine neuen Angebote entwickeln, wenn nicht gleichzeitig die Finanzierung dafür gesichert» sei.[22] Da kam der mit 100 000 Franken dotierte Sozial- und Kulturpreis der *ZFV-Unternehmungen* gerade recht.[23] Damit startete die Frauenzentrale ein Mentoring-Projekt. Solche Programme werden seit einigen Jahren in der Schweiz und im Ausland umgesetzt, um jungen Erwachsenen – den Mentees – die Möglichkeit zu geben, aus den Erfahrungen gestandener Politikerinnen und Politiker oder Berufsleute – den Mentorinnen und Mentoren – zu lernen. In der Schweiz werden sie gerne als ein Instrument der Frauenförderung eingesetzt.

Im Jahr 2006 schrieb die Frauenzentrale ihr *Duopoly* genanntes Programm erstmals aus. Es sollte politisch interessierte Mentees mit erfahrenen Politikerinnen zusammenbringen. Seither wurden fünf Runden durchgeführt, und es ist damit zu rechnen, dass weitere folgen werden. Bewerben können sich junge Frauen zwischen 18 und 30 Jahren.[24] Als Mentorinnen hat die Frauenzentrale eine ganze Reihe von Parlamentarierinnen und Exekutivpolitikerinnen rekrutieren können. Die Mentees haben während eines Jahres die Möglichkeit, den Mentorinnen bei ihrer politischen Arbeit über die Schulter zu schauen und im politischen Umfeld Kontakte zu knüpfen. | ABB. 143 Begleitend bietet die Frauenzentrale den jungen Frauen gezielte Weiterbildungen an, beispielsweise ein Medientraining. Bisher haben 49 Frauen das Programm absolviert. Aus den Rückmeldungen der Mentees ist zu schliessen, dass sie das Angebot schätzen. Die Frauenzentrale musste aber gleichzeitig feststellen, dass sich nicht immer genügend Bewerberinnen meldeten, um das Programm zu realisieren. Auch wird sich noch weisen müssen, wie viele der Mentees den Weg in die aktive Politik suchen und finden.

WÄHLEN UND GEWÄHLT WERDEN

Am 8. März 1970 konnten die Frauen in der Stadt Zürich und in zahlreichen Landgemeinden zum ersten Mal wählen. Die Frauengruppen der Parteien, die Stimmrechtsvereine des Kantons sowie die Frauenzentralen Winterthur und Zü-

| ABB. 143 Im Jahr 2006 startet die Frauenzentrale das Mentoring-Programm Duopoly. Junge Frauen bekommen als Mentees die Chance, erfahrenen Politikerinnen während eines Jahres über die Schultern zu schauen.

rich forderten die Bürgerinnen in einem gemeinsamen Pressecommuniqué auf, von ihren neu erworbenen Rechten «ausgiebigen Gebrauch zu machen» und zahlreich stimmen zu gehen. Sie hatten jedoch explizit vermieden, den Wählerinnen zu empfehlen, Frauen beim Wählen zu bevorzugen.[25] Angesichts der eher mageren Resultate der Kandidatinnen folgte die Enttäuschung auf dem Fuss, und der Vorstand der Frauenzentrale zog den Schluss, die Kandidatinnen müssten künftig besser unterstützt werden.

Im Hinblick auf die Ende Oktober 1971 stattfindenden Wahlen auf Bundesebene gab die Frauenzentrale den ihr angeschlossenen sechs politischen Frauengruppen die Möglichkeit, ihre Kandidatinnen an einer Delegiertenversammlung vorzustellen. Zur Vorbereitung dieses Anlasses hatte sie zusammen mit den politischen Frauengruppen eine Extraausgabe des *Schweizer Frauenblatts* drucken lassen, in dem sich die vierzig Kandidatinnen mit Bild und einem kurzen Text vorstellen konnten.[26] Das Extrablatt trug den Titel *Die Frau als Partnerin in den eidgenössischen Räten*. In der mitgelieferten Wahlanleitung wurde nur beiläufig darauf hingewiesen, dass die Stimmbürgerin die Möglichkeit hatte, Frauen zu bevorzugen.

Gesamtschweizerisch wurden 1971 eine Frau in den Ständerat und zehn in den Nationalrat gewählt. Unter ihnen waren die drei Zürcherinnen Hedi Lang (SP), Martha Ribi (FDP) und Lilian Uchtenhagen (SP). | ABB. 144 In der Zürcher Nationalratsdelegation hatten sie einen Anteil von knapp neun Prozent. Damit war zwar der

| ABB. 144 Gruppenbild mit den ersten Nationalrätinnen. Hintere Reihe von links: Elisabeth Blunschy (CVP, SZ), Hedi Lang (SP, ZH), Hanny Thalmann (CVP, SG), Helen Meyer (CVP, ZH, 1972 nachgerückt), Lilian Uchtenhagen (SP, ZH), Josi Meier (CVP, LU), Hanna Sahlfeld (SP, SG, 1971 nachgerückt). Sitzend von links: Tilo Frey (FDP, NE), Gabrielle Nanchen (SP, VS), Liselotte Spreng (FDP, FR), Martha Ribi (FDP, ZH), Nelly Wicky (PdA, GE). Das Bild ist im Sommer 1972 aufgenommen worden.

Anfang gemacht. Es wurde aber auch deutlich, dass den Frauen nichts geschenkt würde. Die Zürcher Sektion des *Vereins für Frauenrechte* suchte deshalb nach Wegen, um die Chancen der Frauen zu erhöhen: «Die letzten Wahlen haben bewiesen, dass viele Männer zur echten Partnerschaft nicht bereit sind – wenigstens jetzt noch nicht – und nachdem offensichtlich die Übernahme politischer Verantwortung den Frauen in der konventionellen Weise über gemischte Parteien sehr erschwert wird, gilt es neue Möglichkeiten zu finden.»[27] Es boten sich grundsätzlich mehrere Möglichkeiten an: nach Geschlecht getrennte Listen innerhalb der Parteien, abwechselndes Aufführen eines Mannes und einer Frau auf der Wahlliste der Partei oder überparteiliche Frauenlisten. Letztere stellte Lydia Benz-Burger dem Vorstand der Frauenzentrale im Mai 1974 vor. Dieser zeigte sich jedoch skeptisch. Das kommende *Jahr der Frau* und der Frauenkongress würden unter dem Motto Partnerschaft von Mann und Frau stehen. Deshalb sollte nicht «durch Aufstellen einer Separatliste wieder die Trennung der Geschlechter verdeutlicht werden».[28] Lydia Benz-Burger hatte auch bei einer Zusammenkunft der Podienvertreterinnen über die Idee der Frauenlisten orientiert, aber die Vorsitzende der Podienkommission, Liane Segesser-Methua, hatte laut einer Teilnehmerin «eine echte Diskussion im Keim erstickt und der Zusammenkunft den Stempel ihrer eigenen Meinung aufgedrückt».[29] Als Mitglied des Vorstands der Frauenzentrale dürfte Segesser dessen ablehnende Haltung vertreten haben. Der *Verein für Frauenrechte* bekam ob der negativen Reaktionen kalte Füsse, und so beschloss Lydia Benz-Burger, zusammen mit fünfzehn weiteren Unentwegten für die Nationalratswahlen 1975 eine überparteiliche Frauenliste aufzustellen: Darauf kandidierten fünf Frauen aus fünf verschiedenen Parteien, zwei Kandidatinnen der neuen Frauenbewegung und einige Parteilose.[30] | ABB. 145 Gewählt wurde keine von ihnen, aber Zürich erhielt neu fünf Nationalrätinnen, die alle auf geschlechtergemischten Parteilisten kandidiert hatten. Trotz dieses Misserfolgs wurden separate, aber parteiinterne Frauenlisten einige Jahre später erneut diskutiert und an einigen Orten auch ausprobiert, zunächst im rot-grünen Lager, später auch von FDP-Frauen – mit unterschiedlichem Erfolg.[31]

WAHLEMPFEHLUNGEN SIND EIN HEIKLES GESCHÄFT
Wenn sich die Frauenzentrale 1974 auch nicht für Frauenlisten entscheiden konnte, so sah sie es seit der Einführung des Frauenstimmrechts als eine ihrer ständigen Aufgaben an, Frauen zum Kandidieren zu motivieren und die aufgestellten Kandidatinnen zu unterstützen. Sie setzte dabei auf Inserate, Pressemitteilungen, Wählerinnen-Treffs und Wahlpodien, später auch auf das seit 1987 regelmässig erscheinende Mitgliedermagazin der Frauenzentrale, das *Bulletin*. Als überparteiliche Organisation war sie immer wieder gefordert, Stellung zu nehmen. So zum

Beispiel, als Hedi Lang 1977 erstmals für den Zürcher Regierungsrat kandidierte. Die Präsidentin der Zürcher Frauenzentrale – mittlerweile war es Liselotte Meyer-Fröhlich – hatte kurz vor den Wahlen Vertreterinnen der politischen Frauengruppen eingeladen, um mit ihnen zu besprechen, wie sich die Frauenzentrale verhalten solle, wenn für ein Exekutivamt nur *eine* Frau aufgestellt werde. Bisher hatte sie es bei solchen Einervorschlägen stets vermieden, Wahlempfehlungen abzugeben. Die Anwesenden wurden sich schnell einig: Sie erwarteten von der Frauenzentrale, dass sie sich weiterhin parteipolitisch neutral verhalte und Hedi Lang nicht offiziell unterstütze.[32] Ob die Frauenzentrale sich in der Folge immer strikt an diesen Grundsatz gehalten hat, müsste im Einzelnen geklärt werden. Offensichtlich gab und gibt es immer wieder Auseinandersetzungen darüber. 1979 beklagte sich beispielsweise Lilian Uchtenhagen, dass sie als Regierungsratskandidatin im Gegensatz zu Regula Pestalozzi, die zur Wiederwahl als Stadträtin angetreten war, von der Frauenzentrale nicht unterstützt worden sei.[33] Zuletzt hatte sich die Frauenzentrale 2008 mit einer solchen Frage auseinanderzusetzen. Eine Leserin der *Neuen Zürcher Zeitung* rügte sie für ihre Wahlempfehlung für die grüne Stadtratskandidatin Ruth Genner. Mit dieser Stellungnahme würden die bürgerlichen Mitglieder der Frauenzentrale brüskiert. Irène Meier nahm dazu wie folgt Stellung: «Die Unterstützung von profilierten Frauenkandidaturen, unabhängig von ihrer Parteifarbe, ist eine der ureigensten Aufgaben einer Lobbyorganisation im Dienste der Frauen. Die Wahlempfehlung für Ruth Genner ist deshalb für die Zürcher Frauenzentrale eine Selbstverständlichkeit und wurde vom Vorstand einvernehmlich beschlossen.»[34]

FRAUENQUOTEN: EIN HEISSES EISEN

1990 gab die *Eidgenössische Kommission für Frauenfragen* den Bericht *Nehmen Sie Platz, Madame* heraus. Er befasste sich mit der politischen Repräsentation der Frauen in der Schweiz. Anlass war der nur langsam wachsende Frauenanteil in den eidgenössischen Räten. Mit den Wahlen von 1987 war er im Nationalrat nur von 11 auf 15 Prozent gestiegen und im Ständerat von 7 auf 11 Prozent. Die Studie schloss mit einer langen Liste von Empfehlungen. Unter anderem war auch von Quoten die Rede: «Man kann zu Quoten eingestellt sein, wie man will, fest steht jedenfalls,

| ABB. 145 Die Kandidatinnen der überparteilichen Liste Politisch Interessierte Frauen P. I. F. bewerben sich 1975 für den Nationalrat. Initiantin dieser Liste ist Lydia Benz-Burger, die sechste von links (mit Brille) in der vorderen Reihe.

dass sie das effizienteste Mittel sind, um Politikerinnen Platz zu schaffen. Das ist kaum bestritten, aber gerade deshalb sind Quoten stark umstritten.» Die *Eidgenössische Kommission für Frauenfragen* wünschte sich deshalb, dass «die Diskussion um Quoten im politischen Bereich vorangetrieben und damit auch enttabusiert würde».[35]

Die Diskussion über Quoten als Instrument der Frauenförderung kam in der Schweiz in den 1980er Jahren in Gang. Im Zentrum der Diskussion stand die Vertretung der Frauen in den politischen Behörden. Mit einer Quotenregelung sollte ihr Anteil rechtlich gesichert werden. Kurz hintereinander wurden zu Beginn der 1990er Jahre zwei eidgenössische Volksinitiativen gestartet, die aber beide nicht zustande kamen.[36] Die erste – lanciert von der Partei der Arbeit (PdA) – verlangte sowohl auf Gemeinde- wie auch auf Kantons- und Bundesebene eine minimale Beteiligung beider Geschlechter von 40 Prozent in den politischen Behörden. Die zweite Initiative mit dem Titel *Nationalrat 2000* bezog sich nur auf den Nationalrat und forderte Geschlechterparität. Unter anderen war auch der *Bund Schweizerischer Frauenorganisationen BSF* zum Mitmachen eingeladen worden. Er startete sogleich eine Umfrage unter seinen Mitgliedern. Die Frauenzentrale gab ein paar Tage später die folgende Antwort: «Der Vorstand der Zürcher Frauenzentrale hat sich an seiner Sitzung vom 27. September 1990 *einstimmig dagegen* ausgesprochen, dass der BSF sich an der Initiative *Nationalrat 2000* als Trägerorganisation beteiligt.»[37]

Erst die dritte eidgenössische Volksinitiative zur Quotenregelung kam zustande. Sie trug den Titel *Für eine gerechte Vertretung der Frauen in den Bundesbehörden (Initiative 3. März)* als Reaktion auf die Nichtwahl der SP-Kandidatin Christiane Brunner bei der Bundesratswahl vom 3. März 1993. Die der Wahl vorausgegangene Schlammschlacht gegen die Kandidatin und das Verhalten der Bundesversammlung hatten viele Frauen mobilisiert. Obwohl das Initiativkomitee breit abgestützt war, wurde die Initiative sieben Jahre später in der Volksabstimmung am 12. März 2000 nur gerade von 18 Prozent der Stimmbürgerinnen und Stimmbürger angenommen. Damit war die Quotendiskussion für Jahre beendet.

Vor kurzem wurde sie von verschiedenen Seiten neu lanciert. Im Vordergrund steht jedoch nicht mehr die Vertretung der Frauen in den politischen Behörden, sondern in den Verwaltungsräten von Unternehmen und in weiteren Kaderpositionen. Im Jahr 2012 brachte die Frauenzentrale dazu ein *Bulletin* her-

| ABB. 146 Seit 1987 gibt die Frauenzentrale ein Bulletin heraus. Die Nummer 2012/2 nimmt die Quotendiskussion auf. Bis 2012 erschienen jeweils vier Nummern pro Jahr, seither sind es zwei. Mit dem Bulletin stellt die Frauenzentrale einen direkten Kontakt zu ihren Mitgliedern her.

aus. | ABB. 146 Im Editorial schrieb Andrea Gisler, Präsidentin und Geschäftsführerin der Frauenzentrale: «Die Geduld vieler Frauen geht langsam zu Ende. Nicht wenige Frauen, die sich früher gegen Quoten ausgesprochen haben, haben eine Kehrtwende vollzogen.»[38] Diese *Bulletin*-Nummer enthält auch die Resultate einer Umfrage bei den Kollektivmitgliedern und den politischen Parteien zur Frage, wie sie sich zu einer Quotenregelung in Verwaltungsräten und Geschäftsleitungen stellen. Daraus geht hervor, dass die Akzeptanz von Quoten seit dem Abstimmungsdebakel von 2000 gewachsen sein dürfte, nicht zuletzt im bürgerlichen Lager.

EIN DRITTEL IST NICHT GENUG

Im Herbst 2010 gab es im Bundesrat eine Frauenmehrheit; sie dauerte jedoch nur gut ein Jahr. Die Frauen sind in den politischen Ämtern nach wie vor untervertreten. Wie Irène Meier befürchtet hatte, waren die Wahlergebnisse im Jahr 2011 nicht erfreulich. Der Rückgang des Frauenanteils in den Zürcher Kommunalwahlen von 2010 wiederholte sich 2011 auf Kantons- und auf Bundesebene. Gesamtschweizerisch verloren die Frauen gegenüber den Wahlen von 2007 im Nationalrat einen von 59 Sitzen, die Zürcherinnen gleich deren zwei. Auch im Ständerat verloren die Frauen 2011 gesamtschweizerisch einen Sitz. Die Zürcherinnen konnten mit Verena Diener ihre Ständerätin halten.

Die Zürcher Frauenzentrale hatte ihren Wahlkampf für die Nationalratskandidatinnen bereits 2007 unter dem Titel *Ein Drittel ist nicht genug* geführt. | ABB. 147 Nach den Wahlen 2011 äusserte sie ihre grosse Enttäuschung über das Resultat: «Negativ war bereits die Entwicklung bei den Wahllisten. Der Frauenanteil auf den Nationalratslisten sank auf 34,5 Prozent, gegenüber 37,7 Prozent im Jahr 2007. Nicht verwunderlich also, dass es nur zehn Frauen des Kantons Zürich nach Bern schafften – das schlechteste Ergebnis in den letzten 20 Jahren.»[39] Die Frauenzentrale sieht vor allem die Parteien in der Pflicht, die Frauenvertretung zu einem Dauerthema zu machen.

| ABB. 147 Die Zürcher Frauenzentrale fordert mit dem Slogan «Ein Drittel ist nicht genug» bei den National- und Ständeratswahlen 2007 und 2011 eine Erhöhung des Frauenanteils.

NETZWERKE PFLEGEN

Seit den 1970er Jahren suchte und pflegte die Frauenzentrale den Kontakt zu den gewählten Parlamentarierinnen und Exekutivmitgliedern. Bereits nach den ersten Wahlen 1970 lud der Vorstand die gewählten Gemeinderätinnen zum Tee ein, «um zu erfahren, ob sie daran interessiert sind, sich über die Parteien hinweg zu gelegentlichen Aussprachen zu treffen und ob sie den Kontakt mit der ZF wünschen».[40] Ob dieses Treffen zum Tee tatsächlich stattgefunden hat, entzieht sich unserer Kenntnis. Dokumentiert sind hingegen verschiedentlich Anlässe mit bereits gewählten Behördenmitgliedern. Der erste Anlass dieser Art fand ebenfalls 1970 statt. Es war eine öffentliche Veranstaltung mit den Gemeinderätinnen Lydia Benz-Burger, Elisabeth Kopp, Helen Meyer, Lilian Uchtenhagen, Erika Wehrli und der Stadträtin Emilie Lieberherr im Restaurant Kaufleuten. | ABB. 148. 149 Die vorläufig letzte Initiative dieser Art sind die öffentlichen Tagungen mit sogenannten Meinungsmacherinnen.

| ABB. 148 Zusammen mit dem Zürcher Frauenstimmrechtsverein und den politischen Frauengruppen organisiert die Frauenzentrale für den 12. November 1970 einen Abend zum Thema «Frauen im Rat», an dem es um die Erfahrungen der ersten Zürcher Parlamentarierinnen und Exekutivvertreterinnen geht.

| ABB. 149 Am 2. Oktober 1984 wird die freisinnige Nationalrätin **Elisabeth Kopp** (*1936 Zürich) als erste Frau in den Bundesrat gewählt. Ihre politischen Erfahrungen hat sie als Gemeinderätin und Gemeindepräsidentin in Zumikon gesammelt. Als Vorsteherin des Eidgenössischen Justiz- und Polizeidepartements gehören die Flüchtlings- und die Ausländerpolitik zu ihren wichtigen Themen. Sie setzt sich auch für die Besserstellung der Frauen ein: 1986 legt sie dem Parlament das Rechtsetzungsprogramm «Gleiche Rechte für Mann und Frau» vor. Von 1966 bis 1972 gehört sie dem Vorstand der Zürcher Frauenzentrale an.

MEINUNGSMACHERINNEN 2012

Überparteiliche Frauentagung: Eine Tagung für politisch interessierte Frauen und amtierende Politikerinnen – mit vielfältigen Workshops und spannenden Referaten

Samstag, 24. November 2012
09.00 – 17.00 Uhr
UNIVERSITÄT ZÜRICH

ZÜRCHER FRAUENZENTRALE   SOZIO-CONSULT

Die erste Veranstaltung dieser Art fand im November 2006 an der Universität Zürich statt. Die Frauenzentrale warb in den Medien mit den folgenden Worten: «Wann gab es das schon, die Gelegenheit so viele Meinungsmacherinnen persönlich zu erleben, von ihnen zu lernen und gleichzeitig das eigene Netzwerk zu erweitern?»[41] Solche Anlässe wurden bisher dreimal wiederholt, zuletzt im Jahr 2012. | ABB. 150

POLITISCHE FRAUENFÖRDERUNG

Lange bevor die Frauen auf der politischen Bühne selbst aktiv werden konnten, hatte die Frauenzentrale den Anspruch, Frauen für Politik zu interessieren und breit zu informieren. Dafür benutzte sie verschiedene Kanäle. Ein wichtiges Gefäss waren die Delegiertenversammlungen. Eine weitere Möglichkeit, Informationen zu vermitteln und abzuholen, waren die periodisch stattfindenden Präsidentinnenkonferenzen und die öffentlichen Kantonalen Frauentage, die sie zusammen mit der Frauenzentrale Winterthur regelmässig durchführte. Seit 1987 war auch das zunächst vierteljährlich erscheinende *Bulletin* eine Möglichkeit, um an die Mitglieder zu gelangen. Seit 2012 erscheint es nur noch halbjährlich. Für aktuelle Mitteilungen werden nun vermehrt die Website, der elektronische Newsletter und der Auftritt auf Facebook genutzt.

| ABB. 150 Die von der Frauenzentrale seit 2006 durchgeführten Meinungsmacherinnen-Tagungen fördern den Austausch zwischen politisch interessierten Frauen, amtierenden und künftigen Politikerinnen.

Es gehörte von jeher zum Selbstverständnis der Frauenzentrale, auf die Politik Einfluss zu nehmen. Ihre Eingaben und Vernehmlassungen beschränkten sich dabei nicht auf sogenannte Frauenthemen, sondern sie deckten ein breites Spektrum ab und versuchten so, das fehlende Stimm- und Wahlrecht wettzumachen. Eine weitere Möglichkeit sich einzumischen waren zudem die vielen Kommissionen und Gremien, in denen die Frauenzentrale Einsitz hatte. Aktuell ist sie in der *Kantonalen Gleichstellungskommission*, in der *Kantonalen Wohnbaukommission* sowie im Stiftungsrat der *Clara Fehr-Stiftung*, die sich finanziell an bestehenden und neuen Alterseinrichtungen beteiligt, vertreten.

Seit die Zürcherinnen die Möglichkeit haben, ihre Meinung direkt in die politischen Behörden einzubringen, ist es der Frauenzentrale ein Anliegen, Frauen zum Wählen zu motivieren, aber auch zur Übernahme von öffentlichen Ämtern. Regelmässig wurde bzw. wird sie vor den anstehenden Kommunal-, Kantons- und eidgenössischen Wahlen aktiv und unterstützt die sich zur Wahl stellenden Kandidatinnen, wobei der Anspruch der Überparteilichkeit nicht immer leicht einzulösen ist.

Eine erste Ebene der Vernetzung sind die Kontakte der Mitglieder unter sich. Die Vernetzung macht aber nicht an der Kantonsgrenze Halt. Mit dem 1921 erfolgten Beitritt zum *Bund Schweizerischer Frauenvereine* – heute *alliance F* – suchte die Frauenzentrale schon früh die Zusammenarbeit auf nationaler Ebene. | ABB. 151 Seit 2012 ist sie durch ihre Präsidentin Andrea Gisler im Vorstand der *alliance F* vertreten. Seit den 1920er Jahren gibt es auch einen regelmässigen interkantonalen Austausch mit den anderen Frauenzentralen.

| ABB. 151 Die bürgerlichen Frauen haben eine grosse Zahl verschiedener, teilweise konkurrierender Organisationen gegründet. Gleichzeitig haben sie es verstanden, Netzwerke zu schaffen und zu pflegen. Die Aufnahme entstand anlässlich des Zweiten Schweizerischen Frauenkongresses von 1921. Sie zeigt Maria Fierz (zweite von rechts) zusammen mit weiteren Exponentinnen der Frauenbewegung. Von links: Julie Merz-Schmid, Anna Louise Grütter, Bertha Trüssel, Emilie Gourd, Annie Leuch-Reineck, Martha Lüdi-Scherb und Marie von Mühlenen-Poyet.

ZEITTAFEL

Jahr	Frauenzentrale	Kanton Zürich	Schweiz
1914	Gründung der Zentralstelle Frauenhilfe am 3. August. Sie versteht sich als kriegsbedingtes Koordinationsorgan der Stadtzürcher Frauenorganisationen.		Die grossen Frauenverbände erlassen unmittelbar nach der offiziellen Mobilmachung im August eine «Mobilmachungsorder», in der die Frauen aufgefordert werden, sich in den Dienst der Heimat zu stellen. Die Abstinentinnen- und Sittlichkeitsvereine gründen den Schweizerischen Verband Soldatenwohl, der bis 1918 rund 700 alkoholfreie Soldatenstuben einrichtet.
1915	Vermittlung von Heimarbeitsaufträgen an Frauenvereine. Es geht um die Herstellung von Kleidungsstücken für die Armee. Kakao-Ausschank in ausgewählten Schulhäusern. Einführung von Gartenbaukursen.		Internationale Sozialistische Frauenfriedenskonferenz in Bern. Das *Jahrbuch der Schweizerfrauen* als gemeinsames Forum der bürgerlichen Frauenbewegung erscheint erstmals.
1916	Am 27. April wird die Zentralstelle Frauenhilfe in die Zürcher Frauenzentrale überführt. Sie mietet sich an der Talstrasse 18 ein und eröffnet dort am 1. Dezember ein ständiges Sekretariat. Die Frauenzentrale regt die Gründung der Verkaufsgenossenschaft Spindel an, die Produkte der Heimarbeit und kunstgewerbliche Gegenstände verkauft. Die Kommission für Dienstlehrplätze für junge Mädchen wird eingesetzt. Sie fördert die Rekrutierung und Ausbildung von weiblichen Dienstboten. Die neugeschaffene hauswirtschaftliche Kommission richtet hauswirtschaftliche Auskunftsstellen ein.		Das Schweizer Komitee sowie lokale Gruppen der Internationalen Frauenliga für Frieden und Freiheit werden gegründet. Die IFFF verbindet pazifistische mit emanzipatorischen Forderungen.
1917	Die Berufsberatungsstelle für Frauen wird eröffnet. Flick- und Arbeitsstuben für wenig bemittelte Frauen werden eingerichtet.		
1918	Kurz nach dem Generalstreik werden 40 000 Flugblätter verteilt, die zur sozialen Verständigung zwischen den Klassen aufrufen. Eröffnung eines Nothilfespitals im Münchhaldenschulhaus für die Opfer der Spanischen Grippe.	Die Sozialdemokratinnen organisieren vor dem Zürcher Rathaus eine Demonstration gegen den Hunger und stellen sozial- und wirtschaftspolitische Forderungen an den Kantonsrat. Die Frauenzentrale unterstützt ihre Anliegen.	
1919	Die Frauenzentrale übernimmt die Zeitschrift Frauenbestrebungen. Gründung von Frauengruppen zur sozialen Verständigung in den Stadtquartieren. Die Berufsberatung für Frauen wird ausgebaut.		In Aarau wird das *Schweizer Frauenblatt* gegründet. 1922 bis 1964 ist es das Organ des Bundes Schweizerischer Frauenvereine. 1990 wird es eingestellt. Es vertritt eine politisch moderate Linie. In Zürich findet im Mai der Zweite Kongress der Internationalen Frauenliga für Frieden und Freiheit statt.

Jahr	Frauenzentrale	Kanton Zürich	Schweiz
1920	Einführung von Kursen für arbeitslose Frauen im Auftrag der kantonalen Volkswirtschaftsdirektion.	Gründung der Sozialen Frauenschule Zürich. Sie ist bei der Frauenzentrale an der Talstrasse zur Untermiete. Zwischen der Frauenzentrale und der Schule bestehen enge personelle Beziehungen. Erste Volksabstimmung im Kanton Zürich über das Frauenstimmrecht am 8. Februar. Sie wird mit 80 Prozent Nein-Stimmen abgelehnt.	
1921	Beitritt zum Bund Schweizerischer Frauenvereine.	Die Zürcher Hausdienstkommission erarbeitet einen Arbeitsvertrag für Dienstboten. Der Kommission gehören mehrere Frauenorganisationen an, u. a. die Frauenzentrale.	Zweiter schweizerischer Frauenkongress in Bern. Er fordert das Recht der Frauen auf Arbeit, Lohngleichheit für Mann und Frau und eine bessere Berufsbildung für Frauen. Die Katholikinnen und die Sozialdemokratinnen machen nicht mit.
1922	Die Frauenzentrale organisiert einen Anlass, an dem Referate vom Kongress für Fraueninteressen vom Vorjahr wiederholt werden. Es nehmen 500 Frauen teil. Dies ist der Auftakt für die nun periodisch stattfindenden Kantonalen Frauentage.		Der Bund Schweizerischer Frauenvereine gründet die Schweizerische Zentralstelle für Frauenberufe als Koordinationsstelle für die weibliche Berufsbildung. Die Geschäftsstelle ist örtlich bei der Frauenzentrale angesiedelt.
1923	Ein Komitee organisiert im Rahmen der Aktion «Städtehilfe für das hungernde Deutschland» Suppenküchen in Stuttgart.		
1924	Die Frauenzentrale führt eine Umfrage über den aktuellen Stand der Heimarbeit durch. Es ist eine Vorbereitung auf das Heimarbeiterschutz-Gesetz. Eröffnung einer Erziehungsberatungsstelle zusammen mit der Pro Juventute.		
1925	Zürich übernimmt den Vorort der Frauenzentralen. Ziel: Koordination der lokalen oder kantonalen Frauenzentralen, Diskussions- und Informationsforum, Interessenvertretung gegenüber den Behörden, Mitarbeit an der eidgenössischen Gesetzgebung.		
1926	Die Genossenschaft zur Erstellung von Wohnungen für alleinstehende Frauen wird gegründet.		
1928	Beteiligung an den Vorarbeiten für die SAFFA.		Erste Schweizerische Ausstellung für Frauenarbeit SAFFA in Bern. Hauptanliegen der Organisatorinnen ist es, die Bedeutung der Frauenarbeit für die schweizerische Volkswirtschaft und Gesellschaft aufzuzeigen.

Jahr	Frauenzentrale	Kanton Zürich	Schweiz
1929	Eine ausserordentliche Generalversammlung beschliesst den Kauf der Liegenschaft am Schanzengraben 29.		Die Petition für das Frauenstimmrecht des Schweizerischen Verbands für Frauenstimmrecht und der sozialdemokratischen Frauengruppen bringt fast 250 000 Unterschriften zusammen. Trotz dieses Sammelerfolgs vermag sie politisch nichts auszurichten.
1930	Protest gegen den Film *Frauennot – Frauenglück*: Er bewirkt eine behördlich verfügte Kürzung des Films. Einzug in die Räume am Schanzengraben 29. Kampf gegen den schweizerischen Waffenexport.		
1931		In Zürich wird das Gesetz für die obligatorische hauswirtschaftliche Fortbildung für Mädchen angenommen	
1932	Errichtung einer Fürsorgestelle für schwangere Frauen. Die Frauenzentrale übernimmt den Aufbau der «Mütterhilfe». Die Frauenzentrale bittet Bundesrat Motta, sich an der Internationalen Abrüstungskonferenz in Genf für die Abrüstung einzusetzen.		
1933	Gründung der Wärmestube für ältere Frauen. Diese steht den über 60-Jährigen im Winter jeden Nachmittag offen. Die Frauenzentrale kämpft zusammen mit anderen Frauenorganisationen gegen die Diskriminierung verheirateter Frauen auf dem Arbeitsmarkt. Diese Debatte läuft unter dem Begriff Doppelverdienertum.		Gründung der Arbeitsgemeinschaft Frau und Demokratie. Die Frauenzentrale wird Mitglied. Die Hausfrauenvereine schliessen sich zum Verband Schweizerischer Hausfrauenvereine zusammen. Dieser befasst sich vorwiegend mit hauswirtschaftlicher Bildung.
1934	Die Frage, ob sich die Frauenzentralen zu einem Verband zusammenschliessen sollen, wird diskutiert und von den Zürcherinnen abgelehnt.		
1936	Die Frauenzentrale führt mit anderen Zürcher Frauenorganisationen eine Kundgebung für den Frieden durch. Daraus gehen die Tage des Guten Willens der folgenden Jahre hervor. Obschon man sich bemüht, konfessionell und parteipolitisch neutral zu sein, kommt es unter den Beteiligten immer wieder zu Konflikten über die Zusammensetzung des Organisationskomitees. Der Vorstand setzt sich mit der Wehranleihe und Fragen des Luftschutzes auseinander. Die Stellungnahmen zu diesen Themen führen im Vorstand zu Spannungen.		
1937	Mit der Aktion «Mittwoch ist Spartag» werden arme Haushalte unterstützt.		
1938	Der Kantonale Frauentag verabschiedet eine Resolution zur Geistigen Landesverteidigung.		

Jahr	Frauenzentrale	Kanton Zürich	Schweiz
1939	Eine Flickstube für Frauen von Soldaten wird eingerichtet. Beteiligung am Frauenpavillon an der Schweizerischen Landesausstellung in Zürich.		Bei Ausbruch des Zweiten Weltkriegs wird das aus Vertreterinnen der grossen Frauenverbände bestehende konsultative Frauenkomitee geschaffen und dem Kriegsernährungsamt angegliedert. Die Frauenorganisationen wirken während des Kriegs in zahlreichen, teilweise neu geschaffenen Institutionen mit, so im militärischen oder im zivilen Frauenhilfsdienst, im Landdienst oder in der Organisation Heer und Haus, die sich für die Geistige Landesverteidigung einsetzt.
1941	Zum ersten Mal wird in Zusammenarbeit mit den politischen Frauengruppen eine Jungbürgerinnenfeier für Mädchen organisiert.		
1942	Die Mütterschule wird eröffnet.		
1946	Aufbauhilfe für das kriegsgeschädigte Linz. Die Frauenzentrale unterstützt die Organisation des dritten schweizerischen Frauenkongresses. Er findet in Zürich statt.		Dritter schweizerischer Frauenkongress in Zürich.
1947	Mit der Sammlung der 1000 Kleinigkeiten werden Projekte in kriegsgeschädigten Ländern unterstützt.	Im Kanton Zürich wird das Frauenstimmrecht erneut abgelehnt.	
1949	Die Frauenzentrale organisiert den ersten Tag der Frauenwerke. Dieser sollte anschliessend alle zwei Jahre in der ganzen Schweiz wiederholt werden, um die Frauenwerke finanziell zu unterstützen. Wegen Auseinandersetzungen wird das Projekt danach wieder fallengelassen.		Das seit kurzem bestehende Schweizerische Frauensekretariat wird zur Geschäftsstelle des Bundes Schweizerischer Frauenorganisationen. Der Versuch des BSF, zur Dachorganisation aller schweizerischen Frauenverbände zu werden, misslingt. Zwar sind die SP-Frauen im BSF-Vorstand neu dabei. Aber die beiden grossen Verbände, der Schweizerische Katholische Frauenbund und der Schweizerische Gemeinnützige Frauenverein, wollen sich den politischen Zielen des BSF nicht unterordnen.
1953	Gründung der Elternschule. Sie bietet Kurse zu Erziehungsfragen an.		
1954	Die Frauenzentrale bekämpft die Initiative der PdA für das Frauenstimmrecht, weil sie die PdA als «gefährlichen Gegner» der staatlichen Ordnung ablehnt. Diese Positionierung ist Ausdruck des Kalten Kriegs, der die Frauenzentrale über Jahre prägt.		Zusammenschluss von Angestelltenorganisationen und Frauenverbänden zur Aktionsgemeinschaft für Konsumentenschutz. Anlass ist die starke Erhöhung der Fleischpreise. Für die Frauenzentrale ist der Konsumentenschutz in diesen Jahren ein wichtiges Thema.

Jahr	Frauenzentrale	Kanton Zürich	Schweiz
1956	Säuglingskurse für Väter werden eingeführt.		
1957			Abstimmung über den Verfassungsartikel, der die Frauen zum obligatorischen Zivilschutzdienst verpflichten soll. Viele Frauenorganisationen sprechen sich dagegen aus und verweisen auf die fehlenden politischen Rechte. Der Vorstand der Frauenzentrale gehört zu den Befürwortern. Der Artikel wird von den Stimmbürgern knapp verworfen. Gründung der Schweizerischen Arbeitsgemeinschaft der Frauenverbände für die politischen Rechte der Frau. Die Landfrauen und der Schweizerische Gemeinnützige Frauenverein treten nicht bei.
1958	Mitarbeit bei den Vorbereitungen für die SAFFA 1958.		Die zweite Schweizerische Frauenausstellung SAFFA findet im Sommer unter Federführung des Bundes Schweizerischer Frauenorganisationen in Zürich statt.
1959		Der 1. Februar wird aufgrund der Ablehnung der Abstimmung zum Stimmrechtstag erklärt. An diesem Tag sollen in der ganzen Schweiz Veranstaltungen für das Frauenstimm- und -wahlrecht organisiert werden. In Zürich beteiligt sich die Frauenzentrale jeweils an der Organisation des Fackelzugs.	Erste eidgenössische Abstimmung über das Stimm- und Wahlrecht für Frauen vom 1. Februar. Es wird mit zwei Drittel Nein-Stimmen abgelehnt. In den Kantonen Neuenburg und Waadt stimmen die Männer den kantonalen Vorlagen zu.
1960			Genf führt als dritter Kanton das Frauenstimm- und -wahlrecht ein.
1961	Die Frauenzentrale baut ein breites Angebot an staatsbürgerlichen Kursen auf. Sie beginnt mit Kursen zu Vereinsleitung.		
1962	Gründung eines Seniorenclubs. Er organisiert Freizeitaktivitäten für ältere Frauen. Die letzte der Frauengruppen, die 1919 für die soziale Verständigung gegründet wurden, wird aufgelöst.		
1963	Im Juli zieht die Frauenzentrale nach längerer Bauphase in das neu erbaute Haus am Schanzengraben 29 ein.		

Jahr	Frauenzentrale	Kanton Zürich	Schweiz
1965	Mitverantwortung und Mitarbeit der Frau in der Gemeinde werden gefördert. Für die staatsbürgerliche Einbindung wird die Gründung von lokalen Frauenpodien empfohlen. Durchführung einer Umfrage bei den höheren weiblichen Angestellten der kantonalen Verwaltung bezüglich Lohnunterschiede.		
1966		Das Frauenstimmrecht wird im Kanton Zürich erneut abgelehnt.	Basel-Stadt führt als erster Deutschschweizer Kanton das Frauenstimm- und -wahlrecht ein. Vorlagen im Tessin, in Schaffhausen und in Zürich scheitern.
1968	Die Frauenzentrale setzt sich mit den Jugendunruhen auseinander. Die Vorstandsmitglieder vertreten unterschiedliche Positionen.	Die Feier zum 75-jährigen Bestehen des Zürcher Frauenstimmrechtsvereins wird von Exponentinnen der neuen Frauenbewegung gestört.	
1969		Die kantonale Vorlage, die den Gemeinden ermöglicht, das Frauenstimmrecht einzuführen, wird angenommen. In der Folge wird das Frauenstimmrecht in vielen Gemeinden rasch eingeführt.	Die Frauenstimmrechtsvereine Zürich und Basel rufen zum sogenannten Marsch auf Bern auf. Die Zürcher Frauenzentrale rät ihren Mitgliedern sowie den anderen Frauenzentralen, nicht am Marsch teilzunehmen, sondern die Kundgebung im Berner Kursaal zu besuchen.
1970		Die Zürcherinnen erhalten das kantonale Stimm- und Wahlrecht.	
1971	Zusammen mit anderen Organisationen wird die Genossenschaft Gemeinschaftshaus gegründet. Die Siedlung an der Bändlistrasse bietet Wohnungen für Betagte, Behinderte und alleinstehende Frauen mit Kindern sowie eine Krippe an.		Die Schweizerinnen erhalten am 7. Februar das eidgenössische Stimm- und Wahlrecht. Ein überparteiliches Komitee ergreift die Initiative für den straflosen Schwangerschaftsabbruch. Ziel ist es, das bestehende Gesetz, das die Abtreibung unter Strafe stellt, ausser Kraft zu setzen.
1973			Gründung der Schweizerischen Vereinigung für straflosen Schwangerschaftsabbruch.
1974	40-jähriges Bestehen der Wärmestube für ältere Frauen.	Das erste autonome Frauenzentrum wird im Oktober in Zürich eröffnet.	

Jahr	Frauenzentrale	Kanton Zürich	Schweiz
1975	Eingabe bei der kantonalen Gesundheitsdirektion für die Einführung von ärztlich geführten Familienplanungsstellen in Spitälern.		Vierter schweizerischer Frauenkongress im Internationalen Jahr der Frau in Bern. Konfrontation mit der neuen Frauenbewegung. Antikongress der neuen Frauenbewegung in Bern zum Thema Schwangerschaftsabbruch. Die Schweizerische Vereinigung für straflosen Schwangerschaftsabbruch lanciert die Fristenlösungsinitiative. Die liberalere Initiative von 1971 wird zurückgezogen, da man ihr keine Chancen gibt.
1976			Die Verfassungsinitiative Gleiche Rechte für Mann und Frau wird eingereicht. Der Bundesrat setzt die Eidgenössische Kommission für Frauenfragen als ständige ausserparlamentarische Kommission ein. Sie ist das erste staatliche Gleichstellungsorgan in der Schweiz.
1977	Schliessung des Säuglingsheims der Mütterschule.		Die Fristenlösungsinitiative wird abgelehnt.
1979		Das erste Frauenhaus der Schweiz wird in Zürich eröffnet. Die Frauenzentrale unterstützt dieses Projekt.	Als erstes Gleichstellungsbüro in der Schweiz nimmt das Bureau de la condition féminine de la République et Canton du Jura seine Arbeit auf. Es bleibt bis 1987 die einzige derartige Institution auf kantonaler Ebene.
1980	Eröffnung der Budgetberatungsstelle.		Die Volksinitiative für einen besseren Schutz der Mutterschaft wird eingereicht.
1981			Der Verfassungsartikel über gleiche Rechte von Mann und Frau wird mit der Volksabstimmung vom 14. Juni in der Bundesverfassung verankert. Die Frauenzentrale hat das Sekretariat des befürwortenden schweizerischen Aktionskomitees geführt.
1984	Schliessung der Elternschule wegen des jährlich wachsenden Defizits. Die Säuglingskurse werden weitergeführt.		Die Volksinitiative für einen besseren Schutz der Mutterschaft wird mit 84% Nein-Stimmen massiv abgelehnt.

Jahr	Frauenzentrale	Kanton Zürich	Schweiz
1985	Die Frauenzentrale führt die Geschäftsstelle des Schweizerischen Aktionskomitees für die Abstimmung über das neue Eherecht. (Das revidierte Recht wird an der Urne angenommen.)		Das neue Eherecht wird angenommen.
1986	In Zusammenarbeit mit dem Verein Freundinnen junger Mädchen, Kantonsrätinnen, Ärztinnen und der Schule für Soziale Arbeit lanciert die Frauenzentrale ein Projekt, das ausstiegswillige Prostituierte unterstützt.		
1987	Gründung der Rechtsberatungsstelle. Die Frauenzentrale gibt seit diesem Jahr für ihre Mitglieder regelmässig ein *Bulletin* heraus.		
1988		Die Stabsstelle für Frauenfragen in der Stadtverwaltung Zürich wird eröffnet.	
1990	Die Wärmestube für ältere Frauen wird geschlossen.	Eröffnung der kantonalen Fachstelle für Gleichberechtigung im Kanton Zürich.	
1991			Frauenstreik am 14. Juni: Zum 10. Jahrestag der Annahme des Verfassungsartikels Gleiche Rechte für Mann und Frau hat der Schweizerische Gewerkschaftsbund zu einem landesweiten Frauenstreik aufgerufen, der die noch nicht umgesetzten Gleichheitspostulate anmahnt.
1996			Fünfter schweizerischer Frauenkongress in Bern. Bundesgesetz über die Gleichstellung von Frau und Mann (GlG) tritt in Kraft.
1997	Die Frauenzentrale beteiligt sich an einem Manifest für die unverzügliche Einführung der Mutterschaftsversicherung.		Die 10. AHV-Revision verbessert die Situation der Frauen (Rentensplitting, Erziehungsgutschriften). Allerdings wird seither ihr Rentenalter schrittweise erhöht.
1999	Schliessung der Mütter- und Elternschule.		
2000	Gründung der KickOff-Laufbahnberatung.		Die eidgenössische Volksinitiative zur Quotenregelung wird massiv abgelehnt.
2002	Die Frauenzentrale macht sich für die Fristenregelung stark.		Die Fristenregelung wird durch die Bundesversammlung angenommen.
2004	Die Frauenzentrale engagiert sich federführend für die Ja-Kampagne der Mutterschaftsversicherung im Kanton Zürich. Das Kurswesen wird aus finanziellen und bildungspolitischen Gründen eingestellt.		

Jahr	Frauenzentrale	Kanton Zürich	Schweiz
2005			Die Mutterschaftsversicherung seit 1945 in der Verfassung festgeschrieben und in einer eidgenössischen Abstimmung im Vorjahr angenommen, tritt in Kraft. Zuvor war sie 1984, 1987, und 1999 an der Urne gescheitert.
2006	Das Mentoring-Programm Duopoly für junge, politisch interessierte Frauen wird erstmals durchgeführt. Erste überparteiliche Veranstaltung – als Meinungsmacherinnentagung bezeichnet – an der Universität Zürich für aktive und künftige Politikerinnen.		
2007	Kampagne zum Gewaltschutzgesetz.		
2008	Engagement für die eidgenössische Volksinitiative zum Schutz vor Waffengewalt. Dieses Engagement versteht die Frauenzentrale als Engagement gegen häusliche Gewalt. Lancierung einer Kampagne zu gleichem Lohn für gleiche Arbeit.		
2009	Die Frauenzentrale spricht sich gegen den Vorschlag aus, die gemeinsame elterliche Sorge als Regelfall einzuführen.		
2011	Engagement für die kantonale Volksabstimmung für den Ausbau der familienergänzenden Kinderbetreuung.		
2011			Jahr der Jubiläen: 100 Jahre Internationaler Frauentag, 40 Jahre Frauenstimm- und -wahlrecht, 30 Jahre Gleiche Rechte für Mann und Frau in der Verfassung, 20 Jahre Frauenstreik und 15 Jahre Gleichstellungsgesetz.
2012	Die Frauenzentrale setzt sich gegen die Verrichtungsboxen für Prostituierte ein. Die städtische Vorlage wird angenommen. Sie nimmt kritisch Stellung zur Vorlage des Bundesamts für Justiz für eine Neuregelung des Unterhaltsrechts.		
2013			Das revidierte Namensrecht tritt in Kraft. Neu wird das Prinzip verankert, dass Frau und Mann bei der Eheschliessung den ledigen Namen sowie den Heimatort beibehalten.
2014	Jubiläum 100 Jahre Zürcher Frauenzentrale		

ANMERKUNGEN

Anmerkungen zu den Seiten 15–38

EINLEITUNG

1. Jahresbericht Zürcher Frauenzentrale 1923/24.
2. Jahresbericht Zürcher Frauenzentrale 1934/35, S. 16f.
3. Jahresbericht Zürcher Frauenzentrale 1943/44, S. 2.
4. Jahresbericht Zürcher Frauenzentrale, 1923/24, S. 12.
5. Jahresbericht Zürcher Frauenzentrale 1986, S. 3.
6. Jahresbericht Zürcher Frauenzentrale 1959, S. 3.

1_ MOBILMACHUNG DER FRAUEN

1. NZZ, Nr. 1191, 4. 8. 1914.
2. NZZ, Nr. 1168, 31. 7. 1914.
3. NZZ, Nr. 1175, 1. 8. 1914.
4. NZZ, Nr. 1177, 1. 8. 1914.
5. Ebenda.
6. NZZ, Nr. 1179, 2. 8. 1914.
7. NZZ, Nr. 1182, 2. 8. 1914. Der Aufruf wurde auch in anderen Tageszeitungen publiziert, so z. B. im Tages-Anzeiger Nr. 179, 3. 8. 1914.
8. Zentralblatt des Schweizerischen Gemeinnützigen Frauenvereins 1914/8, S. 170f.
9. Mittler, Max (2003). Der Weg zum Ersten Weltkrieg. Wie neutral war die Schweiz? Kleinstaat und europäischer Imperialismus. Zürich, S. 633ff.
10. Protokoll des Zentralvorstandes vom 14. September 1914 (Archiv ZF A-1.1.01 I).
11. Escher, Nora (1985). Entwicklungstendenzen der Frauenbewegung in der deutschen Schweiz 1850–1918/19. Zürich, S. 98.
12. Bühler, Caroline (2007). «Die Pflegi». Ein Spital für Frauen – von Frauen geschaffen und geprägt. Zürich. Vgl. auch dieselbe (1997). Die Geschichte des Schweizerischen Gemeinnützigen Frauenvereins SGF. Lizentiatsarbeit Universität Bern.
13. Gemeinnütziger Frauenverein Zürich GFZ (2010). Kinderbetreuung im Wandel. Gemeinnütziger Frauenverein Zürich GFZ – Worauf Familien zählen. Seit 1885. Zürich, S. 13.
14. Mesmer, Beatrix (1988a). Ausgeklammert – Eingeklammert. Frauen und Frauenorganisationen in der Schweiz des 19. Jahrhunderts. Basel, S. 166.
15. Puenzieux, Dominique; Ruckstuhl, Brigitte (1994). Medizin, Moral und Sexualität. Die Bekämpfung der Geschlechtskrankheiten Syphilis und Gonorrhöe in Zürich 1870–1920. Zürich, S. 76ff.
16. Der Schweizerische Verein der Freundinnen junger Mädchen gab sich 1999 den Namen Compagna.
17. Mesmer (1988a), S. 166.
18. Protokoll des Zentralvorstandes vom 30. November 1914 (Archiv ZF A-1.1.01 III).
19. Protokoll des Zentralvorstandes vom 5. November 1915 (Archiv ZF A-1.1.01 IV).
20. Hardmeier, Sibylle (1997). Frühe Frauenstimmrechtsbewegung in der Schweiz (1890–1930). Argumente, Strategien, Netzwerk und Gegenbewegung. Zürich, S. 100.
21. Dieser Abschnitt orientiert sich vor allem an Redolfi, Silke (2000). Frauen bauen Staat. 100 Jahre Bund Schweizerischer Frauenorganisationen. Zürich, S. 32ff.
22. Mesmer (1988a), S. 225.
23. Mesmer, Beatrix (2007). Staatsbürgerinnen ohne Stimmrecht. Die Politik der schweizerischen Frauenverbände 1914–1971. Zürich, S. 11ff.
24. Mesmer (2007), S. 31.

2_ MÜTZEN- UND ANDERE KOMMISSIONEN

1. Bis auf wenige Ausnahmen sind im Archiv der Frauenzentrale keine Kommissionsprotokolle vorhanden.
2. Protokoll des Zentralvorstandes vom 11. Januar 1916 (Archiv ZF A-1.1.01 V).
3. Protokoll des Zentralvorstandes vom 21. Januar 1916 (Archiv ZF A-1.1.01 V).
4. Protokoll des Zentralvorstandes vom 3. September 1915 (Archiv ZF A-1.1.01 IV).
5. Protokoll des Zentralvorstandes vom 21. Januar 1916 (Archiv ZF A-1.1.01 V).
6. Protokoll des Komitees für Flicken der Soldatenwäsche vom 11. September 1914 (Archiv ZF A-1.1.01 I).
7. Vgl. dazu etwa Tanner, Albert (1985). Das Schiffchen fliegt, die Maschine rauscht. Weber, Sticker und Fabrikanten in der Ostschweiz. Zürich; Jäger, Reto; Lemmenmeier, Max et al. (1986). Baumwollgarn als Schicksalsfaden. Wirtschaftliche und gesellschaftliche Entwicklungen in einem ländlichen Industriegebiet (Zürcher Oberland) 1750–1920. Zürich.
8. Mitgliederverzeichnis 1926 (Archiv ZF A-2.5.18).
9. Mesmer (1988a), S. 56.
10. Frauenverein Enge (1914). Bericht über die Tätigkeit des Frauenvereins Enge vom 1. Januar bis 31. Dezember 1914, S. 8.
11. Mesmer (1988a), S. 180ff.
12. Frauenverein Enge (1914), S. 2.
13. Ebenda.
14. Rezepte für zeitgemässe Gerichte mit Berücksichtigung der Kochkiste, ausgestellt und herausgegeben von der Haushaltungskommission der Sektion Zürich des Schweiz. Gemeinnützigen Frauenvereins und der Zentralstelle «Frauenhilfe» Zürich [1914]. [Zürich], S. 1.
15. Protokoll des Zentralvorstandes vom 18. Januar 1915 (Archiv ZF A-1.1.01 III).

16 Protokoll des Zentralvorstandes vom 14. Dezember 1914 (Archiv ZF A-1.1.01 III).
17 Protokoll des Zentralvorstandes vom 29. März 1915 (Archiv ZF A-1.1.01 IV).
18 Protokoll des Zentralvorstandes vom 18. März 1916 (Archiv ZF A-1.1.01 V).
19 Protokoll des Zentralvorstandes vom 18. Januar 1915 (Archiv ZF A-1.1.01 III).
20 Protokoll des Zentralvorstandes vom 15. Februar 1915 (Archiv ZF A-1.1.01 III).
21 Ebenda.
22 Handwörterbuch der Schweizerischen Volkswirtschaft, Socialpolitik und Verwaltung (1903). Bern. Bd. 1, S. 328.
23 Stadtarchiv Zürich: Mitgliederverzeichnis 1912–1914 der Freiwilligen und Einwohnerarmenpflege der Stadt Zürich (VII 158).
24 Suter, Gabriela (2004). Die transparenten Armen: Generierung von Wissen über Bedürftige am Beispiel der Freiwilligen und Einwohnerarmenpflege der Stadt Zürich 1895–1928, Lizentiatsarbeit Universität Zürich.
25 Mesmer, Beatrix (1991). Jubiläen und Geschichtsbilder. Einige Bemerkungen zur Selbstdarstellung von Frauenzentralen. In: Belser, Katharina; Ryter, Elisabeth et al. (Hrsg.). Solidarität – Streit – Widerspruch. Festschrift für Judith Jánoska. Zürich, S. 44.

3_ EIN NEUANFANG UND EIN NEUER NAME

1 Rundschreiben an die Vereinspräsidentinnen (Archiv ZF A-1.2.01).
2 Protokoll des Zentralvorstandes vom 17. Dezember 1915 (Archiv ZF A-1.1.01 IV).
3 Ebenda.
4 Protokoll der Sitzung der Vertreterinnen der Frauenvereine vom 23. Februar 1916 (Archiv ZF A-1.1.01 V).
5 Statuten der Zürcher Frauenzentrale vom 27. April 1916 (Archiv ZF A-1.3.01).
6 Gull, Thomas. Vereine, in: www.hls.ch (Version vom 19. 11. 2013).
7 Protokoll der Sekretariatskommission vom 23. Juni 1916 (Archiv ZF A-2.6.20).
8 Jahresbericht Zürcher Frauenzentrale 1916/17, S. 2ff.
9 Jahresbericht Zürcher Frauenzentrale 1926/27, S. 5.
10 Jahresbericht Zürcher Frauenzentrale 1918/19, S. 14.
11 Protokoll der Delegiertenkonferenz vom 5. Juli 1916 (Archiv ZF A-2.4.44).
12 Protokoll der Delegiertenkonferenz vom 11. Oktober 1916 (Archiv ZF A-2.4.44).
13 Protokoll der konstituierenden Sitzung vom 27. April 1916 (Archiv ZF A-2.4.44).
14 Bulletin Zürcher Frauenzentrale 2009/1, S. 5ff.; Schwarzenbach, Alexis (2004): Die Geborene. Renée Schwarzenbach-Wille und ihre Familie. Zürich.
15 Jahresbericht Zürcher Frauenzentrale 1928/29, S. 5.
16 Protokoll der ausserordentlichen Generalversammlung vom 21. August 1929 (Archiv ZF A-2.4.41).
17 Bulletin Zürcher Frauenzentrale, 2009/1, S. 6ff.
18 Statuten der Zürcher Frauenzentrale vom 14. März 1972 (Archiv ZF A-1.3.01).
19 Statuten der Zürcher Frauenzentrale vom 22. Mai 2007 (Archiv ZF A-1.3.01).
20 Strub, Elisa (1916). Chronik der Frauenbewegung in der deutschen Schweiz pro 1915/1916. In: Jahrbuch der Schweizerfrauen. Bern, S. 18 und 20.
21 Argast, Regula (1997). Von Dörräpfeln und Netzwerken: 80 Jahre Frauenzentrale Basel 1916–1996. Hg. von der Frauenzentrale Basel, Basel.
22 Liste mit den Gründungsjahren der Frauenzentralen (Archiv ZF A-6.1.03).
23 Vgl. www.frauenzentrale.ch (Zugriff am 13. Januar 2014).

4_ DIE MITGLIEDER DER FRAUENZENTRALE

1 Protokoll der Delegiertenkonferenz vom 30. April 1919 (Archiv ZF A-2.4.43).
2 Mitgliederverzeichnis 1926 (Archiv ZF A-2.5.18).
3 Jahresbericht Zürcher Frauenzentrale 1921/22, S. 2.
4 Mitglieder 1916–1922 (Archiv ZF A-2.5.19).
5 Nachtrag zum Protokoll der Vorstandssitzung vom 5. August 1932 (Archiv ZF A-2.1.74).
6 Protokoll der Vorstandssitzung vom 19. August 1932 (Archiv ZF A-2.1.74).
7 Protokoll der Vorstandssitzung vom 3. Mai 1940 (Archiv ZF A-2.1.66).
8 Protokoll der Vorstandssitzung vom 6. September 1940 (Archiv ZF A-2.1.66).
9 Mitgliederverzeichnis 1926 (Archiv ZF A-2.5.18). Die Jahreszahl ist nicht aufgedruckt, erscheint aber als plausibel.

10 Stand Mitte Februar 2013.
11 Adressverzeichnisse der Stadt Zürich; Bürgerverzeichnisse der Stadt Zürich; Matrikeledition der Universität Zürich 1833–1924 (http://www.matrikel.uzh.ch/active/static/index.html).
12 Diese Angaben sind nicht immer vollständig. Sie lassen sich nur begrenzt statistisch auswerten. Trotzdem geben sie viele interessante Hinweise.
13 Unter Ärzte fallen auch Zahnärzte und Apotheker, da diese in den Quellen oft nicht unterscheidbar sind.
14 Capitani, François de (1999). Von Höhen und Tiefen. Die Zürcher Seidenindustrie im 19. und 20. Jahrhundert. In: Zürcher Kantonalbank (Hrsg.). Seide. Stoff für Zürcher Geschichte und Geschichten. Zürich, S. 40–48.
15 Gruner, Erich et al. (1966). Die Schweizerische Bundesversammlung 1848–1920. Bern, Bd. 1, S. 117f. und Härri, Marianne. Syz, John, in: www.hls.ch (Version vom 28. 3. 2012).
16 Vgl. dazu: Feller-Vest, Veronika. Schindler, Kaspar (1828–1902), in: www.hls.ch (Version vom 20. 11. 2012).
17 Die folgenden Abschnitte stützen sich auf Blosser, Ursi; Gerster, Franziska (1985). Töchter der guten Gesellschaft. Frauenrolle und Mädchenerziehung im schweizerischen Grossbürgertum um 1900. Zürich, S. 125ff.; Albert Tanner (1995). Arbeitsame Patrioten – wohlanständige Damen. Bürgertum und Bürgerlichkeit in der Schweiz 1830–1914. Zürich.
18 Zit. in: Blosser / Gerster (1985), S. 224f.
19 Holenstein, Katrin; Ryter, Elisabeth (1990). Frauen an schweizerischen Hochschulen, in: F-Frauenfragen 1990/3, S. 3–16.
20 Bleuler-Waser, Hedwig (1928). Aus meiner Universitätszeit. In: Das Frauenstudium an Schweizer Hochschulen. Hg. vom Schweizerischen Verband der Akademikerinnen. Zürich, S. 65f.
21 Stand Mitte Februar 2013.
22 Mitglieder 1916–1922 (Archiv ZF A-2.5.19).

5_ KLASSENVERSTÄNDIGUNG STATT KLASSENKAMPF

1 Frauenbestrebungen 1918/12, S. 90.
2 Degen, Bernard. Landesstreik, in: www.hls.ch (Version vom 9. 8. 2012).
3 NZZ/Bürgerliche Presse Nr. 4, 14. 11. 1918.
4 Frauenbestrebungen 1918/12, S. 90.
5 Telegramm an den Bundesrat vom 12. November 1918 (Archiv ZF A-7.4.41).
6 NZZ/Bürgerliche Presse Nr. 4, 14. 11. 1918.
7 Frei, Annette (1987). Rote Patriarchen. Arbeiterbewegung und Frauenemanzipation in der Schweiz um 1900. Zürich, S. 22f.
8 Zit. in: ebenda, S. 145.

9 Frauenbestrebungen 1910/10, S. 78.
10 Ebenda.
11 Frauenbestrebungen 1911/2, S. 13.
12 Frei (1987), S. 151.
13 Ebenda, S. 50.
14 Ebenda, S. 93.
15 Degen, Bernhard (2006). Erster Weltkrieg. Generalstreik und die Folgen. In: Boillat, Valérie; Degen, Bernhard et al. (Hrsg.). Vom Wert der Arbeit: Schweizer Gewerkschaften – Geschichte und Geschichten. Zürich, S. 128.
16 Jost, Hans Ulrich (1986). Bedrohung und Enge. In: Geschichte der Schweiz und der Schweizer. Zürich, S. 748.
17 Flüeler, Niklaus; Flüeler-Grauwiler, Marianne (Hrsg.) (1994). Geschichte des Kantons Zürich. Bd. 3. Zürich, S. 245.
18 Degen (2006), S. 128.
19 Pfeifer, Regula (1993). Frauen und Protest. Marktdemonstrationen in der deutschen Schweiz im Kriegsjahr 1916. In: Head-König, Annelies; Tanner, Jakob (Hrsg.). Frauen in der Stadt. Zürich, S. 93.
20 Die Vorkämpferin 1918/7, S. 1.
21 Muff, Simon (2002). Arbeiterinnenbewegung und Landesstreik 1918. Lizentiatsarbeit Universität Freiburg.
22 Die Vorkämpferin 1918/7, S. 2.
23 Protokoll Kantonsrat vom 10. Juni 1918, S. 706.
24 Kleine Mitte-links-Partei, die 1925 ihren Sektionen den Übertritt in die SPS empfahl.
25 Protokoll Kantonsrat vom 10. Juni 1918, S. 707.
26 Ebenda, S. 710.
27 Ebenda, S. 711.
28 Protokoll Kantonsrat vom 17. Juni 1918, S. 725.
29 Eingabe der Zürcher Frauenzentrale an den Zürcher Kantonsrat vom 15. Juni 1918 (Archiv ZF A-7.4.41).
30 Frauenbestrebungen 1918/8, S. 61.
31 Ebenda.
32 Ebenda.
33 Jahresbericht Zürcher Frauenzentrale 1918/19, S. 9.
34 Frauenbestrebungen 1918/12, S. 90.
35 Frauenbestrebungen 1919/2, S. 11.
36 Ebenda.
37 Frauenbestrebungen 1919/2, S. 9.
38 Ebenda, S. 11.
39 NZZ, Nr. 616, 27. 4. 1919.
40 Ebenda.
41 NZZ, Nr. 651, 4. 5. 1919.
42 Jahresbericht Zürcher Frauenzentrale 1919/20, S. 36.
43 Jahresbericht Zürcher Frauenzentrale 1934/35, S. 7f.
44 Die Vorkämpferin 1916/12, S. 7f.
45 NZZ, Nr. 651, 4. 5. 1919.

6_ SOZIALE WERKE

1. Wyss, Wilhelm von (1921). Die Soziale Frauenschule in Zürich. Ein Rückblick und ein Ausblick. Eröffnungsrede. Zürich, S. 4.
2. Frauenbestrebungen 1920/10, S. 74.
3. Mesmer (2007), S. 13.
4. Matter, Sonja (2011). Der Armut auf den Leib rücken. Die Professionalisierung der Sozialen Arbeit in der Schweiz (1900–1960). Zürich, S. 50.
5. Neuhaus, Gabi (1985). Schweizerinnen im ersten Weltkrieg – Grosseinsatz bürgerlicher Frauenorganisationen. In: Auf den Spuren weiblicher Vergangenheit. Berichte des zweiten Schweizerischen Historikerinnentreffens in Basel. Itinera 2/3, S. 85.
6. Rosanis, Rose Marie (1983). 75 Jahre Schule für Soziale Arbeit Zürich 1908–1983. Zürich, S. 7.
7. Matter (2011), S. 56.
8. Fierz, Maria (1923). Die soziale Frauenschule Zürich. In: Schweizerische Zeitschrift für Gemeinnützigkeit 1923/3, S. 62f.
9. Meyenburg, Marta von (1933). Soziale Frauenschule Zürich 1908–1933. [Zürich].
10. Matter (2011).
11. Frauenbestrebungen 1914/9, S. 68.
12. Jahresbericht Zürcher Frauenzentrale 1917/18, S. 3.
13. Jahresbericht Zürcher Frauenzentrale 1918/19, S. 8f.
14. Frauenbestrebungen 1918/11, S. 82.
15. Der Gartenhof war ein kleines Begegnungszentrum, in dem Veranstaltungen stattfanden sowie verschiedene Organisationen angesiedelt waren. Auch die Treffen der Frauengruppen nach dem Generalstreik wurden hier abgehalten.
16. Jahresbericht Zürcher Frauenzentrale 1917/18, S. 4.
17. Ebenda, S. 4f.
18. Jahresbericht Zürcher Frauenzentrale 1929/30, S. 8.
19. Jahresbericht Zürcher Frauenzentrale 1928/29, S. 6.
20. Protokoll des Stadtrates von Zürich vom 5. Dezember 1931.
21. Jahresbericht Zürcher Frauenzentrale 1933/34, S. 5.
22. Protokoll der Vorstandssitzung vom 23. Oktober 1936 (Archiv ZF A-2.1.70).
23. Protokoll der Vorstandssitzung vom 13. September 1946 (Archiv ZF A-2.1.60).
24. Jahresbericht Zürcher Frauenzentrale 1950/51, S. 8.
25. Jahresbericht Zürcher Frauenzentrale 1933/34, S. 6.
26. Protokoll Ressort Soziale und Altersfragen vom 30. 9. 1996 (Archiv ZF A-3.3.02).
27. Schumacher, Eva (1997). 65 Jahre Verein Mütterhilfe. Aus den Anfängen des Vereins Mütterhilfe. Mütterhilfe im Wandel der Zeit. Mütterhilfe heute. Zürich, S. 7.
28. Dubach, Roswitha (2013). Verhütungspolitik. Sterilisation im Spannungsfeld von Psychiatrie, Gesellschaft und individuellen Interessen in Zürich (1890–1970). Zürich, S. 159.
29. Ebenda, S. 143.
30. Schulz, Stefan (2001). Die Diskussion um die Schwangerschaftsunterbrechung in Zürich im frühen 20. Jahrhundert. In: Gesnerus 58, S. 268ff.
31. Schweizer Frauenblatt, 11. 4. 1930/5, S. 3.
32. Ebenda.
33. Schumacher (1997), S. 23.
34. Konferenz der Frauenzentralen der Schweiz vom 4. Juni 1930. Zusammenfassender Bericht (Archiv ZF A-6.1.83).
35. Ebenda.
36. Schulz (2001), S. 268ff.
37. Schumacher (1997), S. 22.
38. Ebenda, S. 8.
39. Entwurf für die Eingabe an den Stadtrat von Theodor Koller vom 20. Februar 1932. Zit. in: Schumacher (1997), S. 10.
40. Vgl. Dubach (2013); Wecker, Regina; Braunschweig, Sabine et al. (Hrsg.) (2013). Eugenik und Sexualität. Die Regulierung reproduktiven Verhaltens in der Schweiz 1900–1960. Zürich.
41. Gesuch an den Stadtrat der Stadt Zürich für die Unterstützung eine Fürsorgestelle für schwangere Frauen vom 23. Juni 1932 (Archiv ZF A-4.6.17).
42. Jahresbericht Zürcher Frauenzentrale 1938/39, S. 14.
43. Ebenda, S. 15.
44. Jahresbericht Zürcher Frauenzentrale 1942/43, S. 6.
45. Ebenda, S. 7.
46. Schumacher (1997), S. 2.
47. Ebenda, S. 3.
48. Jahresbericht Zürcher Frauenzentrale 1957, S. 7.
49. Schumacher (1997), S. 7.
50. Ebenda.
51. In den 1960er Jahren stammten die Kinder zu einem Drittel aus Familien mit Migrationshintergrund.
52. Die Beratungsstelle für Säuglingspflege wurde 1959 von Elia Schweizer gegründet. Nach ihrem Rücktritt übernahm der Verein Marie Meierhofer-Institut für das Kind diese Institution (Archiv ZF A-3.6.79).
53. Brief an das Jugendamt des Kantons Zürich vom 21. 1. 1999 (Archiv ZF A-3.6.09).

7_ BERUF HAUSFRAU

1. Amtsblatt des Kantons Zürich, 1930, S. 596.
2. Fleckenstein, Fanny (1948). Die Berufsausbildung der Hausfrau. Zürich, S. 68ff.
3. Mesmer, Beatrix (1996). Pflichten erfüllen heisst Rechte begründen: die frühe Frauenbewegung und der Staat. Schweizerische Zeitschrift für Geschichte 1996/3, S. 332ff.

4 Frauenbestrebungen 1917/11, S. 88.
5 Jahresbericht Zürcher Frauenzentrale 1917/18, S. 36.
6 Jahresbericht Zürcher Frauenzentrale 1916/17, S. 35.
7 Jahresbericht Zürcher Frauenzentrale 1917/18, S. 6.
8 Protokoll der Delegiertenkonferenz vom 25. April 1917 (Archiv ZF A-2.4.44).
9 Rudolph, Emmy (1915). Aufgaben, die sich aus unsern Erfahrungen während der Kriegszeit ergeben. In: Frauenbestrebungen 1915/12, S. 90.
10 Ebenda, S. 85.
11 Zehnder, Emma (1917). Die freiwillige Bürgerinnenprüfung. Referat gehalten an der Generalversammlung des BSF in Genf vom 14. Okt. 1916. Frauenbestrebungen 1917/1, S. 1.
12 Ebenda, S. 2.
13 Ebenda.
14 Jahresbericht Zürcher Frauenzentrale 1922/23, S. 2.
15 Bühler (1997), S. 45.
16 Schweizer Frauenblatt, 3. 8. 1928, Hausfrau und Frauenbewegung, S. 1.
17 Bericht über den Zweiten Schweizerischen Kongress für Straueninteressen vom 2.–6. Okt. 1921, S. 51.
18 Der Frauentag wurde jeweils von der Zürcher Frauenzentrale und der Frauenzentrale Winterthur organisiert.
19 Jahresbericht Zürcher Frauenzentrale 1924/25, S. 6.
20 Eingabe an die Erziehungsdirektion des Kantons Zürich vom 20. Oktober 1924 (Archiv ZF A-7.4.12).
21 Keller-Keller, Anita (2008). Zwischen Volks- und Berufsbildung. Die hauswirtschaftliche Fortbildungsschule. Zürich, S. 115ff.
22 Ebenda, S. 119.
23 Eingabe an die Erziehungsdirektion zur Revision des Gesetzes über die Hauswirtschaftliche Fortbildungsschule vom 29. Juni 1978 (Archiv ZF A-7.5.07).
24 Keller-Keller (2008), S. 124.
25 An alle Kantonsräte zum Gesetz über die hauswirtschaftliche Fortbildung (Vorlage 2671) vom 7. Juni 1985 (Archiv ZF A-7.5.07).
26 Ebenda.
27 Hungerbühler, Ruth (1988). Unsichtbar – unschätzbar. Haus- und Familienarbeit am Beispiel Schweiz. Grüsch.
28 Hausen, Karin (1976). Die Polarisierung der «Geschlechtscharaktere» – Eine Spiegelung der Dissoziation von Erwerbs- und Familienleben. In: Conze, Werner (Hrsg.). Sozialgeschichte der Familie der Neuzeit Europas. Stuttgart, S. 363–393.
29 Zur hauswirtschaftlichen Bildung im 19. Jahrhundert: Stalder, Anne-Marie (1984). Die Erziehung zur Häuslichkeit. Über den Beitrag des hauswirtschaftlichen Unterrichts zur Disziplinierung der Unterschichten im 19. Jahrhundert in der Schweiz. In: Regina Wecker; Schnegg, Brigitte et al. (Hrsg.). Frauen. Zur Geschichte weiblicher Arbeits- und Lebensbedingungen in der Schweiz. Basel, S. 370–384.
30 Der Abschnitt über Dienstboten stützt sich auf: Bochsler, Regula; Gisiger, Sabine (1989). Dienen in der Fremde. Dienstmädchen und ihre Herrschaften in der Schweiz des 20. Jahrhunderts. Zürich.
31 Die Ergebnisse der Enquête unter den weiblichen Dienstboten der Stadt Zürich von 1907/08 wurde von der Kommission für Dienstbotenschutz der Christlich-Sozialen Partei Zürich 1908 veröffentlicht.
32 Jahresbericht Zürcher Frauenzentrale 1918/19, S. 53.
33 Jahresbericht Zürcher Frauenzentrale 1919/20, S. 4.
34 Jahresbericht Zürcher Frauenzentrale 1919/20, S. 12f.
35 Ebenda.
36 Jahresbericht Zürcher Frauenzentrale 1920/21, S. 12.
37 Jahresbericht Zürcher Frauenzentrale 1919/20, S. 36.
38 Fierz, Maria (1926). 10 Jahre Zürcher Frauenzentrale 1916–1926. Zürich, S. 8.
39 Schwarzenbach, Alexis (2004). Die Geborene. Renée Schwarzenbach-Wille und ihre Familie. Zürich, S. 123.
40 Kaegi, Martha (1931). Die Dame als Magd. Zürich, S. 122.
41 Ebenda, S. 123.
42 Bochsler / Gisiger (1989), S. 49.
43 Frauenbestrebungen 1921/4, S. 29.
44 Jahresbericht Zürcher Frauenzentrale 1922/23, S. 3f.
45 Frauenbestrebungen 1921/4, S. 29f.
46 Bochsler / Gisiger (1989), S. 268.
47 Brief an Bundesrat Schulthess vom 29. 8. 1922 (Archiv ZF A-7.4.08).
48 Berrisch, Lisa (1984). Rationalisierung der Hausarbeit in der Zwischenkriegszeit. In: Wecker, Regina; Schnegg, Brigitte (Hrsg.). Frauen. Zur Geschichte weiblicher Arbeits- und Lebensbedingungen in der Schweiz. Basel, S. 396.
49 Zit. in: ebenda, S. 359.
50 Joris, Elisabeth (1990). Die Schweizer Hausfrau. Genese eines Mythos. In: Brändli, Sebastian; Gugerli, David et al. (Hrsg.). Schweiz im Wandel. Studien zur neueren Gesellschaftsgeschichte. Festschrift für Rudolf Braun zum 60. Geburtstag. Basel, S. 99–116.
51 Kantonal-zürcherische Arbeitsgemeinschaft für hauswirtschaftliche Bildungs- und Berufsfragen (1985). Jubiläumsbericht KAG. Kant.-zürch. Arbeitsgemeinschaft für hauswirtschaftliche Erziehung. 50 Jahre, 13. März 1935 – 13. März 1985, S. 1.
52 Jahresbericht Zürcher Frauenzentrale 1939/40, S. 7f.
53 Neuenschwander, Rosa (1946). Heimatdienst. Ein Weg zur geistigen und sozialen Selbständigkeit der Schweizerfrau. Bern, S. 5.
54 Protokoll der Vorstandssitzung vom 21. November 1947 (Archiv ZF A-2.1.59).
55 Protokoll der Vorstandssitzung vom 7. November 1941 (Archiv ZF A-2.1.65).
56 Zürcherisches Leistungsbrevet für Mädchen. Programm

und Ausführungs-Bestimmungen 1942 (Archiv ZF A-5.9.02).
57 Autenrieth-Gander, Hulda (1944). Ein Jahr Leistungsbrevet für Mädchen. In: Schweizer Frauenblatt 1944/23, S. 2.
58 Bochsler / Gisiger (1989), S. 52.

8_ EINSATZ FÜR DEN FRIEDEN

1 Jahresbericht Zürcher Frauenzentrale 1938/39, S. 3f.
2 Amrein, Ursula (2004). «Los von Berlin!» Die Literatur- und Theaterpolitik der Schweiz und das «Dritte Reich», Zürich.
3 Die Ausführungen zur Geistigen Landesverteidigung stützen sich wesentlich ab auf Mooser, Josef (1997). Die «Geistige Landesverteidigung» in den 1930er Jahren. In: Schweizerische Zeitschrift für Geschichte 1997/4, S. 685–708.
4 Zit. in: Mesmer (2007), S. 59.
5 Auch *International Woman Suffrage Alliance* und später *International Alliance of Women*. Sie war 1902 in den USA gegründet worden und besteht heute noch. Diese internationale NGO hat bei verschiedenen internationalen Organisationen einen Beraterstatus, u. a. auch bei der UNO.
6 Leitner, Gerit von (1998). Wollen wir unsere Hände in Unschuld waschen? Gertrud Woker (1878–1968), Chemikerin & Internationale Frauenliga 1915–1968. Berlin, S. 132ff.
7 Protokoll der Delegiertenkonferenz vom 23. April 1918 (Archiv ZF A-2.4.43).
8 Mesmer (2007), S. 63.
9 Protokoll der Delegiertenkonferenz vom 29. Oktober 1924 (Archiv ZF A-2.4.42).
10 Leitner (1998), S. 210ff.
11 Protokoll der Delegiertenkonferenz vom 23. Oktober 1929 (Archiv ZF A-2.4.41).
12 Botschaft des Bundesrates an die Bundesversammlung betreffend die Frage des Beitritts zum Völkerbund vom 4. August 1919. In: Bundesblatt 1919/IV, S. 541–680.
13 Jahresbericht Zürcher Frauenzentrale 1919/20, S. 9. Aus dem Protokoll der Delegiertenkonferenz vom 21. Januar 1920 ist ersichtlich, dass diese Vorträge bereits im letzten Quartal des Jahres 1919 stattgefunden haben (Archiv ZF A-2.4.43).
14 Brassel, Ruedi; Tanner, Jakob (1986). Zur Geschichte der Friedensbewegung in der Schweiz. In: Forum für praxisbezogene Friedensforschung. Handbuch Frieden Schweiz. Basel, S. 17–90, S. 45.
15 Die Schweiz im Völkerbund. Mitteilungen der Schweizer Vereinigung für den Völkerbund, 1923/1, S. 4.
16 Waeger, Gerhart (1971). Die Sündenböcke der Schweiz. Die Zweihundert im Urteil der geschichtlichen Dokumente 1940 bis 1946. Olten; Grap, Gilbert (2011). Differenzen in der Neutralität. Der Volksbund für die Unabhängigkeit der Schweiz (1921–1934). Zürich; Sprecher, Thomas (2013). Schweizer Monat 1921–2012. Eine Geschichte der Zeitschrift. Zürich.
17 Spieler, Willy; Howald, Stefan et al. (2009). Für die Freiheit des Wortes. Neue Wege durch ein Jahrhundert im Spiegel der Zeitschrift des religiösen Sozialismus. Zürich, S. 229.
18 Jahresbericht Zürcher Frauenzentrale 1931/32, S. 11f.
19 Dieser Brief, datiert vom 23. Februar 1932, ist abgedruckt in: Der Völkerbund. Mitteilungen der Schweizer. Vereinigung für den Völkerbund, 1932/3.
20 Protokoll der Vorstandssitzung vom 9. Juni 1933 (Archiv ZF A-2.1.73).
21 Protokoll der Vorstandssitzung vom 16. Juni 1933 (Archiv ZF A-2.1.73).
22 Leuch-Reineck, Annie (1933). Frauenstimmrecht und Demokratie. In: Jahrbuch der Schweizerfrauen 1932/33, S. 7–13 und dieselbe. Frauenstimmrecht und Demokratie. In: Schweizer Frauenblatt 1933/21, S. 1.
23 Ziegler, Béatrice (2009). Schweizerische Arbeitsgemeinschaft Frau und Demokratie: In welcher Staatsform sind die Frauenrechte am besten aufgehoben? In: Der Kampf um gleiche Rechte. Hg. vom Schweizerischen Verband für Frauenrechte. Basel, S. 166–173, S. 166; vgl. auch Stämpfli, Regula (1999). Mit der Schürze in die Landesverteidigung 1914–1945. Staat, Wehrpflicht und Geschlecht. Bern, S. 138ff.
24 Stämpfli (1999), S. 138ff.
25 Ebenda, S. 142, Anm. 851.
26 Gosteli, Marthe (Hrsg.) (2000). Vergessene Geschichte. Illustrierte Chronik der Frauenbewegung 1914–1963. Bern, Bd. 1, S. 585.
27 Glaus, Beat (1969). Die Nationale Front. Eine Schweizer faschistische Bewegung 1930–1940. Zürich, S. 118ff.; Wolf, Walter (1969). Faschismus in der Schweiz. Die Geschichte der Frontenbewegung in der deutschen Schweiz, 1930–1945. Zürich, S. 142ff.
28 Protokolle der Vorstandssitzungen vom 22. September und vom 6. Oktober 1933 (Archiv ZF A-2.1.73).
29 Protokoll der Vorstandssitzung vom 25. Oktober 1933 (Archiv ZF A-2.1.73).
30 Protokoll der Vorstandssitzung vom 3. November 1933 (Archiv ZF A-2.1.73).
31 Das Dokument ist abgebildet in: Stämpfli (1999), Anhang 2.
32 Protokoll der Vorstandssitzung vom 18. August 1933 (Archiv ZF A-2.1.73).
33 Protokoll der Vorstandssitzung vom 2. Februar 1934 (Archiv ZF A-2.1.72).
34 Jahresbericht Zürcher Frauenzentrale 1934/35, S. 16f.

Anmerkungen zu den Seiten 134–149

35 Protokoll der Präsidentinnenkonferenz vom 21. Februar 1934 (Archiv ZF A-2.5.59).
36 Jahresbericht Zürcher Frauenzentrale 1935/36, S. 1f.
37 Protokolle der Vorstandssitzungen vom 2. April und vom 2. Juli 1937 (Archiv ZF A-2.5.69).
38 Botschaft des Bundesrates an die Bundesversammlung betreffend den passiven Luftschutz der Zivilbevölkerung vom 4. Juni 1934. In: Bundesblatt 1934/II, S. 383–397.
39 Protokoll der Vorstandssitzung vom 24. April 1936 (Archiv ZF A-2.1.70).
40 Protokoll der Vorstandssitzung vom 15. Oktober 1937 (Archiv ZF A-2.1.69).
41 Protokoll der Präsidentinnenkonferenz vom 16. Januar 1938 (Archiv ZF A-2.5.57).
42 Degen, Bernard. Wehranleihe 1936, in: www.hls.ch (Version vom 30. 3. 2011).
43 Protokoll der Vorstandssitzung vom 4. September 1936 (Archiv ZF A-2.1.70).
44 Jahresbericht Zürcher Frauenzentrale 1936/37, S. 9.
45 Unabhängige Expertenkommission Schweiz – Zweiter Weltkrieg (2002). Die Schweiz, der Nationalsozialismus und der Zweite Weltkrieg. Schlussbericht. Zürich, S. 107ff.
46 Schmidlin, Antonia (1999). Eine andere Schweiz. Helferinnen, Kriegskinder und humanitäre Politik 1933–1942. Zürich, S. 63.
47 Protokoll der Vorstandssitzung vom 16. April 1937 (Archiv ZF A-2.1.69). Die Bezeichnungen der involvierten Organisationen folgen dem Protokoll. Vgl. dazu auch Schmidlin (1999), S. 55ff.
48 Schmidlin (1999), S. 191.
49 Ebenda, S. 127.
50 Ebenda, S. 197.
51 Protokoll der Vorstandssitzung vom 8. Oktober 1943 (Archiv ZF A-2.1.63).
52 Israelitischer Frauenverein Zürich (1953). Festschrift zum 75jährigen Bestehen des Israelitischen Frauenvereins Zürich 1878–1953. Zürich, S. 8.
53 Redolfi (2000), S. 132ff.
54 Jahresbericht Zürcher Frauenzentrale 1940/41, S. 3f.
55 Jahresbericht Zürcher Frauenzentrale 1937/38, S. 1.

9_ ERWERBSARBEIT DER FRAUEN

1 Brief an die Erziehungsdirektion des Kantons Zürich vom 6. April 1959 (Archiv ZF A-7.4.06).
2 Protokoll der Vorstandssitzung vom 10. April 1959 (Archiv ZF A-2.1.47).
3 Studer, Brigitte (2001). Neue Grenzziehung zwischen Frauenarbeit und Männerarbeit in den dreissiger Jahren und während des Zweiten Weltkrieges. In: Wecker, Regina et al. (Hrsg.). Die «schutzbedürftige Frau». Zur Konstruktion von Geschlecht durch Mutterschaftsversicherung, Nachtarbeitsverbot und Sonderschutzgesetzgebung. Zürich, S. 83–100.
4 Baumgartner, A. Doris (2008). Die flexible Frau. Frauenerwerbsarbeit im Werte- und Strukturwandel. Zürich.
5 Sutter, Gaby (2005). Berufstätige Mütter. Subtiler Wandel der Geschlechterordnung in der Schweiz (1945–1970). Zürich.
6 Baumgartner (2008).
7 Borkowsky, Anna; Streckeisen, Ursula (1989). Arbeitsbiographien von Frauen. Eine soziologische Untersuchung struktureller und subjektiver Aspekte. Grüsch.
8 Baumgartner (2008), S. 95f.
9 Fierz, Regula (1996). Von der Fürsorgerin zur Sozialreformerin. Das Berufsverständnis von Emmi Bloch (1887–1978). Lizentiatsarbeit Universität Freiburg, S. 61.
10 Jahresbericht Zürcher Frauenzentrale 1920/21.
11 Frauenbestrebungen 1921/5, S. 37.
12 Ebenda, S. 38.
13 Brief der Direktion der Volkswirtschaft vom 1. August 1932 (Archiv ZF A-3.2.20).
14 Ebenda.
15 Protokoll der Vorstandssitzung vom 5. August 1932 (Archiv ZF A-2.1.74).
16 Protokoll der Vorstandssitzung vom 21. Januar 1933 (Archiv ZF A-2.1.73).
17 Protokoll der Vorstandssitzung vom 7. April 1933 (Archiv ZF A-2.1.74).
18 Adam, Werner (1944). Frauenarbeit und sogenanntes Doppelverdienertum. Zürich, S. 48.
19 Eingabe verschiedener Frauenorganisationen: An den Kantonsrat des Kantons Zürich im Januar 1936 (Archiv ZF A-4.6.03).
20 Adam (1944), S. 49.
21 Brief an den Kantonsrat des Kantons Zürich vom Januar 1936 betreffend Doppelverdienersteuer (Archiv ZF A-7.4.37).
22 Ebenda.
23 Adam (1944), S. 50.
24 Bund Schweizer Frauenvereine (1936). Zur Frage des sogenannten Doppelverdienertums in der öffentlichen Verwaltung des Bundes und der Kantone (Chronik 1934–1936). Zürich, S. 14b.
25 Adam (1944), S. 50.
26 Bund Schweizer Frauenvereine (1936), S. 13.
27 Höpflinger, François (1986). Bevölkerungswandel in der Schweiz. Zur Entwicklung von Heiraten, Geburten, Wanderungen und Sterblichkeit. Grüsch, S. 25.
28 Bosch, Erich (1964). Vorträge und Reden von Margrit Bosch-Peter. Zollikon, S.15.
29 Ebenda, S.16.
30 Jahresbericht Zürcher Frauenzentrale 1957, S. 3.
31 Jahresbericht Zürcher Frauenzentrale 1958, S. 3f.

32 Krähenbühl, Eva (1990). «Unsere neue Wohnstube ist die Welt – helfen wir mit, dass sie wohnlich wird». Das Frauenleitbild der SAFFA 1958. Zweite nationale Ausstellung. Die Schweizer Frau, ihr Leben, ihre Arbeit. Lizentiatsarbeit Universität Zürich, S. 57.
33 Wir bauen die Saffa 1958. Ein Werbeprospekt der Ausstellung.
34 Krähenbühl (1990), S. 22.
35 Woodtli, Susanna (1983). Gleichberechtigung. Der Kampf um die politischen Rechte der Frau in der Schweiz. Frauenfeld, S. 181.
36 Bund Schweizerischer Frauenvereine (Hg.) (1958). Licht und Schatten im Berufsleben der Frau (1958). Zürich, S. 17.
37 Myrdal, Alva; Klein, Viola (1956). Die Doppelrolle der Frau in Familie und Beruf. Köln.
38 Baumgartner (2008).
39 Steiger, Emma (1962). Geschichte der Frauenarbeit in Zürich. Statistisches Amt der Stadt Zürich, S. 136.
40 Tondeur, Edmond. Die Frau in einer veränderten Welt. In: Tages-Anzeiger, 7. 11. 1964.
41 Vorbesprechung der Präsidentinnenkonferenz vom Herbst 1964 am 8. Juni 1964 (Archiv ZF A-2.5.49).
42 Biske, Käthe (1962). Zürcher Mütterbefragung 1957/58. Statistisches Amt der Stadt Zürich.
43 Präsidentinnenkonferenz vom 26. Oktober 1964 / Runder Tisch (Archiv ZF A-2.5.49).
44 Baumgartner (2008), S. 146.
45 Die Frau von heute plant ihr Leben / Bildungsbausteine als neue Chance. Referat von Marie-Loiuse Ries, gehalten an der Delegiertenversammlung vom 23. Juni 1975 (Archiv ZF A-5.2.08).
46 Protokoll der Vorstandssitzung vom 4. April 1974 (Archiv ZF A-2.2.32).
47 Bulletin Zürcher Frauenzentrale 2010/1. 10 Jahre «KickOff» – Laufbahnberatung und Coaching, S. 2f.
48 Eingabe der Zürcher Frauenzentrale zur Schaffung einer Laufbahnberatungsstelle vom 15. März 1968 (Archiv ZF A-7.4.06).
49 Brief an Stadtrat A. Ziegler, Vorsteher Wohlfahrtsamt, vom 1. Oktober 1968 (Archiv ZF A-7.4.06).
50 Projekt Kick off Beratungsstelle für Karriere und Weiterbildung (Archiv ZF A-4.6.48).
51 Bulletin Zürcher Frauenzentrale 2010/1, S. 2.
52 Ebenda.
53 Sutter, Gaby (1998). Die Debatte «Gleicher Lohn für gleichwertige Arbeit» in der Schweizer Nachkriegszeit. In: Studer, Brigitte; Wecker, Regina et al. (Hrsg.). Frauen und Staat. Berichte des Schweizerischen Historikertags. Itinera Bd. 10. Basel, S. 47–52.
54 Ebenda, S. 50.
55 Ebenda, S. 52.
56 Protokoll der Vorstandssitzung vom 6. Februar 1975 (Archiv ZF A-2.1.31).
57 Studer (2001), S. 96.

10_ DER LANGE WEG ZUM FRAUENSTIMMRECHT

1 Gosteli-Stiftung. Dossier zu Hulda Autenrieth-Gander.
2 Ruckstuhl, Lotti [1986]. Frauen sprengen Fesseln. Hindernislauf zum Frauenstimmrecht in der Schweiz. Bonstetten, S. 139.
3 Zit. in: Voegeli, Yvonne (1997). Zwischen Hausrat und Rathaus. Auseinandersetzungen um die politische Gleichberechtigung der Frauen in der Schweiz 1945–1971. Zürich, S. 149. Diese Publikation ist eine wichtige Grundlage für das vorliegende Kapitel.
4 Gosteli Stiftung (Hrsg.) (2011). «Gerechtigkeit erhöht ein Volk» – 40 Jahre Frauenstimm- und -wahlrecht. Themenheft für die Sekundarstufe II. Worblaufen, S. 135.
5 Zit. in: Hardmeier (1997), S. 181. Diese Publikation über die frühe Frauenstimmrechtsbewegung ist eine wichtige Grundlage für dieses Kapitel.
6 Hardmeier (1997), S. 227 und Anm. 543ff. auf S. 413f.
7 Protokoll der Delegiertenkonferenz vom 23. April 1918 (Archiv ZF A-2.4.43).
8 Hardmeier (1997), S. 233.
9 NZZ, Erstes Mittagsblatt vom 12. Januar 1920. Vgl. dazu auch Hardmeier (1997), S. 231.
10 Zit. in: Hardmeier (1997), S. 232.
11 Ebenda, S. 234.
12 Ebenda, S. 266f.
13 Protokoll der Delegiertenkonferenz vom 30. Januar 1929 (Archiv ZF A-2.4.41).
14 Protokoll der Delegiertenkonferenz vom 24. April 1929 (Archiv ZF A-2.4.41).
15 Hardmeier, Sibylle (2009). Neue Mobilisierungsstrategien und die Petition von 1929. In: Der Kampf um gleiche Rechte. Hg. vom Schweizerischen Verband für Frauenrechte. Basel, S. 128f.
16 Zit. in: Hardmeier (1997), S. 315.
17 Resolution vom November 1944 (Archiv ZF A-2.5.59).
18 Protokoll der Vorstandssitzung vom 1. Dezember 1944 (Archiv ZF A-2.1.62).
19 Mesmer, Beatrix (2009). Verfassungsrevision oder Interpretationsweg? In: Der Kampf um gleiche Rechte. Hg. vom Schweizerischen Verband für Frauenrechte. Basel, S. 88ff.
20 Ruckstuhl [1986], S. 184.
21 Protokoll der Vorstandssitzung vom 5. Dezember 1947 (Archiv ZF A-2.1.59).
22 Z. B. Inserat im Volksrecht Nr. 284, 3. 12. 1954. Vgl. dazu auch Voegeli (1997), S. 374ff.

23 Die zitierten Briefe finden sich im Archiv der Frauenzentrale (Archiv ZF A-7.1.21).
24 Themen der Mitglieder- und Delegiertenversammlungen (Archiv ZF A-2.5.62).
25 Mesmer (2007), S. 285ff.
26 Voegeli (1997), S. 571ff.; Woodtli, (1975), S. 188ff.
27 Ruckstuhl [1986], S. 191.
28 Ihre Rede ist abgedruckt in: Joris, Elisabeth; Witzig, Heidi (Hrsg.) (1986). Frauengeschichte(n). Dokumente aus zwei Jahrhunderten zur Situation der Frauen in der Schweiz. Zürich, S. 536f.
29 Ruckstuhl [1986], S. 189.

11_ DIE NEUE FRAUENBEWEGUNG

1 Protokoll der Vorstandssitzung vom 6. März 1975 (Archiv FZ A-2.1.31).
2 Protokoll der Vorstandssitzung vom 15. Mai 1975 (Archiv FZ A-2.2.31).
3 Die Tat, 4. 2. 1969.
4 Voegeli (1997), S. 390.
5 Suter, Anja; Bernasconi, Sara (2008). Aus der Sponti-Aktion wird ein Virus – die Frauenbefreiungsbewegung FBB. In: Hebeisen, Erika; Joris, Elisabeth et al. (Hrsg.). Zürich 68. Kollektive Aufbrüche ins Ungewisse. Zürich, S. 184.
6 Zit. in: Holenstein, Katrin; Ryter, Elisabeth (1993). Rote Fahnen – lila Tücher. 8. März. Zur Geschichte des Internationalen Frauentags in der Schweiz. Bern, S. 81.
7 Bericht über das Frauenlager in Maloja, 7.–14. 7. 1973, zit. in: Bucher, Judith; Schmucki, Barbara (1995). FBB. Fotogeschichte der Frauenbefreiungsbewegung Zürich. Zürich, S. 33.
8 Zit. in: Bucher / Schmucki (1995), S. 33.
9 Studer, Brigitte (2010). 1968 und die Formung des feministischen Subjekts. Wien.
10 Bucher / Schmucki (1995), S. 10ff.
11 Die neue Frauenbewegung war Teil der neuen sozialen Bewegungen, vgl. Schaufelbuehl, Janick Marina (2009) (Hrsg.). 1968–1978. Ein bewegtes Jahrzehnt in der Schweiz. Zürich; Dahinden, Martin (1987) (Hrsg.): Neue soziale Bewegungen – und ihre gesellschaftlichen Wirkungen. Zürich.
12 Bucher / Schmucki (1995), S. 9.
13 Frauen Gemeinsam. Flugblatt der FBB von 1975 (Archiv ZF A-4.1.34).
14 Broda, May; Joris, Elisabeth et al. (1998). Die alte und die neue Frauenbewegung. In: König, Mario; Kreis, Georg et al. (Hrsg.). Dynamisierung und Umbau. Die Schweiz in den 60er und 70er Jahren. Zürich, S. 222.
15 Suter (2008), S. 187.
16 Broda (1998), S. 222.

17 Die Tat, 4. 2. 1969.
18 Die Tat, 4. 2. 1969.
19 Die Schweiz im Jahr der Frau (1975). Kongressbericht. Hg. von der ARGE. Zürich, S. 105.
20 Am Antikongress waren folgende Organisationen beteiligt: Autonome Frauengruppe Bern, Frauenbefreiungsbewegung CH, Frauen kämpfen mit, Basel, Mouvement de Libération de la Femme, Mouvement des Femmes en Lutte, POCH-Frauengruppen CH.
21 «Antikongress» – warum? Flugblatt der Organisatorinnen des Antikongress im Januar 1975 (Archiv ZF P-9.1.113).
22 Ebenda.
23 Schär, Renate (2009). Der Schweizerische Frauenkongress und der Antikongress von 1975: Mobilisierungshöhepunkte der Neuen Frauenbewegung. In: Schaufelbuehl (Hrsg.) (2009), S. 210.
24 Ebenda, S. 212.
25 Ebenda, S. 213.
26 Die Schweiz im Jahr der Frau (1975), S. 98ff.
27 Schär (2009), S. 213.
28 Tages-Anzeiger Magazin, 1. 2. 1975.
29 Die Schweiz im Jahr der Frau (1975), S. 121.
30 Protokolle der Vorstandssitzungen vom 29. Februar 1968, vom 5. Juni 1969 und vom 14. August 1969 (Archiv ZF A-2.1.37).
31 Protokolle der Vorstandssitzungen vom 4. April 1974 und vom 2. Mai 1974 (Archiv ZF A-2.1.32).
32 Mascarin, Ruth (1995). Viel erreicht – wenig verändert? Zur Situation der Frauen in der Schweiz. Bericht der Eidgenössischen Kommission für Frauenfragen. Bern, S. 87.
33 Schär (2009), S. 211.
34 Bucher / Schmucki (1995), S. 26.
35 Protokoll der Vorstandssitzung vom 7. Oktober 1971 (Archiv ZF A-2.1.39).
36 Ergebnis der ZF Arbeitstagung vom 27. Juni 1972 zur Volksinitiative «Straflose Schwangerschaftsunterbrechung» (Archiv ZF A-2.5.77).
37 Ebenda.
38 BBl 1974/II, S. 703.
39 Protokoll der Vorstandssitzung vom 14. August 1975 (Archiv ZF A-2.1.35).
40 Protokoll der Vorstandssitzung vom 26. Mai 1977 (Archiv ZF A-2.1.33).
41 Joris / Witzig (1986), S. 326.
42 Bucher / Schmucki (1995), S. 64.
43 Brief an alle Mitglieder der Frauenzentrale vom 8. November 1977 (Archiv ZF A-7.6.03).
44 Das Problem ist nicht gelöst! Informationsschreiben von Liselotte Meyer-Fröhlich vom 7. November 1977 (Archiv ZF A-7.6.03).

Anmerkungen zu den Seiten 182–204

45 Brief an alle Mitglieder der Frauenzentrale vom 8. November 1977 (Archiv ZF A-7.6.03).
46 Holenstein / Ryter (1993), S. 101.
47 Mascarin (1995), S. 88ff.
48 Schär (2009), S. 212.
49 Magnin, Claire; Studer, Liliane (1995). Gewalt gegen Frauen. In: Viel erreicht – wenig verändert? Zur Situation der Frauen in der Schweiz. Bericht der Eidgenössischen Kommission für Frauenfragen. Bern, S. 190.
50 Bucher / Schmucki (1995), S. 90.
51 Bader, Susanne et al. (1990). Frauenhaus Zürich 1979–1989. Ein Buch über einen 10jährigen Prozess feministischer Arbeit. Hg. vom Verein zum Schutz misshandelter Frauen und ihrer Kinder. Zürich.
52 Eidgenössische Kommission für Frauenfragen (Hrsg.) (1995). Viel erreicht – wenig verändert. Zur Situation der Frauen in der Schweiz. Bern, S. 64.
53 Der Film wurde von der damaligen Redaktorin des Schweizer Fernsehens, Marianne Pletscher, gedreht.
54 Protokoll der Vorstandssitzung vom 30. Juni 1977 (Archiv ZF A-2.2.29).
55 Protokoll der Vorstandssitzung vom 29. September 1977 (Archiv ZF A-2.1.29).
56 Protokoll der Jahresversammlung vom 27. April 1978 (Archiv FZ A-2.4.29).
57 Protokoll der Vorstandssitzung vom 15. Juni 1978 (Archiv ZF A-2.1.27).
58 Protokoll der Vorstandssitzung vom 16. November 1978 (Archiv ZF A-2.1.27).
59 Jahresbericht Zürcher Frauenzentrale 1987, S. 35.
60 Bulletin Zürcher Frauenzentrale 2006/3, S. 1–9.
61 Ebenda, S. 9.
62 Zürcher Landzeitung, 31. 3. 2007.
63 Schär (2009).

12_ RECHTLICHE GLEICHSTELLUNG

1 Jahresbericht Zürcher Frauenzentrale 1971, S. 3.
2 Redolfi (2000), S. 289.
3 Protokolle der Vorstandssitzungen vom 29. November 1973 (Archiv ZF A-2.1.33) und vom 14. Februar 1974 (Archiv ZF A-2.1.32).
4 Held, Thomas; Levy, René (1974). Die Stellung der Frau in Familie und Gesellschaft. Eine soziologische Analyse am Beispiel der Schweiz. Frauenfeld, S. 2. Die Schweizerische UNESCO-Kommission war Auftraggeberin der Studie.
5 Chaponnière-Grandjean, Martine (1983). Geschichte einer Initiative. Gleiche Rechte für Mann und Frau. Zürich, S. 1f.
6 Jahresbericht Zürcher Frauenzentrale 1974, S. 4.
7 Die Schweiz im Jahr der Frau (1975), S. 9.
8 4. Schweizer Frauenkongress 1975 – Dokumentation/Resolutionen (Archiv ZF A-4.3.04).
9 Violi, Enrico; Keller, Elisabeth (2001). 25 Jahre Eidgenössische Kommission für Frauenfragen. In: Frauenfragen 2001/1, S. 7–10.
10 4. Schweizer Frauenkongress 1975 – Dokumentation/Resolutionen (Archiv ZF A-4.3.04). Der Hinweis auf Art. 4 BV bezieht sich auf die alte Bundesverfassung.
11 Chaponnière-Grandjean (1983), S. 11.
12 Joris, Elisabeth (2009). «Gleiche Rechte für Mann und Frau». Vom spannungsgeladenen Zwist zur erfolgreichen Abstimmung. In: Der Kampf um gleiche Rechte. Hg. vom Schweizerischen Verband für Frauenrechte. Basel, S. 234–245, S. 236.
13 Chaponnière-Grandjean (1983), S. 17ff.; Redolfi (2000), S. 313f.; Joris (2009), S. 236.
14 Autenrieth-Gander, Hulda (1975). Eidgenössisches Volksbegehren «Gleiche Rechte für Mann und Frau». Separatdruck des Initiativkomitees «Gleiche Rechte für Mann und Frau» aus dem Schweizer Frauenblatt 1975/6, S. 4, (Archiv ZF A-7.7.01).
15 Jahresbericht Zürcher Frauenzentrale 1976, S. 2f.
16 Chaponnière-Grandjean (1983), S. 17ff.
17 Vernehmlassung zur Volksinitiative «Gleiche Rechte für Mann und Frau» (Archiv ZF A-7.7.05).
18 In der neuen Bundesverfassung ist es nun Artikel 8 Absatz 3.
19 Bericht des Bundesrates über das Rechtsetzungsprogramm «Gleiche Rechte für Mann und Frau» vom 26. Februar 1986. In: Bundesblatt 1986/I, S. 1149–1274.
20 Botschaft über die Änderung des Schweizerischen Zivilgesetzbuches (Wirkungen der Ehe im allgemeinen, Eheguterrecht und Erbrecht) vom 11. Juli 1979. In: Bundesblatt 1979/II, S. 1206.
21 Schweizerisches Komitee gegen ein verfehltes Eherecht (1985). Warum das neue Ehe-, Güter- und Erbrecht abzulehnen ist. Bern, S. 44.
22 Jahresbericht Zürcher Frauenzentrale 1985, S. 3.
23 Eidgenössische Kommission für Frauenfragen (Hrsg.) (1999ff.). Frauen – Macht – Geschichte. Frauen- und gleichstellungspolitische Ereignisse in der Schweiz 1848–1998. Kapitel 3.5, S. 4.
24 Jahresbericht Zürcher Frauenzentrale 1984, S. 3f.
25 Jahresbericht Zürcher Frauenzentrale 1985, S. 3f.
26 Bulletin Zürcher Frauenzentrale 2007/1, S. 3.
27 Pressemitteilung vom 14. Januar 2010.
28 Jahresbericht Zürcher Frauenzentrale 1972, S. 3.

13_ DIE AKTIVE STAATSBÜRGERIN

1 NZZ am Sonntag, 16. 5. 2010.
2 Jahresbericht Zürcher Frauenzentrale 1962, S. 7.

3 Protokoll der Vorstandssitzung vom 22. Mai 1962 (Archiv ZF A-2.1.44).
4 Schweizer Frauenblatt, 9. 2. 1968.
5 Schweizer Frauenblatt, 8. 3. 1968.
6 Jahresbericht Zürcher Frauenzentrale 1965, S. 8.
7 Jahresbericht Zürcher Frauenzentrale 1967, S. 14.
8 Jahresbericht Zürcher Frauenzentrale 1968, S. 17.
9 Jahresbericht Zürcher Frauenzentrale 1975, S. 13.
10 Jahresbericht Zürcher Frauenzentrale 1970, S. 13 und Jahresbericht 1979, S. 18f.
11 Schweizer Frauenblatt, 8. 3. 1968.
12 Schweizer Frauenblatt, 13.11.1970.
13 Jahresbericht Zürcher Frauenzentrale 1991, S. 17.
14 Tages-Anzeiger, 1. 6. 1991.
15 Jahresbericht Zürcher Frauenzentrale 1976, S. 15 und Jahresbericht 1977, S. 14.
16 Der Abschnitt über die Kurse stützt sich im Wesentlichen auf die Jahresberichte der Jahre 1958ff.
17 Jahresbericht Zürcher Frauenzentrale 1961, S. 8 und Jahresbericht 1962, S. 8.
18 Jahresbericht Zürcher Frauenzentrale 1964, S. 13.
19 Jahresbericht Zürcher Frauenzentrale 2000, S. 8.
20 Diese beiden Funktionen wurden erstmals während des Präsidiums von Mildred Bohren-Stiner zusammengelegt, dann während der Amtszeit von Evi Rigg wieder auf zwei Personen verteilt. Seit dem Amtsantritt von Irène Meier sind sie wiederum zusammengefasst.
21 Bulletin Zürcher Frauenzentrale 2004/4, S. 10.
22 Ebenda.
23 Die Gastronomiegruppe ist aus dem 1894 gegründeten Frauenverein für Mässigkeit und Volkswohl hervorgegangen.
24 www.frauenzentrale.ch.
25 Protokoll der Vorstandssitzung vom 26. Februar 1970 (Archiv ZF A-2.1.36).
26 Schweizer Frauenblatt (1971), Beilage zur Nr. 20. Dieses Extrablatt wurde an alle Zürcher Abonnentinnen des *Frauenblatts* ausgeliefert.
27 Zit. in: Benz-Burger, Lydia (1987). Die Frauenliste – Rechenschaftsbericht zum Experiment mit Langzeitwirkung. Bonstetten, S. 8.
28 Protokoll der Vorstandssitzung vom 30. Mai 1974 (Archiv ZF A-2.1.32).
29 Benz-Burger (1987), S. 8f.
30 Ebenda, S. 16.
31 www.werner-seitz.ch. Wirksamkeit von geschlechtergetrennten Listen (Frauenlisten).
32 Protokoll der Vorstandssitzung vom 13. Januar 1977 (Archiv ZF A-2.1.29).
33 Mir Fraue, August 1979, S. 16.
34 Stellungnahme der Zürcher Frauenzentrale vom 18. März 2008 zum Artikel «Frauenzentrale brüskiert bürgerliche Mitglieder», NZZ Nr. 65, S. 53 (www.frauenzentrale.ch).
35 Eidgenössische Kommission für Frauenfragen (Hrsg.) (1990). Nehmen Sie Platz, Madame. Die politische Repräsentation der Frauen in der Schweiz. Bern, S. 254.
36 Botschaft zur Volksinitiative «Für eine gerechte Vertretung der Frauen in den Bundesbehörden (Initiative 3. März) vom 17. März 1997. In: Bundesblatt 1997/III, S. 546.
37 Brief der Zürcher Frauenzentrale vom 28. September 1990 (Archiv ZF A-7.7.28).
38 Bulletin Zürcher Frauenzentrale 2012/2, S. 3.
39 Medienmitteilung der Zürcher Frauenzentrale vom 25. Oktober 2011.
40 Protokoll der Vorstandssitzung vom 4. September 1970 (Archiv ZF A-2.1.36).
41 Medienmitteilung der Zürcher Frauenzentrale vom 21. Oktober 2008.

BIBLIOGRAFIE

ARCHIV FRAUENZENTRALE

Ungedruckte Quellen
Protokolle
Eingaben
Themendossiers
Korrespondenz

Gedruckte Quellen
Bulletin der Zürcher Frauenzentrale
Jahresberichte
Fierz, Maria (1926). 10 Jahre Zürcher Frauenzentrale 1916–1926. Zürich
Meyenburg, Marta von (1939). Zürcher Frauenzentrale, 1914–1939. Zürich
50 Jahre Zürcher Frauenzentrale 1914–1964. Zürich
Jubiläumsausgabe 75 Jahre Zürcher Frauenzentrale. In: Bulletin der Zürcher Frauenzentrale 1989/2
1914–2004. Die Zürcher Frauenzentrale feiert. In: Bulletin der Zürcher Frauenzentrale 2004/1

STADTARCHIV
Freiwillige und Einwohnerarmenpflege der Stadt Zürich Vereinsarchiv 1895–1928 (VII. 158)
Protokoll des Stadtrates von Zürich

TAGESPRESSE
Neue Zürcher Zeitung (NZZ)
Tages-Anzeiger
Tagblatt der Stadt Zürich

PERIODIKA
Adressbuch der Stadt Zürich
Bürgerverzeichnis der Stadt Zürich
Die Schweiz im Völkerbund. Mitteilungen der Schweizer Vereinigung für den Völkerbund
Die Staatsbürgerin. Zeitschrift für politische Frauenbestrebungen
Die Vorkämpferin
Frauenbestrebungen
Frauenfragen
Jahrbuch der Schweizerfrauen
Neue Wege
Schweizer Frauenblatt

GEDRUCKTE QUELLEN UND LITERATUR
Adam, Werner (1944). Frauenarbeit und sogenanntes Doppelverdienertum. Zürich
Amrein, Ursula (2004). «Los von Berlin!» Die Literatur- und Theaterpolitik der Schweiz und das «Dritte Reich». Zürich
Argast, Regula (1997). Von Dörräpfeln und Netzwerken. 80 Jahre Frauenzentrale Basel 1916–1996. Hrsg. von der Frauenzentrale Basel. Basel
Arni, Marco (2010). Es drückt der Schuh. Die Fussbekleidungsfrage in der Schweizer Armee 1850–1918. Schriftenreihe der Eidgenössischen Militärbibliothek und des Historischen Dienstes, Nr. 43. Bern
Autenrieth-Gander, Hulda (1944). Ein Jahr Leistungsbrevet für Mädchen. In: Schweizer Frauenblatt 1944/23, S. 2
Autenrieth-Gander, Hulda (1975). Eidgenössisches Volksbegehren «Gleiche Rechte für Mann und Frau». Separatdruck des Initiativkomitees «Gleiche Rechte für Mann und Frau» aus dem Schweizer Frauenblatt 1975/6
Bader, Susanne; Leiser, Annemarie et al. (1990). Frauenhaus Zürich 1979–1989. Ein Buch über einen 10jährigen Prozess feministischer Arbeit. Hrsg. vom Verein zum Schutz misshandelter Frauen und ihrer Kinder. Zürich
Bähler, Anna (1996). Die Veränderung des Arbeitsplatzes Haushalt durch das Eindringen der Haushalttechnik. 1930–1980. In: Pfister, Ulrich; Studer, Brigitte et al. (Hrsg.). Arbeit im Wandel. Organisation und Herrschaft vom Mittelalter bis zur Gegenwart. Zürich, S. 171–192
Barben, Marie-Louise; Ryter, Elisabeth (1988) (Hrsg.). Verflixt und zugenäht! Frauenberufsbildung – Frauenerwerbsarbeit 1888–1988. Zürich
Baumgartner, A. Doris (2008). Die flexible Frau. Frauenerwerbsarbeit im Werte- und Strukturwandel. Zürich

Benz-Burger, Lydia (1968). 1893–1968. 75 Jahre Frauenstimmrechtsverein. Stimmrecht ist Menschenrecht. Zürich

Benz-Burger, Lydia (1987). Die Frauenliste – Rechenschaftsbericht zum Experiment mit Langzeitwirkung. Bonstetten

Bericht des Bundesrates über das Rechtsetzungsprogramm «Gleiche Rechte für Mann und Frau» vom 26. Februar 1986. In: Bundesblatt 1986/I, S. 1149–1274

Bericht über den Zweiten Schweizerischen Kongress für Fraueninteressen. Bern, 2.–6. Okt. 1921. Bern

Bernet-Haemmerli, Meyeli (2004). Gertrud Haemmerli-Schindler 1893–1978. Volketswil

Berrisch, Lisa (1984). Rationalisierung der Hausarbeit in der Zwischenkriegszeit. In: Wecker, Regina; Schnegg, Brigitte (Hrsg.). Frauen. Zur Geschichte weiblicher Arbeits- und Lebensbedingungen in der Schweiz. Basel, S. 385–397

Biske, Käthe (1962). Zürcher Mütterbefragung 1957/58. Statistisches Amt der Stadt Zürich. Zürich

Bleuler-Waser, Hedwig (1928). Aus meiner Universitätszeit. In: Das Frauenstudium an Schweizer Hochschulen. Hrsg. vom Schweizerischen Verband der Akademikerinnen. Zürich, S. 65–73

Blosser, Ursi; Gerster, Franziska (1985). Töchter der guten Gesellschaft. Frauenrolle und Mädchenerziehung im schweizerischen Grossbürgertum um 1900. Zürich

Bochsler, Regula; Gisiger, Sabine (1989). Dienen in der Fremde. Dienstmädchen und ihre Herrschaften in der Schweiz des 20. Jahrhunderts. Zürich

Bock, Gisela; Duden Barbara (1976). Arbeit aus Liebe – Liebe aus Arbeit. In: Frauen und Wissenschaft. Beiträge zur Berliner Sommeruniversität für Frauen. Berlin, S. 118–199

Borkowsky, Anna; Streckeisen, Ursula (1989). Arbeitsbiographien von Frauen. Eine soziologische Untersuchung struktureller und subjektiver Aspekte. Grüsch

Bosch-Peter, Margrit (1964). Vorträge und Reden von Margrit Bosch-Peter. Zollikon. 1898–1962. Zürich

Botschaft des Bundesrates an die Bundesversammlung betreffend die Frage des Beitritts zum Völkerbund vom 4. August 1919. In: Bundesblatt 1919/IV, S. 541–680

Botschaft des Bundesrates an die Bundesversammlung betreffend den passiven Luftschutz der Zivilbevölkerung vom 4. Juni 1934. In: Bundesblatt 1934/II, S. 383–397

Botschaft des Bundesrates an die Bundesversammlung über die Organisation und die Aufgabe der schweizerischen Kulturverwaltung und Kulturwerbung vom 9. Dezember 1938. In: Bundesblatt 1938/II, S. 985–1035

Botschaft des Bundesrates über die Änderung des Schweizerischen Zivilgesetzbuches (Wirkungen der Ehe im allgemeinen, Ehegüterrecht und Erbrecht) vom 11. Juli 1979. In: Bundesblatt 1979/II, S. 1191–1431

Botschaft zur Volksinitiative «Für eine gerechte Vertretung der Frauen in den Bundesbehörden (Initiative 3. März)» vom 17. März 1997. In: Bundesblatt 1997/III, S. 538–589

Brassel, Ruedi; Tanner, Jakob (1986). Zur Geschichte der Friedensbewegung in der Schweiz. In: Forum für praxisbezogene Friedensforschung. Handbuch Frieden Schweiz. Basel, S. 17–90

Broda, May; Joris, Elisabeth et al. (1998). Die alte und die neue Frauenbewegung. In: König, Mario; Kreis, Georg et al. (Hrsg.). Dynamisierung und Umbau. Die Schweiz in den 60er- und 70er Jahren. Zürich, S. 201–226

Bucher, Judith; Schmucki, Barbara (1995). FBB. Fotogeschichte der Frauenbefreiungsbewegung Zürich. Zürich

Bühler, Caroline (1997). Die Geschichte des Schweizerischen Gemeinnützigen Frauenvereins SGF. Lizentiatsarbeit Universität Bern

Bühler, Caroline (2007). «Die Pflegi». Ein Spital für Frauen – von Frauen geschaffen und geprägt. Zürich

Bumbacher, Claudine (1992). Das Demokratiebekenntnis und der Ruf der Frauen nach Gleichstellung. Die traditionelle Frauenbewegung am Beispiel der Schweizerischen Arbeitsgemeinschaft «Frau und

Demokratie» 1933–1992. Lizentiatsarbeit Universität Bern

Bund Schweizer Frauenvereine (1936). Zur Frage des sogenannten Doppelverdienertums in der öffentlichen Verwaltung des Bundes und der Kantone. Chronik 1934–1936. Zürich

Bund Schweizerischer Frauenvereine (Hrsg.) (1958). Licht und Schatten im Berufsleben der Frau. Zürich

Büschi, Eva (1997). Emmi Blochs journalistische Tätigkeit als Auseinandersetzung mit sozialen Problemen. Eine historische Analyse von Quellentexten aus den Jahren 1916–1961. Lizentiatsarbeit Universität Freiburg

Capitani, François de (1999). Von Höhen und Tiefen. Die Zürcher Seidenindustrie im 19. und 20. Jahrhundert. In: Zürcher Kantonalbank (Hrsg.). Seide. Stoff für Zürcher Geschichte und Geschichten. Zürich, S. 40–48

Chaponnière-Grandjean, Martine (1983). Geschichte einer Initiative. Gleiche Rechte für Mann und Frau. Zürich

Chiquet, Simone; Huber, Doris (1988). Frauenleitbilder in der Schweiz nach dem Zweiten Weltkrieg, 1942–1965. In: Arbeitsgruppe Frauengeschichte Basel (Hrsg.). Auf den Spuren weiblicher Vergangenheit. Beiträge der 4. Schweizerischen Historikerinnentagung. Zürich, S. 263–283

Dahinden, Martin (Hrsg.) (1987). Neue soziale Bewegungen und ihre gesellschaftlichen Wirkungen. Zürich

Degen, Bernhard (2006). Erster Weltkrieg. Generalstreik und die Folgen. In: Boillat, Valérie; Degen, Bernhard et al. (Hrsg.). Vom Wert der Arbeit. Schweizer Gewerkschaften – Geschichte und Geschichten. Zürich, S. 125–165

Der Hausdienst in der Schweiz (1932). Bericht der Schweizerischen Studienkommission für die Hausdienstfrage an das Bundesamt für Industrie, Gewerbe und Arbeit über die heutigen Verhältnisse im Hausdienst und Vorschläge für Sanierungsmassnahmen. [Zürich]

Die Schweiz im Jahr der Frau (1975). Kongressbericht. Hrsg. von der ARGE. Zürich

Dubach, Roswitha (2013). Verhütungspolitik. Sterilisation im Spannungsfeld von Psychiatrie, Gesellschaft und individuellen Interessen in Zürich (1890–1970). Zürich

Du Schweizer Frau (1939). Zur Erinnerung an den Pavillon der Schweizerfrau. Schweizerische Landesausstellung Zürich. Hrsg. von den Schweizerischen Frauenverbänden. Zürich

Eidgenössische Kommission für Frauenfragen (Hrsg.) (1984). Die Stellung der Frau in der Schweiz. Bern

Eidgenössische Kommission für Frauenfragen (Hrsg.) (1990). Nehmen Sie Platz, Madame. Die politische Repräsentation der Frauen in der Schweiz. Bern

Eidgenössische Kommission für Frauenfragen (Hrsg.) (1995). Viel erreicht – wenig verändert. Zur Situation der Frauen in der Schweiz. Bern

Eidgenössische Kommission für Frauenfragen (Hrsg.) (1999ff.). Frauen – Macht – Geschichte. Bern

Escher, Nora (1985). Entwicklungstendenzen der Frauenbewegung in der deutschen Schweiz 1850–1918/19. Zürich

Farbstein, Betty (1910). Die Ziele der Frauenbewegung. Zürich

Fetz, Anita (1984). Ein Schritt in die Öffentlichkeit. Sozialarbeit der bürgerlichen Frauenbewegung in der deutschsprachigen Schweiz um die Jahrhundertwende. In: Wecker, Regina; Schnegg, Brigitte (Hrsg.). Frauen. Zur Geschichte weiblicher Arbeits- und Lebensbedingungen in der Schweiz. Basel, S. 398–409

Fierz, Maria (1923). Die soziale Frauenschule Zürich. In: Schweizerische Zeitschrift für Gemeinnützigkeit 1923/3, S. 63–67

Fierz, Regula (1996). Von der Fürsorgerin zur Sozialreformerin. Das Berufsverständnis von Emmi Bloch (1887–1978). Lizentiatsarbeit Universität Freiburg

Fleckenstein, Fanny (1948). Die Berufsausbildung der Hausfrau. Zürich

Flüeler, Niklaus; Flüeler-Grauwiler, Marianne (Hrsg.) (1994). Geschichte des Kantons Zürich. Bd. 3. Zürich

Frauenverein Enge (1914). Bericht über die Tätigkeit des Frauenvereins Enge vom 1. Januar bis 31. Dezember. Zürich

Frei, Annette (1987). Rote Patriarchen. Arbeiterbewegung und Frauenemanzipation in der Schweiz um 1900. Zürich

Frei, Annette (1988). Zwischen Traum und Tradition. Frauenemanzipation und Frauenbild bei den Sozialdemokratinnen 1920–1980. In: Lang, Karl et al. (Hrsg.). Solidarität, Widerspruch, Bewegung. 100 Jahre Sozialdemokratische Partei der Schweiz. Zürich, S. 255–286

Friedrich, Bertha (1936). 100 Jahre gemeinnütziger Frauenverein Thalwil, 1836–1936. Thalwil

Gemeinnütziger Frauenverein Zürich GFZ (2010). Kinderbetreuung im Wandel. Gemeinnütziger Frauenverein Zürich GFZ – Worauf Familien zählen. Seit 1885. Zürich

Gisler Johanna; Christen, Mariana (1994). Die «Schule der Frauen». Zur Modernisierung des Frauenleitbildes in der Nachkriegszeit. In: Ernst, Andreas et al. (Hrsg.). Kontinuität und Krise, Sozialer Wandel als Lernprozess. Beiträge zur Wirtschafts- und Sozialgeschichte der Schweiz. Zürich, S. 181–205

Glaus, Beat (1969). Die Nationale Front. Eine Schweizer faschistische Bewegung 1930–1940. Zürich

Gosteli, Marthe (Hrsg.) (2000). Vergessene Geschichte. Illustrierte Chronik der Frauenbewegung 1914–1963. 2 Bde. Bern

Gosteli-Stiftung (Hrsg.) (2011). «Gerechtigkeit erhöht ein Volk» – 40 Jahre Frauenstimm- und -wahlrecht. Themenheft für die Sekundarstufe II. Worblaufen

Graetz, Michael; Mattioli, Aram (Hrsg.) (1997). Krisenwahrnehmung im Fin de siècle. Jüdische und katholische Bildungseliten in Deutschland und der Schweiz. Zürich

Grap, Gilbert (2011). Differenzen in der Neutralität. Der Volksbund für die Unabhängigkeit der Schweiz (1921–1934). Zürich

Gruner, Erich et al. (1966). Die Schweizerische Bundesversammlung 1848–1920. Bd. 1. Bern

Gysin, Nicole (2007). Angst vor Frauenquoten? Die Geschichte der Quoteninitiative 1993–2000. Bern

Haemmerli-Schindler, Gertrud (1947). Zürcher Frauen erleben den Zivilen Frauenhilfsdienst 1939–1947. In: 147. Neujahrsblatt der Hülfsgesellschaft in Zürich. Zürich

Hamann, Brigitte (2002). Bertha von Suttner – Ein Leben für den Frieden. München

Handwörterbuch der Schweizerischen Volkswirtschaft, Socialpolitik und Verwaltung (1903ff.). Bern

Hardmeier, Sibylle (1997). Frühe Frauenstimmrechtsbewegung in der Schweiz (1890–1930). Argumente, Strategien, Netzwerk und Gegenbewegung. Zürich

Hardmeier, Sibylle (2009). Neue Mobilisierungsstrategien und die Petition von 1929. In: Der Kampf um gleiche Rechte. Hrsg. vom Schweizerischen Verband für Frauenrechte. Basel, S. 123–133

Hasler, Eveline (1995). Die Wachsflügelfrau. Geschichte der Emily Kempin-Spyri. München

Hausen, Karin (1976). Die Polarisierung der «Geschlechtscharaktere» – Eine Spiegelung der Dissoziation von Erwerbs- und Familienleben. In: Conze, Werner (Hrsg.). Sozialgeschichte der Familie der Neuzeit Europas. Stuttgart, S. 363–393

Hebeisen, Erika; Joris, Elisabeth et al. (Hrsg.) (2008). Zürich 68. Kollektive Aufbrüche ins Ungewisse. Zürich.

Held, Thomas; Levy, René (1974). Die Stellung der Frau in Familie und Gesellschaft. Eine soziologische Analyse am Beispiel der Schweiz. Frauenfeld

Helwing, Katharina (1989). «Frauennot – Frauenglück». Diskussion und Praxis des straflosen Schwangerschaftsabbruchs in der Schweiz (1918–1942). Lizentiatsarbeit der Universität Zürich

Hettling, Manfred; König, Mario et al. (1998). Eine kleine Geschichte der Schweiz. Der Bundesstaat und seine Traditionen. Frankfurt am Main

Hilfstätigkeit der Zürcher Frauen. In: Frauenbestrebungen 1914/9, S. 67–68

Historisches Lexikon der Schweiz (2002ff.). Basel (www.hls.ch)

Holenstein, Katrin; Ryter, Elisabeth (1990). Frauen an schweizerischen Hochschulen. In: F-Frauenfragen 1990/3, S. 3–16

Holenstein, Katrin; Ryter, Elisabeth (1993). Rote Fahnen – lila Tücher. 8. März – Zur Geschichte des Internationalen Frauentages in der Schweiz. Hrsg. vom Eidgenössischen Büro für die Gleichstellung von Frau und Mann. Bern

Höpflinger, François (1986). Bevölkerungswandel in der Schweiz. Zur Entwicklung von Heiraten, Geburten, Wanderungen und Sterblichkeit. Grüsch

Huber, Doris (1991). Familienpolitische Kontroversen in der Schweiz zwischen 1930 und 1984. In: Fleiner-Gerster, Thomas; Gilliand, Pierre et al. (Hrsg.). Familien in der Schweiz. Freiburg, S. 147–166

Hungerbühler, Ruth (1988). Unsichtbar – unschätzbar. Haus- und Familienarbeit am Beispiel Schweiz. Grüsch

Hungerbühler, Ruth (1984). Neue autonome Frauenbewegung – Entstehung neuer Frauenorganisationen und -projekte seit Beginn der Siebziger Jahre. In: Eidgenössische Kommission für Frauenfragen (Hrsg.). Die Stellung der Frau in der Schweiz. Bern, S. 99–118.

Imhof, Kurt; Kleger, Heinz et al. (Hrsg.) (1993–1996). Krise und sozialer Wandel. 3 Bde. Zürich

Israelitischer Frauenverein Zürich (1953). Festschrift zum 75jährigen Bestehen des Israelitischen Frauenvereins Zürich 1878–1953. Zürich

Jäger, Reto; Lemmenmeier, Max et al. (1986). Baumwollgarn als Schicksalsfaden. Wirtschaftliche und gesellschaftliche Entwicklungen in einem ländlichen Industriegebiet (Zürcher Oberland) 1750–1920. Zürich

Joris, Elisabeth; Witzig, Heidi (1984). Die ewigen Töchter oder die verpasste Revolution. Überlegungen zur Entwicklung der «Töchterberufe». In. Schweizerische Zeitschrift für Geschichte. Zürich, S. 357–362

Joris, Elisabeth; Witzig, Heidi (Hrsg.) (1986). Frauengeschichte(n). Dokumente aus zwei Jahrhunderten zur Situation der Frauen in der Schweiz. Zürich

Joris, Elisabeth (1990). Die Schweizer Hausfrau. Genese eines Mythos. In: Brändli, Sebastian; Gugerli, David et al. (Hrsg.). Schweiz im Wandel. Festschrift für Rudolf Braun zum 60. Geburtstag. Basel, S. 99–116

Joris, Elisabeth (1995). Von der Frauenbefreiung zur Frauenpower. In: Eidgenössische Kommission für Frauenfragen (Hrsg.). Viel erreicht – wenig verändert? Zur Situation der Frauen in der Schweiz. Bern, S. 61–72.

Joris, Elisabeth (1998). Brot, Geld und Frauenstimmrecht. In: WoZ Die Wochenzeitung vom 5. November 1998

Joris, Elisabeth (2009). «Gleiche Rechte für Mann und Frau». Vom spannungsgeladenen Zwist zur erfolgreichen Abstimmung. In: Der Kampf um gleiche Rechte. Hrsg. vom Schweizerischen Verband für Frauenrechte. Basel, S. 234–245

Joris, Elisabeth (2011). Geschlechtergeschichte. Von der Spurensuche zur thematisch ausdifferenzierten Analyse gesellschaftlicher Verhältnisse. In: Traverse 2011/1, S. 238–269

Jost, Hans Ulrich (1986). Bedrohung und Enge. In: Geschichte der Schweiz und der Schweizer. Zürich, S. 731–820

Jost, Hans Ulrich (1992). Die reaktionäre Avantgarde. Die Geburt der neuen Rechten in der Schweiz um 1900. Zürich

Kantonal-zürcherische Arbeitsgemeinschaft für hauswirtschaftliche Bildungs- und Berufsfragen (1985). Jubiläumsbericht KAG. Kant.-zürch. Arbeitsgemeinschaft für hauswirtschaftliche Erziehung. 50 Jahre (13. März 1935 – 13. März 1985). [Zürich]

Kaegi, Martha (1936^2). Die Dame als Magd. Chur

Kägi-Fuchsmann, Regina (1968). Das gute Herz genügt nicht. Zürich

Kästli, Tobias (1995). Ernst Nobs. Vom Bürgerschreck zum Bundesrat. Ein politisches Leben. Zürich

Kaufmann, Claudia (2004^4). Gleichstellungspolitik. In: Sonderegger, Christian; Stampfli, Marc (Hrsg.). Aktuelle Schweiz. Lexikon für Politik, Recht, Wirtschaft, Gesellschaft. Oberentfelden

Kaufmann, Claudia; Steiger-Sackmann, Sabine (2009^2). Kommentar zum Gleichstellungsgesetz. Schriftenreihe Schweizerischer Gewerkschaftsbund SGB. Basel

Keller-Keller, Anita (2008). Zwischen Volks- und Berufsbildung. Die hauswirtschaftliche Fortbildungsschule. Zürich

Klopfenstein, Carole; Büchi, Hansjürg (2011). Verankert im Zentrum von Zürich. 100 Jahre Glockenhof Zürich. Zürich

Kölble, Christine (1993). Zwischen Tradition und Moderne. Architektur – Wohnen – Haushalt am Beispiel der SAFFA 1928. Lizentiatsarbeit Universität Zürich

Koller, Theodor (1933). Arzt und Fürsorge. Ehe und Sexualberatung. Schwangerenfürsorge. In: Schweizerische Ärztezeitung für Standesfragen. Sonder-Nummer zu Ehe- und Sexualberatung. 1933/7, S. 55–59

Komitee Frauenzentrum Freiburg (Hrsg.) (1978). Frauen gehen auf die Strasse. Freiburg

Krähenbühl, Eva (1990). «Unsere neue Wohnstube ist die Welt – Helfen wir mit, dass sie wohnlich wird.» Das Frauenleitbild der SAFFA 1958. Zweite nationale Ausstellung. Die Schweizer Frau, ihr Leben, ihre Arbeit. Lizentiatsarbeit Universität Zürich

Leitner, Gerit von (1998). Wollen wir unsere Hände in Unschuld waschen? Gertrud Woker (1878–1968). Chemikerin & Internationale Frauenliga 1915–1968. Berlin

Lenzin, Danièle (2000). Die Sache der Frauen. OFRA und die Frauenbewegung in der Schweiz. Hrsg. von Mägli, Edith; Peter, Theodora et al. Zürich

Leuch-Reineck, Annie (1933). Frauenstimmrecht und Demokratie. In: Jahrbuch der Schweizerfrauen 1932/33, S. 7–13

Leuch-Reineck, Annie (1933). Frau und Demokratie. In: Schweizer Frauenblatt 1933/21, S. 1

Lindig, Steffen (1979). «Der Entscheid fällt an den Urnen». Sozialdemokratie und Arbeiter im Roten Zürich 1928–1938. Zürich

Lohngleichheit für Mann und Frau (1990). Kurzfassung des Schlussberichts der vom Eidgenössischen Justiz- und Polizeidepartement eingesetzten Arbeitsgruppe. Hrsg. vom Eidgenössischen Büro für die Gleichstellung von Frau und Mann. Bern

Magnin, Chantal (1999). Der Alleinernährer. Geschlechtsspezifische Arbeitsteilung im Wirtschaftswachstum der 1950er Jahre in der Schweiz. In: Aegerter, Veronika; Graf, Nicole et al. (Hrsg.). Geschlecht hat Methode. Ansätze und Perspektiven in der Frauen- und Geschlechtergeschichte. Beiträge der 9. Schweizerischen Historikerinnentagung 1998. Zürich, S. 183–195

Magnin, Chantal (2002). Der Alleinernährer. Eine Rekonstruktion der Ordnung der Geschlechter im Kontext der sozialpolitischen Diskussion von 1945 bis 1960 in der Schweiz. In: Gilomen, Hans-Jörg; Guex, Sébastien et al. (Hrsg.). Von der Barmherzigkeit zur Sozialversicherung. Umbrüche und Kontinuitäten vom Spätmittelalter bis zum 20. Jahrhundert. Zürich, S. 387–400

Magnin, Claire; Studer, Liliane (1995). Gewalt gegen Frauen. In: Eidgenössische Kommission für Frauenfragen (Hrsg.). Viel erreicht – wenig verändert? Zur Situation der Frauen in der Schweiz. Bern, S. 186–195.

Maissen, Thomas (2005). Die Geschichte der NZZ, 1780–2005. Zürich

Maissen, Thomas (2010). Geschichte der Schweiz, Baden

Mascarin, Ruth (1995). Fortpflanzung. In: Eidgenössischen Kommission für Frauenfragen (Hrsg.). Viel erreicht – wenig verändert. Zur Situation der Frauen in der Schweiz. Bern, S. 86–88

Matrikeledition der Universität Zürich 1833–1924 (http://www.matrikel.uzh.ch/active/static/index.html)

Matter, Sonja (2011). Der Armut auf den Leib rücken. Die Professionalisierung der Sozialen Arbeit in der Schweiz (1900–1960). Zürich

Mattioli, Aram (1994). Zwischen Demokratie und totalitärer Diktatur. Gonzague de Reynold und die Tradition der autoritären Rechten in der Schweiz. Zürich

Mattioli, Aram (Hrsg.) (1995). Intellektuelle von rechts. Ideologie und Politik in der Schweiz 1918–1939. Zürich 1995

Mattmüller, Markus (1957–1968). Leonhard Ragaz und der religiöse Sozialismus. Eine Biographie. 2 Bde. Basel

Mesmer, Beatrix (1988a). Ausgeklammert – Eingeklammert. Frauen und Frauenorganisationen in der Schweiz des 19. Jahrhunderts. Basel

Mesmer, Beatrix (1988b). Vom «doppelten Gebrauchswert» der Frauen – eine Einführung. In: Barben, Marie-Louise; Ryter, Elisabeth (Hrsg.). Verflixt und zugenäht! Frauenberufsbildung – Frauenerwerbsarbeit, 1888–1988. Zürich

Mesmer, Beatrix (1991). Jubiläen und Geschichtsbilder. Einige Bemerkungen zur Selbstdarstellung von Frauenzentralen. In: Belser, Katharina; Ryter, Elisabeth et al. (Hrsg.). Solidarität – Streit – Widerspruch. Festschrift für Judith Jánoska. Zürich

Mesmer, Beatrix (1996). Pflichten erfüllen heisst Rechte begründen. Die frühe Frauenbewegung und der Staat. In: Schweizerische Zeitschrift für Geschichte 46/3, S. 332–355

Mesmer, Beatrix (2007). Staatsbürgerinnen ohne Stimmrecht. Die Politik der schweizerischen Frauenverbände 1914–1971. Zürich

Mesmer, Beatrix (2009). Verfassungsrevision oder Interpretationsweg? In: Der Kampf um gleiche Rechte. Hrsg. vom Schweizerischen Verband für Frauenrechte. Basel, S. 88–100

Messerli, Barbara E. et al. (1985). Seide. Zur Geschichte eines edlen Gewerbes. Hrsg. von der Commission Européenne Promotion Soie /CEPS. Zürich

Meyenburg, Marta von (1933). Soziale Frauenschule Zürich 1908–1933. [Zürich]

Meyenburg, Marta von (1957). Aus dem Leben von Maria Fierz, 1878–1956. Oberrrieden

Mittler, Max (2003). Der Weg zum Ersten Weltkrieg. Wie neutral war die Schweiz? Kleinstaat und europäischer Imperialismus. Zürich

Mooser, Josef (1997). Die «Geistige Landesverteidigung» in den 1930er Jahren. In: Schweizerische Zeitschrift für Geschichte 1997/4, S. 685–708

Muff, Simon (2002). Arbeiterinnenbewegung und Landesstreik 1918. Lizentiatsarbeit Universität Freiburg

Mühlestein, Helene (2009). Hausfrau, Mutter, Gattin. Geschlechterkonstituierung in Schweizer Ratgeberliteratur 1945–1970. Zürich

Müller, Susanna (1920[21]). Das fleissige Hausmütterchen. Ein Führer durch das praktische Leben für Frauen und erwachsene Töchter. Zürich

Muscionico, Daniele (2011). Starke Schweizer Frauen. 24 Porträts. Zürich

Mütterschule-Elternschule der Zürcher Frauenzentrale (Hrsg.) (1967). 25 Jahre Mütterschule. Zürich

Mütterschule-Elternschule der Zürcher Frauenzentrale (Hrsg.) (1992). 50 Jahre Mütterschule. Zürich

Myrdal, Alva; Klein, Viola (1956). Die Doppelrolle der Frau in Familie und Beruf. Köln

Nadai, Eva; Ballmer-Gao, Thanh-Huyen (Hrsg.) (1998). Grenzverschiebungen. Zum Wandel des Geschlechterverhältnisses in der Schweiz 1848–1998. Zürich

Naegele, Verena (2004). Himmelblau und Rosarot. Vom Haus für gefallene Mädchen zum Sozial-Medizinischen Zentrum für Frau, Mutter und Kind. Zürich

Neuenschwander, Rosa (1946). Heimatdienst. Ein Weg zur geistigen und sozialen Selbständigkeit der Schweizerfrau. Bern

Neuenschwander, Rosa (1958). Der Heimatdienst. Traum oder Wirklichkeit? Separatabdruck aus dem Schweizerischen Frauenkalender 1958. Aarau, S. 41–45.

Neuhaus, Gabi (1985). Schweizerinnen im ersten Weltkrieg – Grosseinsatz bürgerlicher Frauenorganisationen. In: Auf den Spuren weiblicher Vergangenheit. Berichte des zweiten Schweizerischen Historikerinnentreffens in Basel. Itinera Bd. 2/3, S. 22–42

Nobs, Alice (1926). Die Soziale Frauenschule Zürich. Separatdruck aus der Schweizerischen Zeitschrift für Volkswirtschaft und Sozialpolitik. Zürich

Noever, Peter (Hrsg.) (1996[2]). Margarete Schütte-Lihotzky. Soziale Architektur – Zeitzeugin eines Jahrhunderts. Wien

Pfeifer, Regula (1993). Frauen und Protest. Marktdemonstrationen in der deutschen Schweiz im Kriegsjahr 1916. In: Head-König, Annelies; Tanner, Jakob (Hrsg.). Frauen in der Stadt. Zürich, S. 93–109

Puenzieux, Dominique; Ruckstuhl, Brigitte (1994). Medizin, Moral und Sexualität. Die Bekämpfung der Geschlechtskrankheiten Syphilis und Gonorrhöe in Zürich 1870–1920. Zürich

Ragaz, Clara; Schüepp, Marta (1936). Luftschutz? Ein Wort zur Klärung. Zürich

Rebsamen, Hanspeter; Bauer, Cornelia et al. (1992). Zürich. In: INSA Inventar der neueren Schweizer Architektur 1850–1920. Hrsg. von der Gesellschaft für Schweizerische Kunstgeschichte. Bd. 10. Zürich, S. 197–455

Redolfi, Silke (2000). Frauen bauen Staat. 100 Jahre Bund Schweizerischer Frauenorganisationen. Zürich

Reinhardt, Volker (2010). Kleine Geschichte der Schweiz. München

Rezepte für zeitgemässe Gerichte mit Berücksichtigung der Kochkiste ausgestellt und herausgegeben von der Haushaltungskommission der Sektion Zürich des Schweiz. Gemeinnützigen Frauenvereins und der Zentralstelle «Frauenhilfe» Zürich [1914]. [Zürich]

Ritzmann-Blickenstorfer, Heiner (1996). Historische Statistik der Schweiz. Zürich

Rosanis, Rose Marie (1983). 75 Jahre Schule für Soziale Arbeit Zürich 1908–1983. Zürich

Roten, Iris von (1958). Frauen im Laufgitter. Offene Worte zur Stellung der Frau. Bern

Roten, Iris von (1959). Frauenstimmrechtsbrevier. Vom schweizerischen Patentmittel gegen das Frauenstimmrecht, den Mitteln gegen das Patentmittel und wie es mit oder ohne doch noch kommt. Basel

Ruckstuhl, Lotti [1986]. Frauen sprengen Fesseln. Hindernislauf zum Frauenstimmrecht in der Schweiz. Bonstetten

Rudolph, Emmy (1915). Aufgaben, die sich aus unsern Erfahrungen während der Kriegszeit ergeben. In: Frauenbestrebungen 1915/11, S. 83–85 und Frauenbestrebungen 1915/12, S. 89–92

Ryter, Elisabeth (1994). Clara Büttiker und der Frauenkalender. In: Ryter, Elisabeth; Studer, Liliane et al. (Hrsg.). «Und schrieb und schrieb wie ein Tiger aus dem Busch». Über Schriftstellerinnen in der deutschsprachigen Schweiz. Zürich

Sachsse, Christoph (1986). Mütterlichkeit als Beruf. Sozialarbeit, Sozialreform und Frauenbewegung 1871–1929. Weinheim

Schär, Renate (2009). Der Schweizerische Frauenkongress und der Antikongress von 1975. Mobilisierungshöhepunkte der Neuen Frauenbewegung. In: Schaufelbuehl, Janick Marina (Hrsg.). 1968–1978. Ein bewegtes Jahrzehnt in der Schweiz. Zürich, S. 205–221

Schaufelbuehl, Janick Marina (Hrsg.) (2009). 1968–1978. Ein bewegtes Jahrzehnt in der Schweiz. Zürich

Schmidlin, Antonia (1999). Eine andere Schweiz. Helferinnen, Kriegskinder und humanitäre Politik 1933–1942. Zürich

Schulz, Kristina (2006). «Recht auf Selbstbestimmung» oder «Verbrechen am ungeborenen Leben»? Die Debatte über die Entkriminalisierung der Abtreibung in den 1970er Jahren. In: Opitz, Claudia et al. (Hrsg.). Kriminalisieren – Entkriminalisieren – Normalisieren. Schweizerische Gesellschaft für Wirtschafts- und Sozialgeschichte Bd 21. Zürich, S. 353–366

Schulz, Stefan (2001). Die Diskussion um die Schwangerschaftsunterbrechung in Zürich im frühen 20. Jahrhundert. In: Gesnerus 58, S. 268–275

Schumacher, Eva (1997). 65 Jahre Verein Mütterhilfe. Aus den Anfängen des Vereins Mütterhilfe. Mütterhilfe im Wandel der Zeit. Mütterhilfe heute. Zürich

Schumacher, Beatrice et al. (2010). Freiwillig verpflichtet. Gemeinnütziges Denken und Handeln in der Schweiz seit 1800. Hrsg. von der Schweizerischen Gemeinnützigen Gesellschaft. Zürich

Schütte-Lihotzky, Margarete (2004). Warum ich Architektin wurde. Salzburg

Schwarzenbach, Alexis (2004). Die Geborene. Renée Schwarzenbach-Wille und ihre Familie. Zürich

Schwarzer, Alice (1975). Der kleine Unterschied und seine grossen Folgen. Frankfurt am Main

Schweizerisches Komitee gegen ein verfehltes Eherecht (1985). Warum das neue Ehe-, Güter- und Erbrecht abzulehnen ist. Bern

Seitz, Werner (2012). Die Frauen bei den eidgenössischen Wahlen 2011. Der langjährige Vormarsch der Frauen gerät ins Stocken. Mit einem Exkurs zu den Frauen bei den Wahlen in die kantonalen Parlamente und Regierungen 2008/2011. In: Frauenfragen 2012, S. 8–18

Siemsen, Anna (1939). Die Schweiz und das tschechoslowakische Schicksal. Schriftenreihe des Rassemblement Universel pour la Paix, Nr. 1. Zürich

Spieler, Willy; Howald, Stefan et al. (2009). Für die Freiheit des Wortes. Neue Wege durch ein Jahrhundert im Spiegel der Zeitschrift des religiösen Sozialismus. Zürich

Sprecher, Thomas (2013). Schweizer Monat 1921–2012. Eine Geschichte der Zeitschrift. Zürich

Stadler, Peter (1969). Die Diskussion um eine Totalrevision der schweizerischen Bundesverfassung 1933–1935. In: Schweizerische Zeitschrift für Geschichte 1969/1, S. 75–169

Stalder, Anne-Marie (1984). Die Erziehung zur Häuslichkeit. Über den Beitrag des hauswirtschaftlichen Unterrichts zur Disziplinierung der Unterschichten im 19. Jahrhundert in der Schweiz. In: Regina Wecker; Schnegg, Brigitte et al. (Hrsg.). Frauen. Zur Geschichte weiblicher Arbeits- und Lebensbedingungen in der Schweiz. Basel, S. 370–384

Stämpfli, Regula (1999). Mit der Schürze in die Landesverteidigung 1914–1945. Staat, Wehrpflicht und Geschlecht. Bern

Stämpfli, Regula (2002). Mit der Schürze in die Landesverteidigung 1914–1945. Frauenemanzipation und Schweizer Militär 1914–1945. Zürich

Statut der Schweizerischen Vereinigung für den Völkerbund (Friedens- und Völkerbundsliga) vom 19. Dezember 1920

Stehli-Zweifel, Robert (1940). 100 Jahre Seidenindustrie 1840–1940. Zürich

Steiger, Emma (1962). Geschichte der Frauenarbeit in Zürich. Statistisches Amt der Stadt Zürich. Zürich

Stiefel, Eugen (1989). Clara und Leonhard Ragaz. Aussersihl-Zürich

Strub, Elisa (1916). Chronik der Frauenbewegung in der deutschen Schweiz pro 1915/1916. In: Jahrbuch der Schweizerfrauen. Bern

Stocker-Meyer, Gerda (1984). Die schweizerische Arbeitsgemeinschaft «Frau und Demokratie». Toffen/Bern

Studer, Brigitte (1998). Der Sozialstaat aus der Geschlechterperspektive. Theorien, Fragestellungen und historische Entwicklung in der Schweiz. In: Studer, Brigitte; Wecker, Regina et al. (Hrsg.). Frauen und Staat. Itinera Bd. 20, S. 184–208

Studer, Brigitte (2000). Familiarisierung und Individualisierung. Zur Struktur der Geschlechterordnung in der bürgerlichen Gesellschaft. In: L'Homme. Zeitschrift für Geschichte 11/1, S. 83–58

Studer, Brigitte (2001). Neue Grenzziehung zwischen Frauenarbeit und Männerarbeit in den dreissiger Jahren und während des zweiten Weltkrieges. In: Wecker, Regina; Studer, Brigitte et al. (Hrsg.). Die «schutzbedürftige Frau». Zur Konstruktion von Geschlecht durch Mutterschaftsversicherung, Nachtarbeitsverbot und Sonderschutzgesetzgebung. Zürich

Studer, Brigitte (2010). 1968 und die Formung des feministischen Subjekts. Wien

Suter, Anja; Bernasconi, Sara (2008). Aus der Sponti-Aktion wird ein Virus – die Frauenbefreiungsbewegung FBB. In: Hebeisen, Erika; Joris, Elisabeth et al. (Hrsg.). Zürich 68. Kollektive Aufbrüche ins Ungewisse. Zürich, S. 182–193.

Suter, Gabriela (2004). Die transparenten Armen. Generierung von Wissen über Bedürftige am Beispiel der Freiwilligen und Einwohnerarmenpflege der Stadt Zürich 1895–1928, Lizentiatsarbeit Universität Zürich

Sutter, Gaby (1998). Die Debatte «Gleicher Lohn für gleichwertige Arbeit» in der Schweizer Nachkriegszeit. In: Studer, Brigitte; Wecker, Regina et al. (Hrsg.). Frauen und Staat. Berichte des Schweizerischen Historikertags. Itinera Bd. 10, S. 47–52

Sutter, Gaby (2005). Berufstätige Mütter. Subtiler

Wandel der Geschlechterordnung in der Schweiz (1945–1970). Zürich

Tanner, Albert (1985). Das Schiffchen fliegt, die Maschine rauscht. Weber, Sticker und Fabrikanten in der Ostschweiz. Zürich

Tanner, Albert (1995). Arbeitsame Patrioten – wohlanständige Damen. Bürgertum und Bürgerlichkeit in der Schweiz 1830–1914. Zürich

Tondeur, Edmond (1964). Die Frau in einer veränderten Welt. In: Tages-Anzeiger, 7. 11. 1964

Uhlig, Günther (1981). Kollektivmodell «Einküchenhaus». Wohnreform und Architekturdebatte zwischen Frauenbewegung und Funktionalismus 1900–1933. Giessen

Unabhängige Expertenkommission Schweiz – Zweiter Weltkrieg (2002). Die Schweiz, der Nationalsozialismus und der Zweite Weltkrieg. Schlussbericht. Zürich

Violi, Enrico; Keller, Elisabeth (2001). 25 Jahre Eidgenössische Kommission für Frauenfragen. In: Frauenfragen 2001/1, S. 7–10

Voegeli, Yvonne (1997). Zwischen Hausrat und Rathaus. Auseinandersetzungen um die politische Gleichberechtigung der Frauen in der Schweiz 1945–1971. Zürich

Voegeli, Yvonne (2009). Der Marsch nach Bern. In: Der Kampf um gleiche Rechte. Hrsg. vom Schweizerischen Verband für Frauenrechte. Basel, S. 155–164

Waeger, Gerhart (1971). Die Sündenböcke der Schweiz. Die Zweihundert im Urteil der geschichtlichen Dokumente 1940 bis 1946. Olten

Wecker, Regina; Schnegg, Brigitte (Hrsg.) (1984). Frauen. Zur Geschichte weiblicher Arbeits- und Lebensbedingungen in der Schweiz. Basel

Wecker, Regina; Braunschweig, Sabine et al. (Hrsg.) (2013). Eugenik und Sexualität. Die Regulierung reproduktiven Verhaltens in der Schweiz 1900–1960. Zürich

Wecker, Regina; Studer, Brigitte et al. (2001). Die «schutzbedürftige Frau». Zur Konstruktion von Geschlecht in der Mutterschaftsversicherung, Nachtarbeitsverbot und Sonderschutzgesetzgebung im 20. Jahrhundert. Zürich

Weinhandl, Trudi (1998). Clara Ragaz-Nadig (1874–1957). Feministin, Pazifistin, Sozialistin. Zürich

Widmer, Martin (2004). Sieben x Seide. Die Zürcher Seidenindustrie 1954–2003. Hrsg. von der Zürcherischen Seidenindustrie-Gesellschaft zum 150-jährigen Bestehen am 26. Februar 2004. Baden

Wir bauen die Saffa 1958. Ein Werbeprospekt der Ausstellung. Zürich

Woker, Gertrud (1932[6]). Der kommende Gift-Brandkrieg und seine Auswirkungen gegenüber der Zivilbevölkerung. Leipzig

Wolf, Walter (1969). Faschismus in der Schweiz. Die Geschichte der Frontenbewegung in der deutschen Schweiz 1930–1945. Zürich

Woodtli, Susanna (1983). Gleichberechtigung. Der Kampf um die politischen Rechte der Frau in der Schweiz. Frauenfeld

Wyss, Wilhelm von (1921). Die Soziale Frauenschule in Zürich. Ein Rückblick und ein Ausblick. Eröffnungsrede. Zürich

Zehnder, Emma (1917). Die freiwillige Bürgerinnenprüfung. Referat gehalten an der Generalversammlung des BSF in Genf vom 14. Oktober 1916. In: Frauenbestrebungen 1917/1, S. 1–3

Ziegler, Béatrice (2009). Schweizerische Arbeitsgemeinschaft Frau und Demokratie. In welcher Staatsform sind die Frauenrechte am besten aufgehoben? In: Der Kampf um gleiche Rechte. Hrsg. vom Schweizerischen Verband für Frauenrechte. Basel, S. 166–173

Ziegler, Béatrice (1996). «Kampf dem Doppelverdienertum!» Die Bewegung gegen die Qualifizierung weiblicher Erwerbsarbeit in der Zwischenkriegszeit in der Schweiz. In: Pfister, Ulrich; Studer, Brigitte et al. (Hrsg.). Arbeit im Wandel. Organisation und Herrschaft vom Mittelalter bis zur Gegenwart. Zürich, S. 85–106

Zweig-Strauss, Hanna (2002). David Farbstein (1868–1953). Jüdischer Sozialist – sozialistischer Jude. Zürich

BILDNACHWEIS

1 Zürcher Frauenzentrale, Foto: Susanne Oberli, Rümlang
2 Ebenda.
3 Ebenda.
4 Zürcher Frauenzentrale (A-1.6.02)
5 Zürcher Frauenzentrale (A-1.6.03)
6 NZZ, 4. 8. 1914, Nr. 1191
7 NZZ, 2. 8. 1914, Nr. 1182
8 Gosteli-Stiftung – Archiv zur Geschichte der schweizerischen Frauenbewegung, Worblaufen
9 Privatbesitz
10 Zürcher Frauenzentrale (A-1.1.01/I)
11 Schweizer Frauenarbeit (1928). Sonderdruck des Aargauer Tagblatts bei Anlass der Eröffnung der Saffa 1. Schweizerische Ausstellung für Frauenarbeit in Bern. Aarau
12 Die Fortbildungsschülerin 1926/2
13 Baugeschichtliches Archiv der Stadt Zürich
14 Archiv Verein Compagna, ehemals Freundinnen Junger Mädchen
15 Baugeschichtliches Archiv der Stadt Zürich
16 Frauenbestrebungen 1919/1
17 Tagblatt der Stadt Zürich, 2. 1. 1915
18 Schweizerische Nationalbibliothek
19 Gosteli-Stiftung – Archiv zur Geschichte der schweizerischen Frauenbewegung, Worblaufen
20 Müller, Susanna (1920[21]). Das fleissige Hausmütterchen. Ein Führer durch das praktische Leben für Frauen und erwachsene Töchter. Zürich
21 Tagblatt der Stadt Zürich, 2. 9. 1914
22 Gretlers Panoptikum zur Sozialgeschichte, Zürich
23 Zürcher Frauenzentrale (A-1.1.01/V)
24 Gosteli-Stiftung – Archiv zur Geschichte der schweizerischen Frauenbewegung, Worblaufen
25 Gosteli-Stiftung – Archiv zur Geschichte der schweizerischen Frauenbewegung, Worblaufen
26 François Baer, Zürich
27 Schweizerische Nationalbibliothek
28 Zürcher Frauenzentrale (A-1.2.02)
29 Baugeschichtliches Archiv der Stadt Zürich, Foto: Heinrich Wolf-Bender, Zürich, 1938
30 Zürcher Frauenzentrale, Foto: Luise Schwabe (A-2.3.05)
31 Zürcher Frauenzentrale (A-2.4.44)
32 NZZ, 18. 6. 1916, zweites Sonntagsblatt
33 Gosteli-Stiftung – Archiv zur Geschichte der schweizerischen Frauenbewegung, Worblaufen
34 Baugeschichtliches Archiv der Stadt Zürich, Foto: Ernst Linck, Zürich
35 Gosteli-Stiftung – Archiv zur Geschichte der schweizerischen Frauenbewegung, Worblaufen
36 Zürcher Frauenzentrale (A-3.1.04)
37 Baugeschichtliches Archiv der Stadt Zürich
38 Frauenbestrebungen 1921/9
39, 40 Grafiken Chronos Verlag
41 Zürcher Frauenzentrale (D-10.1.02)
42–46 Grafiken Chronos Verlag
47 Schweizerische Nationalbibliothek
48 Zürcher Frauenzentrale (A-1.7.20)
49 Stadtarchiv – Stadt Zürich
50 Zürcher Frauenzentrale (A-7.4.41)
51 Die Vorkämpferin, 1. 7. 1918
52 Zweig-Strauss, Hanna (2002). David Farbstein (1868–1953). Jüdischer Sozialist – sozialistischer Jude. Zürich
53 Baugeschichtliches Archiv der Stadt Zürich (BAZ), Foto: Wilhelm Gallas, Zürich
54 Schweizerische Illustrierte Zeitung, 29. 6. 1918, Foto: Schneider, Zürich
55 Schweizerische Illustrierte Zeitung, 29. 6. 1918, Foto: Schneider, Zürich
56 Schweizerisches Sozialarchiv
57 Die Frau in Leben und Arbeit 1951/6
58 Gosteli-Stiftung – Archiv zur Geschichte der schweizerischen Frauenbewegung, Worblaufen
59 Gosteli-Stiftung – Archiv zur Geschichte der schweizerischen Frauenbewegung, Worblaufen
60 Zürcher Frauenzentrale (A-5.3.14)
61 Frauenbestrebungen 1920/7
62 Zürcher Frauenzentrale, Foto: Alois Feichtenberger (A-5.1.10)
63 Keystone, Foto: Photopress, Zürich
64 Zürcher Frauenzentrale (A-2.6.01/IV)
65 Zürcher Frauenzentrale (A-3.2.01)
66 Tages-Anzeiger, 21. 3. 1930
67 Tages-Anzeiger, 26. 3. 1930
68 Zürcher Frauenzentrale, Foto: W. Mönsted, Zürich (A-2.3.07)
69 Zürcher Frauenzentrale, Foto: André Melchior, Uitikon (A-3.6.81)
70 Zürcher Frauenzentrale; Foto: Ruth Vögtlin, Zürich (A-3.6.45)
71 Zürcher Frauenzentrale, Foto: Liselotte Straub, Amlikon-Bissegg (A-3.5.01)
72 Müller, Susanna (1920[21]). Das fleissige Hausmütterchen. Ein Führer durch das praktische Leben für Frauen und erwachsene Töchter. Zürich
73 Baugeschichtliches Archiv der Stadt Zürich, Foto: Wilhelm Gallas, Zürich
74 Zürcher Frauenzentrale (A-7.4.12)
75 Noever, Peter (Hrsg.) (1996[2]). Margarete Schütte-Lihotzky. Soziale Architektur – Zeitzeugin eines Jahrhunderts. Wien
76 Zürcher Frauenzentrale, Foto: Fotohaus Peyer, Zürich (A-2.3.03)
77 Der neue Postillon, 1. 11. 1908
78 Archiv Hauswirtschaft Zürich, Zürich
79 Zürcher Frauenzentrale, Foto: Eduard Steimle, Zürich (A-5.1.05)
80 Frauen-Zeitung Berna, 20. 3. 1949
81 Zürcher Frauenzentrale (A-5.9.02)
82 Du Schweizer Frau (1939). Zur Erinnerung an den Pavillon der Schweizerfrau. Schweizerische Landesausstellung Zürich. Hg. von den Schweizerischen Frauenverbänden. Zürich
83 Zürcher Frauenzentrale (A-1.9.02)
84 Woker, Gertrud (1932[6]). Der

85 kommende Gift-Brandkrieg und seine Auswirkungen gegenüber der Zivilbevölkerung. Leipzig
85 Gosteli-Stiftung – Archiv zur Geschichte der schweizerischen Frauenbewegung, Worblaufen, Gestaltung nach einem Entwurf von Giele Roelofs, Niederlande
86 Schweizerische Nationalbibliothek, Siemsen, Anna (1939). Die Schweiz und das tschechoslowakische Schicksal. Schriftenreihe des Rassemblement Universel pour la Paix, Nr. 1. Zürich
87 Gosteli-Stiftung – Archiv zur Geschichte der schweizerischen Frauenbewegung, Worblaufen
88 Tagblatt der Stadt Zürich, 16. 9. 1933
89 Gosteli-Stiftung – Archiv zur Geschichte der schweizerischen Frauenbewegung, Worblaufen
90 Schweizerische Nationalbibliothek, Ragaz, Clara; Schüepp, Marta (1936). Luftschutz? Ein Wort zur Klärung. Zürich
91 Tagblatt der Stadt Zürich, 6. 2. 1935
92 Bernet-Haemmerli, Meyeli (2004). Gertrud Haemmerli-Schindler 1893–1978. Volketswil
93 Gosteli-Stiftung – Archiv zur Geschichte der schweizerischen Frauenbewegung, Worblaufen
94 Zürcher Frauenzentrale (A-7.4.06)
95 Frauenbestrebungen 1921/3
96 Gosteli-Stiftung – Archiv zur Geschichte der schweizerischen Frauenbewegung, Worblaufen
97 Zürcher Frauenzentrale (A-7.4.37)
98 Zürcher Frauenzentrale, Foto: Björn Eric Lindroos, Zürich (A-2.5.59)
99 Zürcher Frauenzentrale (A-2.3.04)
100 Zürcher Frauenzentrale, Foto: Claire Roessiger, Basel (A-4.4.36)
101 Gosteli-Stiftung – Archiv zur Geschichte der schweizerischen Frauenbewegung, Worblaufen
102 Zürcher Frauenzentrale (A-2.6.01)
103 Zürcher Frauenzentrale, Gestaltung: Renate Huter, Benglen
104 Zürcher Frauenzentrale, Gestaltung: Publicis Communications Schweiz AG, Zürich
105 Schweizerische Nationalbibliothek, Gestaltung: Brigit Herrmann, Gümmenen
106 Nebelspalter 1969/X, Gestaltung: Pierre André Perret, Lausanne
107 Büro für Fotografiegeschichte, Bern, Foto: Hans Schlegel, Bern
108 Keystone, Zürich
109 Woodtli, Susanna (1983). Gleichberechtigung. Der Kampf um die politischen Rechte der Frau in der Schweiz. Frauenfeld
110 Zürcher Frauenzentrale (A-2.5.59)
111 Volksrecht 3. 12. 1954
112 Roten, Iris von (1958). Frauen im Laufgitter. Offene Worte zur Stellung der Frau. Bern
113 Die Staatsbürgerin 1966/1/2
114 Keystone, Zürich
115 NZZ, 11. 11. 1968, Nr. 696
116 Keystone, Zürich
117 Zürcher Frauenzentrale, Foto: Susanne Oberli, Rümlang
118 Staatsarchiv Kanton Aargau, Ringier Archiv
119 Keystone, Zürich
120 Zürcher Frauenzentrale (A-4.6.18)
121 Zürcher Frauenzentrale (P-9.1.113)
122 Keystone, Zürich
123 Schweizerisches Sozialarchiv, Foto: Cristina, Zilioli, Zürich
124 Stadtarchiv Zürich
125 Komitee Frauenzentrum Freiburg (Hrsg.) (1978). Frauen gehen auf die Strasse. Freiburg
126 Zürcher Frauenzentrale (A-2.3.09)
127 Zürcher Frauenzentrale, Plakat: Publicis, Zürich, Foto: Margaritha, Felchlin, Zürich
128 Zürcher Frauenzentrale (P-9.1.01)
129 Die Schweiz im Jahr der Frau (1975). Kongressbericht. Hg. von der ARGE. Zürich
130 Die Schweiz im Jahr der Frau (1975). Kongressbericht. Hg. von der ARGE. Zürich
131 Keystone, Zürich
132 Zürcher Frauenzentrale (P-9.1.128)
133 Zürcher Frauenzentrale, Gestaltung: Danièle Vuarambon, Genf (P-9.1.126)
134 Zürcher Frauenzentrale (A-7.7.18)
135 Schweizerisches Sozialarchiv, Foto: Doris Fanconi, Zürich
136 Hasler, Eveline (1995). Die Wachsflügelfrau. Geschichte der Emily Kempin-Spyri. München
137 Zürcher Frauenzentrale, Gestaltung: Ernst Cincera, René Daepp, Zürich (A-7.6.29)
138 Bundesamt für Bauten und Logistik
139 Zürcher Frauenzentrale, Foto: Susanne Oberli, Rümlang
140 Zürcher Frauenzentrale (A-2.6.01/IV)
141 Zürcher Frauenzentrale (A-6.8.28)
142 Zürcher Frauenzentrale, Foto: Ursula Markus, Zürich (A-1.6.11)
143 Zürcher Frauenzentrale, Gestaltung: Martina Ott, Zürich
144 Keystone, Zürich
145 Benz-Burger, Lydia (1987). Die Frauenliste – Rechenschaftsbericht zum Experiment mit Langzeitwirkung. Bonstetten
146 Zürcher Frauenzentrale
147 Zürcher Frauenzentrale, Gestaltung: Janine Leemann, Zürich
148 Tagblatt der Stadt Zürich, 12. 11. 1970
149 Keystone, Zürich
150 Zürcher Frauenzentrale, Gestaltung: Janine Leemann, Zürich
151 Gosteli-Stiftung – Archiv zur Geschichte der schweizerischen Frauenbewegung, Worblaufen

PERSONENREGISTER

A
Autenrieth-Gander, Hulda 16, 121, 149, 157, 164, 168, 170, 171, 172, 175, 189, 190, 191, 193, 194, 195, 202, 204, 205, 208

B
Baenninger, Claire 192
Baumann, Johannes 161
Baumgartner, A. Doris 142
Bebel, August 74
Benz-Burger, Lydia 194, 205, 212, 213, 216
Bernet-Haemmerli, Meyeli 139
Berenstein-Wavre, Jacqueline 194
Bertheau, Theodor 126
Bertheau-Fierz, Fanny 48, 50, 67, 93, 126
Binder-Scheller, Hedwig 133
Biske, Käthe 151
Bleuler, Eugen 28, 38
Bleuler-Waser, Hedwig 27, 28, 38, 46, 62, 66, 161
Bloch, Emmi 32, 46, 47, 48, 50, 66, 68, 90, 125, 144, 161
Bloch, Rosa 78, 80, 82
Blocher, Christoph 198
Blosser, Ursi 64
Blunschy, Elisabeth 211
Bohren-Stiner, Mildred 53, 113, 198, 199, 202
Boos-Jegher, Emma 27, 30, 126
Borkowsky, Anna 152
Bosch-Peter, Margrit 149, 150, 190
Bosshart, Eduard 146, 147
Bosshart-Winkler, Ida 108
Briner, Robert 121, 130
Brunner, Bettina 12
Brunner, Christiane 214
Brupbacher, Fritz 99

C
Chaponnière, Martine 193

D
Derungs, Renate 12
Diener, Verena 215
Dollfuss, Engelbert 128
Dubois, Jeanne 185

E
Eder-Schwyzer, Jeanne 66
Eppler, Annie H. 205
Erni, Lina 32
Escher, Alfred 63
Escher, Nora 185
Escher-Farner, Dora 139

F
Farbstein-Ostersetzer, Betty 77, 87, 110
Fassbender, Else 204, 205
Fierz, Maria 16, 46, 47, 48, 66, 67, 74, 83, 84, 86, 87, 89, 90, 91, 93, 100, 117, 123, 124, 129, 130, 132, 133, 134, 135, 136, 137, 138, 162, 205, 218
Fierz-Zollinger, Emilie 67
Finsler, Fanny 74
Forel, Auguste 28
Forster, Georg 81
Franco, Francisco 136
Frei, Olivia 12
Frey, Tilo 211
Friedrich, Rudolf 198
Fuchs-Bühler, Lilly 205

G
Gabathuler, Fräulein 39, 41
Genner, Ruth 213
Gerster, Franziska 64
Gisler, Andrea 12, 186, 215, 218
Gisler, Doris 170
Glättli-Graf, Sophie 25, 26, 27, 34, 37, 39, 43, 45, 46, 49, 55, 58, 59, 66, 108, 135, 144, 161
Göttisheim, Emil 159, 160
Gourd, Emilie 218
Grebel, Anna und Josephine 64

Greulich, Herman 159, 160
Grütter, Anna Louise 218
Guyer, Lux 10, 51, 52

H
Häberlin, Heinrich 161
Häberlin, Hermann 126
Häberlin, Susanna 12
Haemmerli-Schindler, Gertrud 67, 102, 103, 128, 132, 133, 139
Hänggi, Frau 34
Hardegger, Margarethe 75
Härry, Marie 80, 82
Hasler, Eveline 198
Heer, Anna 27, 42
Heim, Trudy 137
Held, Thomas 190, 191
Hersch, Jeanne 177
Hilfiker-Schmid, Ida 90, 109
Hintermann-Sturzenegger, Ruth 208
Hitler, Adolf 127, 128
Honegger, Klara 9, 23, 24, 27, 31, 32, 39, 41, 46, 66, 125, 126, 128, 129, 130, 134, 135, 161
Höner, Fritz 112

J
Jäggi, Frida 205
Jenni, Léonard 159

K
Kaegi, Martha 117
Kempin-Spyri, Emilie 9, 198
Klein, Viola 150
Koebel, Lotte 205
Koller, Theodor 98, 101, 102
Kopp, Elisabeth 216
Kräutli-Zimmermann, Iris 208, 209
Kuhn, Edith 204, 205, 208
Küng, Zitta 195

L
Landis-Fierz, Sara 67
Landolt, Emil 168
Landolt-Fierz, Klara Gertrud 67
Lang, Hedi 180, 211, 213
Lang, Otto 160, 161
Largier, Brigitte 12
Leuch-Reineck, Annie 129, 130, 162, 218
Leuenberger, Monika 12
Levy, René 190, 191
Lieberherr, Emilie 158, 159, 160, 192, 196, 216
Liechti-Rebstein, Hedwig 149
Lüdi-Scherb, Martha 218

M
Marcuse, Herbert 175
Mauch, Corinne 204
Meier, Irène 53, 203, 204, 209, 210, 213, 215
Meier, Josi 211
Merz-Schmid, Julie 218
Mesmer, Beatrix 19, 31, 35, 43
Meyenburg, Marta von 27, 48, 66, 89, 90, 91, 94
Meyer, Helen 211
Meyer-Fröhlich, Liselotte 14, 170, 180, 182, 185, 196, 202, 213
Meyer-Zuppinger, Madeleine 144, 145
Morf, Rita 102
Moser, Mentona 48, 91
Motta, Giuseppe 128
Mousson, Gertrud 46, 84, 90, 132
Mühlenen-Poyet, Marie von 218
Müller, Susanna 108
Mürset, Anna 66, 144, 145
Myrdal, Alva 150

N
Nabholz, Hans 136
Nabholz, Lilli 191
Naef, Nelli 102
Nanchen, Gabrielle 211
Nef, Clara 137, 138
Neuenschwander, Rosa 120, 121

O
Oprecht, Hans 159, 160

P
Pestalozzi-Henggeler, Regula 213
Peter, Anny 66
Petitpierre, Gilles 196
Pflüger, Paul 82
Plaza, Sandra 12

R
Ragaz, Leonhard 87
Ragaz-Nadig, Clara 27, 43, 66, 87, 90, 125, 127, 135
Rahn, Mary 25, 27, 39
Redolfi, Silke 137, 189
Ribi, Martha 211
Ries, Marie-Louise 152
Rigg-Hunkeler, Evi 152, 153
Robmann, Agnes 80, 82, 83
Roten, Peter von 160
Roten, Iris von 166
Rudolph, Fräulein 27
Rudolph-Schwarzenbach, Emmy 24, 25, 26, 27, 31, 32, 42, 46, 48, 50, 51, 52, 62, 66, 68, 109, 110, 117

S
Sahlfeld, Hanna 211
Schalch-Raeber, Olga 103, 149
Schärer, Johanna 27, 28, 46
Schmidlin, Antonia 137
Schüepp, Marta 135
Schütte-Lihotzky, Margarete 112
Schwyzer-Vogel, Jeanne 163
Segesser-Methua, Liane 207, 212
Senn-Kaufmann, Marlies 153
Siemsen, Anna 127
Signer, Yvonne 12
Somazzi, Ida 140
Spreng, Liselotte 211
Staudinger, Dora 27, 43, 66, 125, 127
Steiger, Emma 151
Streckeisen, Ursula 152

Streuli, Adolf 80
Strub, Elisa 53
Sulzer-Bühler, Fanny 65
Suslova, Nadezhda 65
Syz, John 63, 65, 67
Syz-Schindler, Susanna Klara 63, 64, 65, 67

T
Thalmann, Hanny 211
Tobler, Frieda 97, 101, 205
Tobler, Robert 130
Tobler-Christinger, Minna 80, 101
Tondeur, Edmond 151
Trüssel, Bertha 24, 31, 34, 218

U
Uchtenhagen, Liliane 211, 213, 216

V
Valentin, Andrée 168, 172
Vollenweider, Anny 131, 132

W
Waldvogel, Traugott 110, 111
Walter, Emil 81
Walter-Hüni, Marie 77
Wehrli, Erika 216
Wehrli, Reto 200
Wicky, Nelly 211
Wild, Ella 66
Wilson, Woodrow 63, 126
Woker, Gertrud 125, 126
Woodtli, Susanna 150
Wyss, Wilhelm von 89

Z
Zehnder, Emma 109
Zehnder-Hatt, Kathrin 153
Zellweger, Frau Dr. med. 101
Zetkin, Clara 74, 76, 77, 124
Zollinger, Dora 66